★★★★★

# 新个人所得税
## 政策解读和缴纳实务操作手册

梁季　张恒国　等编著

中国财经出版传媒集团
中国财政经济出版社

**图书在版编目（CIP）数据**

新个人所得税政策解读和缴纳实务操作手册／梁季，张恒国等编著．—北京：中国财政经济出版社，2019.7

ISBN 978－7－5095－9057－7

Ⅰ.①新…　Ⅱ.①梁…②张…　Ⅲ.①个人所得税－税收政策－中国－手册②个人所得税－税收管理－中国－手册　Ⅳ.①F812.424－62

中国版本图书馆 CIP 数据核字（2019）第 115257 号

责任编辑：王　丽　　　　责任校对：胡永立

封面设计：陈宇琰

中国财政经济出版社出版

URL：http：//www.cfeph.cn

E－mail：cfeph@cfeph.cn



社址：北京市海淀区阜成路甲 28 号　邮政编码：100142

营销中心电话：010－88191537

北京富生印刷厂印刷　各地新华书店经销

787×1092 毫米　16 开　24.75 印张　529 000 字

2019 年 7 月第 1 版　2019 年 7 月北京第 1 次印刷

定价：69.00 元

ISBN 978－7－5095－9057－7

（图书出现印装问题，本社负责调换）

本社质量投诉电话：010－88190744

**打击盗版举报热线：010－88191661　QQ：2242791300**

# 前　言

2019年，我国个人所得税改革进入新阶段，正式实施了综合与分类相结合的个人所得税制。《个人所得税法》的修改和实施，是我国治理体系和治理能力变革的重要内容，将对我国政治、经济和社会产生深远影响。

综合与分类相结合的税制模式带来了税收征纳关系的巨大转变，个人逐渐被全面纳入税务局管理视野，税务局成为最关心和最了解“你”的“人”，不但了解“你”的每一笔收入、每一笔支出，了解“你”的资产和收支流水，还知道“你”生了几个娃，父母是否健在。在税务局那里，“你”成为透明人。

税务局懂“你”，那你懂税务吗？如果不懂，一不小心可能就会成为税务局眼里的“可疑人”，可能会对“你”进行刨根问底式的盘问。对于个人而言，学习和掌握《个人所得税法》，就能防患于未然，一旦被税务局问询，则可以从容应对。

为帮助千千万万的个人所得税纳税人尽快熟悉和掌握新《个人所得税法》，我们成立了由“政策专家+税务师事务所”组成的编写团队，以案例的形式对新《个人所得税法》的立法背景、法条政策以及实务操作作了全面深入的解读，手把手教“你”学习《个人所得税法》。

本书共分为5篇17章，分别为基础篇（第1~2章），综合所得篇（第3~7章），经营所得篇（第8~11章），财产所得和资本利得篇（第12~15章）和外籍个人及高净值人士（第16~17章）。基础篇简单回顾了个人所得税在我国的现状和发展，对新《个人所得税法》作了总体的阐述和分析。接下来的三篇，按照所得类型，分别对综合所得、经营所得、财产所得和资本利得个人所得税的基本税制要素和相关政策进行了详细解读，并给出了纳税申报的具体操作指南。最后一篇针对个人所得税的特殊人群，即外籍个人和高净值人士，对其个人所得税纳税的相关问题进行了讲解。总体上看，各篇之间既相互独立，又次第推进，浑然一体。对于读者而言，既可以全面通读，整体把握我国个人所得税的全貌，又可以仅针对个人所得税的某个话题重点阅读。

本书由中国财政科学研究院资深税收理论政策专家和北京中翰联合税务师事务所有限责任公司精英实务咨询团队共同完成。程晓红、路红星、高静参与了本书的撰写工作，梁季和程晓红对全书进行统稿和修改。

本书既重视实务操作，也对立法精神作了重点阐述，目的是希望读者能够既掌握纳税实操，又了解法律法规所体现的立法精神，有助于读者既知其然，也知其所以然。

理论因实践而具有生命力，实践因理论而行走得更远。本书是一次理论与实践密切联系的探索，定有诸多不周之处，希望读者不吝指正。读者可以通过邮件方式与作者进行沟通。邮箱：Liangji99@ 126. com。

**本书编写组**

2019 年 7 月

# 目　录

## 第一篇　基础篇



## 第二篇　综合所得篇

## 第三篇　经营所得篇

## 第五篇　外籍个人及高净值人士篇

# 第一篇　基础篇

# 第一章
# 我国个人所得税总体情况

## 第一节　个人所得税概述

顾名思义，个人所得税是对个人所得征收的一种税，其中的个人不但包括自然人，还包括特定类型的企业组织，所得也有诸多口径和分类。本节主要对个人所得税的基本问题进行阐述和分析。

### 一、个人所得税的由来

个人所得税的产生与发展与人类经济社会的发展同步，更与税收的征收标准和依据的演变密切相关。

在人类社会中，税收的最初表现形态为人民的自由自愿捐赠，但随着国家的不断发展，政府支出规模日益增加，税收也从自由自愿捐赠演变为强制征收，随之便引发一个问题，强制征收的标准和依据为何，即依据什么来分配税收负担才更加公平合理，且征管可行。总体而言，税收的征收标准和依据应能真实、公平地反映纳税人的纳税能力。随着人类社会的发展，税收强制征收的依据和标准也经历了按人头征税到按所得能力征税的演进过程。

#### （一）以人头为标准征税

原始社会时期，私有制度尚未建立，个人所得均由劳动而得，财富存量有限，且分布较为均衡，社会贫富差距不大，以人头为标准征税，公平合理且简单易行，代表性税种为人头税（Poll Tax）。随着私有制度的确立，个人之间拥有的财富差距逐渐加大，人头已无法公平反映个人的纳税能力，因此便对人头税进行完善，比如以社会地位为依据，对人进行阶层划分，不同阶层的人适用不同的人头税。然而随着私有财产规模和贫富差距的扩大，人头税的弊端日益显现，以财产作为征税标准的制度便应运而生。

### （二）以财产为标准征税

在税收发展到第二阶段时，以个人拥有的财产之多寡作为标准征税，于是产生了财产税。这个阶段历时长，影响深远。在该阶段早期，个人财产的主要表现形式为土地及土地上的附属物，相应财产税也主要表现为不动产税（Real Estate Tax），随着工业和商业发展，个人的财富形式逐渐多元，其他类型财产逐渐列入了财产税征税范围，不动产财产税也相应扩展为一般性财产税（General Property Tax）。此阶段，财产在阶层间分布以及阶层内个人间分布显化，成为衡量个人纳税能力的唯一可能依据。财产税伴随着农业和商业发展而逐渐普及开来，并在相当长一段时间内成为主流税种，但随着经济阶层分化和经济生活的复杂化，无论在理论上还是在实践中，财产税均碰到了诸多问题。中世纪时，一般性财产税在理论方面的缺点主要表现在四个方面，一是财产与产出之间逐渐背离。诚然，早期时，财产主要表现为生产财产，与产出关系密切，财产越多，产出也越多，相应纳税能力也越强，但经济发展到现代阶段后，有财产未必有产出，财产与产出逐渐分离。二是财产所得与劳动所得的差异逐渐显化。经济社会早期，财产所有者缴纳财产税，无财产者仅缴纳少量的人头税，这意味着财产所有者负担了大部分的公共支出成本。但随着经济社会的发展，高收入的职业逐渐增多，无财产的劳动者的收入也越来越多。在这种背景下，仍然由财产所有者承担大部分公共支出成本则越发不公平，不合理。三是财产的确认愈发困难。因为随着货币经济时代的到来，信用的作用愈发重要，财产所代表的资产中包含债权，因此财产总价值无法准确衡量财产所有者的纳税能力。四是以财产为标准征税无法体现财产结构。在经济社会早期，个人财产多为生产性财产，但随着经济社会发展，个人财产结构开始变化，财产部分用于生产，部分用于消费，而一般性财产税以财产总量作为税基的方法显然不尽科学合理。于是，在欧洲中世纪时期，一般财产税逐渐消失，以支出和生产为标准征税逐渐取而代之。

### （三）以支出和产出为标准征税

十六、十七世纪时，一般性财产税在实践中千疮百孔，当时的财政改革家们致力于建立征管易行、纳税人无法偷逃的税制。改革家们认为，无论穷人还是富人，都必然会有支出，因此以支出为标准征税广受当时各界支持。于是，随着物质生产的繁荣发展，以产出（或生产）为征税标准的时代随即到来，即不是对财产本身征税，而是对财产的产出征税，这样做的好处在于：一是财产所有者有收入才缴税，且仅对有产出的财产征税，因而能够反映财产结构，即消费型财产不征税，生产型财产征税。

对支出征税可以采取直接和间接两种形式，即对消费征税以及对贸易征税（最终也能传递至消费者）。对贸易和商业征收的间接税产生的相对较早，其雏形为中世纪时期的收费（Fees）和通行费（Tolls），十八世纪，商贸税已成长为欧洲各国重要的税种，而古老的一般性财产税在萎缩。一般消费税和单独消费税成为政论家的理想选择，在实践中也得以实施。尽管消费税能够规避一般财产税存在的问题，但运行不久便在实践中也出现了其他问题，这是因为支出与收入的关系也不明确，穷人负担了更重的税收负担，而富人没有支付与其收入相当的税收。

同时，以产出为标准征税是对物而非对人征的税，该征税标准在工业革命后，其弊端更加明显，原来的对物征税而非对人征税的优点逐渐演变为劣势。具体而言，对两块产出相同的土地而言，因其产出相同，需要缴纳相同的税收，但一块地的收入是源于自然所赐，而另一块地的收入是所有者辛勤劳动所得，收入相同，但投入不同。因此，以产出为标准征税无法反映收入的投入成本，是对总产出而非净产出征税，相应也无法反映纳税者的真实纳税能力，从而不符合公平负税的标准，于是以总产出为标准的税制让位于以净产出为标准的税制体系，所得税制度登上历史舞台。

#### （四）以所得为标准征税

以所得为标准征税是税收发展的第五个阶段，它能够规避前四个阶段各标准的缺点。但是，以所得为征税标准也有其劣势，首先是所得如何确定的问题；其次是各种类型所得是否应一视同仁，同等负税；三是同等所得是否同等负税，典型如劳动者的1 000元所得和百万富翁的1 000元所得是否应该承担同样税负等问题。尽管以所得为标准征税在实践中会面临诸多问题，但它毕竟克服了前四种标准的种种缺陷。在现代国家中，所得综合反映了纳税人的纳税能力，相对最科学和公平，成为目前各国采用最广泛的标准，所得税也因此成为世界各国普遍实践的重要税种之一。诚然，没有哪个国家仅实施一种所得税，而是建立了复合的税制体系，其他税种则不同程度地反映了前四种征税标准。

## 二、个人所得课税制度的基本内容

#### （一）关于所得课税的两种基本学说

个人所得税是对所得额课税，对“所得”的定义是其基本内容。因各国国情不同，开征个人所得税所处的历史阶段不同，对所得的理解和实践也有所差异。归纳而言，关于“所得”的定义，有两种学说，一是“纯资产增加说”，二是“所得来源说”。

“纯资产增加说”认为所得是一定时期内资产的增加减去同期资产的减少后的净额。这意味着，不论何种形式的所得，不管是偶然所得还是经常所得，只要能增加资产净值，就记为所得。美国则奉行该种所得理念，这与其开征所得税的历史背景有关。美国引入所得税时，正值美国西部开拓发展阶段，寻找油田、矿产资源获得了巨大财富，将这些财富纳入征税范围，有利于国家筹集财政收入。

“所得来源说”是认为所得应是有连续来源的收益，其来源具有循环性和反复性。这意味着，生产经营所得和劳动报酬所得具备这个特点，而财产转让所得和偶然所得多为一次性所得，故不包括在所得的定义中。英国在开征所得税时则奉行该理念。当时英国处于私有土地为基础的农业社会，国家限制不动产买卖，所得范围较窄。

随着个人所得税的发展，世界各国多兼采这两种学说，按照各自国家的具体情况，建立与发展了各自的应税所得概念，有其独特性，但更有其共性。

### （二）应税所得的特征

总体而言，所得税中的应税所得应具备如下五个特征：

1. 应税所得为合法所得。个人或经济组织依照国家法律和政策，从事劳动、生产经营、提供服务或转让财产取得的合法所得。对于那些从事非法活动，如走私、盗窃、贪污、赌博等获取的非法所得，不属于征税范围的应税所得。

2. 应税所得为运用生产要素之所得。生产要素包括资本、劳动力、技术以及管理等，所得税中的应税所得为运用上述生产要素而获得的收入，而赠与或继承之所得，虽为所得，但不属于所得税中的应税所得，这类所得应征收遗产税或赠与税。

3. 应税所得是能够提高其纳税能力的所得。应税所得是指实际取得的所得，能够表现为纳税人经济能力的净增加，一般不包括资产重估带来的价值增加。例如，某个人买了一套房子，几年后其重估价大涨，但因该房自住，房主的经济能力没有实际增加，这种财产重估溢价所得不属于所得税的应税所得。如果将该房产处置（如买卖、投资），则该部分溢价所得为所得税的征税范围。

4. 应税所得为纯所得或净所得。纯所得是指总所得扣除与取得该所得相关的一切费用后的所得，扣除项包括原材料成本、人工成本等。净所得是指纯所得减去一切依赖该项收入的各种费用后，可供自己享用的余额，比如个人生活费、赡养费、子女教育经费，慈善公益捐款等。从理论上看，净所得最能反映纳税人的纳税能力，相应各国多采用净所得为所得税的税基。然而，净所得不易确定，如哪些费用可看作是依赖该项收入的费用，各类费用的扣除标准应如何确定等，有一定的主观性，且依国情不同、时代不同而相异，各国税法的规定差异较大。比如，在美国税法中，总所得为 Gross Income，纯所得为 Adjusted Gross Income，净所得为 Taxable Income。将从总所得到纯所得的扣除称为线上扣除（Deduction above the Line），将从纯所得到净所得的扣除称为线下扣除（Deduction under the Line）。

值得一提的是，在各国所得税实践中，都有预提所得税制度，且多按所得全额征收，而不扣减费用，这是一种从简计算征收的制度，并不违反所得税按净（纯）所得征税的一般原则。预提所得税是一种基于来源地进行预先扣缴的所得税，一般是对外国公司、企业或其他经济组织在所得来源地国家没有设立营业机构而取得的股利、利息、特许权使用费等投资所得所征收的税。由于这种所得通常是一种从事投资、信贷、技术贸易活动的所得，所得者往往较为分散，不易监管，而支付者有固定的营业场所，且在本国，较易监管。这样，支付者所在国的税务当局在行使收入来源管辖权时，对所得者征税困难，且核算其净所得也较为困难，于是采取简便方法，也就是由支付者按照所得全额预扣代缴，同时适用一种比企业所得税税率低的比例税率，即从低推定比例税率来反映成本费用因素的一种简便方法，是对净所得征税的一种变通。

### （三）所得的分类

一般而言，根据所得性质不同，可以划分为如下几类：

1. 经营所得。纳税人从事生产与经营活动取得的所得。

2. 劳务所得。一般指个人劳动所得，又分为独立劳务所得和非独立劳务所得两种。独立劳务所得是指从事独立的科学、文化、艺术、教育活动的自然人，以及独立开业的会计师、医师、律师等取得的劳务所得；非独立劳务所得是指因受雇领取报酬的劳务所得，如工资、薪金等工资性收入。

3. 投资所得。一般指因股权关系取得的股息、因债权关系取得的利息以及因提供工业产权、专有技术而获得的特许权使用费等所得。

4. 资本利得。通过出售或交换财产（如房地产、股票、特许权等）资本项目而获取的所得。

5. 租赁所得。出租房屋、机器设备及其他财产而取得的租金收入。

6. 其他所得。除上述以外的其他所得，包括因意外事件而取得的各项所得，如中奖、彩票等收入。

### （四）个人所得税制的分类

个人所得税制在其发展过程中，大致形成了以下三种类型：

1. 分类所得税制。该税制是依所得类型不同，而适用不同的计征方法与税率，如将生产经营所得和劳务所得分开，分别按不同的方法计税，适用不同的税率。分类所得税制的优点在于实行源泉扣缴，易于征收；其缺点在于无法真实体现量能纳税原则。例如，同为1 000元的应税所得，A纳税人为经营所得，B纳税人为劳动报酬所得，因所得类型不同，计征方法和税率相异，所计算出的应纳税额有所差异，负担不同。

2. 分类综合所得税制。该税制是把分类课征和综合计税两部分综合起来，首先将各类所得分别实行源泉扣缴，然后把分别计算的各项应税所得汇总，按累进税率课征，再减除以前从源泉扣缴部分的税款。英国实行这一税制。

3. 综合所得税制。该制度是将各类所得汇总相加，按统一的税率和方式课征。综合所得税制的好处在于能充分体现量能纳税原则，但征缴复杂。美国和北欧等国家则实行这一税制。

随着经济全球化向纵深发展，所得类型不断增加，综合所得税制则呈现出较为明显的优越性，但从各国实践来看，则往往是综合与分类相结合。例如，美国是典型的综合所得税制，但其对资本利得的个人所得税处理方式与其他所得不同，采取另外的计征方法。

（五）个人所得税纳税人的分类

依据纳税人承担纳税义务的不同，可以将个人所得税的纳税人分为居民纳税人和非居民纳税人。

1. 居民纳税人。居民纳税人是指在一国境内负无限纳税义务的纳税人，即就纳税人境内境外全部所得在一国纳税的纳税人。

2. 非居民纳税人。非居民纳税人是指在一国境内负有限纳税义务的纳税人，即仅就来源于本国的收入在该国境内纳税的纳税人。

（六）个人所得税的税收管辖权

随着国际贸易的发展，人员的跨国流动愈加频繁，个人所得也不仅局限于一国（地区）境内。对个人跨国所得如何行使征收权则成为诸多国家面临的现实问题，相应也发展出两种征税原则，即属地征税原则和属人征税原则。

1. 属地征税原则。属地征税原则是指一个国家以地域为界限行使其税收管辖权，具体至个人所得税而言，则是指该国仅对纳税人来源于本国境内的所得征收个人所得税。我国香港地区的个人所得税实施属地征税原则。

2. 属人征税原则。属人征税原则是指一个国家以“人”的界定为标准行使其税收管辖权，具体至个人所得税而言，则是指对本国居民纳税人的全部所得（包括境内和境外的全部所得）征收个人所得税。

## 第二节　个人所得税纳税人

个人所得税是以个人（包括自然人、非法人机构等）取得的应税所得为征税对象征收的一种税。以取得所得人为纳税人，以支付所得的单位或个人为扣缴义务人。

### 一、纳税人的分类及其纳税义务

纳税人分为居民个人和非居民个人两类。

居民个人负有无限纳税义务，即从中国境内和境外取得的所得均需在中国缴纳个人所得税。从中国境内和境外取得的所得，分别是指来源于中国境内的所得和来源于中国境外的所得。

非居民个人负有有限纳税义务，即仅就从中国境内取得的所得缴纳个人所得税。

## 二、居民个人和非居民个人身份的判定

按照国际通行方法，通常以住所标准和时间标准作为居民个人和非居民个人的判定标准。

按照最新税法规定，我国个人所得税的居民个人是指在中国境内有住所，或者无住所而一个纳税年度内在中国境内居住累计满 183 天的个人。

这意味着，纳税人符合下列条件之一就属于居民个人：一是中国境内“有住所”；二是中国境内无住所而在一个纳税年度内在中国境内居住累计满 183 天。上述两个标准，除特殊规定外，满足其一即为居民纳税人，否则为非居民纳税人。

纳税年度是指自公历 1 月 1 日起至 12 月 31 日止。纳税年度与连续 12 个月是不同的，其起点可以为纳税年度内的任何时点，可能会跨越两个纳税年度。

按照最新税法的规定，我国个人所得税的非居民纳税人是指在中国境内无住所又不居住，或者无住所而在一个纳税年度内在中国境内居住累计不满 183 天的个人。

这意味着，纳税人符合下列条件之一就属于非居民个人：一是中国境内无住所又不居住；二是中国境内无住所而一个纳税年度内在中国境内居住累计不满 183 天。

在中国境内有住所，是指因户籍、家庭、经济利益关系而在中国境内习惯性居住。习惯性居住是判定纳税义务人是居民或非居民的法律意义上的标准，而非实际居住或在某一个特定时期内的居住地。如因学习、工作、探亲、旅游等而在中国境外居住的，在其特定原因消除之后，必须回到中国境内居住的个人，则中国即为该纳税人习惯性居住地。如中国人出国留学，因户籍属于中国，也属于居民个人。

**案例 1-1**

外籍个人在中国持有投资性房地产，但长期在境外实际居住，请问该外籍个人属于居民个人还是非居民个人。

解析：首先，该外籍个人持有房产仅用于投资，非用于长期居住，不属于“习惯性居住地”性质，因此该外籍个人不符合在中国境内“有住所”的条件。该外籍个人在一个纳税年度内在中国境内居住累计未满 183 天的，为非居民个人。

## 三、所得来源地判定规则

从前述分析中可以看出，所得来源地与纳税人的纳税义务关系密切。对于居民纳税人而言，就境内外全部所得在中国境内纳税，但有些所得，其计税方法依其来源不同（境内还是境外）而有所差异，相应需要区分所得来源。对非居民纳税人而言，仅就来源于境内

所得缴纳个人所得税，更需要区分所得来源。因此，判定所得来源的标准非常重要。

### （一）我国个人所得税所得来源地的判定标准

根据《个人所得税法实施条例》第三条规定，除国务院财政、税务主管部门另有规定外，下列所得，不论支付地点是否在中国境内，均为来源于中国境内的所得：

1. 因任职、受雇、履约等在中国境内提供劳务取得的所得；

2. 将财产出租给承租人在中国境内使用而取得的所得；

3. 许可各种特许权在中国境内使用而取得的所得；

4. 转让中国境内的不动产等财产或者在中国境内转让其他财产取得的所得；

5. 从中国境内企业、事业单位，其他组织以及居民个人取得的利息、股息、红利所得。

上述所得来源地判定标准不但适用于非居民个人，也适用于居民个人。尽管居民个人承担无限纳税义务，即境外所得和境内所得均须在中国缴纳个人所得税，但由于部分境内外所得的计税方法不同，因此仍须运用来源地标准区分居民个人所得为境外还是境内，以适用不同的计税方法。

**案例 1-2**

根据《国家税务总局关于个人在境外取得博彩所得征收个人所得税问题的批复》（国税函发〔1995〕663 号），江门市周某在澳门葡京娱乐场摇老虎机博彩所得，是否需要在中国境内缴纳个人所得税？

解析：周某属于在中国境内有住所的个人，因此周某为中国个人所得税的居民纳税人，应对其来源于境内外的所得在中国缴纳个人所得税。但是，按照《个人所得税法实施条例》第三条的规定，该笔所得为境外所得，并且中彩所得属于“偶然所得”应税项目，适用的比例税率为20%。因此，江门市周某在澳门葡京娱乐场摇老虎机博彩所得应依照税法规定全额按20%的比例税率计算缴纳个人所得税。

### （二）个人所得税和企业所得税的所得来源地标准的比较与分析

同为所得税，企业所得税也涉及所得来源地标准问题，那么个人所得税与企业所得税在所得来源地判定标准方面有何异同？下面对两税种不同类型的所得来源地判定标准进行比较与分析。

1. 经营所得与销售货物收入。个人所得税层面的销售货物所得属于生产经营所得，但《个人所得税法》并未界定销售货物所得的来源地，结合《个人所得税实施条例》对经营所得的定义来看，主要还是强调经营主体要在境内；企业所得税层面，销售货物所得，按照交易活动发生地确定所得来源于境内或境外。

2. 工资、薪金所得、劳务报酬所得与提供劳务收入。个人所得税层面工资、薪金所得和劳务报酬所得，主要关注是否在中国境内任职、受雇、履约提供劳务取得的所得，而不考虑支付所得的地点，即劳务发生地原则；企业所得税来源地也是劳务发生地，与个人所得税来源地判定逻辑基本一致。

3. 财产租赁所得、特许权使用费所得与租金收入、特许权使用费收入。个人所得税中，对于财产租赁所得、特许权使用费所得的来源地判断，主要强调租赁标的财产、特许权在境内使用；企业所得税中，租金、特许权使用费收入按照负担、支付所得的企业或者机构、场所所在地确定，或者按照负担、支付所得的个人的住所地确定。因此，二者的差异在于前者强调标的物使用地，后者强调支付（负担）者所在地。

4. 财产转让所得与转让财产收入。个人所得税中，转让除不动产以外的其他财产强调要在中国境内，没有单独明确所转让权益性资产的来源地标准；企业所得税要求动产转让所得按照转让动产的企业或者机构、场所所在地确定，权益性投资资产转让所得按照被投资企业所在地确定。

5. 利息、股息、红利所得与利息收入，股息、红利等权益性投资收益。个人所得税利息、股息红利要求是从中国境内企业、事业单位，其他组织以及居民个人取得；企业所得税要求股息、红利等权益性投资收益按照分配收益的企业所在地确定，利息所得按照负担、支付收益的企业或者机构、场所所在地确定，或者按照负担、支付所得的个人的住所地确定。

6. 稿酬所得、偶然所得与接受捐赠收入、其他收入。个人所得税中，稿酬所得、偶然所得的来源地规则目前尚未明确；企业所得税明确其他所得由国务院财政、税务主管部门确定；企业所得税中，对于转让无形资产、保险赔款等来源地目前也尚未做清晰界定。

## 第三节　个人所得税征税范围和免税规定

征税对象是指对什么征税，是一税种区别于另一税种的重要标志。征税范围是对征税对象的具体化。顾名思义，个人所得税的征税对象为所得，但具体征税范围又因各国情况不同而有所不同。

### 一、我国个人所得税的征税范围

我国《个人所得税法》以正列举的方式规定了征税范围，同时对免税所得进行了明确。根据我国《个人所得税法》第二条的规定，我国个人所得税的征税范围包括：（1）工资、薪金所得；（2）劳务报酬所得；（3）稿酬所得；（4）特许权使用费所得；（5）经营所得；（6）利息、股息、红利所得；（7）财产租赁所得；（8）财产转让所得；

(9) 偶然所得。

居民个人取得前款第一项至第四项所得（以下简称综合所得），按纳税年度合并计算个人所得税；非居民个人取得前款第一项至第四项所得，按月或者按次分项计算个人所得税。纳税人取得前款第五项至第九项所得，依照《个人所得税法》的相关规定计算个人所得税，可统一称为分类所得。

## 二、法定免税规定

根据《个人所得税法》第四条的规定，下列个人所得，免征个人所得税：

1. 省级人民政府、国务院部委和中国人民解放军军以上单位，以及外国组织、国际组织颁发的科学、教育、技术、文化、卫生、体育、环境保护等方面的奖金。

2. 国债和国家发行的金融债券利息。

解析：根据《个人所得税法实施条例》第四条规定，所称国债利息，是指个人持有中华人民共和国财政部发行的债券而取得的利息；所称国家发行的金融债券利息，是指个人持有经国务院批准发行的金融债券而取得的利息。

3. 按照国家统一规定发给的补贴、津贴。《个人所得税法实施条例》第十条规定，所称按照国家统一规定发给的补贴、津贴，是指按照国务院规定发给的政府特殊津贴、院士津贴，以及国务院规定免纳个人所得税的其他补贴、津贴。

解析：根据《关于中国科学院、中国工程院资深院士津贴免征个人所得税的通知》(财税字〔1998〕118 号）规定：为尊重知识、尊重人才，体现党和政府对老年院士的关心和爱护，依据《国务院关于在中国科学院、中国工程院院士中实行资深院士制度的通知》(国发〔1998〕8 号）的规定，发给中国科学院资深院士和中国工程院资深院士每人每年 1 万元的资深院士津贴免予征收个人所得税。因此，就目前来看，除政府特殊津贴、院士津贴、资深院士津贴和国务院规定的免纳个人所得税的补贴、津贴外，纳税人取得的其他补贴、津贴均应缴纳个人所得税。

4. 福利费、抚恤金、救济金。《个人所得税法实施条例》第十一条规定：所称福利费，是指根据国家有关规定，从企业、事业单位，国家机关，社会团体提留的福利费或者工会经费中支付给困难个人的生活补助费；所称救济金，是指各级人民政府民政部门支付给个人的生活困难补助费。

解析：根据《国家税务总局关于生活补助费范围确定问题的通知》(国税发〔1998〕155 号）规定：近据一些地区反映，《中华人民共和国个人所得税法实施条例》第十四条(原实施条例的第十四条，编者注）所说的从福利费或者工会经费中支付给个人的生活补助费，由于缺乏明确的范围，在实际执行中难以具体界定，各地掌握尺度不一，须统一明确规定，以利执行。经研究，现明确如下：

一、上述所称生活补助费，是指由于某些特定事件或原因而给纳税人本人或其家庭的正常生活造成一定困难，其任职单位按国家规定从提留的福利费或者工会经费中向其支付的临时性生活困难补助。

二、下列收入不属于免税的福利费范围，应当并入纳税人的工资、薪金收入计征个人所得税：

（一）从超出国家规定的比例或基数计提的福利费、工会经费中支付给个人的各种补贴、补助；

（二）从福利费和工会经费中支付给本单位职工的人人有份的补贴、补助；

（三）单位为个人购买汽车、住房、电子计算机等不属于临时性生活困难补助性质的支出；

（四）以上规定从1998年11月1日起执行。

5. 保险赔款。

6. 军人的转业费、复员费、退役金。

解析：《个人所得税法》新增免税收入退役金。

7. 按照国家统一规定发给干部、职工的安家费、退职费、基本养老金或者退休费、离休费、离休生活补助费。

解析：根据《国家税务总局关于离退休人员取得单位发放离退休工资以外奖金补贴征收个人所得税的批复》（国税函〔2008〕723号）规定：离退休人员除按规定领取离退休工资或养老金外，另从原任职单位取得的各类补贴、奖金、实物，不属于《中华人民共和国个人所得税法》第四条规定可以免税的退休工资、离休工资、离休生活补助费。根据《中华人民共和国个人所得税法》及其实施条例的有关规定，离退休人员从原任职单位取得的各类补贴、奖金、实物，应在减除费用扣除标准后，按“工资、薪金所得”应税项目缴纳个人所得税。

8. 依照有关法律规定应予免税的各国驻华使馆、领事馆的外交代表、领事官员和其他人员的所得。

解析：《个人所得税法实施条例》第十二条个人所得税法第四条第一款第八项所称依照有关法律规定应予免税的各国驻华使馆、领事馆的外交代表、领事官员和其他人员的所得，是指依照《中华人民共和国外交特权与豁免条例》和《中华人民共和国领事特权与豁免条例》规定免税的所得。

9. 中国政府参加的国际公约、签订的协议中规定免税的所得。

10. 国务院规定的其他免税所得。

## 三、其他免税规定

本节仅列示无法准确归集至各章节的个人所得税免税情形，而可归集到各章节的免税所得，具体详见相应章节。

### （一）补偿类所得免税

1. 根据《财政部 国家税务总局关于城镇房屋拆迁有关税收政策的通知》（财税〔2005〕45号）规定：对被拆迁人按照国家有关城镇房屋拆迁管理办法规定的标准取得的拆迁补偿款，免征个人所得税。

2. 根据《财政部 国家税务总局关于易地扶贫搬迁税收优惠政策的通知》（财税〔2018〕135号）的规定：关于易地扶贫搬迁贫困人口税收政策，对易地扶贫搬迁贫困人口按规定取得的住房建设补助资金、拆旧复垦奖励资金等与易地扶贫搬迁相关的货币化补偿和易地扶贫搬迁安置住房（以下简称"安置住房"），免征个人所得税。

3. 根据《国家税务总局关于个人取得被征用房屋补偿费收入免征个人所得税的批复》（国税函〔1998〕428号）的规定：按照城市发展规划，在旧城改造过程中，个人因住房被征用而取得赔偿费，属补偿性质的收入，无论是现金还是实物（房屋），均免予征收个人所得税。

4. 根据《国家税务总局关于个人取得青苗补偿费收入征免个人所得税的批复》（国税函发〔1995〕79号）的规定：乡镇企业的职工和农民取得的青苗补偿费，属种植业的收益范围，同时也属经济损失的补偿性收入，因此，对他们取得的青苗补偿费收入暂不征收个人所得税。

5. 根据《财政部 国家税务总局关于行政和解金有关税收政策问题的通知》（财税〔2016〕100号）的规定：中国证券投资者保护基金公司（以下简称"投保基金公司"）代收备付的行政和解金不属于投保基金公司的收入，不征收企业所得税。对个人投资者从投保基金公司取得的行政和解金，暂免征收个人所得税。

### （二）奥运会、抗震救灾类所得

1. 根据《财政部 国家税务总局关于认真落实抗震救灾及灾后重建税收政策问题的通知》（财税〔2008〕62号）第二条规定：

（1）因地震灾害造成重大损失的个人，可减征个人所得税。具体减征幅度和期限由受灾地区省、自治区、直辖市人民政府确定。

（2）对受灾地区个人取得的抚恤金、救济金，免征个人所得税。

（3）个人将其所得向地震灾区的捐赠，按照个人所得税法的有关规定从应纳税所得中扣除。

2. 根据《关于北京2022年冬奥会和冬残奥会税收政策的通知》（财税〔2017〕60号）的规定：对于参赛运动员因北京2022年冬奥会、冬残奥会、测试赛比赛获得的奖金和其他奖赏收入，按现行税收法律法规的有关规定征免应缴纳的个人所得税。

3. 根据《关于支持鲁甸地震灾后恢复重建有关税收政策问题的通知》（财税〔2015〕27号）的规定：自2014年8月3日起，对受灾地区个人接受捐赠的款项、取得的各级政府发放的救灾款项，以及参与抗震救灾的一线人员，按照地方各级人民政府及其部门规定标准取得的与抗震救灾有关的补贴收入，免征个人所得税。

4. 根据《关于第二届夏季青年奥林匹克运动会等三项国际综合运动会税收政策的通知》（财税〔2013〕11号）的规定：对参赛运动员因青奥会、亚青会和东亚会比赛获得的奖金和其他奖赏收入，按现行税收法律法规的有关规定征免应缴纳的个人所得税。

### 四、减征个人所得税

根据个人所得税法第五条的规定，有下列情形之一的，可以减征个人所得税，减征个人所得税具体幅度和期限，由省、自治区、直辖市人民政府规定，并报同级人民代表大会常务委员会备案：（1）残疾、孤老人员和烈属的所得；（2）因自然灾害遭受重大损失的。

## 第四节　个人所得税税率及预扣预缴率

我国个人所得税适用超额累进税率，即将所得划分为不同等级，分别适用不同税率，所得额越大，适用个人所得税税率越高。

由于我国个人所得税实行综合与分类相结合的税制模式，税率分为综合所得税率和分类所得税率。同时，我国个人所得税的综合所得实行按期预缴、年终汇算清缴的方式，综合所得不但涉及税率，还要涉及预扣预缴税率。

总体而言，我国个人所得税适用税率分为三类：综合所得税率、分类所得税率以及非居民所得税率。综合所得的预扣预缴税率适用于居民个人，包括工资、薪金所得的累进预扣率和劳务报酬预扣率，以及稿酬所得、特许权使用费所得的比例预扣率。

### 一、综合所得的预扣预缴率

对于居民个人综合所得的预扣预缴率而言，又可以分为工资、薪金预扣预缴税率和其他预扣预缴税率，前者适用累进超额预扣税率，后者适用比例预扣税率。

#### （一）工资、薪金预扣预缴率

扣缴义务人向居民个人支付工资、薪金所得时，应当按照累计预扣法计算预扣预缴税额，适用个人所得税预扣率见表1－1。

**表 1－1　　个人所得税工资、薪金所得预扣预缴率**

| 级数 | 累计预扣预缴应纳税所得额 | 预扣率（%） | 速算扣除数（元） |
|---|---|---|---|
| 1 | 不超过 36 000 元的部分 | 3 | 0 |
| 2 | 超过 36 000 元至 144 000 元的部分 | 10 | 2 520 |
| 3 | 超过 144 000 元至 300 000 元的部分 | 20 | 16 920 |
| 4 | 超过 300 000 元至 420 000 元的部分 | 25 | 31 920 |
| 5 | 超过 420 000 元至 660 000 元的部分 | 30 | 52 920 |
| 6 | 超过 660 000 元至 960 000 元的部分 | 35 | 85 920 |
| 7 | 超过 960 000 元的部分 | 45 | 181 920 |

### （二）劳务报酬所得预扣预缴率

劳务报酬所得适用 20% 的超额累进预扣税率，具体见表 1－2。劳务报酬所得，以收入减除费用后的余额为收入额。减除费用的具体规定为：劳务报酬所得每次收入不超过 4 000 元的，减除费用按 800 元计算；每次收入 4 000 元以上的，减除费用按收入的 20% 计算。

**表 1－2　　个人所得税劳动报酬所得预扣预缴率**

| 级数 | 预扣预缴应纳税所得额 | 预扣率（%） | 速算扣除数（元） |
|---|---|---|---|
| 1 | 不超过 20 000 元的部分 | 20 | 0 |
| 2 | 超过 20 000 元至 50 000 元的部分 | 30 | 2 000 |
| 3 | 超过 50 000 元的部分 | 40 | 7 000 |

### （三）稿酬所得预扣预缴率

稿酬所得适用 20% 的比例预扣预缴率。稿酬所得以收入减除费用后的余额为收入额，稿酬所得的收入额减按 70% 计算。减除费用的具体规定为：稿酬所得每次收入不超过 4 000 元的，减除费用按 800 元计算；每次收入 4 000 元以上的，减除费用按收入的 20% 计算。

### （四）特许权使用费所得预扣预缴率

特许权使用费所得适用 20% 的比例预扣预缴率。特许权使用费所得以收入减除费用后的余额为收入额，按照所适用税率计算个人所得税。减除费用的具体规定为：特许权使用费所得每次收入不超过 4 000 元的，减除费用按 800 元计算；每次收入 4 000 元以上的，减除费用按收入的 20% 计算。

## 二、综合所得税率

按照我国个人所得税法的规定，居民个人的综合所得包括工资、薪金所得、劳动报酬所得、稿酬所得以及特许权使用费所得，适用累进超额税率，具体见表1－3。

**表1－3　　个人所得税综合所得税率**

| 级数 | 全年应纳税所得额 | 预扣率（%） | 速算扣除数（元） |
|---|---|---|---|
| 1 | 不超过36 000元的部分 | 3 | 0 |
| 2 | 超过36 000元至144 000元的部分 | 10 | 2 520 |
| 3 | 超过144 000元至300 000元的部分 | 20 | 16 920 |
| 4 | 超过300 000元至420 000元的部分 | 25 | 31 920 |
| 5 | 超过420 000元至660 000元的部分 | 30 | 52 920 |
| 6 | 超过660 000元至960 000元的部分 | 35 | 85 920 |
| 7 | 超过960 000元的部分 | 45 | 181 920 |

## 三、分类所得税率

按照《个人所得税法》的规定，我国个人所得税的分类所得包括经营所得，利息、股息、红利所得，财产租赁所得，财产转让所得和偶然所得五大类，其中经营所得适用超额累进税率，其他四类适用比例税率。

### （一）经营所得税率

经营所得适用5级超额累进税率，具体见表1－4。个体工商户业主、个人独资企业投资者、合伙企业个人合伙人以及从事其他生产、经营活动的个人，以其每一纳税年度来源于个体工商户、个人独资企业、合伙企业以及其他生产、经营活动的所得，减除费用60 000元、专项扣除以及依法确定的其他扣除后的余额，为应纳税所得额，按生产经营所得税率，计算个人所得税。

**表1－4　　个人所得税经营所得税率**

| 级数 | 全年应纳税所得额 | 税率（%） | 速算扣除数（元） |
|---|---|---|---|
| 1 | 不超过30 000元的部分 | 5 | 0 |
| 2 | 超过30 000元至90 000元的部分 | 10 | 1 500 |
| 3 | 超过90 000元至300 000元的部分 | 20 | 10 500 |
| 4 | 超过300 000元至500 000元的部分 | 30 | 40 500 |
| 5 | 超过500 000元的部分 | 35 | 65 500 |

### （二）其他分类所得税率

利息、股息、红利所得，财产租赁所得，财产转让所得和偶然所得，适用比例税率，税率为20%。

## 四、非居民个人所得税率

非居民个人的工资、薪金所得适用7级超额累进税率，具体见表1－5。非居民个人的工资、薪金所得，以每月收入额减除费用5 000元后的余额为应纳税所得额，适用相应税率计算个人所得税。

劳务报酬所得、稿酬所得、特许权使用费所得适用20%的比例税率。劳务报酬所得、稿酬所得、特许权使用费所得以收入减除20%的费用后的余额为应纳税所得额。其中，稿酬所得的收入额减按70%计算。

**表1－5　　非居民个人工资、薪金税率**

| 级数 | 应纳税所得额 | 税率（%） | 速算扣除数（元） |
|---|---|---|---|
| 1 | 不超过3 000元的部分 | 3 | 0 |
| 2 | 超过3 000元至12 000元的部分 | 10 | 210 |
| 3 | 超过12 000元至25 000元的部分 | 20 | 1 410 |
| 4 | 超过25 000元至35 000元的部分 | 25 | 2 660 |
| 5 | 超过35 000元至55 000元的部分 | 30 | 4 410 |
| 6 | 超过55 000元至80 000元的部分 | 35 | 7 160 |
| 7 | 超过80 000元的部分 | 45 | 15 160 |

# 第二章
# 个人所得税新政概览

2018 年 8 月 31 日，第十三届全国人民代表大会常务委员会第五次会议通过《关于修改〈中华人民共和国个人所得税法〉的决定》第七次修正，于公布之日起施行，并于 2018 年 12 月 18 日同步修订了《中华人民共和国个人所得税法实施条例》。本次修法对于我国个人所得税改革具有里程碑意义，开启了我国个人所得税从分类向分类与综合相结合模式的转变，影响深远。

## 第一节 改革背景及过程

### 一、改革背景

2018 年前的个人所得税制度框架始成于 1994 年，按照“高收入者多缴税，中等收入者少缴税，低收入者不纳税”的原则而设计，并考虑当时征管条件，实施了分类税制。自 1994 年以来，我国个人所得税在调节收入分配、组织财政收入等方面发挥了重要作用。2018 年个人所得税收入为 1.387 万亿元，占全国税收收入的 8.9%。之后进行了若干次改革，但仍旧延续了分类税制模式。

随着经济社会的发展，分类税制模式的弊端逐渐显现，突出问题是不能真实反映纳税人纳税能力，不利于公平分配，不利于收入分配调节。同时，当前经济形势要求提高中产阶级比重，为纳税人合理减负，扩大消费，同时鼓励人民群众通过劳动增加收入，迈向富裕。个人所得税需要改革，以适应经济社会发展需要，为此修订个人所得税法及其实施条例，依法保障个人所得税改革顺利实施。

### 二、修法过程

2018 年 6 月 19 日，财政部部长刘昆在第十三届全国人民代表大会常务委员会第三次会议上做了《关于〈中华人民共和国个人所得税法修正案（草案）〉的说明》，就本次修法的背景、修改的总体思路以及主要内容向全国人民代表大会常务委员会委员做了报告，代表国务院提出修法申请，常委会对个人所得税法修正案草案进行了初次审议。

会后，法制工作委员会将草案印发各省、自治区、直辖市、中央有关部门和部分高等院校、研究机构征求意见，在中国人大网全文公布草案征求社会公众意见。法制工作委员会还到北京进行调研，听取意见；并就草案的有关问题与有关部门交换意见，共同研究。宪法和法律委员会于7月26日召开会议，根据常委会组成人员的审议意见和各方面意见，对草案进行了逐条审议。

2018年8月20日，宪法和法律委员会召开会议，再次进行审议。认为对个人所得税法进行修改确有必要，草案内容总体可行，并提出若干主要修改意见。

2018年8月31日，第十三届全国人民代表大会常务委员会第五次会议通过了《关于修改〈中华人民共和国个人所得税法〉的决定》，并于2019年1月1日起实施。

2018年12月18日，国务院依据个人所得税法，发布国务院第707号令，决定对《中华人民共和国个人所得税法实施条例》进行第四次修订，并于2019年1月1日正式实施。

2018年12月13日，国务院印发《个人所得税专项附加扣除暂行办法的通知》（国发〔2018〕41号），明确各项专项扣除的办法。

2018年12月19日，国家税务总局发布了《关于全面实施新个人所得税法若干征管衔接问题的公告》（国家税务总局公告2018年第56号），明确了居民个人工资、薪金所得，劳务报酬所得，稿酬所得，特许权使用费所得预扣预缴个人所得税的计算方法。

2018年12月21日，国家税务总局发布了《关于个人所得税自行纳税申报有关问题的公告》（国家税务总局公告2018年第62号），明确纳税人自行申报的相关问题。

2018年12月27日，财政部、税务总局发布了《关于个人所得税法修改后有关优惠政策衔接问题的通知》（财税〔2018〕164号），就修法之前个人所得税优惠政策与新法的衔接问题进行了明确。

## 第二节　改革的主要内容

### 一、全面实施综合与分类相结合的税制模式

综合与分类相结合税制，就是把所得项目划分为综合所得与分类所得两大类，综合所得按年计税，按月预缴，年终汇算清缴；分类所得仍按月按次征税。综合与分类相结合的税制模式改革是本次修法的统领和核心，进而引致相关的征管制度重构。《个人所得税法》第十一条、《实施条例》第二十五条对综合所得的具体操作框架规定进行了描述，明确居民

纳税人的工资、薪金、劳动报酬、特许权使用费以及稿酬四项实行综合纳税，适用统一的扣除方法、税率以及征管办法。综合所得纳税人实行按月预缴、年终汇算清缴的征管方法。

## 二、完善有关纳税人的规定

借鉴国际惯例，明确引入了居民纳税人和非居民纳税人的概念，并将居民纳税人的居住时间标准从 1 年调整为 183 天，以更好地行使税收管辖权，维护国家税收权益，具体见《个人所得税法》的第一条。

## 三、优化调整税率结构

本着减轻纳税人负担的原则，优化调整了综合所得和经营所得税率。以现行工资、薪金所得税率（3% 至 45% 的 7 级超额累进税率）为基础，将按月计算应纳税所得额调整为按年计算，并优化调整部分税率的级距。具体是：扩大 3%、10%、20% 三档低税率的级距，3% 税率的级距扩大一倍，现行税率为 10% 的部分所得的税率降为 3%；大幅扩大 10% 税率的级距，现行税率为 20% 的所得，以及现行税率为 25% 的部分所得的税率降为 10%；现行税率为 25% 的部分所得的税率降为 20%；相应缩小 25% 税率的级距，30%、35%、45% 这三档较高税率的级距保持不变，具体见《个人所得税法》的第三条和《实施条例》第十六条。以现行个体工商户的生产、经营所得和对企事业单位的承包经营、承租经营所得税率为基础，保持 5% 至 35% 的 5 级税率不变，适当调整各档税率的级距，其中最高档税率级距下限从 10 万元提高至 50 万元，具体见《个人所得税法》的第三条和《实施条例》第十七条。

工资、薪金（综合所得）个人所得税新旧税率表情况如表 2－1 和图 2－1 所示。从中可以看出，尽管税率结构没有变化，但税率级距调整较大，大大拓宽了 3% ~20% 税率的适用级距，减轻中产阶级负担。

**表 2－1　新政前后工资、薪金（综合所得）适用税率比较**

| 税率 | 旧税法税率级距 | 新税法税率级距 |
|---|---|---|
| 3% | 不超过 1 500 元的部分 | 不超过 3 000 元的部分 |
| 10% | 超过 1 500 元至 4 500 元的部分 | 超过 3 000 元至 12 000 元的部分 |
| 20% | 超过 4 500 元至 9 000 元的部分 | 超过 12 000 元至 25 000 元的部分 |
| 25% | 超过 9 000 元至 35 000 元的部分 | 超过 25 000 元至 35 000 元的部分 |
| 30% | 超过 35 000 元至 55 000 元的部分 | 超过 35 000 元至 55 000 元的部分 |
| 40% | 超过 55 000 元至 80 000 元的部分 | 超过 55 000 元至 80 000 元的部分 |
| 45% | 超过 80 000 元的部分 | 超过 80 000 元的部分 |

## 四、提高基本减除费用标准

将基本减除费用标准（原适用于工资、薪金所得，现主要适用于综合所得）从每月 3 500

元提高至每年6万元（月均5 000元），以适应纳税人基本生计成本提高的现实。据此标准取得工资、薪金等综合所得的纳税人，总体上税负都有不同程度下降，特别是中等以下收入群体税负下降明显，有利于增加居民收入、增强消费能力。该标准对于在中国境内无住所而在中国境内取得工资、薪金所得的纳税人和在中国境内有住所而在中国境外取得工资、薪金所得的纳税人统一适用，不再保留专门的附加减除费用（1 300元/月），具体见《个人所得税法》第五条。

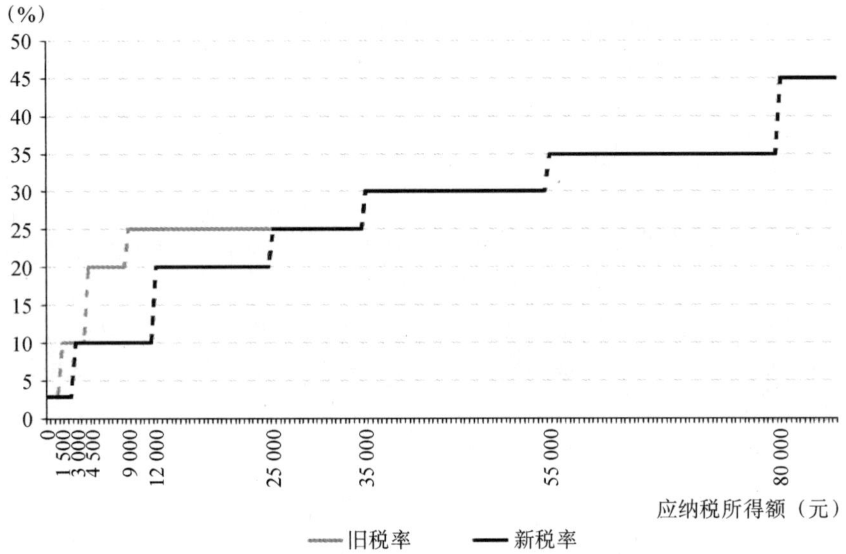


**图2－1　新政前后工资、薪金（综合所得）适用税率对比**

## 五、设立专项附加扣除制度

创新性地引入了专项附加扣除制度，完善我国个人所得税扣除体系。具体包括子女教育、继续教育、大病医疗、住房贷款利息或者住房租金、赡养老人等6项基本民生支出，体现切实减轻中产阶级负担的原则，具体见《个人所得税法》第五条。

## 六、增加反避税条款

参照企业所得税法有关反避税规定，针对个人不按独立交易原则转让财产、在境外避税地避税、实施不合理商业安排获取不当税收利益等避税行为，赋予税务机关按合理方法进行纳税调整的权力。规定税务机关做出纳税调整，需要补征税款的，应当补征税款，并依法加收利息，具体见《个人所得税法》第六条。

## 七、新旧法条对比

本部分以表格形式列示了新旧《个人所得税法》的差异，并进行简单注释和解读，具体见表2－2。

**表 2-2　新旧《个人所得税法》比较与解析**

| 中华人民共和国主席令第48号<br>（2011年版）（共十五条） | 中华人民共和国主席令第九号<br>（2018年版）（共二十二条） | 注释和解读 |
| --- | --- | --- |
| 第一条　在中国境内有住所，或者无住所而在境内居住满一年的个人，从中国境内和境外取得的所得，依照本法规定缴纳个人所得税。<br>在中国境内无住所又不居住或者无住所而在境内居住不满一年的个人，从中国境内取得的所得，依照本法规定缴纳个人所得税。 | 第一条　在中国境内有住所，或者无住所而一个纳税年度内在中国境内居住累计满一百八十三天的个人，为居民个人。居民个人从中国境内和境外取得的所得，依照本法规定缴纳个人所得税。<br>在中国境内无住所又不居住，或者无住所而一个纳税年度内在中国境内居住累计不满一百八十三天的个人，为非居民个人。非居民个人从中国境内取得的所得，依照本法规定缴纳个人所得税。<br>纳税年度，自公历一月一日起至十二月三十一日止。 | 明确了居民个人和非居民个人的定义，并调整了居民个人居住时间标准，从原来的一年改为现在的183天。<br>符合国际惯例，扩大我国税收管辖权，维护我国税法利益。 |
| 第二条　下列各项个人所得，应纳个人所得税：<br>（一）工资、薪金所得；<br>（二）个体工商户的生产、经营所得；<br>（三）对企事业单位的承包经营、承租经营所得；<br>（四）劳务报酬所得；<br>（五）稿酬所得；<br>（六）特许权使用费所得；<br>（七）利息、股息、红利所得；<br>（八）财产租赁所得；<br>（九）财产转让所得；<br>（十）偶然所得；<br>（十一）经国务院财政部门确定征税的其他所得。 | 第二条　下列各项个人所得，应当缴纳个人所得税：<br>（一）工资、薪金所得；<br>（二）劳务报酬所得；<br>（三）稿酬所得；<br>（四）特许权使用费所得；<br>（五）经营所得；<br>（六）利息、股息、红利所得；<br>（七）财产租赁所得；<br>（八）财产转让所得；<br>（九）偶然所得。<br>居民个人取得前款第一项至第四项所得（以下称综合所得），按纳税年度合并计算个人所得税；非居民个人取得前款第一项至第四项所得，按月或者按次分项计算个人所得税。纳税人取得前款第五项至第九项所得，依照本法规定分别计算个人所得税。 | 调整所得项目的顺序；将原来的“个体工商户的生产、经营所得和对企事业单位的承包经营、承租经营所得”合并为“经营所得”；删除了“经国务院财政部门确定征税的其他所得”。<br>适应经济社会形势发展，对企业单位的承包经营所得、承租经营所得越来越少，且当前纳税人的经营所得不仅局限于“生产”，也包括“提供服务”等；删除“经国务院财政部门确定征税的其他所得”，体现税收法定原则；明确综合所得范围。 |

续表

| 中华人民共和国主席令第 48 号<br>（2011 年版）（共十五条） | 中华人民共和国主席令第九号<br>（2018 年版）（共二十二条） | 注释和解读 |
| --- | --- | --- |
| 第三条　个人所得税的税率：<br>（一）工资、薪金所得，适用超额累进税率，税率为百分之三至百分之四十五。<br>（二）个体工商户的生产、经营所得和对企事业单位的承包经营、承租经营所得，适用百分之五至百分之三十五的超额累进税率。<br>（三）稿酬所得，适用比例税率，税率为百分之二十，并按应纳税额减征百分之三十。<br>（四）劳务报酬所得，适用比例税率，税率为百分之二十。对劳务报酬所得一次收入畸高的，可以实行加成征收，具体办法由国务院规定。<br>（五）特许权使用费所得，利息、股息、红利所得，财产租赁所得，财产转让所得，偶然所得和其他所得，适用比例税率，税率为百分之二十。 | 第三条　个人所得税的税率：<br>（一）综合所得，适用百分之三至百分之四十五的超额累进税率；<br>（二）经营所得，适用百分之五至百分之三十五的超额累进税率；<br>（三）利息、股息、红利所得，财产租赁所得，财产转让所得，偶然所得和其他所得，适用比例税率，税率为百分之二十。 | 综合所得和工资、薪金所得相比，税目和级距发生调整；稿酬所得将“应纳税额减征百分之三十”表述为“收入额减按百分之七十计算”（第六条）。<br>体现优化调整税率的改革内容。 |
| 第四条　下列各项个人所得，免纳个人所得税：<br>（一）省级人民政府、国务院部委和中国人民解放军军以上单位，以及外国组织、国际组织颁发的科学、教育、技术、文化、卫生、体育、环境保护等方面的奖金；<br>（二）国债和国家发行的金融债券利息；<br>（三）按照国家统一规定发给的补贴、津贴；<br>（四）福利费、抚恤金、救济金；<br>（五）保险赔款；<br>（六）军人的转业费、复员费； | 第四条　下列各项个人所得，免纳个人所得税：<br>（一）省级人民政府、国务院部委和中国人民解放军军以上单位，以及外国组织、国际组织颁发的科学、教育、技术、文化、卫生、体育、环境保护等方面的奖金；<br>（二）国债和国家发行的金融债券利息；<br>（三）按照国家统一规定发给的补贴、津贴；<br>（四）福利费、抚恤金、救济金；<br>（五）保险赔款；<br>（六）军人的转业费、复员费、退役金； | 在第六项中的“复员费”后面增加“退役金”。对退役金，参见《自主择业的军队转业干部退役金发放管理办法》；<br>将第七项中的“退休工资、离休工资”修改为“基本养老金或者退休费、离休费”，根据社会发展需要，适时调整所得正列举范围和表述；<br>增加“前款第十项免税规定，由国务院报全国人民代表大会常务委员会备案。”体现税收法定原则。 |

续表

| 中华人民共和国主席令第48号<br>（2011年版）（共十五条） | 中华人民共和国主席令第九号<br>（2018年版）（共二十二条） | 注释和解读 |
|---|---|---|
| （七）按照国家统一规定发给干部、职工的安家费、退职费、退休工资、离休工资、离休生活补助费；<br>（八）依照我国有关法律规定应予免税的各国驻华使馆、领事馆的外交代表、领事官员和其他人员的所得；<br>（九）中国政府参加的国际公约、签订的协议中规定免税的所得；<br>（十）经国务院财政部门批准免税的所得。 | （七）按照国家统一规定发给干部、职工的安家费、退职费、基本养老金或者退休费、离休费、离休生活补助费；<br>（八）依照我国有关法律规定应予免税的各国驻华使馆、领事馆的外交代表、领事官员和其他人员的所得；<br>（九）中国政府参加的国际公约、签订的协议中规定免税的所得；<br>（十）国务院规定的其他免税所得。<br>前款第十项免税规定，由国务院报全国人民代表大会常务委员会备案。 | |
| 第五条　有下列情形之一的，经批准可以减征个人所得税：<br>（一）残疾、孤老人员和烈属的所得；<br>（二）因严重自然灾害造成重大损失的；<br>（三）其他经国务院财政部门批准减税的。 | 第五条　有下列情形之一的，可以减征个人所得税，具体幅度和期限，由省、自治区、直辖市人民政府规定，并报同级人民代表大会常务委员会备案：<br>（一）残疾、孤老人员和烈属的所得；<br>（二）因自然灾害遭受重大损失的。<br>国务院可以规定其他减税情形，报全国人民代表大会常务委员会备案。 | 删除"（三）其他经国务院财政部门批准减税的"，限制了国务院财政部门减免权限。 |
| 第六条　应纳税所得额的计算：<br>（一）工资、薪金所得，以每月收入额减除费用三千五百元后的余额，为应纳税所得额。<br>（二）个体工商户的生产、经营所得，以每一纳税年度的收入总额减除成本、费用以及损失后的余额，为应纳税所得额。 | 第六条　应纳税所得额的计算：<br>（一）居民个人的综合所得，以每一纳税年度的收入额减除费用六万元以及专项扣除、专项附加扣除和依法确定的其他扣除后的余额，为应纳税所得额。<br>（二）非居民个人的工资、薪金所得，以每月收入额减除费用五千元后的余额为应纳税所得额；劳务报酬所得、稿酬所得、特许权使用费所得，以每次收入额为应纳税所得额。 | 明确居民个人综合所得以及非居民个人所得的计税方法。二者的差异主要表现在前者按月预缴、年终汇算清缴，后者按月或按次缴纳。<br>税法中仅对公益捐赠扣除做了允许扣除的规定，但未对具体扣除办法做出明确规定，尚需国务院出台相关政策予以明确，而旧法做出明确规定。 |

续表

| 中华人民共和国主席令第48号<br>（2011年版）（共十五条） | 中华人民共和国主席令第九号<br>（2018年版）（共二十二条） | 注释和解读 |
| --- | --- | --- |
| （三）对企事业单位的承包经营、承租经营所得，以每一纳税年度的收入总额，减除必要费用后的余额，为应纳税所得额。<br>（四）劳务报酬所得、稿酬所得、特许权使用费所得、财产租赁所得，每次收入不超过四千元的，减除费用八百元；四千元以上的，减除百分之二十的费用，其余额为应纳税所得额。<br>（五）财产转让所得，以转让财产的收入额减除财产原值和合理费用后的余额，为应纳税所得额。<br>（六）利息、股息、红利所得，偶然所得和其他所得，以每次收入额为应纳税所得额。<br>个人将其所得对教育事业和其他公益事业捐赠的部分，按照国务院有关规定从应纳税所得中扣除。<br>对在中国境内无住所而在中国境内取得工资、薪金所得的纳税义务人和在中国境内有住所而在中国境外取得工资、薪金所得的纳税义务人，可以根据其平均收入水平、生活水平以及汇率变化情况确定附加减除费用，附加减除费用适用的范围和标准由国务院规定。 | （三）经营所得，以每一纳税年度的收入总额减除成本、费用以及损失后的余额，为应纳税所得额。<br>（四）财产租赁所得，每次收入不超过四千元的，减除费用八百元；四千元以上的，减除百分之二十的费用，其余额为应纳税所得额。<br>（五）财产转让所得，以转让财产的收入额减除财产原值和合理费用后的余额，为应纳税所得额。<br>（六）利息、股息、红利所得，偶然所得和其他所得，以每次收入额为应纳税所得额。<br>劳务报酬所得、稿酬所得、特许权使用费所得以收入减除百分之二十的费用后的余额为收入额。稿酬所得的收入额减按百分之七十计算。<br>个人将其所得对教育、扶贫、济困等公益慈善事业进行捐赠，捐赠额未超过纳税人申报的应纳税所得额百分之三十的部分，可以从其应纳税所得额中扣除；国务院规定对公益慈善事业捐赠实行全额税前扣除的，从其规定。<br>本条第一款第一项规定的专项扣除，包括居民个人按照国家规定的范围和标准缴纳的基本养老保险、基本医疗保险、失业保险等社会保险费和住房公积金等；专项附加扣除，包括子女教育、继续教育、大病医疗、住房贷款利息或者住房租金、赡养老人等支出，具体范围、标准和实施步骤由国务院确定，并报全国人民代表大会常务委员会备案。 | 明确了专项扣除的范围以及全国人大与国务院在专项扣除制度相关问题的职责划分。 |
| 第七条　纳税义务人从中国境外取得的所得，准予其在应纳税额中扣除已在境外缴纳的个人所得税税额，但扣除额不得超过该纳税义务人境外所得依照本法规定计算的应纳税额。 | 第七条　居民个人从中国境外取得的所得，可以从其应纳税额中抵免已在境外缴纳的个人所得税税额，但抵免额不得超过该纳税人境外所得依照本法规定计算的应纳税额。 | 因为非居民个人的境外所得不属于我国个人所得税法的课税范围，这样表述更加严谨。 |

续表

| 中华人民共和国主席令第48号<br>（2011年版）（共十五条） | 中华人民共和国主席令第九号<br>（2018年版）（共二十二条） | 注释和解读 |
| --- | --- | --- |
| | 第八条　有下列情形之一的，税务机关有权按照合理方法进行纳税调整：<br>（一）个人与其关联方之间的业务往来不符合独立交易原则而减少本人或者其关联方应纳税额，且无正当理由；<br>（二）居民个人控制的，或者居民个人和居民企业共同控制的设立在实际税负明显偏低的国家（地区）的企业，无合理经营需要，对应当归属于居民个人的利润不作分配或者减少分配；<br>（三）个人实施其他不具有合理商业目的的安排而获取不当税收利益。<br>税务机关依照前款规定做出纳税调整，需要补征税款的，应当补征税款，并依法加收利息。 | 扩大了税务机关的自由裁量权，堵塞税收漏洞。 |
| 第八条　个人所得税，以所得人为纳税义务人，以支付所得的单位或者个人为扣缴义务人。个人所得超过国务院规定数额的，在两处以上取得工资、薪金所得或者没有扣缴义务人的，以及具有国务院规定的其他情形的，纳税义务人应当按照国家规定办理纳税申报。扣缴义务人应当按照国家规定办理全员全额扣缴申报。 | 第九条　个人所得税以所得人为纳税人，以支付所得的单位或者个人为扣缴义务人。<br>纳税人有中国公民身份号码的，以中国公民身份号码为纳税人识别号；纳税人没有中国公民身份号码的，由税务机关赋予其纳税人识别号。扣缴义务人扣缴税款时，纳税人应当向扣缴义务人提供纳税人识别号。<br>第十条　有下列情形之一的，纳税人应当依法办理纳税申报：<br>（一）取得综合所得需要办理汇算清缴；<br>（二）取得应税所得没有扣缴义务人；<br>（三）取得应税所得，扣缴义务人未扣缴税款；<br>（四）取得境外所得；<br>（五）因移居境外注销中国户籍； | 明确了公民身份证号在个人所得税法中的作用和地位。以列举的方式明确了需要纳税人自行申报的情形和义务。 |

续表

| 中华人民共和国主席令第48号<br>（2011年版）（共十五条） | 中华人民共和国主席令第九号<br>（2018年版）（共二十二条） | 注释和解读 |
| --- | --- | --- |
| | （六）非居民个人在中国境内从两处以上取得工资、薪金所得；<br>（七）国务院规定的其他情形。<br>扣缴义务人应当按照国家规定办理全员全额扣缴申报，并向纳税人提供其个人所得和已扣缴税款等信息。 | |
| 第九条第二项　工资、薪金所得应纳的税款，按月计征，由扣缴义务人或者纳税义务人在次月十五日内缴入国库，并向税务机关报送纳税申报表。特定行业的工资、薪金所得应纳的税款，可以实行按年计算、分月预缴的方式计征，具体办法由国务院规定。 | 第十一条　居民个人取得综合所得，按年计算个人所得税；有扣缴义务人的，由扣缴义务人按月或者按次预扣预缴税款；需要办理汇算清缴的，应当在取得所得的次年三月一日至六月三十日内办理汇算清缴。预扣预缴办法由国务院税务主管部门制定。<br>居民个人向扣缴义务人提供专项附加扣除信息的，扣缴义务人按月预扣预缴税款时应当按照规定予以扣除，不得拒绝。<br>非居民个人取得工资、薪金所得，劳务报酬所得，稿酬所得和特许权使用费所得，有扣缴义务人的，由扣缴义务人按月或者按次代扣代缴税款，不办理汇算清缴。 | 明确了预扣预缴相关方（居民个人纳税人和扣缴义务人）的责任和义务。 |
| 第九条第三项　个体工商户的生产、经营所得应纳的税款，按年计算，分月预缴，由纳税义务人在次月十五日内预缴，年度终了后三个月内汇算清缴，多退少补。<br>对企事业单位的承包经营、承租经营所得应纳的税款，按年计算，由纳税义务人在年度终了后三十日内缴入国库，并向税务机关报送纳税申报表。纳税义务人在一年内分次取得承包经营、承租经营所得的，应当在取得每次所得后的十五日内预缴，年度终了后三个月内汇算清缴，多退少补。 | 第十二条　纳税人取得经营所得，按年计算个人所得税，由纳税人在月度或者季度终了后十五日内向税务机关报送纳税申报表，并预缴税款；在取得所得的次年三月三十一日前办理汇算清缴。<br>纳税人取得利息、股息、红利所得，财产租赁所得，财产转让所得和偶然所得，按月或者按次计算个人所得税，有扣缴义务人的，由扣缴义务人按月或者按次代扣代缴税款。 | 呼应前述征税范围变化（“个体工商户的生产、经营所得和对企事业单位的承包经营、承租经营所得”合并为“经营所得”）带来的征管变化。<br>明确了利息、股息、红利所得，财产租赁所得，财产转让所得和偶然所得实行源泉扣缴方式，并对相关方的责任和义务进行了明确。 |

续表

| 中华人民共和国主席令第48号（2011年版）（共十五条） | 中华人民共和国主席令第九号（2018年版）（共二十二条） | 注释和解读 |
|---|---|---|
| 第九条第四项　从中国境外取得所得的纳税义务人，应当在年度终了后三十日内，将应纳的税款缴入国库，并向税务机关报送纳税申报表。 | 第十三条　纳税人取得应税所得没有扣缴义务人的，应当在取得所得的次月十五日内向税务机关报送纳税申报表，并缴纳税款。<br>纳税人取得应税所得，扣缴义务人未扣缴税款的，纳税人应当在取得所得的次年六月三十日前，缴纳税款；税务机关通知限期缴纳的，纳税人应当按照期限缴纳税款。<br>居民个人从中国境外取得所得的，应当在取得所得的次年三月一日至六月三十日内申报纳税。<br>非居民个人在中国境内从两处以上取得工资、薪金所得的，应当在取得所得的次月十五日内申报纳税。<br>纳税人因移居境外注销中国户籍的，应当在注销中国户籍前办理税款清算。 | 明确了纳税人在扣缴义务人未履行扣缴义务时的纳税责任。<br>明确了我国税务机关对纳税人移民时未缴税款的追索权。<br>明确了非居民纳税人纳税的时间期限。 |
| 第九条第一项　扣缴义务人每月所扣的税款，自行申报纳税人每月应纳的税款，都应当在次月十五日内缴入国库，并向税务机关报送纳税申报表。 | 第十四条　扣缴义务人每月或者每次预扣、代扣的税款，应当在次月十五日内缴入国库，并向税务机关报送扣缴个人所得税申报表。<br>纳税人办理汇算清缴退税或者扣缴义务人为纳税人办理汇算清缴退税的，经税务机关审核后，按照国库管理的有关规定办理退税。 | 明确了扣缴义务人的扣缴义务和纳税人的纳税人义务。 |
|  | 第十五条　公安、人民银行、金融监督管理等相关部门应当协助税务机关确认纳税人的身份、金融账户信息。教育、卫生、医疗保障、民政、人力资源社会保障、住房城乡建设、公安、人民银行、金融监督管理等相关部门应当向税务机关提供纳税人子女教育、继续教育、大病医疗、住房贷款利息、住房租金、赡养老人等专项附加扣除信息。 | 明确了相关部门的协税义务。 |

续表

| 中华人民共和国主席令第 48 号<br>（2011 年版）（共十五条） | 中华人民共和国主席令第九号<br>（2018 年版）（共二十二条） | 注释和解读 |
| --- | --- | --- |
| | 个人转让不动产的，税务机关应当根据不动产登记等相关信息核验应缴的个人所得税，登记机构办理转移登记时，应当查验与该不动产转让相关的个人所得税的完税凭证。个人转让股权办理变更登记的，市场主体登记机关应当查验与该股权交易相关的个人所得税的完税凭证。<br>有关部门依法将纳税人、扣缴义务人遵守本法的情况纳入信用信息系统，并实施联合激励或者惩戒。 | |
| 第十条　各项所得的计算，以人民币为单位。所得为外国货币的，按照国家外汇管理机关规定的外汇牌价折合成人民币缴纳税款。 | 第十六条　各项所得的计算，以人民币为单位。所得为人民币以外的货币的，按照人民币汇率中间价折合成人民币缴纳税款。 | 2005 年进行汇率市场化改革（汇改）后，汇率由市场决定，而非国家规定。 |
| 第十一条　对扣缴义务人按照所扣缴的税款，付给百分之二的手续费。 | 第十七条　对扣缴义务人按照所扣缴的税款，付给百分之二的手续费。 | |
| 第十二条　对储蓄存款利息所得开征、减征、停征个人所得税及其具体办法，由国务院规定。 | 第十八条　对储蓄存款利息所得开征、减征、停征个人所得税及其具体办法，由国务院规定，并报全国人民代表大会常务委员会备案。 | |
| | 第十九条　纳税人、扣缴义务人和税务机关及其工作人员违反本法规定的，依照《中华人民共和国税收征收管理法》和有关法律法规的规定追究法律责任。 | |
| 第十三条　个人所得税的征收管理，依照《中华人民共和国税收征收管理法》的规定执行。 | 第二十条　个人所得税的征收管理，依照本法和《中华人民共和国税收征收管理法》的规定执行。 | 明确了《个人所得税实施条例》在个人所得税征管中的地位。 |

# 第二篇　综合所得篇

# 第三章
# 工资、薪金所得的预扣预缴

工资、薪金所得是我国个人所得中最重要的一类所得，工资、薪金个人所得税收入占全部个人所得税收入的比重在70%左右，同时工资、薪金所得税涉及的纳税人数量也最多，因此工资、薪金个人所得税的计税方法、适用税率以及征管广受政府、纳税人和扣缴义务人的关注。

## 第一节 征税范围

### 一、征税范围的一般规定

根据《个人所得税法实施条例》第六条的规定：工资、薪金所得，是指个人因任职或者受雇取得的工资、薪金、奖金、年终加薪、劳动分红、津贴、补贴以及与任职或者受雇有关的其他所得。

#### （一）工资、薪金所得与劳务报酬所得为何要做区分

从用工单位来看，工资、薪金和劳务报酬均属人工用工成本，但其列支方式却区分为工资、薪金，劳务报酬两种。那么，同为向用工单位提供劳动服务，为什么要区分为工资、薪金和劳务报酬两种呢？这是因为取得工资、薪金的劳动服务属于非经营活动，而取得劳务报酬的劳动服务属于经营活动。《财政部 国家税务总局关于全面推开营业税改征增值税试点的通知》（财税〔2016〕36号）文件第十条规定，单位或者个体工商户聘用的员工为本单位或者雇主提供取得工资的服务属于非经营活动，不属于增值税应税行为，不缴纳增值税，属于工资、薪金；支付给没有被本企业聘用或受雇的员工的劳动报酬为增值税应税行为，须缴纳流转税，属于劳务报酬。所以，企业支付工资、薪金与支付劳务报酬，

在增值税缴纳、个人所得税的计税方式、企业所得税的税前扣除等方面均有不同的税收规定。因此，在分析工资、薪金所得的征税范围之前，有必要对工资、薪金所得和劳务报酬进行区分。

### （二）区分工资、薪金所得与劳务报酬所得的关键点

根据《个人所得税法实施条例》第六条的规定，劳务报酬所得，是指个人从事劳务取得的所得，包括从事设计、装潢、安装、制图、化验、测试、医疗、法律、会计、咨询、讲学、翻译、审稿、书画、雕刻、影视、录音、录像、演出、表演、广告、展览、技术服务、介绍服务、经纪服务、代办服务以及其他劳务取得的所得。

从上面的定义可以看出，工资、薪金所得，为任职或受雇期间取得的所得；劳务报酬所得，为个人从事劳务取得的所得，两者的区分关键点为是否存在任职、受雇关系，如果存在任职或受雇关系，则为工资、薪金，否则为劳动报酬。

### （三）区分工资、薪金所得与劳务报酬所得的基本原则

《征收个人所得税若干问题的规定》（国税发〔1994〕89 号）文件，对工资、薪金所得与劳务报酬所得的区分做出了规定，该文件为在税法层面区分工资、薪金所得和劳务报酬所得提供了政策依据。

该文件规定，工资、薪金所得是属于非独立个人劳务活动，即在机关、团体、学校、部队、企事业单位及其他组织中任职、受雇而得到的报酬；劳务报酬所得则是个人独立从事各种技艺、提供各项劳务取得的报酬。两者的主要区别在于，前者存在雇佣与被雇佣关系，后者则不存在这种关系。

因此，界定一项提供劳动服务的所得是工资、薪金还是劳务报酬，应当以是存在雇佣关系，还是为独立个人劳务这一基本原则来判断。然而，《征收个人所得税若干问题的规定》（国税发〔1994〕89 号）并未给出具体的判断独立个人劳务的标准，因此在实务中，应寻找更加明确的政策作为判断依据。

### （四）判定独立个人劳务的参考政策依据

实务中，可以将以下两个文件作为判定独立个人劳务的政策依据。

1. 参照税收协定对独立个人劳务的定义。根据《国家税务总局关于税收协定独立个人劳务条款执行解释问题的通知》（国税函发〔1990〕609 号）规定：税收协定关于独立个人劳务的定义规定，所谓“独立个人劳务”是指以独立的个人身份从事科学、文学、艺术、教育或教学活动以及医师、律师、工程师、建筑师、牙医师和会计师等专业性劳务人员，没有固定的雇主，可以多方面提供服务。因此，对在缔约国对方应聘来华从事劳务的人员提出要求对其适用税收协定独立个人劳务条款规定的，须向我主管税务机关提交如下证明：

（1）职业证件，包括登记注册证件和能证明其身份的证件，或者由其为居民的缔约国税务当局在出具居民证明中注明其现时从事专业性劳务的职业。

（2）提供其与有关公司签订的劳务合同，表明其与该公司的关系是劳务服务关系，不是雇主与雇员关系。审核合同时，应着重以下几点：①医疗保险、社会保险、假期工资、海外津贴等方面不享受公司雇员待遇。②其从事劳务服务所取得的劳务报酬，是按相对的小时、周、月或一次性计算支付。③其劳务服务的范围是固定的或有限的，并对其完成的工作负有质量责任。④其为提供合同规定的劳务所相应发生的各项费用，由其个人负担。

对于不能提供上述证明，或在劳务合同中未载明有关事项或难于区别，仍应视其所从事的劳务为非独立个人劳务。

2. 可将满足条件的退休再任职人员取得的收入界定为“工资、薪金”。《国家税务总局关于个人兼职和退休人员再任职取得收入如何计算征收个人所得税问题的批复》（国税函〔2005〕382号）所称的“退休人员再任职”，应同时符合下列条件：（1）受雇人员与用人单位签订一年以上（含一年）劳动合同（协议），存在长期或连续的雇佣与被雇佣关系；（2）受雇人员因事假、病假、休假等原因不能正常出勤时，仍享受固定或基本工资收入；（3）受雇人员与单位其他正式职工享受同等福利、社保、培训及其他待遇；（4）受雇人员的职务晋升、职称评定等工作由用人单位负责组织。

《国家税务总局关于离退休人员再任职界定问题的批复》（国税函〔2006〕526号）文件规定，个人兼职取得的收入应按照“劳务报酬所得”应税项目缴纳个人所得税；退休人员再任职取得的收入，在减除按个人所得税法规定的费用扣除标准后，按“工资、薪金所得”应税项目缴纳个人所得税。

《国家税务总局关于个人所得税有关问题的公告》（国家税务总局公告2011年第27号）文件第二条，关于离退休人员再任职的界定条件问题再次明确：单位是否为离退休人员缴纳社会保险费，不再作为离退休人员再任职的界定条件。

从上述文件可以得出，退休人员再任职取得收入满足国税函〔2005〕382号第一条、第二条及第四条即可作为“工资、薪金所得”计算缴纳个人所得税，不满足前述条件的，属于“劳务报酬”，应按照劳务报酬的计税方法计算缴纳个人所得税。

**案例3－1**

某公司支付给外部个人动漫制作团队的制作费用在职工薪酬项目核算，且按照“职工工资、薪金”代扣代缴个人所得税，而非按照“劳务报酬所得”代扣代缴。

2017年1月26日，该公司在其发布的“公开转让说明书”中披露：在报告期内，公司应付职工薪酬发生额逐年上升，系公司逐步加大对动画片的创作和制作所致。公司创作人员首先完成动画片核心创意，再将劳动性的制作工作委托第三方完成，委托制作支出在2014年、2015年和2016年上半年分别达到264万元、211万元和13万元。根据该公司“公开转让说明书”披露：个人动漫团队未向公司开具发票。

如因税务主管部门要求或决定，公司需要补缴或被追缴上述人员取得劳务报酬所少缴的个人所得税，或因公司未按劳务报酬的个人所得税计税方式足额履行代扣代缴义务而招致税务主管部门罚款、滞纳金或其他行政处罚，则由公司实际控制人无条件全额承担公司补缴（被追缴）的上述个人所得税款和损失（包括罚款、滞纳金或其他行政处罚所引起的损失）。

该公司涉税分析如下：

1. 个人所得税：工资、薪金所得和劳务报酬所得计算个人所得税的方法不同。

（1）工资、薪金所得的计税方法。根据上述案例发生时间进行分析，2014 ~ 2016年，工资、薪金所得应纳税所得额，以每月收入额减除费用 3 500 元后的余额，为应纳税所得额。根据《中华人民共和国个人所得税法》规定，工资、薪金所得，适用超额累进税率，税率为 3% ~45%。

（2）劳务报酬所得的计税方法。2014 ~ 2016 年，劳务报酬所得适用比例税率，税率为 20%。劳务报酬所得，每次收入不超过 4 000 元的，减除费用 800 元；4 000 元以上的，减除 20% 的费用，其余额为应纳税所得额。劳务报酬所得一次收入畸高，是指个人一次取得劳务报酬，其应纳税所得额超过 20 000 元。对前款应纳税所得额超过20 000 ~ 50 000 元的部分，依照税法规定计算应纳税额后再按照应纳税额加征五成；超过 50 000 元的部分，加征十成。劳务报酬所得，属于一次性收入的，以取得该项收入为一次；属于同一项目连续性收入的，以一个月内取得的收入为一次。

2. 增值税。个人动漫团队提供增值税应税劳务未开具发票，可能存在少缴纳增值税及附加税费的风险。

3. 企业所得税。企业支付的劳务报酬须凭合法有效的凭证在企业所得税前扣除。个人动漫团队未与该公司签订一年以上劳动合同，未与单位其他正式职工享受同等福利、社保、培训及其他待遇，不存在任职、受雇的关系前提，不属于“工资、薪金所得”，属于“劳务报酬所得”。企业向个人支付劳务报酬，可要求个人到税务机关代开增值税发票，作为企业所得税前扣除凭证，若未取得增值税发票，则存在企业所得税前不能扣除的风险。

综上所述，该公司可能存在未按劳务报酬的个人所得税计税方式足额履行代扣代缴义务、增值税及附加税费未缴纳、企业所得税前未纳税调增而导致税务主管部门施行补缴税款、罚款、滞纳金等处罚。

## 二、征税范围的特殊规定

《个人所得税法实施条例》第八条规定：个人所得的形式，包括现金、实物、有价证券和其他形式的经济利益；所得为实物的，应当按照取得的凭证上所注明的价格计算应纳税所得额，无凭证的实物或者凭证上所注明的价格明显偏低的，参照市场价格核定应纳税所得额；所得为有价证券的，根据票面价格和市场价格核定应纳税所得额；所得为其他形式的经济利益的，参照市场价格核定应纳税所得额。因此，个人在任职、受雇期间取得的各种形式的所得，除有明确规定的免税所得外，通常均须并入取得当月的“工资、薪金”所得计算缴纳个人所得税。对于下列十三种工资性所得，财政部和国家税务总局出台相关政策，对其进行明确。

### （一）各项补贴及发放实物

员工在任职受雇期间，除正常工资发放外，单位可能会通过发放现金或费用报销的形式，为员工发放住房、交通、餐费、通讯、取暖、高温补贴等专项补贴，或在节假日及员工生日时，发放一些现金、节日礼品、商场购物卡及各类实物等。这些发放（报销）现金或实物，根据《个人所得税实施条例》的规定，在个人所得税层面均属于与任职受雇相关的所得，除另有免税规定外均应并入“工资、薪金所得”计算缴纳个人所得税。所得为实物的，应当按照取得的凭证上所注明的价格并入“工资、薪金所得”缴纳个人所得税。下面就对主要的几种补贴进行介绍：

1. 住房补贴。《财政部 国家税务总局关于住房公积金、医疗保险金、养老保险金征收个人所得税问题的通知》（财税字〔1997〕144 号）规定：企业以现金形式发给个人的住房补贴，应全额计入领取人的当期工资、薪金收入计征个人所得税。

2. 交通费、通讯费补贴。《国家税务总局关于个人所得税有关政策问题的通知》（国税发〔1999〕58 号）规定：个人因公务用车和通讯制度改革而取得的公务用车、通讯补贴收入，扣除一定标准的公务费用后，按照“工资、薪金”所得项目计征个人所得税。按月发放的，并入当月“工资、薪金”所得计征个人所得税；不按月发放的，分解到所属月份并与该月份“工资、薪金”所得合并后计征个人所得税。公务费用的扣除标准，由省税务局根据纳税人公务交通、通信费用的实际发生情况调查测算，报经省级人民政府批准后确定，并报国家税务总局备案。

国税发〔1999〕58 号文中规定扣除一定标准后，其他的部分合并工资纳税，其中“一定标准”的制定权利是下放到各省税务局的，各地区由税务部门出具文件予以明确，或者税务机关参考当地政府财政部门制定的《差旅费管理办法》或公务用车标准来执行。实际中大部分省市由于各种原因，税务部门或当地财政部门未给出这部分标准的具体限额是多少，导致很多地区“上面有政策，下面没标准”，所有的交通费补贴和通信费补贴均须合并工资缴纳个人所得税。

之后，《国家税务总局关于个人因公务用车制度改革取得补贴收入征收个人所得税问题的通知》（国税函〔2006〕245 号）规定：（1）因公务用车制度改革而以现金、报销等形式向职工个人支付的收入，均应视为个人取得公务用车补贴收入，按照“工资、薪金所得”项目计征个人所得税。（2）具体计征方法，按《国家税务总局关于个人所得税有关政策问题的通知》（国税发〔1999〕58 号）第二条“关于个人取得公务交通、通讯补贴收入征税问题”的有关规定执行。

国家税务总局所得税司领导在总局网站做在线访谈时曾经明确，如果所在地没有设定公务费用标准，应按照零处理。因此，企业发放的通讯费补贴满足当地省级税务局出台通讯费公务费用扣除标准和执行口径，可按照其规定执行；若当地未出台执行口径，则应将员工取得的交通补贴合并“工资、薪金”所得计算缴纳个人所得税。通讯补贴、交通补贴要不要缴税、按多少来缴税，则要看当地税务机关或政府部门是否给出扣除标准，若没有给出扣除标准，则按照零对待，全额缴税。

**案例3－2**

某公司于2017年12月29日发布公告，披露其子公司于2017年12月28日被稽查追征2009～2016年未足额申报的土地使用税及发放职工过节费、实物福利应扣未扣的个人所得税，并予处罚和加收滞纳金情况。

该公司子公司于2014年9月、2015年2月、2015年8月，通过“应付职工薪酬”“管理费用—福利费”科目，发放给职工过节费、实物福利，共计金额127 725元，均未按规定并计员工工资、薪金收入扣缴“工资、薪金所得”个人所得税16 372.30元，被按照《税收征管法》第69条处以0.5倍处罚，并加收滞纳金。稽查局按照《税收征管法》第69条的规定，决定对子公司应扣未扣个人所得税的行为处以少扣缴税款50%的罚款，计8 186.15元。

**案例3－3**

某保险公司因列支异地任职高管住房补贴未扣缴“工资、薪金所得”个税、向外单位人员发放礼品未扣缴“其他所得”个税，少扣缴个税共398 891.36元，被稽查局依照《税收征管法》第69条处罚0.5倍，计19.94万元。

该保险公司少代扣代缴个人所得税案行政处罚决定书如下：

一、2016年度

1. 在“营业费用/职工福利费”科目中列支异地任职高管住房补贴532 210.00元，未并入员工所属月份工资、薪金所得足额代扣代缴个人所得税，应补代扣代缴个人所得税56 801.62元。

2. 在“营业费用/业务招待费”和“营业费用/业务宣传费”科目中列支礼品合计401 300.00元，属于单位在业务宣传、广告、年会、座谈会、庆典以及其他活动中向本单位以外的个人赠送的礼品，未按“其他所得”项目代扣代缴个人所得税，应补代扣代缴个人所得税80 260.00元。

二、2017年度

1. 在“营业费用/职工福利费”中列支异地任职高管住房补贴665 520.00元，未并入员工所属月份工资、薪金所得足额代扣代缴个人所得税，应补代扣代缴个人所得税 169 593.14 元。

2. 在“营业费用/业务招待费”和“营业费用/业务宣传费”科目中列支礼品合计 461 183.00 元，属于单位在业务宣传、广告、年会、座谈会、庆典以及其他活动中向本单位以外的个人赠送的礼品，未按“其他所得”项目代扣代缴个人所得税，应补代扣代缴个人所得税 92 236.60 元。

以上税款 398 891.36 元。上述违法事实经你单位负责人确认无异议，并有税务稽查工作底稿等相关证据为证。

2018 年 7 月 16 日，国家税务总局××省税务局稽查局向你单位送达了“税务行政处罚事项告知书”，认为此单位未进行陈述、申辩，在法定期限内也未提出听证要求。根据《中华人民共和国税收征收管理法》第 69 条：“扣缴义务人应扣未扣、应收而不收税款的，由税务机关向纳税人追缴税款，对扣缴义务人处应扣未扣、应收未收税款 50% 以上 3 倍以下的罚款。”的规定并结合具体违法事实，决定对此单位未按规定代扣代缴“工资、薪金所得”个人所得税的行为处以少代扣代缴个人所得税税款 50% 的罚款 113 197.38 元；对未按规定代扣代缴“其他所得”个人所得税的行为处以少代扣代缴个人所得税税款 50% 的罚款 86 248.30 元。

### （二）超标准缴付“三险一金”

根据《财政部 国家税务总局关于基本养老保险费、基本医疗保险费、失业保险费、住房公积金有关个人所得税政策的通知》（财税〔2006〕10 号）的规定：（1）基本养老保险费、基本医疗保险费和失业保险费。企事业单位按照国家或省（自治区、直辖市）人民政府规定的缴费比例或办法实际缴付的基本养老保险费、基本医疗保险费和失业保险费，免征个人所得税；个人按照国家或省（自治区、直辖市）人民政府规定的缴费比例或办法实际缴付的基本养老保险费、基本医疗保险费和失业保险费，允许在个人应纳税所得额中扣除。因此，企事业单位和个人超过规定的比例和标准缴付的基本养老保险费、基本医疗保险费和失业保险费，应将超过部分并入个人当期的“工资、薪金所得”，计征个人所得税。（2）住房公积金。根据《住房公积金管理条例》《建设部 财政部 中国人民银行关于住房公积金管理若干具体问题的指导意见》（建金管〔2005〕5 号）等规定精神，单位和个人分别在不超过职工本人上一年度月平均工资 12% 的幅度内，其实际缴存的住房公积金，允许在个人应纳税所得额中扣除。单位和职工个人缴存住房公积金的月平均工资不得超过职工工作地所在设区城市上一年度职工月平均工资的 3 倍，具体标准按照各地有关规定执行。因此，单位和个人超过上述规定比例和标准缴付的住房公积金，应将超过部分并入个人当期的“工资、薪金所得”，计征个人所得税。

### （三）超标准缴付企业年金/职业年金

《关于企业年金、职业年金个人所得税有关问题的通知》（财税〔2013〕103 号），企业和事业单位根据国家有关政策规定的办法和标准，为在本单位任职或者受雇的全体职工缴付的企业年金或职业年金单位缴费部分，在计入个人账户时，个人暂不缴纳个人所得税。

1. 个人缴费部分。企事业单位根据国家有关政策规定的办法和标准，为在本单位任职或者受雇的全体职工缴付的企业年金或职业年金单位缴费部分，在计入个人账户时，个人暂不缴纳个人所得税。

2. 单位缴费部分。个人根据国家有关政策规定缴付的年金个人缴费部分，在不超过本人缴费工资计税基数的4%标准内的部分，暂从个人当期的应纳税所得额中扣除。超过标准缴付的年金单位缴费和个人缴费部分，应并入个人当期的“工资、薪金所得”，依法计征个人所得税。税款由建立年金的单位代扣代缴，并向主管税务机关申报解缴。个人达到国家规定的退休年龄，领取的企业年金、职业年金不并入综合所得，全额单独计算应纳税款。

### （四）企业为员工缴纳商业保险

《国家税务总局关于单位为员工支付有关保险缴纳个人所得税问题的批复》（国税函〔2005〕318号）指出，依据《中华人民共和国个人所得税法》及有关规定，对企业为员工支付各项免税之外的保险金，应在企业向保险公司缴付时（即该保险落到被保险人的保险账户）并入员工当期的工资收入，按“工资、薪金所得”项目计征个人所得税，税款由企业负责代扣代缴。其中，免税的保险是指《财政部 国家税务总局关于基本养老保险费、基本医疗保险费、失业保险费、住房公积金有关个人所得税政策的通知》（财税〔2006〕10号），企事业单位按照国家或省（自治区、直辖市）人民政府规定的缴费比例或办法实际缴付的基本养老保险费、基本医疗保险费和失业保险费，免征个人所得税；个人按照国家或省（自治区、直辖市）人民政府规定的缴费比例或办法实际缴付的基本养老保险费、基本医疗保险费和失业保险费，允许在个人应纳税所得额中扣除。

可以看出，企业为职工缴纳的各类商业保险，除免征个人所得税的社会保险及公积金外，均需要并入“工资、薪金所得”计算缴纳个人所得税。

### （五）营销人员奖励

公司经营过程中，对营销业绩突出人员以培训班、研讨会、工作考察等名义组织旅游活动，通过免收差旅费、旅游费对个人实行的营销业绩奖励（包括实物、有价证券等），根据《财政部 国家税务总局关于企业以免费旅游方式提供对营销人员个人奖励有关个人所得税政策的通知》（财税〔2004〕11号）规定，应根据所发生费用全额计入营销人员应税所得。

其中，对企业雇员享受的此类奖励，应与当期的工资、薪金合并，按照“工资、薪金所得”项目征收个人所得税；对其他人员享受的此类奖励，应作为当期的劳务收入，按照

“劳务报酬所得”项目征收个人所得税。

**案例 3-4**

某公司于2017年6月27日发布公告，披露其子公司往期因14名职工旅游费用未计入当月工资、薪金扣缴个人所得税，主管稽查局于2013年对其子公司处以补征个人所得税款4 738.15元、罚款2 369.08元的处罚。2013年2月1日，地方税务局稽查局出具“税务行政处罚决定书”，因14名职工旅游费用未计入当月工资、薪金扣缴个人所得税，对其子公司处以补征个人所得税款4 738.15元、罚款2 369.08元的处罚。

（六）兼职董事、监事费

我国最早对于董事费征收个人所得税的规定，出自《征收个人所得税若干问题的规定》（国税发〔1994〕89号）第八条“个人由于担任董事职务所取得的董事费收入，属于劳务报酬所得性质，按照劳务报酬所得项目征收个人所得税。”当时规定，应当按照劳务所得计算缴纳个人所得税。

2009年，国家税务总局通过《国家税务总局关于明确个人所得税若干政策执行问题的通知》（国税〔2009〕121号），对于适用于劳务报酬所得征税的情形，做了进一步限定解释：国税发〔1994〕089号第八条规定的董事费按劳务报酬所得项目征税方法，仅适用于个人担任公司董事、监事，且不在公司任职、受雇的情形；对于个人在公司（包括关联公司）任职、受雇，同时兼任董事、监事的，应将董事费、监事费与个人工资收入合并，统一按“工资、薪金所得”项目缴纳个人所得税。

**案例 3-5**

某公司于2018年3月21日发布公告，披露该公司因2012~2014年支付独立董事费少代扣代缴劳务报酬所得个人所得税66 166.67元，被稽查局按照《税收征收管理法》第69条，处以少扣缴个人所得税50%的罚款，处罚33 083.34元。

该公司于2016年7月30日收到地方税务局稽查局税务处理决定，已足额按期缴纳罚款和追缴的个人所得税款。

（七）专业人员在本单位刊物发表作品所得

《国家税务总局关于个人所得税若干业务问题的批复》（国税函〔2002〕146号）第三条规定，任职、受雇于报刊、杂志等单位的记者、编辑等专业人员，因在本单位的报刊、杂志上发表作品取得的所得，属于因任职、受雇而取得的所得，应与其当月工资收入合并，按“工资、薪金所得”项目征收个人所得税。

除上述专业人员以外，其他人员在本单位的报刊、杂志上发表作品取得的所得，应按“稿酬所得”项目征收个人所得税。

关于员工在单位内部的微信公众号、内部网站投稿取得所得，是否可以作为“稿酬所得”计征个人所得税？我们认为按照国税函〔2002〕146 号文件规定，单位若不属于报刊、杂志性质的单位，员工也不属于专业人员，员工在本单位内部投稿取得的所得，可以按照“稿酬所得”计算缴纳个人所得税。

### （八）出租车单车承包、承租运营收入

出租车运营采用公司型承包（承租）模式运营，即经营权和出租车产权归公司所有，个人驾驶员通过单车承包或承租方式运营，这种模式下个人取得的运营收入，按照《机动出租车驾驶员个人所得税征收管理暂行办法（2018 年修正）》（国税发〔1995〕50 号）第六条的规定，应当按“工资、薪金所得”项目缴纳个人所得税。

税务机关可以委托出租汽车经营单位代收代缴出租车驾驶员应纳的个人所得税。被委托的单位为扣缴义务人，应按期代收代缴出租车驾驶员应纳的个人所得税。

《机动出租车驾驶员个人所得税征收管理暂行办法（2018 年修正）》第十二条规定：各省、自治区、直辖市税务局可根据本办法规定的原则，结合当地实际制定有关具体办法，并报国家税务总局备案。因此，各地区对于此部分的其他相关规定，在具体执行时按照当地的规定执行。

### （九）科技人员现金奖励

1. 科技成果转化现金奖励。《关于科技人员取得职务科技成果转化现金奖励有关个人所得税政策的通知》（财税〔2018〕58 号）第一条，依法批准设立的非营利性研究开发机构和高等学校根据《中华人民共和国促进科技成果转化法》的规定，从职务科技成果转化收入中给予科技人员的现金奖励，可减按 50% 计入科技人员当月“工资、薪金所得”，依法缴纳个人所得税。

科技成果转化是指非营利性科研机构和高校向他人转让科技成果或者许可他人使用科技成果。科技人员是指非营利性科研机构和高校中对完成或转化职务科技成果做出重要贡献的人员。现金奖励是指非营利性科研机构和高校在取得科技成果转化收入三年（36 个月）内奖励给科技人员的现金。非营利性科研机构和高校包括国家设立的科研机构和高校、民办非营利性科研机构和高校。

2. 科技人员享受科技成果转化现金奖励税收优惠的条件。科技人员享受科技成果转化现金奖励减计 50% 的税收优惠，须同时符合以下条件：

（1）非营利性科研机构和高校应按规定公示有关科技人员名单及相关信息（国防专利转化除外），具体公示办法按照《科技部 财政部 税务总局关于科技人员取得职务科技成果转化现金奖励信息公示办法的通知》（国科发政〔2018〕103 号）文件执行。

（2）科技成果是指专利技术（含国防专利）、计算机软件著作权、集成电路布图设计专有权、植物新品种权、生物医药新品种，以及科技部、财政部、税务总局确定的其他技术成果。

（3）非营利性科研机构和高校转化科技成果，应当签订技术合同，并根据《技术合同认定登记管理办法》，在技术合同登记机构进行审核登记，并取得技术合同认定登记证明。

3. 收入的确定。科技成果转化收入三年（36 个月）内，是指自非营利性科研机构和高校实际取得科技成果转化收入之日起 36 个月内。非营利性科研机构和高校分次取得科技成果转化收入的，以每次实际取得日期为准。

4. 扣缴义务人备案资料及其申报操作流程。非营利性科研机构和高校向科技人员发放现金奖励时，应按《个人所得税法》的规定代扣代缴个人所得税，并按规定向税务机关履行备案手续。

非营利性科研机构和高校向科技人员发放职务科技成果转化现金奖励，应于发放之日的次月 15 日内，向主管税务机关报送科技人员取得职务科技成果转化现金奖励个人所得税备案表。单位资质材料（事业单位法人证书、民办学校办学许可证、民办非企业单位登记证书等）、科技成果转化技术合同、科技人员现金奖励公示材料、现金奖励公示结果文件等相关资料自行留存备查。

登录【自然人税收管理系统扣缴客户端】，点击【科技成果转化备案】【添加】，具体见图 3－1 和图 3－2。

图 3－1 扣缴义务人备案科技成果转换资料界面（一）

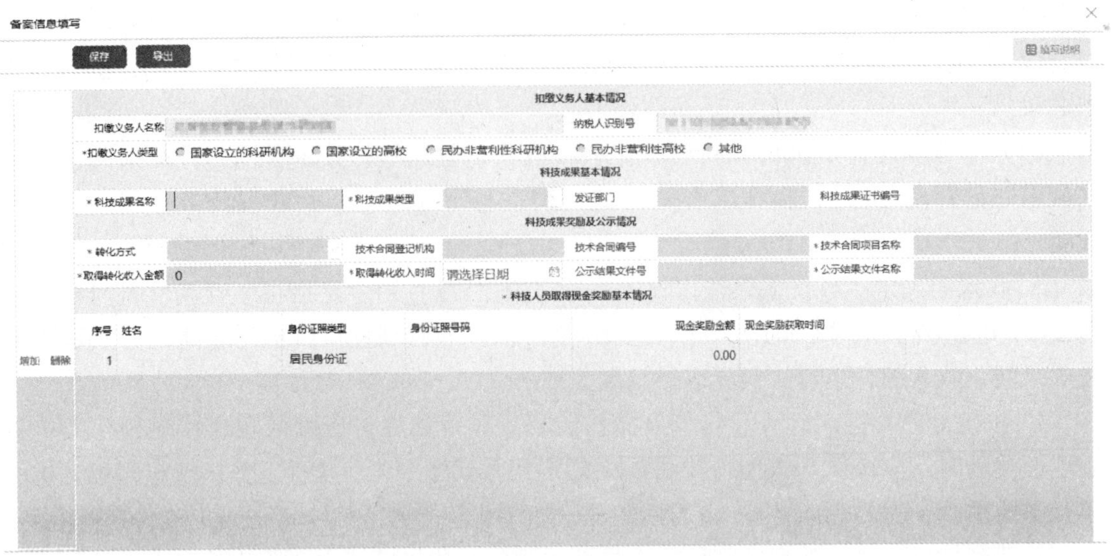


**图 3-2　扣缴义务人备案科技成果转换资料界面（二）**

5. 申报表填列。非营利性科研机构和高校向科技人员发放现金奖励，在填报扣缴个人所得税报告表时，应将当期现金奖励收入金额与当月工资、薪金合并，全额计入“收入额”列，同时将现金奖励的50%填至《扣缴个人所得税报告表》“免税所得”列，并在备注栏注明“科技人员现金奖励免税部分”字样，据此以“收入额”减除“免税所得”以及相关扣除后的余额计算缴纳个人所得税。

### （十）退休再任职取得的收入

《国家税务总局关于个人兼职和退休人员再任职取得收入如何计算征收个人所得税问题的批复》（国税函〔2005〕382号）所称的“退休人员再任职”，应同时符合四个条件，该条件已经在本节“征税范围的一般规定”中描述，在此不再赘述。

《国家税务总局关于离退休人员再任职界定问题的批复》（国税函〔2006〕526号）退休人员再任职取得的收入，在减除按个人所得税法规定的费用扣除标准后，按“工资、薪金所得”应税项目缴纳个人所得税。

退休人员再任职取得收入满足国税函〔2005〕382号第一条、第二条及第四条可以作为“工资、薪金所得”，属于综合所得，如将专项附加扣除信息上报到任职、受雇的单位，可以享受专项附加扣除；不满足前述条件的，属于“劳务报酬”，应按照劳务报酬的计税方法计算缴纳个人所得税。

### （十一）内部退养的一次性补偿收入

财税〔2018〕164号文件延续了个人办理内部退养手续而取得的一次性补贴收入的计税方法，按照《国家税务总局关于个人所得税有关政策问题的通知》（国税发〔1999〕58

号）规定计算纳税，适用月度综合税率表，见表3－1。

表3－1　　个人所得税月度综合所得税率

| 级数 | 应纳税所得额 | 税率（%） | 速算扣除数（元） |
|---|---|---|---|
| 1 | 不超过3 000元的 | 3 | 0 |
| 2 | 超过3 000元至12 000元的部分 | 10 | 210 |
| 3 | 超过12 000元至25 000元的部分 | 20 | 1 410 |
| 4 | 超过25 000元至35 000元的部分 | 25 | 2 660 |
| 5 | 超过35 000元至55 000元的部分 | 30 | 4 410 |
| 6 | 超过55 000元至80 000元的部分 | 35 | 7 160 |
| 7 | 超过80 000元的部分 | 45 | 15 160 |

1. 基本规定。《国家税务总局关于个人所得税有关政策问题的通知》（国税发〔1999〕58号）第一条，关于企业减员增效和行政、事业单位，社会团体在机构改革过程中实行内部退养办法人员取得收入征税问题，实行内部退养的个人在其办理内部退养手续后至法定离退休年龄之间从原任职单位取得的工资、薪金，不属于离退休工资，应按“工资、薪金所得”项目计征个人所得税。

2. 计税方法。个人在办理内部退养手续后从原任职单位取得的一次性收入，应按办理内部退养手续后至法定离退休年龄之间的所属月份进行平均，并与领取当月的“工资、薪金”所得合并后减除当月费用扣除标准，以余额为基数确定适用税率，再将当月工资、薪金加上取得的一次性收入，减去费用扣除标准，按适用税率计征个人所得税。

3. 应纳税额的计算。个人在办理内部退养手续后至法定离退休年龄之间重新就业取得的“工资、薪金”所得，应与其从原任职单位取得的同一月份的“工资、薪金”所得合并，并依法自行向主管税务机关申报缴纳个人所得税。

**案例3－6**

2019年1月，王先生办理提前内部退养手续，离法定退休年龄还有40个月，当月工资收入8 000元，取得一次性补偿金120 000元，请问王先生收到提前退休补贴收入应缴纳的个人所得税是多少？

解析：（120 000÷40＋8 000）－5 000＝6 000（元），根据6 000元判断适用税率为10%，速算扣除数为210元。

应纳税额＝（120 000＋8 000－5 000）×10%－210＝12 090（元）

（十二）关于单位低价向职工售房的政策

财税〔2018〕164号文件明确了单位低价向职工售房有关个人所得税计税方法，废止了《关于单位低价向职工售房有关个人所得税问题的通知》（财税〔2007〕13号）第三条，适用月度综合所得税率表（见表3-1）。

1. 基本规定。《财政部 国家税务总局关于单位低价向职工售房有关个人所得税问题的通知》（财税〔2007〕13号）规定，根据住房制度改革政策的有关规定，国家机关、企事业单位及其他组织（以下简称单位）在住房制度改革期间，按照所在地县级以上人民政府规定的房改成本价格向职工出售公有住房，职工因支付的房改成本价格低于房屋建造成本价格或市场价格而取得的差价收益，免征个人所得税。

除上述情形外，单位按低于购置或建造成本价格出售住房给职工，职工因此而少支出的差价部分，属于个人所得税应税所得，应按照“工资、薪金所得”项目缴纳个人所得税。

2. 应纳税额的计算。单位按低于购置或建造成本价格出售住房给职工，职工因此而少支出的差价部分，不并入当年综合所得，以差价收入除以12个月得到的数额，按照月度综合所得税率表确定适用税率和速算扣除数，单独计算纳税。计算公式为：

应纳税额=职工实际支付的购房价款低于该房屋的购置或建造成本价格的差额×适用税率-速算扣除数

**案例3-7**

2019年1月，王先生在所在单位购买房屋，房屋成本价为82万元，单位以70万元的价格出售给王先生，请问王先生以低于成本价12万元的价格购买房屋，应缴纳的个人所得税是多少？

解析：120 000÷12=10 000（元），根据月度综合所得税率表，确定适用税率为10%，速算扣除数为210元。因此，王先生2019年1月购买房屋应纳税额=120 000×10%-210=11 790（元）

### （十三）建安工程作业人员所得

《建筑安装业个人所得税征收管理暂行办法》（国税发〔1996〕127号）第三条，承包建筑安装业各项工程作业的承包人取得的所得，应区别不同情况计征个人所得税：经营成果归承包人个人所有的所得，或按照承包合同（协议）规定将一部分经营成果留归承包人个人的所得，按对企事业单位的承包经营、承租经营所得项目征税；以其他分配方式取得的所得，按“工资、薪金所得”项目征收个人所得税。

### （十四）个人领取税收递延型商业养老保险的养老金收入

个人按照《财政部 国家税务总局 人力资源和社会保障部 中国银行保险监督管理委员会 证监会关于开展个人税收递延型商业养老保险试点的通知》（财税〔2018〕22号）的规定，领取的税收递延型商业养老保险的养老金收入，其中25%部分予以免税，其余75%部分按照10%的比例税率计算缴纳个人所得税，税款计入“工资、薪金所得”项目，由保险机构代扣代缴后，在个人购买税延养老保险的机构所在地办理全员全额扣缴申报。

# 第二节　免税所得

个人所得税规定了各类免税所得，从而减少纳税人的应税所得。

## 一、不属于工资、薪金性质的补贴、津贴

依据国税发〔1994〕89 号文件第二条的规定，下列不属于工资、薪金性质的补贴、津贴，或者不属于纳税人工资、薪金所得项目的收入，不征税：（1）独生子女补贴；（2）执行公务员工资制度未纳入基本工资总额的补贴、津贴差额和家属成员的副食品补贴；（3）托儿补助费；（4）差旅费津贴、误餐补助。

对于上面所规定的误餐补助，《财政部 国家税务总局关于误餐补助范围确定问题的通知》（财税字〔1995〕82 号）解释为：按财政部门规定，个人因公在城区、郊区工作，不能在工作单位或返回就餐，确实需要在外就餐的，根据实际误餐顿数，按规定的标准领取的误餐费。对于以误餐补助名义发给职工的补贴、津贴，应当并入当月工资、薪金所得计征个人所得税。《财政部 国家税务总局关于军队干部工资、薪金收入征收个人所得税的通知》（财税字〔1996〕14 号）对军队不计入工资、薪金所得项目进行了具体规定。

## 二、高级专家延长离退休期间的工资、薪金

依据《财政部 国家税务总局关于高级专家延长离休退休期间取得工资、薪金所得有关个人所得税问题的通知》（财税〔2008〕第 7 号）的规定，高级专家延长离休退休期间取得的工资、薪金所得，免征个人所得税，且政策口径为：对高级专家从其劳动人事关系所在单位取得的，单位按国家有关规定向职工统一发放的工资、薪金、奖金、津贴、补贴等收入，视同离休、退休工资，免征个人所得税。

## 三、员工自破产企业取得一次性安置收入

依据《关于个人与用人单位解除劳动关系取得的一次性补偿收入征免个人所得税问题的通知》（财税〔2001〕157 号）的规定，企业依照国家有关法律规定宣告破产，企业职工从该破产企业取得的一次性安置费收入，免征个人所得税。本通知自 2001 年 10 月 1 日起执行。以前规定与本通知规定不符的，一律按本通知规定执行。对于此前已发生而尚未进行税务处理的一次性补偿收入也按本通知规定执行。

## 四、远洋运输船员伙食费

依据《国家税务总局关于远洋运输船员工资、薪金所得个人所得税费用扣除问题的通知》(国税发〔1999〕202号)的规定，由于船员的伙食费统一用于集体用餐，不发给个人，故特案允许该项补贴不计入船员个人的应纳税工资、薪金收入。

## 五、职工取得工伤保险津贴

依据《关于工伤职工取得的工伤保险待遇有关个人所得税政策的通知》(财税〔2012〕40号)的规定，自2011年1月1日起，工伤职工及其近亲属按照《工伤保险条例》(国务院令第586号)规定取得的工伤保险待遇，免征个人所得税。工伤保险待遇包括工伤职工按照《工伤保险条例》(国务院令第586号)规定取得的一次性伤残补助金、伤残津贴、一次性工伤医疗补助金、一次性伤残就业补助金、工伤医疗待遇、住院伙食补助费、外地就医交通食宿费用、工伤康复费用、辅助器具费用、生活护理费等，以及职工因工死亡，其近亲属按照《工伤保险条例》(国务院令第586号)规定取得的丧葬补助金、供养亲属抚恤金和一次性工亡补助金等。

## 六、生育妇女取得生育津贴

依据《财政部 国家税务总局关于生育津贴和生育医疗费有关个人所得税政策的通知》(财税〔2008〕8号)的规定，生育津贴、补贴免征个人所得税。具体规定为：生育妇女按照县级以上人民政府根据国家有关规定制定的生育保险办法，取得的生育津贴、生育医疗费或其他属于生育保险性质的津贴、补贴，免征个人所得税。

## 七、资深院士津贴

依据《关于中国科学院、中国工程院资深院士津贴免征个人所得税的通知》(财税字〔1998〕118号)的规定，发给中国科学院资深院士和中国工程院资深院士每人每年1万元的资深院士津贴免予征收个人所得税。

## 八、西藏地区特殊补助津贴

依据相关规定，西藏地区的地区津贴、浮动工资以及特殊津贴等，免征个人所得税。

1.《财政部 国家税务总局关于西藏自治区贯彻施行〈中华人民共和国个人所得税法〉

有关问题的批复》（财税字〔1994〕021 号）规定：为了照顾西藏的实际情况，保持国家对西藏的特别优惠政策，对个人从西藏自治区内取得的下列所得，免征个人所得税：（1）艰苦边远地区津贴；（2）经国家批准或者同意，由自治区人民政府或者有关部门发给在藏长期工作的人员和大中专毕业生的浮动工资，增发的工龄工资，离退休人员的安家费和建房补贴费。

2.《财政部 国家税务总局关于西藏特殊津贴免征个人所得税的批复》（财税字〔1996〕91 号）规定：对在西藏区域内工作的机关、事业单位职工，按照国家统一规定取得的西藏特殊津贴，免征个人所得税。

## 九、横琴新区中国香港、澳门居民的补贴

根据《财政部 国家税务总局关于广东横琴新区个人所得税优惠政策的通知》（财税〔2014〕23 号）的规定，在横琴新区工作的中国香港、澳门居民所获得的补贴，免征个人所得税：（1）在横琴新区工作的中国香港、澳门居民，应按照《中华人民共和国个人所得税法》的有关规定，缴纳个人所得税。（2）广东省人民政府根据《国务院关于横琴开发有关政策的批复》（国函〔2011〕85 号）的有关规定，分别按不超过内地与港、澳地区个人所得税负差额，给予在横琴新区工作的中国香港、澳门居民的补贴，免征个人所得税。（3）中国香港居民，是指根据香港特区政府《入境条例》规定取得香港永久性居民身份的个人。中国澳门居民，是指根据澳门特区政府第 8/1999 号法律取得澳门永久性居民身份的个人。（4）横琴新区是指国务院 2009 年 8 月批复的《横琴总体发展规划》规划的横琴岛范围。（5）本规定自 2013 年 1 月 1 日起至 2020 年 12 月 31 日止执行。

## 十、平潭综合试验区中国台湾居民补贴

依据《财政部 国家税务总局关于福建平潭综合实验区个人所得税优惠政策的通知》（财税〔2014〕24 号）的规定，对在平潭综合试验区工作的中国台湾居民获得的补贴免征个人所得税。具体规定为：（1）在平潭综合实验区工作的中国台湾居民，应按照《中华人民共和国个人所得税法》的有关规定，缴纳个人所得税。（2）福建省人民政府根据《国务院关于平潭综合实验区总体发展规划的批复》（国函〔2011〕142 号）以及《平潭综合实验区总体发展规划》有关规定，按不超过内地与中国台湾地区个人所得税负差额，给予在平潭综合实验区工作的中国台湾居民的补贴，免征个人所得税。（3）中国台湾居民，是指持有《台湾居民来往大陆通行证》的个人。（4）平潭综合实验区是指国务院 2011 年 11 月批复的《平潭综合实验区总体发展规划》的平潭综合实验区范围。（5）本规定自 2013 年 1 月 1 日起至 2020 年 12 月 31 日止执行。

## 十一、举报、协查取得奖金

依据《财政部 国家税务总局关于个人所得税若干政策问题的通知》（财税字〔1994〕20号）的规定，个人举报、协查各种违法、犯罪行为而获得的奖金，暂免征收个人所得税。

## 十二、代扣代缴税款手续费收入

依据《财政部 国家税务总局关于个人所得税若干政策问题的通知》（财税字〔1994〕20号）的规定，个人办理代扣代缴税款手续，按规定取得的扣缴手续费暂免征收个人所得税。

## 十三、科技成果转化个人奖励

科技成果转化个人奖励包括股权形式奖励、现金奖励。

### （一）股权形式奖励

《财政部 国家税务总局关于促进科技成果转化有关税收政策的通知》（财税字〔1999〕45号）规定，自1999年7月1日起，科研机构、高等学校转化职务科技成果以股份或出资比例等股权形式给予个人奖励，获奖人在取得股份、出资比例时，暂不缴纳个人所得税。获奖人转让股权、出资比例，对其所得按“财产转让所得”应税项目征收个人所得税，财产原值为零。

解析：员工在获取股权形式奖励时暂不征税，可享受递延纳税的政策，在转让时按照财产转让所得计算缴纳个人所得税。

### （二）现金奖励

《关于科技人员取得职务科技成果转化现金奖励有关个人所得税政策的通知》（财税〔2018〕58号）规定，非营利性科研机构和高校根据《中华人民共和国促进科技成果转化法》规定，从职务科技成果转化收入中给予科技人员的现金奖励，可减按50%计入科技人员当月“工资、薪金所得”，依法缴纳个人所得税。

解析：科技人员获得的现金奖励，50%计入“工资、薪金所得”，50%作为免税收入申报，申报表填列及备案资料详见本章第一节“征税范围的特殊规定”第九条“科技人员现金奖励”。

## 第三节 费用和扣除

《个人所得税法》第六条规定，居民个人的综合所得，以每一纳税年度的收入额减除费用60 000元以及专项扣除、专项附加扣除和依法确定的其他扣除后的余额，为应纳税所得额。这意味着费用和扣除是居民个人综合所得应纳税所得额的减项，而非仅为工资、薪金应纳税所得额的减项。同时，居民个人综合所得预扣预缴办法［《个人所得税扣缴申报管理办法（试行）》（国家税务总局公告2018年第61号）］又明确了工资、薪金所得预扣预缴个人所得税时，可以预扣费用和各项扣除。为此，本部分内容既适用于综合所得纳税申报，也适用于工资、薪金个税的预扣预缴。综合所得的费用和扣除项目主要包括四部分：基本减除费用、专项扣除、专项附加扣除、依法确定的其他扣除。

### 一、基本减除费用

基本减除费用，是最基础的全员适用的一项生计扣除，考虑了个人基本生活支出情况，设置定额的扣除标准，也就是俗称的“起征点”。自1980年第一部个人所得税法颁布，工资、薪金所得减除费用标准为800元/月，经过四次不同幅度的调整，截至2018年10月1日提高至5 000元/月。

《个人所得税法》第六条第一项规定，居民个人的综合所得，以每一纳税年度的收入额减除费用60 000元以及专项扣除、专项附加扣除和依法确定的其他扣除后的余额，为应纳税所得额。该条款并没有对多种情况加以区分，我们认为，每个人每年减除费用60 000元的规则是普遍适用的，个人在年度中间从原单位离职，过了几个月之后才在新的单位就职，那么在年度汇算清缴时，也应该按照60 000元的基本费用来扣除。

在累计减除费用的申报处理中，扣缴义务人应当在“自然人税收管理系统”准确填写纳税人的任职受雇日期、离职日期，系统将根据任职受雇月份自动计算纳税人的累计减除费用，纳税人个人年度中间不需要对累计减除费用的计算做特殊操作，如果纳税年度出现累计减除费用多扣或者少扣的情况，在汇算清缴时均应当将年度减除费用调整为60 000元。

**案例3－8**

如果员工2019年6月刚毕业，一个纳税年度在公司只工作了5个月，请问基本扣除费用可以扣除60 000元吗？专项附加、专项附加扣除是扣一年的还是扣5个月的？

解析：2019年1月9日，国家税务总局举办“落实个税专项附加扣除政策”在线访谈，国家税务总局所得税司解答，扣缴单位在为员工办理预扣预缴时，减除费用、专项扣除、专项附加扣除等，均按照任职受雇实际月份数计算。年度终了后，纳税人可以通过办理汇算清缴，减除费用60 000元和扣除年度内按规定可扣除的专项扣除、专项附加扣除和依法确定的其他扣除。根据国家税务总局在线访谈解答，我们可以看出，在预扣缴环节，基本减除费用是按照员工实际任职受雇的月份数来计算的，这就要求扣缴义务人准确记录员工的任职受雇、离职日期，准确计算员工预扣预缴环节的基本减除费用。

## 二、专项扣除

《个人所得税法》第六条规定，专项扣除包括居民个人按照国家规定的范围和标准缴纳的基本养老保险、基本医疗保险、失业保险等社会保险费和住房公积金等。因此，专项扣除是对原个税法中允许扣除的“三险一金”进行归纳后，新增加的一个概念。

很多人可能会问为什么不是扣除“五险”，这是因为工伤保险和生育保险是公司负担而非员工个人缴纳，所以也就不存在个人扣除的问题。

### （一）关于“三险一金”的一般规定

这里的“三险一金”，是指基本养老保险费、基本医疗保险费、失业保险费和住房公积金。

《财政部 国家税务总局关于基本养老保险费、基本医疗保险费、失业保险费、住房公积金有关个人所得税政策的通知》（财税〔2006〕10号）规定，自2006年6月27日起，“三险一金”的个人所得税处理如下：

1. 基本养老保险费、基本医疗保险费、失业保险费。企事业单位按照国家或省（自治区、直辖市）人民政府规定的缴费比例或办法实际缴付的基本养老保险费、基本医疗保险费和失业保险费，免征个人所得税；个人按照国家或省（自治区、直辖市）人民政府规定的缴费比例或办法实际缴付的基本养老保险费、基本医疗保险费和失业保险费，允许在个人应纳税所得额中扣除。

2. 住房公积金。根据《住房公积金管理条例》《建设部 财政部 中国人民银行关于住房公积金管理若干具体问题的指导意见》（建金管〔2005〕5号）等规定精神，单位和个人分别在不超过职工本人上一年度月平均工资12%的幅度内，其实际缴存的住房公积金，允许在个人应纳税所得额中扣除。单位和职工个人缴存住房公积金的月平均工资不得超过职工工作地所在设区城市上一年度职工月平均工资的3倍，具体标准按照各地有关规定执行。

个人缴纳的基本养老保险、基本医疗保险、失业保险及住房公积金可以在实际计算个人所得税时，按照员工任职受雇的实际月份数进行累计扣除。

### （二）关于“三险一金”的其他相关事项

1. 社保异地缴纳相关问题。根据《个人所得税法》的规定，支付所得的单位和个人为代扣代缴义务人向其主管税务机关申报缴纳。由此，《个人所得税法》明确规定了工资、薪金的纳税地点，外派人员的工资、薪金由现工作地代扣代缴，符合个人所得税法关于纳税地点的相关规定。

目前实际执行中，有类似情形公司的“三险一金”均已在个人所得税前扣除。《个人所得税法实施条例》第二十五条和财税〔2016〕10号文规定，个人缴纳的“三险一金”可以在个人的应纳税所得额中扣除，但并未规定异地缴纳的不可扣除，因此异地缴纳的“三险一金”也可在个人所得税前扣除。如果未来个人所得税申报系统升级，事先锁定当地“三险一金”扣除限额，则可能会存在超过工作地所在城市标准，导致无法在个人所得税前扣除的情况，企业办税人员在工作中应当关注此部分风险。

2. 社保移交税局征收的影响。社保费征收“稳”字当头，不会强化征管，需要确保社保现有征收政策稳定，在社保征收机构改革到位前绝不允许擅自调整。目前《社会保险法》和《社会保险费征缴暂行条例》均没有进行修改，除了征收机构改革外，政策基本面没有重大调整。由于国家减税降费的大原则是不变的，社会保险费交由税务部门统一征收后，不会出现缴费负担大幅度增加的问题。对由于历史原因形成的社保费征缴参差不齐等问题，国务院严禁各地自行集中清缴，审计署也会实施必要的审计监督，有关部门也不会搞突击式、运动式欠费清查。

社保还是费，没有费改税，只是将社保征收机构由社保部门移交给税务部门，体现社保基金预算收支的独立性。税务机关负责征收社保费后，由于税务机关自身的征管能力本身就比较强，这种天然刚性实际上也会对那些严重不合规企业产生威慑力，从长远来说奉法缴纳社保的企业长远负担还会合理下降。

## 三、专项附加扣除

《个人所得税法》第六条规定，专项附加扣除包括子女教育、继续教育、大病医疗、住房贷款利息或者住房租金、赡养老人等支出。

2018年个人所得税法修改，在由分类税制向综合税制转变的基础上，其中亮点之一也是纳税人最关心的重要内容之一，便是引入专项附加扣除部分，在计算综合所得时，准予扣除子女教育、继续教育、大病医疗、住房贷款利息或者住房租金、赡养老人等六项支出。2018年12月13日，国务院发布《个人所得税专项附加扣除暂行办法》，就专项附加扣除的各项内容予以明确，同时规定，根据教育、住房、医疗等民生支出变化情况，适时调整专项附加扣除范围和标准。

### （一）专项附加扣除政策的内容、条件和标准

1. 子女教育。

（1）子女教育扣除的主体。子女教育的扣除主体是子女的法定监护人，包括生父母、继父母、养父母。父母之外的其他人担任未成年人的法定监护人的，比照执行。假如监护人不是父母可以扣除吗？答案是可以扣除子女教育，但前提是确实担任未成年人的监护人。

（2）子女的范围。子女包括婚生子女、非婚生子女、养子女、继子女，也包括未成年但受到本人监护的非子女。

（3）政策享受的条件。如子女符合下列情形之一，本人和配偶即可以享受子女教育专项附加扣除：①年满3岁至小学入学前处于学前教育阶段，在此阶段，不论是否在幼儿园学习都可以适用；②子女正在接受全日制学历教育。

学历教育包括义务教育（小学、初中教育）、高中阶段教育（普通高中、中等职业、技工教育）、高等教育（大学专科、大学本科、硕士研究生、博士研究生教育）。以上均不区分境内或者境外接受教育。

**案例3-9**

如果张某的儿子现在上大学，参与了学校的合作办学项目，前两年在中国读书，后两年在国外读书，那么在填写信息时选择中国还是境外？证书由境外发放，没有学籍号，怎样填写信息，是否可以扣除？

解析：目前，子女教育允许扣除境内外教育支出，继续教育专项附加扣除仅限于境内教育，不包括境外教育。如果纳税人符合子女教育扣除的相关条件，子女前两年在国内读书，父母作为纳税人请按照规定填写子女接受教育的相关信息；后两年在境外接受教育，无学籍的，可以按照接受境外教育相关规定填报信息，没有学籍号可以不填写，但纳税人应当按规定留存相关证书、子女接受境内外合作办学的招生简章、出入境记录等。

（4）扣除标准及方式。每个子女，每月可扣除1 000元。如果有多个符合扣除条件的子女，每个子女均可享受扣除。比如，有2个子女，则每月可以扣除2 000元，以此类推。具体由谁来扣除，父母双方可选择确定，假如一个家庭中，子女教育每月有1 000元的扣除额（即只有1个子女），既可以由父母一方全额扣除，也可以父母分别扣除500元。需要关注的是，扣除方式确定后，一个纳税年度内不能变更。

（5）政策享受期限。如果是学前教育，可以享受子女教育专项附加扣除政策的起止时间为：子女年满3周岁的当月至小学入学前一月；如果是全日制学历教育，则起止时间为子女接受义务教育、高中教育、高等教育的入学当月至教育结束的当月。享受子女教育专项附加扣除政策起止时间的计算，包含因病或其他非主观原因休学但学籍继续保留的期间，以及施教机构按规定组织实施的寒暑假等假期。

**案例3－10**

个人在填报子女教育扣除时，如何填写教育终止时间？

解析：教育终止时间是指子女因就业或者其他原因不再继续接受全日制学历教育的时点。如果填写了教育终止时间，从次月起，就不再继续享受子女教育扣除。如果子女当前受教育阶段即将毕业，但还会继续接受全日制学历教育，则无须填写，否则无法正常享受扣除政策。

**案例3－11**

子女本科毕业之后，在准备考研究生的期间，父母是否可以扣除子女教育？

解析：不可以，该生已经本科毕业，未实际参与全日制学历教育，尚未取得研究生学籍，不符合《个人所得税专项附加扣除暂行办法》相关规定。研究生考试通过入学后，可以享受高等教育阶段子女教育。

**案例3－12**

子女6月高中毕业，9月上大学，7～8月能不能享受子女教育扣除？

解析：可以扣除。对于连续性的学历（学位）教育，升学衔接期间属于子女教育期间，可以申报扣除子女教育专项附加扣除。

（6）需填报的信息。纳税人享受子女教育专项附加扣除，应当填报配偶及子女的姓名、身份证件类型及号码、子女当前受教育阶段及起止时间、子女就读学校以及本人与配偶之间扣除分配比例等信息。

（7）需留存备查资料。如果子女在境内接受教育，不需要特别留存资料；如果子女在境外接受教育，则需要留存境外学校录取通知书、留学签证等相关资料，并积极配合税务机关的查验。

2. 继续教育。

（1）继续教育扣除的主体。继续教育的扣除主体以纳税人本人为主。大学本科及以下的学历继续教育可以由接受教育的本人扣除，也可以由其父母按照子女教育扣除，但对于同一教育事项，不得重复扣除。

**案例3－13**

如果纳税人现在处于本硕博连读的博士阶段，父母已经申报享受了子女教育。读博士期间取得律师资格证书，可以申报扣除继续教育吗？

解析：如果纳税人有综合所得（比如稿酬或劳务报酬等），那么在一个纳税年度内，在取得证书的当年，可以享受职业资格继续教育扣除3 600元/年。

（2）继续教育的范围。继续教育通常是指纳税人已完成全日制学历教育（由小学一直到博士研究生阶段），参加工作后又继续接受学历（学位）教育。例如：纳税人已完成全日制学历教育，参加工作后又接受硕士研究生及以上的继续教育。继续教育包括中国境内接受学历（学位）继续教育的支出和执业资格教育。学历（学位）继续教育的条件需要扣除年度内在中国境内接受学历（学位）教育。

**案例 3－14**

如果在国外进行学历继续教育，或者是拿到了国外颁发的技能证书，能否享受每月 400 元或每年 3 600 元的扣除？

解析：纳税人在中国境内接受的学历（学位）继续教育支出，以及接受技能人员职业资格继续教育、专业技术人员职业资格继续教育支出可以扣除。在国外接受的学历继续教育和国外颁发的技能证书不符合“中国境内”的规定，不能享受专项附加扣除政策。

**案例 3－15**

没有证书的兴趣培训费用可扣除吗？

解析：目前，继续教育专项附加扣除的范围限定为学历继续教育、技能人员职业资格继续教育和专业技术人员职业资格继续教育的支出，上述培训之外的花艺等兴趣培训不在扣除范围之列。

（3）政策享受的条件。在中国境内接受学历（学位）继续教育的支出，符合下列情形之一的，就可以享受继续教育专项附加扣除政策：第一，在学历（学位）继续教育期间；第二，在纳税年度内取得了技能人员或专业技术人员的职业资格证书。

技能人员和专业技术人员职业资格证书的具体范围，以人力资源社会保障部公布的国家职业资格目录为准。在此范围外的继续教育支出，不在扣除范围内。

**案例 3－16**

参加高等教育自学考试是否可以作为学历学位继续教育来取得专项附加扣除？怎么扣除？参加自学考试，最终未取得学历或者学位，是否可以扣除？

解析：高等教育自学考试是学历（学位）教育，可以作为专项附加扣除。《高等教育自学考试暂行条例》第二条第一款：本条例所称高等教育自学考试，是对自学者进行以学历考试为主的高等教育国家考试，是个人自学、社会助学和国家考试相结合的高等教育形式。第五条：高等教育自学考试的专科（基础科）、本科等学历层次，与普通高等学校的学历层次水平的要求应相一致。

这个需要进行特定的制度设计，在明确的成文规则下进行扣除，不宜以内部口径、网上问题解答的形式进行。自学考试的特点是没有学校教育的所谓学籍，只有考籍。这个考籍并非报名参加考试就可以立刻取得。《高等教育自学考试暂行条例》第二十四条规定：高等教育自学考试应考者取得一门课程的单科合格证书后，省考委即应为其建立考籍管理档案。因此，只有参与了自学考试且取得第一门单科合格证书才可以建立考籍。从合理角度来说，以第一次取得单科合格证书并建立考籍作为开始扣除学历学位继续教育的起始月份比较合适。

《国务院关于印发〈个人所得税专项附加扣除暂行办法〉的通知》（国发〔2018〕41号）仅强调接受继续教育，并不要求必须取得证书。参加学历（学位）继续教育，按照实际受教育时间，享受每月400元的扣除，不考察最终是否取得证书，最多只能扣除48个月。

（4）扣除标准及方式。接受学历（学位）继续教育的，则每月可以扣除400元；接受职业资格继续教育的，则在取得相关证书的当年，按年扣除3 600元。

学历（学位）继续教育与职业资格继续教育可以同时享受，但多个学历（学位）继续教育不可同时享受，多个职业资格继续教育不可同时享受。

**案例3－17**

同时接受多个学历继续教育或者取得多个专业技术人员职业资格证书，是否可以同时享受扣除？

解析：在一个纳税年度内，一个纳税人最多享受一项学历（学位）继续教育支出扣除和一项职业资格继续教育扣除，继续教育支出最多扣除8 400元/年（3 600元/年＋4 800元/年），多个学历（学位）继续教育不可同时享受，多个职业资格继续教育也不可同时享受。

（5）政策享受期限。接受学历（学位）继续教育，可享受扣除的起止时间为：学历（学位）继续教育入学的当月至学历（学位）继续教育结束的当月，但同一学历（学位）继续教育的扣除期限最长不能超过48个月。

职业资格继续教育，以职业资格继续教育相关证书上载明的发证（或批准）日期的所属年度为可扣除年度。需要提醒的是，专项附加扣除政策从2019年1月1日开始实施，需要填报的是在此之后取得的职业资格继续教育证书。

**案例3－18**

纳税人2019年12月取得资格证书，12月工资不能一次性足额扣除3 600元（假如12月只享受扣除1 000元），那余下的2 600元是不是就此作废，次年能否享受扣除呢？

解析：纳税人当月工资收入不足扣除的部分，可以在年度终了后，通过汇算清缴自行申报办理扣除。

**案例 3-19**

1 月申报个税时所属期为 12 月份，申报时仍然使用旧模块（2018 版面），此版面因专项附加扣除信息不能上传，是不是意味着 1 月取得的工资不能享受到专项附加扣除呢？实际所属期 1 月份的工资是否在 2 月份申报时才能享受到这项改革红利？

解析：扣缴单位在 1 月份可以使用旧模块申报 2018 年 12 月份的税款。纳税人 1 月份取得的工资可以通过新模块，按照新税法规定计算享受专项附加扣除。扣缴单位代扣的税款在 2 月份申报入库，不影响纳税人 1 月份取得工资时享受专项附加扣除政策。

**案例 3-20**

纳税人因病、因故等原因休学且学籍继续保留的休学期间，以及施教机构按规定组织实施的寒暑假是否连续计算？

解析：学历（学位）继续教育的扣除期限最长不得超过 48 个月。48 个月包括纳税人因病、因故等原因休学且学籍继续保留的休学期间，以及施教机构按规定组织实施的寒暑假期。

（6）需填报的资料。纳税人享受继续教育专项附加扣除，接受学历（学位）继续教育的，应当填报教育起止时间、教育阶段等信息；接受技能人员或者专业技术人员职业资格继续教育的，应当填报证书名称、证书编号、发证机关、发证（批准）时间等信息。

（7）需留存备查的资料。接受技能人员职业资格继续教育、专业技术人员职业资格继续教育的，应当留存相关证书等资料备查。

**案例 3-21**

继续教育专项附加扣除该如何申报？

解析：对技能人员职业资格和专业技术人员职业资格继续教育，采取凭证书信息定额扣除方式。纳税人在取得证书后向扣缴义务人提供姓名、纳税人识别号、证书编号等信息，由扣缴义务人在预扣预缴环节扣除，也可以在年终向税务机关提供资料，通过汇算清缴享受扣除。对学历继续教育，采取凭学籍、考籍信息定额扣除方式。纳税人向扣缴义务人提供姓名、纳税人识别号、学籍、考籍等信息，由扣缴义务人在预扣预缴环节扣除，也可以在年终向税务机关提供资料，通过汇算清缴享受扣除。

3. 住房贷款利息支出。住房贷款利息支出是指纳税人或者其配偶购买中国境内住房，发生的首套住房贷款利息支出。

（1）贷款利息支出扣除的主体。经夫妻双方约定，可以选择由其中一方扣除，具体扣除方式在一个纳税年度内不能变更。

**案例 3－22**

父母和子女共同购房，房屋产权证明、贷款合同均登记为父母和子女，住房贷款利息专项附加扣除如何享受？

解析：父母和子女共同购买一套房子，不能既由父母扣除，又由子女扣除，应该由主贷款人扣除。主贷款人为子女的，由子女享受贷款利息专项附加扣除；主贷款人为父母中一方的，由父母任一方享受贷款利息扣除。

**案例 3－23**

父母为子女买房，房屋产权证明登记为子女，贷款合同的贷款人为父母，住房贷款利息支出的扣除如何享受？

解析：从实际看，房屋产权证明登记主体与贷款合同主体完全没有交叉的情况很少发生。如果确有此类情况，按照《个人所得税专项附加扣除暂行办法》规定，只有纳税人本人或者配偶使用住房贷款为本人或者其配偶购买中国境内住房，发生的首套住房贷款利息支出可以扣除。

本案例中，父母所购房屋是为子女购买的，不符合上述规定，父母和子女均不可以享受住房贷款利息扣除。

（2）贷款利息的扣除范围。纳税人本人或其配偶单独或共同使用商业银行或住房公积金个人住房贷款为本人或其配偶购买中国境内住房，发生的首套住房贷款利息支出。

（3）享受政策的条件。本人及其配偶，单独或者共同使用商业银行或住房公积金个人住房贷款，为自己或配偶购买中国境内住房，发生的首套住房贷款利息支出允许扣除。

所称首套住房贷款是指购买住房享受首套住房贷款利率的住房贷款。如果难以确定自己的住房贷款是否符合扣除条件，可以通过查阅贷款合同（协议），或者向办理贷款的银行、住房公积金中心咨询等方式确认。

填报住房贷款利息支出需要符合三个条件：一是本人或者配偶购买的中国境内住房；二是属于首套住房贷款，且扣除年度仍在还贷；三是住房贷款利息支出和住房租金支出未同时扣除。

（4）扣除标准及方式。住房贷款利息支出，在实际发生贷款利息支出期间，按照每月 1 000 元的标准扣除，扣除期限最长不超过 240 个月。具体由谁来扣除，夫妻双方可以约定，可以选择由其中一方扣除，但扣除方式确定后，在一个纳税年度内就不能再变更了。

**案例 3－24**

夫妻婚前购买的首套住房，婚后由丈夫还贷，首套住房利息是否只能由丈夫扣除？妻子是否可以扣除？

解析：夫妻双方婚前分别购买住房发生的首套住房贷款，其贷款利息支出，婚后可以选择其中一套购买的住房，由购买方按扣除标准的100%扣除，也可以由夫妻双方对各自购买的住房分别按扣除标准的50%扣除，具体扣除方式在一个纳税年度内不得变更。

**案例3－25**

首套房的贷款还清后，贷款购买第二套房屋时，银行仍旧按照首套房贷款利率发放贷款，首套房没有享受过扣除，第二套房屋是否可以享受住房贷款利息扣除？

解析：根据《个人所得税专项附加扣除暂行办法》（国发〔2018〕41号）的相关规定，如果纳税人此前未享受过住房贷款利息扣除，那么其按照首套住房贷款利率贷款购买的第二套住房，可以享受住房贷款利息扣除。

**案例3－26**

甲拥有一套住房，是公积金和商贷的组合贷款，公积金中心按首套贷款利率发放，商业银行贷款按普通商业银行贷款利率发放，是否可以享受住房贷款利率扣除？

解析：一套采用组合贷款方式购买的住房，如公积金中心或者商业银行其中之一，是按照首套房屋贷款利率发放的贷款，则可以享受住房贷款利息扣除。

（5）政策享受期限。住房贷款利息支出，享受扣除政策的起止时间为：贷款合同约定开始还款的当月至贷款全部归还或贷款合同终止的当月，但扣除期限最长不得超过240个月。

（6）需填报的信息。纳税人享受住房贷款利息专项附加扣除，应当填报住房权属信息、住房坐落地址、贷款方式、贷款银行、贷款合同编号、贷款期限、首次还款日期等信息；纳税人有配偶的，填写配偶姓名、身份证件类型及号码。

（7）需留存备查的资料。享受住房贷款利息专项附加扣除政策，需要保存好住房贷款合同、贷款还款支出凭证等资料，积极配合税务机关查验。

4. 住房租金支出。住房租金支出是指纳税人在主要工作城市没有自有住房而发生的住房租金支出。

（1）住房租金扣除的主体。住房租金支出由签订租赁住房合同的承租人扣除。夫妻双方主要工作城市相同的，只能由一方（即承租人）扣除住房租金支出。夫妻双方主要工作城市不相同的，且各自在其主要工作城市都没有住房的，可以分别扣除住房租金支出。夫妻双方不得同时分别享受住房贷款利息扣除和住房租金扣除。主要工作城市是指纳税人任职受雇的直辖市、计划单列市、副省级城市、地级市（地区、州、盟）全部行政区域范围。无任职受雇单位的，为综合所得汇算清缴地的税务机关所在城市。

**案例 3－27**

合租住房可以分别扣除住房租金支出吗?

解析：住房租金支出由签订租赁合同的承租人扣除。因此，合租租房的个人（非夫妻关系）若都与出租方签署了规范租房合同，可根据租金定额标准各自扣除。

**案例 3－28**

某些行业员工流动性比较大，一年换几个城市租赁住房，或者当年度一直外派并在当地租房子，请问如何申报住房租金专项附加扣除?

解析：对于为外派员工解决住宿问题的，不应扣除住房租金。对于外派员工自行解决租房问题的，对于一年内多次变换工作地点的，个人应及时向扣缴义务人或者税务机关更新专项附加扣除相关信息，允许一年内按照更换工作地点的情况分别进行扣除。

（2）住房租金的扣除范围。纳税人及配偶在主要工作城市没有自有住房而发生的住房租金支出，可以按照规定进行扣除。

**案例 3－29**

个人的工作城市与实际租赁房屋地不一致，是否符合条件扣除住房租赁支出?

解析：纳税人在主要工作城市没有自有住房，则实际租房发生的住房租金支出，可以按照实际工作地城市的标准定额扣除住房租金。

**案例 3－30**

纳税人主要工作地在上海和杭州，上海公司提供住宿，杭州自己租房且无自有住房，杭州的房租是否可以专项附加扣除?

解析：根据《个人所得税专项附加扣除暂行办法》（国发〔2018〕41 号）的规定，纳税人及其配偶在纳税人主要工作城市没有自有住房的，纳税人发生的住房租金支出可以扣除。如果纳税人及其配偶均在杭州没有自有住房，而杭州又是主要工作城市的，杭州的房租可以扣除。

（3）政策享受的条件。个人在主要工作城市租了住房，同时符合以下条件，就可以享受住房租金专项附加扣除政策：①本人及其配偶在主要工作的城市没有自有住房；② 本人及其配偶在同一纳税年度内，均没有享受住房贷款利息专项附加扣除政策。也就是说，住房贷款利息与住房租金两项扣除政策只能享受其中一项，不能同时享受。

**案例 3－31**

假如纳税人公司所在地为保定，被派往分公司北京工作，纳税人及其配偶在北京都没有住房，由于工作原因在北京租房，纳税人是否可以享受住房租金扣除项目，按照哪个城市的标准扣除？

解析：符合条件的纳税人在主要工作地租房的支出可以享受住房租金扣除。主要工作地指的是纳税人的任职受雇所在地，如果任职受雇所在地与实际工作地不符，则以实际工作地为主要工作城市。按照纳税人陈述的情形，纳税人当前的实际工作地（主要工作地）是北京市，应当按照北京市的标准享受住房租金扣除。

（4）扣除标准及方式。按租房的城市不同，分三档扣除标准：①直辖市、省会（首府）城市、计划单列市以及国务院确定的其他城市，扣除标准为每月 1 500 元；②除第一项所列城市以外，市辖区户籍人口超过 100 万的城市，扣除标准为每月 1 100 元；③市辖区户籍人口不超过 100 万的城市，扣除标准为每月 800 元。市辖区户籍人口，以国家统计局公布的数据为准。

（5）政策享受期限。享受住房租金专项附加扣除政策的起止时间为，租赁合同（协议）约定的房屋租赁期开始的当月至租赁期结束的当月；提前终止合同（协议）的，扣除停止时间为实际租赁行为终止的当月。

**案例 3－32**

纳税人首次享受住房租金扣除的时间是什么时候？

解析：纳税人首次享受住房租赁扣除的起始时间为租赁合同约定起租的当月，截止日期是租约结束或者在主要工作城市已有住房。

**案例 3－33**

年度中间换租造成中间有重叠租赁月份的情况，如何填写相关信息？

解析：纳税人年度中间月份更换租赁住房，存在租赁期有交叉情形的，纳税人在填写租赁日期时应当避免日期有交叉。

如果此前已经填报过住房租赁信息的，只能填写新增租赁信息，且必须晚于上次已填报的住房租赁期止所属月份。确须修改已填报信息的，须联系扣缴义务人在扣缴客户端修改。

（6）需填报的信息。纳税人享受住房租金专项附加扣除，应当填报主要工作城市、租赁住房坐落地址、出租人姓名及身份证件类型和号码或者出租方单位名称及纳税人识别号（社会统一信用代码）、租赁起止时间等信息；纳税人有配偶的，填写配偶姓名、身份证件类型及号码。

（7）需留存备查的资料。个人应当留存住房租赁合同、协议等有关资料备查。

5. 赡养老人支出。赡养老人支出是指纳税人赡养一位及以上被赡养人所发生的支出。

（1）赡养老人的扣除主体。赡养老人专项附加扣除的扣除主体包括：一是负有赡养义务的所有子女。《婚姻法》规定，婚生子女、非婚生子女、养子女、继子女有赡养扶助父母的义务。二是祖父母、外祖父母的子女均已经去世，负有赡养义务的孙子女、外孙子女。

**案例 3－34**

由于纳税人的叔叔、伯伯无子女，纳税人实际承担对叔叔、伯伯的赡养义务，是否可以扣除赡养老人支出？

解析：不可以。被赡养人是指年满 60 岁的父母，以及子女均已去世的年满 60 岁的祖父母、外祖父母。

（2）赡养老人的扣除范围。如果赡养的老人年满 60 周岁（含），即可享受赡养老人专项附加扣除。这里的老人，包括生父母、继父母、养父母，以及子女均已去世的祖父母、外祖父母。

**案例 3－35**

父母均要满 60 岁，还是只要一位满 60 岁即可？

解析：父母中有一位年满 60 周岁的，纳税人可以按照规定标准扣除。

**案例 3－36**

纳税人父母年龄均超过 60 周岁，在进行赡养老人扣除时，是否可以按照两倍标准扣除？

解析：不能。扣除标准是按照每个纳税人有两位赡养老人测算的。只要父母其中一位达到 60 岁就可以享受扣除，不按照老人人数计算。

（3）分摊方式。赡养老人专项附加扣除的分摊方式包括由赡养人均摊或约定分摊，也可以由被赡养人指定分摊。采取指定分摊或者约定分摊方式的，每一纳税人分摊的扣除额最高不得超过每月 1 000 元，并签订书面分摊协议。指定分摊与约定分摊不一致的，以指定分摊为准。

**案例 3－37**

两个子女中的一个无赡养父母的能力，是否可以由另一个子女享受 2 000 元扣除标准？

解析：不可以。按照《个人所得税专项附加扣除暂行办法》规定，纳税人为非独生子女的，在兄弟姐妹之间分摊 2 000 元/月的扣除额度，每人分摊的额度不能超过每月 1 000 元，不能由其中一人单独享受全部扣除。

**案例 3－38**

非独生子女，父母指定或兄弟协商，某一个子女是否可以最高扣除 2 000 元？

解析：根据《个人所得税专项附加扣除暂行办法》规定，纳税人为非独生子女的，由其与兄弟姐妹分摊每月 2 000 元的扣除额度，每人分摊的额度不能超过每月1 000 元。因此，非独生子女是不能通过父母指定或兄弟协商享受 2 000 元扣除标准的。

（4）扣除的标准及方式。如果是独生子女，则每月扣除 2 000 元。如果不是独生子女，则须与兄弟姐妹分摊每月 2 000 元的扣除额度，但每人每月最多扣除不能超过 1 000 元。

**案例 3－39**

双胞胎是否可以按照独生子女享受赡养老人扣除？

解析：双胞胎不可以按照独生子女享受赡养老人扣除。双胞胎兄弟姐妹需要共同赡养父母，双胞胎中任何一方都不是父母的唯一赡养人，因此每个子女不能独自享受 2 000 元的扣除额度。

**案例 3－40**

非独生子女的兄弟姐妹都已去世，是否可以按独生子女赡养老人扣除 2 000 元/月？

解析：在一个纳税年度内，如果纳税人的其他兄弟姐妹均已去世，其可在第二年按照独生子女赡养老人标准 2 000 元/月扣除。如果纳税人的兄弟姐妹在 2019 年 1 月 1 日前均已去世，则选择按“独生子女”身份享受赡养老人扣除标准。如果纳税人已按“非独生子女”身份填报，可修改已申报信息，1 月按非独生子女身份扣除少享受的部分，可以在下月领工资时补扣除。

**案例 3－41**

生父母有两个子女，将其中一个过继给养父母，养父母家没有其他子女，被过继的子女属于独生子女吗？留在原家庭的孩子，属于独生子女吗？

解析：被过继的子女，在新家庭中属于独生子女。留在原家庭的孩子，如没有兄弟姐妹与其一起承担赡养生父母的义务，也可以按照独生子女标准享受扣除。

**案例 3－42**

子女均已去世的年满 60 岁的祖父母、外祖父母，孙子女、外孙子女能否按照独生子女扣除，如何判断？

解析：只要祖父母、外祖父母中的任何一方没有纳税人以外的其他孙子女、外孙子女共同赡养，则纳税人可以按照独生子女扣除。如果还有其他孙子女、外孙子女与纳税人共同赡养祖父母、外祖父母，则纳税人不能按照独生子女扣除。

（5）政策享受期限。享受赡养老人专项附加扣除政策的起止时间为：被赡养人年满60 周岁的当月至赡养义务终止的年末。

（6）需填报的信息。纳税人享受赡养老人专项附加扣除，应当填报纳税人是否为独生子女、月扣除金额、被赡养人姓名及身份证件类型和号码、与纳税人关系；有共同赡养人的，须填报分摊方式、共同赡养人姓名及身份证件类型和号码等信息。

（7）需留存备查的资料。享受赡养老人专项附加扣除，留存备查的资料是约定或指定分摊的书面分摊协议等资料。

6. 大病医疗支出。大病医疗支出是指纳税人本人，或者其配偶，或者其未成年子女，发生的与基本医保相关的医药费用支出。

（1）政策享受的条件。在一个纳税年度内，纳税人本人，或者其配偶，或者其未成年子女，发生的与基本医保相关的医药费用支出，扣除医保报销后个人负担累计超过 15 000 元的部分，即指医保目录范围内的自付部分，累计超过 15 000 元的部分，由纳税人在办理年度汇算清缴的时候在 8 万元的限额内据实扣除。提醒大家注意，这里是据实扣除，其他 5 项扣除是定额扣除，但大病医疗是在限额内据实扣除的。

**案例 3－43**

享受大病医疗专项附加扣除时，纳税人需要注意什么？

解析：纳税人日常看病时，应当留存医药服务收费及医保报销相关票据原件（或者复印件）等资料备查，同时，可以通过医疗保障部门的医疗保障管理信息系统查询本人上一年度医药费用情况。纳税人在年度汇算清缴时填报相关信息申请退税。

（2）扣除的标准及方式。大病医疗的扣除，只能在次年 3 月 1 日至 6 月 30 日年度汇算清缴申报时进行扣除。就个人负担超过 15 000 元的部分，限额据实扣除，最多可以扣除 80 000 元。具体扣除时，纳税人或配偶发生的大病医疗支出，既可以由纳税人本人扣除，也可以由配偶扣除。对未成年子女发生的大病医疗支出，可以由父母双方选择在其中一方扣除。

**案例 3－44**

夫妻同时有大病医疗支出，想全部都在男方扣除，扣除限额是 16 万元吗？

解析：夫妻两人同时有符合条件的大病医疗支出，可以选择都在男方扣除，扣除限额分别计算，每人最高扣除限额为 8 万元，合计最高扣除限额为 16 万元。

**案例 3 -45**

纳税人配偶、子女的大病医疗支出是否可以在纳税人税前扣除?

解析：纳税人发生的医药费用支出可以选择由本人或其配偶一方扣除；未成年子女发生的医药费用支出可以选择由其父母一方扣除。

纳税人及其配偶、未成年子女发生的医药费用支出，可按规定分别计算扣除额。

（3）政策享受期限。大病医疗专项附加扣除政策按年享受，具体时间为医疗保障信息系统记录的医药费用实际支出的当年。纳税人需要在一个纳税年度终了后，在次年汇算清缴时办理扣除。由于大病医疗扣除需要累计计算个人全年发生的医疗支出自行负担金额，所以只能在2019年度结束后才能申报享受。

纳税人的配偶或子女在一个纳税年度内发生的在医保目录范围内的医药费用支出，扣掉医保报销后自付超过1.5万元的部分，就可以在8万元限额内据实扣除。需要注意的是，纳税人本人、配偶和未成年子女发生的医药费用支出，需要单独按人归集计算，不能把多人发生的医药费用混合累计。

**案例 3 -46**

张某的妻子在一个年度内共计发生医药费用10 000元，儿子在一个年度内共计发生医药费用40 000元，其妻的医药费用没有达到享受扣除的条件，但其子发生的医药费用支出超过15 000元的部分为25 000元，符合扣除条件且没有达到每年每人80 000元的扣除限额标准，可以据实扣除，即纳税人或其妻可选择一方申报其子的25 000元大病医疗扣除。

（4）需填写的信息。纳税人享受大病医疗专项附加扣除，应当填报患者姓名、身份证件类型及号码、与纳税人关系、与基本医保相关的医药费用总金额、医保目录范围内个人负担的自付金额等信息。

（5）需留存备查的资料。纳税人申请享受大病医疗专项附加扣除政策，大病患者医药服务收费及医保报销相关票据原件或复印件，或者医疗保障部门出具的纳税年度医药费用清单等资料。

（二）专项附加扣除的注意事项

关于专项附加扣除，应注意以下事项：

1. 可以自由选择扣除时间。享受子女教育、继续教育、住房贷款利息或者住房租金、赡养老人专项附加扣除的纳税人，自符合条件开始，可以向支付工资、薪金所得的扣缴义务人提供上述专项附加扣除有关信息，由扣缴义务人在预扣预缴税款时，按其在本单位本年可享受的累计扣除额办理扣除，也可以在次年3月1日至6月30日内，向汇缴地主管税务机关办理汇算清缴申报时扣除。

这里强调了“本单位”的概念，即个人如果年度中间有几个月未就业，那么在任职新单位后，未就业月份的专项附加扣除则无法进行补充扣除，但是未就业月份符合条件的专项附加扣除应当在年度汇算清缴时一并进行扣除。因此，只要纳税人在当年度取得了综合所得，即使年度中间存在未就业的月份，也不影响在汇算清缴时符合条件的专项附加扣除。

2. 汇算清缴时扣除的情形。纳税人未取得工资、薪金所得，仅取得劳务报酬所得、稿酬所得、特许权使用费所得需要享受专项附加扣除的，应当在次年 3 月 1 日至 6 月 30 日内，自行向汇缴地主管税务机关报送个人所得税专项附加扣除信息表，并在办理汇算清缴申报时扣除。

享受大病医疗专项附加扣除的纳税人，由其在次年 3 月 1 日至 6 月 30 日内，自行向汇算清缴地主管税务机关办理汇算清缴申报时扣除。

一个纳税年度内，纳税人在扣缴义务人预扣预缴税款环节未享受或未足额享受专项附加扣除的，可以在当年内向支付工资、薪金的扣缴义务人申请在剩余月份发放工资、薪金时补充扣除，也可以在次年 3 月 1 日至 6 月 30 日内，向汇算清缴地主管税务机关办理汇算清缴时申报扣除。

3. 专项附加扣除的途径。纳税人同时从两处以上取得工资、薪金所得，并由扣缴义务人办理上述专项附加扣除的，对同一专项附加扣除项目，在一个纳税年度内，纳税人只能选择从其中一处扣除。

纳税人年度中间更换工作单位的，在原单位任职、受雇期间已享受的专项附加扣除金额，不得在新任职、受雇单位扣除。原扣缴义务人应当自纳税人离职不再发放工资、薪金所得的当月起，停止为其办理专项附加扣除。

更换工作单位的纳税人，需要由新任职、受雇扣缴义务人办理专项附加扣除的，应当在入职的当月，填写并向扣缴义务人报送个人所得税专项附加扣除信息表。

4. 专项附加扣除的依据。扣缴义务人办理工资、薪金所得预扣预缴税款时，应当根据纳税人报送的个人所得税专项附加扣除信息表为纳税人办理专项附加扣除。

纳税人次年需要由扣缴义务人继续办理专项附加扣除的，应当于每年 12 月份对次年享受专项附加扣除的内容进行确认，并报送至扣缴义务人。纳税人未及时确认的，扣缴义务人于次年 1 月起暂停扣除，待纳税人确认后再行办理专项附加扣除。

扣缴义务人应当将纳税人报送的专项附加扣除信息，在次月办理扣缴申报时一并报送至主管税务机关。

### （三）专项附加扣除政策的操作和方法

享受专项附加扣除政策，最关键的是要准确完整地填报个人所得税专项附加扣除信息表，这是扣缴单位或税务机关为大家计算可以扣除金额的基础和前提，所以，只要按照税务机关制发的制式表格，把相关的信息填完整、填准确，提交给单位或税务机关，享受专项附加扣除政策一般就没有问题了。

以在单位办理享受专项附加扣除政策为例，具体操作可分为获取、填写、提交推送、计算扣除四步来完成。

1. 获取扣除信息表。税务机关尽量为大家提供了多元便捷的办税渠道，信息表格的获取，有以下三种形式：

（1）远程办税端。远程办税端，主要包括国家税务总局发布的手机 APP“个人所得税”和各省电子局网站网页端。大家只需要下载或登录这些远程办税端软件，通过实名注册，获取登录用户名和密码，进入软件操作界面，就可以看到专项附加扣除信息的填报界面了。

（2）电子模板。信息表格电子模板的获取，可以向单位领取，也可以登录税务总局或各省、市税务机关门户网站自行下载。单位可通过全国统一免费的扣缴端软件，导出专项附加扣除信息电子模板供大家填写。

（3）纸质表格。获取纸质表格的途径也有三种：第一，就近到任何一个办税服务厅领取已经印制好的信息表格。第二，到单位负责为您办理专项附加扣除的部门去领取。第三，登录税务总局或各省、市税务机关官网，下载表格电子版并自行打印出来。

2. 填写扣除信息表。

（1）进入远程客户端（以住房租金为例）。完成“个人所得税”APP 实名注册后，您可以按照如下步骤填报专项附加扣除信息，具体见图 3－3。

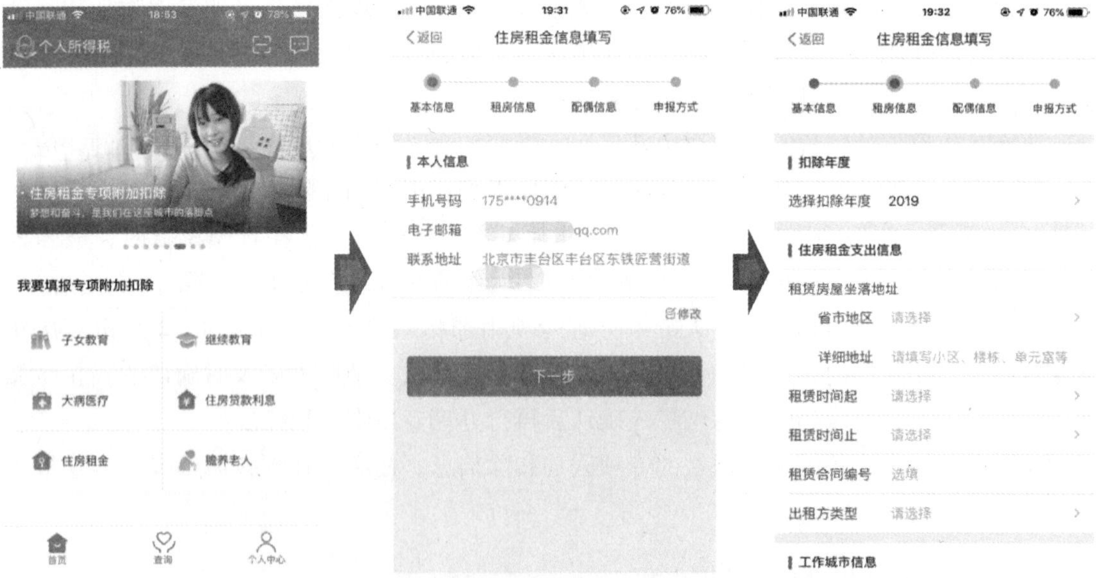


**图 3－3　专项附加扣除远程客户端界面（以住房租金为例）**

（2）填写电子表格。

（3）填写纸质表格。

3. 提交扣除信息表。

（1）提交纸质表格。填写好的纸质表格可以提交给单位，单位应当将员工报送信息如实录入扣缴端软件，在次月办理扣缴申报时通过扣缴端软件提交给税务机关，同时将纸质表留存备查。

（2）提交电子模板。如果选择在单位办理扣除，可以把电子模板报送给单位，单位将电子模板信息导入扣缴端软件，在次月办理扣缴申报时通过扣缴端软件提交给税务机关，同时将电子模板内容打印，经员工签字、单位盖章后留存备查。

（3）远程办税端（手机 APP 或各省电子税务局）。通过远程办税端提交填写好的专项附加扣除信息，分两种情况：

第一种，通过远程办税端直接向税务机关提交信息，但仍希望在扣缴单位办理专项附加扣除的。这时，税务机关将根据纳税人的选择，把专项附加扣除相关信息全量推送至单位，单位在使用扣缴端软件时，在“专项附加扣除信息采集”模块，选择需要同步的专项附加扣除项目，点击“更新”，即可以获取员工已经报送的专项附加扣除信息。

第二种，通过远程办税端直接向税务机关提交信息，或直接选择在税务机关办理专项附加扣除的，税务机关会在汇算清缴期内，根据个人已提交的专项附加扣除信息及纳税申报信息办理专项附加扣除。

4. 计算扣缴并明细申报。扣缴单位根据个人提交的专项附加扣除信息，按月计算应预扣预缴的税款，向税务机关办理全员全额纳税申报，就按月享受到了专项附加扣除政策。如果未能及时报送，也可在以后月份补报，由单位在当年剩余月份发放工资时补扣，不影响享受专项附加扣除政策。当然，如果不愿意将相关扣除信息报送任职受雇单位，或者日常发工资时未足额享受专项附加扣除，可以按照上述方法，在次年 3 月 1 日至 6 月 30 日向任职受雇单位所在地主管税务机关办理汇算清缴申报时扣除。

这里还需要再次提醒的是，如果选择在单位按月享受专项附加扣除政策，是不包括大病医疗扣除的。就像前面讲的，六项附加扣除中，只有大病医疗扣除比较特殊，采取的是限额内据实扣除。在一个年度未结束时，我们并不知道能实际发生多少符合条件的医药费用支出，因此，大病医疗扣除没有采取“月份数”扣除的方法，而是在一个纳税年度终了后，有了确切的大病医疗支出金额，在次年 3 月 1 日至 6 月 30 日的汇算清缴中，统一办理扣除。

## 四、依法确定的其他扣除

依法确定的其他扣除，包括个人缴付符合国家规定的企业年金、职业年金，个人购买符合国家规定的商业健康保险、税收递延型商业养老保险的支出，以及国务院规定可以扣除的其他项目。

### （一）商业健康险

2014 年 10 月，国务院办公厅下发《国务院办公厅关于加快发展商业健康保险的若干意见》，要求加快发展商业健康保险，其中对于商业健康保险解释为“商业健康保险是由商业保险机构对因健康原因和医疗行为导致的损失给付保险金的保险，主要包括医疗保险、疾病保险、失能收入损失保险、护理保险以及相关的医疗意外保险、医疗责任保险等”。2015 年 5 月 8 日，财政部、国家税务总局、保监会，联合发文《关于开展商业健康保险个人所得税政策试点工作的通知》（财税〔2015〕56 号），要求选择试点城市，全国各省、市人民政府办公厅陆续出台实施意见。同年 11 月，下发《财政部 国家税务总局 中国保监会关于实施商业健康保险个人所得税政策试点的通知》（财税〔2015〕126 号），2016 年 1 月 1 日起试点城市开始执行实施。

2017 年 4 月 28 日，财政部、国家税务总局、中国保监会《关于将商业健康保险个人所得税试点政策推广到全国范围实施的通知》（财税〔2017〕39 号），自 2017 年 7 月 1 日起，将商业健康保险个人所得税试点政策推广到全国范围实施。

1. 政策内容。2017 年 7 月 1 日起，对个人购买符合规定的商业健康保险产品的支出，允许在当年（月）计算应纳税所得额时予以税前扣除，扣除限额为 2 400 元/年（200 元/月）。单位统一为员工购买或者单位和个人共同负担购买符合规定的商业健康保险产品的支出，应分别按照单位负担金额计入员工个人工资、薪金，视同个人购买，按上述限额予以扣除。2 400 元/年（200 元/月）的限额扣除为个人所得税法规定减除费用标准之外的扣除。

2. 适用对象。适用商业健康保险税收优惠政策的纳税人，是指取得工资、薪金所得、连续性劳务报酬所得的个人，以及取得个体工商户生产经营所得、对企事业单位的承包承租经营所得的个体工商户业主、个人独资企业投资者、合伙企业合伙人和承包承租经营者。

《国家税务总局关于推广实施商业健康保险个人所得税政策有关征管问题的公告》（国家税务总局公告 2017 年第 17 号）解释，取得连续性劳务报酬所得，是指个人连续 3 个月以上（含 3 个月）为同一单位提供劳务而取得的所得。

3. 关于商业健康保险产品的具体界定。保险公司销售符合规定的商业健康保险产品，及时为购买保险的个人开具发票和保单凭证，并在保单凭证上注明税优识别码。个人购买商业健康保险未获得税优识别码的，其支出金额不得税前扣除。税优识别码，是指为确保税收优惠商业健康保险保单的唯一性、真实性和有效性，由商业健康保险信息平台按照“一人一单一码”的原则对投保人进行校验后，下发给保险公司，并在保单凭证上打印的数字识别码。

符合规定的商业健康保险产品，是指保险公司参照个人税收优惠型健康保险产品指引框架及示范条款开发的、符合下列条件的健康保险产品：

（1）健康保险产品采取具有保障功能并设立有最低保证收益账户的万能险方式，包含医疗保险和个人账户积累两项责任。被保险人个人账户由其所投保的保险公司负责管理维护。

（2）被保险人为16周岁以上、未满法定退休年龄的纳税人群。保险公司不得因被保险人既往病史拒保，并保证续保。

（3）医疗保险保障责任范围包括被保险人医保所在地基本医疗保险基金支付范围内的自付费用及部分基本医疗保险基金支付范围外的费用，费用的报销范围、比例和额度由各保险公司根据具体产品特点自行确定。

（4）同一款健康保险产品，可依据被保险人的不同情况，设置不同的保险金额，具体保险金额下限由中国保监会规定。

（5）健康保险产品坚持“保本微利”原则，对医疗保险部分的简单赔付率低于规定比例的，保险公司要将实际赔付率与规定比例之间的差额部分返还到被保险人的个人账户。根据目标人群已有保障项目和保障需求的不同，符合规定的健康保险产品共有三类，分别适用于：一是对公费医疗或基本医疗保险报销后个人负担的医疗费用有报销意愿的人群；二是对公费医疗或基本医疗保险报销后个人负担的特定大额医疗费用有报销意愿的人群；三是未参加公费医疗或基本医疗保险，对个人负担的医疗费用有报销意愿的人群。

符合上述条件的个人税收优惠型健康保险产品，保险公司应按《保险法》规定程序上报中国保监会审批。

4. 税收征管。单位统一组织为员工购买或者单位和个人共同负担购买符合规定的商业健康保险产品，单位负担部分应当实名计入个人工资、薪金明细清单，视同个人购买，并自购买产品次月起，在不超过200元/月的标准内按月扣除。一年内保费金额超过2 400元的部分，不得税前扣除。以后年度续保时，按上述规定执行。个人自行退保时，应及时告知扣缴单位。

（1）取得工资、薪金所得或连续性劳务报酬所得的个人。取得工资、薪金所得或连续性劳务报酬所得的个人，自行购买符合规定的商业健康保险产品的，应当及时向代扣代缴单位提供保单凭证。扣缴单位自个人提交保单凭证的次月起，在不超过200元/月的标准内按月扣除。一年内保费金额超过2 400元的部分，不得税前扣除。以后年度续保时，按上述规定执行。个人自行退保时，应及时告知扣缴义务人。

有扣缴义务人的个人自行购买、单位统一组织为员工购买或者单位和个人共同负担购买符合规定的商业健康保险产品，扣缴义务人在填报“扣缴个人所得税报告表”或“特定行业个人所得税年度申报表”时，应将当期扣除的个人购买商业健康保险支出金额填至申报表“税前扣除项目”的“其他”列中（需注明商业健康保险扣除金额），并同时填报“商业健康保险税前扣除情况明细表”。其中，个人自行购买符合规定的商业健康保险产品的，应及时向扣缴义务人提供保单凭证，扣缴义务人应当依法为其税前扣除，不得拒绝。个人从中国境内两处或者两处以上取得工资、薪金所得，且自行购买商业健康保险的，只能选择在其中一处扣除。个人未续保或退保的，应于未续保或退保当月告知扣缴义务人终止商业健康保险税前扣除。

（2）个体工商户业主、企事业单位承包承租经营者、个人独资和合伙企业投资者。个体工商户业主、企事业单位承包承租经营者、个人独资和合伙企业投资者自行购买符合条件的商业健康保险产品的，在不超过2 400元/年的标准内据实扣除。一年内保费金额超过2 400元的部分，不得税前扣除。

在年度申报填报个人所得税生产经营所得纳税申报表（B表）、享受商业健康保险税前扣除政策时，应将商业健康保险税前扣除金额填至“允许扣除的其他费用”行（需注明商业健康保险扣除金额），并同时填报“商业健康保险税前扣除情况明细表”。以后年度续保时，按上述规定执行。

实行核定征收的纳税人，应向主管税务机关报送商业健康保险税前扣除情况明细表，主管税务机关按程序相应调减其应纳税所得额或应纳税额。纳税人未续保或退保的，应当及时告知主管税务机关，终止商业健康保险税前扣除。

### （二）企业年金/职业年金

目前我国养老保险体系主要由基本养老保险、企业补充养老保险（企业年金、职业年金）、商业养老保险三大支柱建立。根据《企业年金办法》的规定，企业年金是指企业及其职工在依法参加基本养老保险的基础上，自主建立的补充养老保险制度。国家鼓励企业建立企业年金。企业年金所需费用由企业和职工个人共同缴纳。企业年金基金实行完全积累，为每个参加企业年金的职工建立个人账户，按照国家有关规定投资运营。企业年金基金投资运营收益并入企业年金基金。

目前，企业年金个人所得税处理问题主要依据《关于企业年金、职业年金个人所得税有关问题的通知》（财税〔2013〕103号）规定执行。

职业年金是指根据《事业单位职业年金试行办法》（国办发〔2011〕37号）的规定，事业单位及其工作人员在依法参加基本养老保险的基础上，建立的补充养老保险制度。

1. 缴费环节的个税政策。单位缴费部分，在计入个人账户时，个人暂不缴纳个人所得税；个人缴费部分，在不超过本人缴费工资计税基数的4%标准内的部分，暂从个人当期的应纳税所得额中扣除。超过规定的标准缴付的年金单位缴费和个人缴费部分，应并入个人当期的工资、薪金所得，依法计征个人所得税。税款由建立年金的单位代扣代缴，并向主管税务机关申报解缴。企业年金个人缴费工资计税基数为本人上一年度月平均工资。月平均工资按国家统计局规定列入工资总额统计的项目计算。月平均工资超过职工工作地所在设区城市上一年度职工月平均工资300%以上的部分，不计入个人缴费工资计税基数。职业年金个人缴费工资计税基数为职工岗位工资和薪级工资之和。职工岗位工资和薪级工资之和超过职工工作地所在设区城市上一年度职工月平均工资300%以上的部分，不计入个人缴费工资计税基数。

2. 运营环节的个税政策。年金基金投资运营收益分配计入个人账户时，个人暂不缴纳个人所得税。

3. 领取环节的个税政策。根据《关于个人所得税法修改后有关优惠政策衔接问题的通知》（财税〔2018〕164 号）规定，个人达到国家规定的退休年龄，领取的企业年金，符合《财政部 人力资源和社会保障部 国家税务总局关于企业年金、职业年金个人所得税有关问题的通知》（财税〔2013〕103 号）规定的，不并入综合所得，全额单独计算应纳税款。其中按月领取的，适用月度税率表计算纳税；按季领取的，平均分摊计入各月，按每月领取额适用月度税率表计算纳税；按年领取的，适用综合所得税率表计算纳税。

个人因出境定居而一次性领取的年金个人账户资金，或个人死亡后，其指定的受益人或法定继承人一次性领取的年金个人账户余额，适用综合所得税率表计算纳税。对个人除上述特殊原因外一次性领取年金个人账户资金或余额的，适用月度税率表计算纳税。建立年金计划的单位、年金托管人，应按照个人所得税法和税收征收管理法的有关规定，实行全员全额扣缴明细申报。受托人有责任协调相关管理人依法向税务机关办理扣缴申报、提供相关资料。

### （三）税延型商业养老保险试点政策

为推进多层次养老保险体系建设，对养老保险第三支柱进行有益探索，财政部、国家税务总局、人力资源和社会保障部、中国银行保险监督管理委员会、中国证券监督管理委员会联合发布《关于开展个人税收递延型商业养老保险试点的通知》（财税〔2018〕22 号），规定自 2018 年 5 月 1 日起，在上海市、福建省（含厦门市）和苏州工业园区实施个人税收递延型商业养老保险试点。试点期限暂定一年。

1. 试点政策主要内容。对试点地区个人通过个人商业养老资金账户购买符合规定的商业养老保险产品的支出，允许在一定标准内税前扣除；计入个人商业养老资金账户的投资收益，暂不征收个人所得税；个人领取商业养老金时再征收个人所得税。具体规定如下：

（1）个人缴费税前扣除标准。取得工资、薪金、连续性劳务报酬所得的个人，其缴纳的保费准予在申报扣除当月计算应纳税所得额时予以限额据实扣除，扣除限额按照当月工资、薪金、连续性劳务报酬收入的 6% 和 1 000 元孰低的办法确定。取得个体工商户生产经营所得、对企事业单位的承包承租经营所得的个体工商户业主、个人独资企业投资者、合伙企业自然人合伙人和承包承租经营者，其缴纳的保费准予在申报扣除当年计算应纳税所得额时予以限额据实扣除，扣除限额按照不超过当年应税收入的 6% 和 12 000 元孰低办法确定。

（2）账户资金收益暂不征税。计入个人商业养老资金账户的投资收益，在缴费期间暂不征收个人所得税。

（3）个人领取商业养老金征税。个人达到国家规定的退休年龄时，可按月或按年领取商业养老金，领取期限原则上为终身或不少于 15 年。个人身故、发生保险合同约定的全残或罹患重大疾病的，可以一次性领取商业养老金。

财税〔2018〕22 号文件规定，对个人达到规定条件时领取的商业养老金收入，其中

25%部分予以免税，其余75%部分按照10%的比例税率计算缴纳个人所得税，税款计入“其他所得”项目。目前，新的《个人所得税法》取消了“其他所得”项目，但新的《个人所得税法实施条例》规定，个人取得的所得，难以界定应纳税所得项目的，由国务院税务主管部门确定。

2. 试点政策适用对象。适用试点税收政策的纳税人，是指在试点地区取得工资、薪金、连续性劳务报酬所得的个人，以及取得个体工商户生产经营所得、对企事业单位的承包承租经营所得的个体工商户业主，个人独资企业投资者，合伙企业自然人合伙人和承包承租经营者，其工资、薪金、连续性劳务报酬的个人所得税扣缴单位，或者个体工商户、承包承租单位、个人独资企业、合伙企业的实际经营地均位于试点地区内。取得连续性劳务报酬所得，是指纳税人连续6个月以上（含6个月）为同一单位提供劳务而取得的所得。

3. 试点期间个人商业养老资金账户和信息平台。

（1）个人商业养老资金账户是由纳税人指定的，用于归集税收递延型商业养老保险缴费、收益以及资金领取等的商业银行个人专用账户。该账户封闭运行，与居民身份证件绑定，具有唯一性。

（2）试点期间使用中国保险信息技术管理有限责任公司建立的信息平台（以下简称中保信平台）。个人商业养老资金账户在中保信平台进行登记，校验其唯一性。个人商业养老资金账户变更银行须经中保信平台校验后，进行账户结转，每年允许结转一次。中保信平台与税务系统、商业保险机构和商业银行对接，提供账户管理、信息查询、税务稽核、外部监管等基础性服务。

4. 试点期间税收征管。个人购买符合规定的商业养老保险产品，享受递延纳税优惠时，凭中国保险信息技术管理有限责任公司相关信息平台出具的“个人税收递延型商业养老保险扣除凭证”办理税前扣除。取得工资、薪金所得和连续性劳务报酬所得的个人，应及时将相关凭证提供给扣缴单位。扣缴单位在填报“扣缴个人所得税报告表”或“特定行业个人所得税年度申报表”时，应当将当期可扣除金额填至“税前扣除项目”或“年税前扣除项目”栏“其他”列中（需注明税延养老保险），并同时填报“个人税收递延型商业养老保险税前扣除情况明细表”。

个人在试点地区范围内从两处或者两处以上取得所得的，只能选择在其中一处享受试点政策。

关于领取商业养老金时的税款征收。个人按规定领取商业养老金时，由保险公司代扣代缴其应缴的个人所得税，并在个人购买税延养老保险的机构所在地办理全员全额扣缴申报。

个人因未及时提供税延养老扣除凭证而造成往期未扣除的，扣缴单位可追补至应扣除月份扣除，并按规定重新计算应扣缴税款，在收到扣除凭证的当月办理抵扣或申请退税。个人缴费金额发生变化、未续保或退保的，应当及时告知扣缴义务人重新计算或终止税延养老保险税前扣除。除个人提供资料不全、信息不实等情形外，扣缴单位不得拒绝为纳税人办理税前扣除。

取得个体工商户的生产经营所得和对企事业单位的承包承租经营所得的个体工商户业主、个人独资企业投资者、合伙企业自然人合伙人和承包承租经营者，其购买的符合规定的养老保险产品支出，在年度申报时，凭税延养老扣除凭证，在《通知》规定的扣除限额内据实扣除，并填报至个人所得税生产经营所得纳税申报表（B 表）的“允许扣除的其他费用”行（需注明税延养老保险），同时填报个人税收递延型商业养老保险税前扣除情况明细表。

计算扣除限额时，个体工商户业主、个人独资企业投资者和承包承租经营者应税收入按照个体工商户、个人独资企业、承包承租的收入总额确定；合伙企业自然人合伙人应税收入按合伙企业收入总额乘以合伙人分配比例确定。

实行核定征收的，应当向主管税务机关报送个人税收递延型商业养老保险税前扣除情况明细表和税延养老扣除凭证，主管税务机关按程序相应调减其应纳税所得额或应纳税额。纳税人缴费金额发生变化，未续保或退保的，应当及时告知主管税务机关，重新核定应纳税所得额或应纳税额。

## 五、捐赠扣除

发展捐赠公益事业，可树立公民的社会责任感和互助精神。按照《个人所得税法》第六条规定，个人将其所得对教育、扶贫、济困等公益慈善事业进行捐赠，捐赠额未超过纳税人申报的应纳税所得额 30% 的部分，可以从其应纳税所得额中扣除；国务院规定对公益慈善事业捐赠实行全额税前扣除的，从其规定。

《个人所得税法实施条例》第十九条规定，个人所得税法第六条第三款所称个人将其所得对教育、扶贫、济困等公益慈善事业进行捐赠，是指个人将其所得通过中国境内的公益性社会组织、国家机关向教育、扶贫、济困等公益慈善事业的捐赠；所称应纳税所得额，是指计算扣除捐赠额之前的应纳税所得额。

### （一）捐赠支出的基本概念

《财政部 国家税务总局 民政部关于公益性捐赠税前扣除有关问题的通知》（财税〔2008〕160 号）中将公益事业的捐赠支出解释为：《中华人民共和国公益事业捐赠法》规定的向公益事业的捐赠支出，具体范围包括：（1）救助灾害、救济贫困、扶助残疾人等困难的社会群体和个人的活动；（2）教育、科学、文化、卫生、体育事业；（3）环境保护、社会公共设施建设；（4）促进社会发展和进步的其他社会公共和福利事业。

所称个人将其所得对教育、扶贫、济困等公益慈善事业进行捐赠，是指个人将其所得通过中国境内的公益性社会组织、国家机关向教育、扶贫、济困等公益慈善事业的捐赠。

### （二）允许扣除的捐赠方式

捐赠可以分为三类：一是公益性捐赠；二是救济性捐赠；三是其他性质的捐赠。

个人捐赠支出是指通过中国境内的公益性社会组织的，须在财政、税务、民政等部门联合确认公益性捐赠税前扣除资格，并以公告形式发布名单内，才可以按照规定在税前扣除；通过指县级（含县级）以上人民政府及其组成部门和直属机构捐赠的，则不需要关注是否在名单内。

### （三）扣除限额的计算

捐赠扣除限额以及允许扣除的捐赠额按下列公式确定：

捐赠扣除限额 = 应纳税所得额 ×30%，应纳税所得额按照《个人所得税法》对综合所得、其他分类所得的计税规定。

实际捐赠额不超过捐赠扣除限额的，允许扣除的捐赠额等于实际捐赠额；实际捐赠额大于捐赠扣除限额的，允许扣除的捐赠额等于捐赠扣除限额。

**案例 3 -47**

张某于 2019 年 1 月通过中国境内的公益性社会组织进行捐赠，该组织在公益性捐赠税前扣除名单内，捐赠金额为 5 600 元，张某 1 月“工资、薪金所得”为 28 000 元，基本减除费用 5 000 元，专项扣除 1 500 元，专项附加扣除 3 000 元，已依法规定的其他扣除 1 000 元，张某 1 月可扣除的捐赠限额是多少元？

解析：应纳税所得额 =28 000 -5 000 -1 500 -3 000 -1 000 =17 500（元）

捐赠扣除限额 =17 500 ×30% =5 250（元）

张某 1 月实际捐赠 5 600 元，捐赠限额为 5 250 元，实际个人所得税前可扣除的捐赠金额为 5 250 元。

按照“工资、薪金所得”适用的个人所得税预扣率表，适用税率为 3%。

张某 1 月应缴纳的个人所得税 =（17 500 -5 250）×3% =367. 5（元）

### （四）全额扣除的主要项目

多数捐赠项目为限额扣除，即仅能扣除应纳税所得额的 30%，但对于农村义务教育捐赠等项目，则允许全额扣除。全额扣除项目主要包括向农村义务教育捐赠、对中国教育发展基金会捐款、对老年服务机构捐赠、对公益性青少年活动场所捐赠、对红十字事业捐赠等，各类捐赠项目的具体规定如下：

1. 向农村义务教育捐赠。《财政部 国家税务总局关于纳税人向农村义务教育捐赠有关所得税政策的通知》（财税〔2001〕103 号）规定，个人等社会力量通过非营利的社会团体和国家机关向农村义务教育的捐赠，准予在缴纳企业所得税和个人所得税前的所得额中全额扣除。

农村义务教育的范围，是指政府和社会力量举办的农村乡镇（不含县和县级市政府所在地的镇）、村的小学和初中以及属于这一阶段的特殊教育学校。纳税人对农村义务教育与高中在一起的学校的捐赠，也享受本通知规定的所得税前扣除政策。

接受捐赠或办理转赠的非营利的社会团体和国家机关，应按照财务隶属关系分别使用由中央或省级财政部门统一印（监）制的捐赠票据，并加盖接受捐赠或转赠单位的财务专用印章。税务机关据此对捐赠单位和个人进行税前扣除。

2. 对中国教育发展基金会捐款。《财政部 国家税务总局关于中国教育发展基金会捐赠所得税政策问题的通知》（财税〔2006〕第68号）规定，从2006年1月1日起，个人通过中国教育发展基金会用于公益救济性捐赠，准予在缴纳个人所得税前全额扣除。

3. 对老年服务机构捐赠。《财政部 国家税务总局关于对老年服务机构有关税收政策问题的通知》（财税〔2000〕97号）规定，个人通过非营利性的社会团体和政府部门向福利性、非营利性的老年服务机构的捐赠，在缴纳个人所得税前准予全额扣除。所称老年服务机构，是指专门为老年人提供生活照料、文化、护理、健身等多方面服务的福利性、非营利性的机构，主要包括老年社会福利院、敬老院（养老院）、老年服务中心、老年公寓（含老年护理院、康复中心、托老所）等。

4. 对公益性青少年活动场所捐赠。《财政部 国家税务总局关于对青少年活动场所、电子游戏厅有关所得税和营业税政策问题的通知》（财税〔2000〕21号）规定，个人通过非营利性的社会团体和国家机关对公益性青少年活动场所（其中包括新建）的捐赠，在缴纳个人所得税前准予全额扣除。所称公益性青少年活动场所，是指专门为青少年学生提供科技、文化、德育、爱国主义教育、体育活动的青少年宫、青少年活动中心等校外活动的公益性场所。

5. 对红十字事业捐赠。《财政部 国家税务总局关于企业等社会力量向红十字事业捐赠有关所得税政策问题的通知》（财税〔2000〕30号）规定，企事业单位、社会团体和个人等社会力量，通过非营利性的社会团体和国家机关（包括中国红十字会）向红十字事业的捐赠，在计算缴纳企业所得税和个人所得税时准予全额扣除。

6. 对中国老龄事业发展基金会等8家单位捐赠。为支持我国社会公益事业发展，根据《财政部 国家税务总局关于中国老龄事业发展基金会等8家单位捐赠所得税政策问题的通知》（财税〔2006〕66号）规定，对个人通过中国老龄事业发展基金会、中国华文教育基金会、中国绿化基金会、中国妇女发展基金会、中国关心下一代健康体育基金会、中国生物多样性保护基金会、中国儿童少年基金会和中国光彩事业基金会用于公益救济性捐赠，准予在缴纳个人所得税前全额扣除。

## 第四节　预扣缴申报信息采集

依据《个人所得税扣缴申报管理办法（试行）》（国家税务总局公告2018年第61号）

的规定，扣缴义务人首次向纳税人支付所得时，应当按照纳税人提供的纳税人识别号等基础信息填写个人所得税基础信息表（A 表），并于次月扣缴申报时向税务机关报送，因此扣缴义务人需要首先采集纳税人信息。同时规定，符合子女教育、继续教育、住房贷款利息或住房租赁、赡养老人专项附加扣除范围和条件的纳税人，自其符合条件开始，可以向取得工资、薪金所得的扣缴义务人提供上述专项附加扣除有关信息，由扣缴义务人在次月预扣预缴税款时办理扣除，也可以在次年 3 月 1 日至 6 月 30 日内，向税务机关办理汇算清缴申报时扣除，因此扣缴义务人应对纳税人专项附加扣除信息进行采集。这意味着，专项附加扣除可以由发放工资、薪金所得的扣缴义务人代为采集，也可由纳税人本人填报。本节主要介绍由扣缴义务人采集专项附加扣除信息的具体操作，纳税人本人填报操作具体见本章第七节。

## 一、扣缴义务人采集纳税人信息

《个人所得税法》第九条的规定：纳税人有中国公民身份号码的，以中国公民身份号码为纳税人识别号；纳税人没有中国公民身份号码的，由税务机关赋予其纳税人识别号。扣缴义务人可通过扣缴客户端采集报送自然人基础信息。

人员信息采集界面，主要包括【添加】、【导入】、【报送】、【获取反馈】、【导出】、【展开查询条件】和【更多操作】功能，具体见图 3－4。

**图 3－4　人员信息采集界面**

（一）人员信息登记

扣缴义务人根据个人所得税基础信息表（A 表）的要求采集相关信息。具体步骤为，先填写报送人员信息，再填写报表。

首先将人员信息采集到客户端，具体包括两种方式，即单个添加和批量导入。人员信息采集又分为境内人员和境外人员。以境内人员信息采集操作为例，具体见图 3－5。

图 3－5　境内人员信息采集界面

1. 单个添加。点击【添加】，进入“境内人员信息”界面，录入人员基本信息，点击【保存】即可添加成功。需要填报的信息情况如下：

【人员状态】：选择“正常”或“非正常”。正常状态的人员才能填写申报表，对离职、离退等不再从本单位取得所得的人员，设置为“非正常”。

【证照类型】：境内人员支持的证照类型包括居民身份证、中国护照；境外人员支持的证照类型包括外国护照、港澳居民来往内地通行证、台湾居民来往大陆通行证等。

【证照号码】：根据所选证照类型填写正确的证照号码。使用居民身份证登记，证照号码必须是正确的18位身份证号码。

【姓名】：严格按照所选证照上的真实姓名填写。

【国籍（地区）】：境内人员，国籍自动带出“中国”且无法修改；境外人员，填写所选证照上的国籍地区即可。

【性别】【出生日期】：选择居民身份证采集的，此两项信息会根据身份证号码信息自动带出，无须填写；使用其他证件，则须手动据实填写。

【学历】：下拉选择纳税人取得的最高学历。

【纳税人识别号】：人员信息采集报送成功后，系统自动生成纳税人唯一的纳税人识别号，本数据项自动带出，无须填写。

【是否存在以下情形】：有本项所列情况的进行勾选，包括残疾、烈属、孤老。勾选“残疾”，则残疾证号必填。

【是否雇员】：与单位存在任职受雇关系的人员，选择“是”，反之则选择“否”。正常状态的雇员必须申报正常工资、薪金（包括零工资收入）；非雇员无法申报工资、薪金所得，据实填写对应所得（如劳务报酬）。

【职务】：可据实下拉选择“高层”或“普通”。

【任职受雇日期】：纳税人入职受雇单位的日期。

【离职日期】：纳税人从单位离职的日期。当人员状态修改为“非正常”时，该项必填。

【工号】：填写该纳税人在单位的工号或编号。

【户籍所在地】【经常居住地】【联系地址】：填写纳税人的地址信息，下拉选择省、市、区、街道后，必须填写详细地址。

【手机号码】：填写纳税人真实的手机号码。

【电子邮箱】：填写纳税人的电子邮箱。

【开户银行】：选择纳税人银行账号对应的开户银行。

【银行账号】：填写纳税人本人名下的银行账号。

注意事项：人员信息采集表中，带“*”号项为必填项，其他非必填项，可根据实际情况选填。单个添加人员的业务场景，适用于单位人员较少的情况。单位人员较多时，建议使用Excel模板批量导入功能。

2. 批量导入。点击【导入】→【模板下载】，下载客户端中提供的标准 Excel 模板。将人员各项信息填写到模板对应列，然后点击【导入】→【导入文件】，选择 Excel 文件，导入到客户端中，具体见图 3－6。

图 3－6　人员信息批量导出界面

注意事项：当填写信息不符合规范时，在【添加】或【导入】时会有相应的提示，如身份证号码不满足校验规则、姓名中不能有特殊字符等。此时须按照提示要求，更正相应信息后，重新保存。

（二）人员信息编辑

人员信息编辑是指对已添加人员信息的修改和删除操作。人员信息采集到系统后，人员信息若存在错误或发生变化时，需修改或删除人员信息后重新采集。但是，已报送成功的人员则不允许删除，只能修改；未报送的人员，既可删除重新采集，也可直接修改错误信息。

1. 人员信息修改。如果人员信息报送成功，则：证照类型、证照号码、国籍：此三项信息不允许修改。若录入错误，须将人员状态改为【非正常】，重新采集正确的人员信息。“姓名”若身份验证状态为“验证通过”，则不可修改，其他状态允许修改，须谨慎操作。人员非关键信息修改，可在人员信息采集页双击该条人员信息记录的任何位置，打开“境内人员信息”／“境外人员信息”界面修改信息后保存即可。多个人员非关键信息需修改为同一信息时，勾选多人后，点击【更多操作】→【批量修改】，选择需要修改的项目，录入正确的内容保存即可。

2. 人员信息删除。只有未报送的人员可以删除。具体操作步骤为：勾选人员后，点击【更多操作】→【删除】进行信息删除。

（三）人员信息报送验证

人员信息采集完毕后，需要首先将人员信息报送至税务机关端进行验证，才能获取报送结果和身份验证结果。只有报送成功的人员才能填写、报送申报表。具体步骤如下：

1. 报送。点击【报送】，客户端会将报送状态为“待报送”的人员信息报送至税务机关进行验证。

2. 获取反馈。报送成功后，税务机关系统将对居民身份证信息进行验证（其他类型证件的验证会陆续增加），点击【获取反馈】获取报送的人员信息身份验证结果。

（1）身份验证状态为“验证通过”，表示该自然人身份信息与公安机关的居民身份登记信息一致。

（2）身份验证状态为“验证不通过”，表示该自然人身份信息与公安机关的居民身份登记信息不一致，扣缴单位应对其进行核实，经核实确实存在问题的，应予以修正；如果经核实自然人身份信息准确无误的，则该自然人需前往办税服务厅进行登记。

（3）身份验证状态为“验证中”，表示尚未获取到公安机关的居民身份登记信息。扣缴单位可以忽略该结果，正常进行后续操作。

（4）身份验证状态为“暂不验证”，表示税务系统暂未与第三方系统联通交互，目前尚无法进行验证。扣缴单位可以忽略该结果，正常进行后续操作。

（四）人员信息查询

人员信息查询包括“展开查询条件”“导出”和“更多操作”三项功能。

1. 展开查询条件。客户端的查询功能，是指在人员较多并需要查找某个人员的具体信息时，点击【展开查询条件】来展开具体的查询条件，而后按钮名称变成【收折查询条件】。

可通过工号、姓名、证照号码等信息，模糊查找相应的人员信息；也可根据身份验证状态、报送状态、是否残孤烈、是否雇员、更新时间进行筛选。

2. 导出。点击【导出】，可选择【选中人员】或【全部人员】将人员信息导出到Excel表格中进行查看。

3. 更多操作。更多操作包括删除、批量修改、自定义显示列、隐藏非正常人员、特殊情形处理功能。

（1）删除。当选中单个人员信息，点击【删除】，可删除单个人员信息；当选中多个人员信息，点击【删除】，可批量删除人员信息。

（2）批量修改。当多个人员存在相同信息时，可以通过批量修改功能，一键来完成。主要包括工号、人员状态、任职受雇日期、离职日期、学历、开户银行。

（3）自定义显示列。人员信息采集列表中，可以自定义列表中展示的信息，如无须显示人员状态，可以取消勾选。

（4）隐藏非正常人员。采集界面上会显示人员状态为非正常的人员，在系统中不再对该人员进行业务操作时，可通过本功能隐藏非正常（已离职）人员。隐藏后，该按钮会变成【显示非正常人员】，点击后会重新显示非正常人员。

（5）特殊情形处理。特殊情形处理包括人员添加和姓名更新两项功能。人员添加功能主要是添加证照类型为居民身份证，姓名中含有生僻字或居民身份证不符合公安系统一般赋码规则的人员，添加前，请确保该人员已在税务机关做过自然人信息特殊采集。姓名更新功能主要是更新在税务机关已变更过人员姓名，但在扣缴客户端中无法手工修改的人员姓名。

## 二、专项附加扣除信息采集

符合子女教育、继续教育、住房贷款利息或住房租赁、赡养老人专项附加扣除范围和条件的纳税人，自其符合条件开始，可以向取得工资、薪金所得的扣缴义务人提供上述专项附加扣除有关信息，由扣缴义务人在次月预扣预缴税款时办理扣除，也可以在次年 3 月 1 日至 6 月 30 日内，向税务机关办理汇算清缴申报时扣除。

在首页功能菜单下，点击【专项附加扣除信息采集】，显示可采集的专项附加扣除项目，分别为“子女教育支出”“继续教育支出”“住房贷款利息支出”“住房租金支出”“赡养老人支出”。所有专项附加扣除信息的采集操作基本类似，只是各项专项附加扣除采集的具体信息有所不同。

### （一）子女教育支出

本功能用于采集单位员工的子女教育专项附加扣除信息，具体包括以下功能：

【新增】：单个采集纳税人专项附加扣除信息。

【导入】：下拉包括【导入文件】和【模板下载】。点击【模板下载】，下载专项附加扣除标准 Excel 模板，纳税人填写信息后，点击【导入文件】选择 Excel 模板所在的文件夹，即可将模版中的所有专项附加扣除信息导入到客户端中。

【删除】：对于采集的专项附加扣除信息，可勾选进行删除。

【报送】：将报送状态为未报送的信息发送至税务机关。

【获取反馈】：点击后获取税务机关反馈的专项附加信息报送结果。

【下载更新】：从税务局端下载获取纳税人通过各渠道（税务局端、扣缴客户端、WEB、APP 端）采集并指定给该扣缴业务人预扣预缴扣除的专项附加扣除信息。

【姓名】【证照类型】【证照号码】：从人员信息中自动带出，要求为正常状态人员且做过自然人信息报送。

【子女姓名】【证照类型】【证照号码】【国籍】：如实填写申请扣除的纳税人子女

信息。

【出生日期】：证照类型为居民身份证时自动带出；为其他类型时，自行如实填写。

【当前受教育阶段】：下拉选择“学前教育阶段”“义务教育”“高中阶段教育”“高等教育”。

【受教育日期起】：填写受教育的起始日期，选择学前教育阶段时，填写子女年满三周岁当月日期。

【受教育日期止】：不能早于受教育日期起。

【教育终止日期】：采集时非必录，不再接受学历教育时填写。

【就读国家（地区）】【就读学校名称】：填写子女接受教育的国家（地区）和学校名称，如果没有就读学校的，可填写“无”。

【本人扣除比例（%）】：可选择50%、100%。

【扣除有效期起】：系统自动带出（受教育日期起，政策生效日期起，扣除年度的1月），取时间最后值。

【扣除有效期止】：系统自动带出（教育终止时间，扣除有效期起所在年份的12月），取时间最前值。

【采集来源】：分为扣缴客户端采集、自然人端（Web/APP）自行采集和税务局端采集。

【新增】：点击则新增一行空白数据，能新增的数据行不限制。

【删除】：可选择一条或多条数据进行删除。

### （二）继续教育支出

本功能用于采集单位员工的继续教育专项附加扣除信息，具体包括以下信息：

1. 学历（学位）继续教育情况。

【入学时间起】：填写学历教育入学时间。

【（预计）毕业时间】：填写预计学历教育结束时间。

【教育阶段】：下拉据实选择“专科、本科、硕士研究生、博士研究生、其他”。

【扣除有效期起】：系统自动带出（入学时间起，政策生效日期起所在月份，扣除年度的1月），取时间最后值。

【扣除有效期止】：系统自动带出（扣除有效期起所在年份的12月，（预计）毕业时间），取时间最前值。

2. 职业资格继续教育情况。

【继续教育类型】：下拉选择技能人员职业资格、专业技术人员职业资格。

【发证（批准）日期】：填写证书上注明发证日期。

【证书名称】【证书编号】：填写取得证书名称和证书上注明的编号。

【发证机关】：填写证书上注明的发证机关。

【扣除有效期起】：默认为发证（批准）日期所在年度的1月。

【扣除有效期止】：默认为发证（批准）日期所在年度的12月。

### （三）住房贷款利息支出

本功能用于采集单位员工的住房贷款利息专项附加扣除信息，具体包括如下信息：

【房屋坐落地址】：填写房屋具体的坐落地址。下拉选择省、市、区、乡镇街道，具体规则与人员登记中的居住地址一致。

【房屋楼牌号】：填写房屋详细地址。

【证书类型】：下拉选择“房屋所有权证、不动产权证、房屋买卖合同、房屋预售合同”。

【房屋证书号】：录入房屋证书上的编号。

【本人是否借款人】：如实选择“是”或“否”。

【是否婚前各自首套贷款，且婚后分别扣除50%】：根据实际情况选择。

公积金贷款和商业贷款信息必须填写其中一项：

【贷款合同编号】：填写与金融机构签订的住房贷款合同编号。

【首次还款日期】：选择住房贷款合同上注明的首次还款日期。

【贷款期限（月数）】：填写住房贷款合同上注明的贷款月数。

【扣除有效期起】：系统自动带出（政策生效日期起所在月份，首次还款日期，扣除年度1月），取时间最后值，精确到年、月。

【扣除有效期止】：系统自动带出（扣除有效期起所在年份的12月，首次还款日期+贷款期限），取时间最前值，精确到年、月。

### （四）住房租金支出

本功能用于采集单位员工的住房租金专项附加扣除信息，具体包括如下信息：

【工作城市】：填写纳税人工作市一级城市。

【出租方类型】：下拉选择“个人”或“组织”。

【出租方姓名（单位名称）】【证照号码（统一社会信用代码）】：如实填写出租方名称和证照号码（统一社会信用代码）。

【证照类型】：出租方类型选择“个人”时必填，选择“组织”时无须填写。

【房屋坐落地址】【房屋坐落楼牌号】：填写房屋具体的坐落地址。下拉选择省、市、区、乡镇街道后录入详细地址。

【住房租赁合同编号】：填写签订的住房租赁合同编号。

【租赁日期起】【租赁日期止】：填写住房租赁合同注明的租赁起止时间。

【扣除有效期起】：系统自动带出（政策生效日期起所在月份，租赁日期起，扣除年度1月），取时间最后值。

【扣除有效期止】：系统自动带出（扣除有效期起所在年份的12月，租赁日期止），取时间最前值。

(五) 赡养老人支出

本功能用于采集单位员工的赡养老人专项附加扣除信息，具体包括如下信息：

【是否独生子女】：据实选择“是”或“否”。

【分摊方式】：下拉选择“赡养人平均分摊”“被赡养人指定分摊”或者“赡养人约定分摊”。

1. 被赡养人信息。

【姓名】【身份证件类型】【身份证件号码】：如实填写被赡养人身份信息。

【关系】：下拉选择“父母”“其他”。

【出生日期】：证件类型为居民身份证时自动带出；其他类型时自行填写。

【扣除有效期起】：系统自动带出［（出生日期 +60 年）的当月，政策生效日期起月份，扣除年度 1 月］，取时间最后值。

【扣除有效期止】：默认为扣除年度的 12 月。

2. 共同赡养人信息。

【姓名】【身份证件类型】【身份证件号码】：如实填写共同赡养人身份信息。

以上专项附加扣除信息采集报送后，可在综合所得预扣预缴【工资、薪金所得】项目下进行税前申报扣除。纳税人取得劳务报酬所得、稿酬所得、特许权使用费所得需要享受专项附加扣除的，应当在次年 3 月 1 日至 6 月 30 日内，自行向税务机关办理综合所得年度汇算清缴时自行申报扣除。

## 三、专项附加扣除信息报送

《个人所得税法》第十一条规定，居民个人向扣缴义务人提供专项附加扣除信息的，扣缴义务人按月预扣预缴税款时应当按照规定予以扣除，不得拒绝。《个人所得税法实施条例》进一步明确，对员工报送的专项附加扣除信息，扣缴单位应当接收并在工资、薪金所得预扣税款时按照规定如实扣除。居民个人向扣缴义务人进行专项附加扣除信息报送时主要有纸质表报送，电子模板报送、网络渠道远程报送等三种方式。

(一) 纸质表报送

员工以纸质表方式报送的，扣缴单位应当将员工报送信息如实录入扣缴端软件，在发薪次月办理扣缴申报时通过扣缴端软件提交给税务机关。扣除信息表应当一式两份，员工和扣缴单位签字（章）后分别留存备查。

(二) 电子模板报送

员工以电子模板方式报送的，扣缴单位应当将电子模板信息导入扣缴端软件，在次月办理扣缴申报时通过扣缴端软件提交给税务机关，同时将扣除信息表内容打印。扣除信息表应当一式两份，纳税人和扣缴单位签字（章）后分别留存备查。

（三）网络渠道远程报送

员工通过税务部门提供的网络渠道远程（手机 APP 或各省电子税务局等）填报专项附加扣除信息并选择扣缴单位办理扣除的，税务机关将根据纳税人的选择把专项附加扣除相关信息全部推送至单位，单位在使用扣缴端软件下载后，即可为员工办理扣除。该方式下，员工和扣缴单位无须留存纸质扣除信息表。

## 第五节　预扣缴税额计算

按照《个人所得税扣缴申报管理办法（试行）》（国家税务总局公告 2018 年第 61 号）的规定，扣缴义务人向居民个人支付工资、薪金所得时，应当按照累计预扣法计算预扣税款，并按月办理扣缴申报。

累计预扣法，是指扣缴义务人在一个纳税年度内预扣预缴税款时，以纳税人在本单位截至当前月份工资、薪金所得累计收入减除累计免税收入、累计减除费用、累计专项扣除、累计专项附加扣除和累计依法确定的其他扣除后的余额为累计预扣预缴应纳税所得额，适用个人所得税预扣率（见表 3 -6），计算累计应预扣预缴税额，再减除累计减免税额和累计已预扣预缴税额，其余额为本期应预扣预缴税额。从中可以看出，累计预扣法主要是通过各月累计收入减去对应扣除，对照综合所得税率表计算累计应缴税额，再减去已缴税额，确定本期应缴税额的一种方法。这种方法的好处在于：一是对于大部分只有一处工资、薪金所得的纳税人，纳税年度终了时预扣预缴的税款基本上等于年度应纳税款，因此无须再办理自行纳税申报、汇算清缴；二是对需要补退税的纳税人，预扣预缴的税款与年度应纳税款差额相对较小，不会占用纳税人过多资金。因此，采用累计预扣法，在一定程度上有利于纳税人一个纳税年度内个人所得税负的均衡及减少补退税的情况出现。

累计预扣法在计算个人所得税时有一定的连续性，因此需要考虑年度中间个人任职情况发生变化时，及时补充、更新个人任职、离职信息，以便准确进行费用扣除。扣缴义务人向居民个人支付工资、薪金所得时，按照“累计预扣法”计算预扣预缴税款，此时申报系统中人员信息、专项附加扣除信息都已经填写完整。具体计算方法如下：

### 一、累计预扣预缴应纳税所得额

对居民个人，扣缴义务人按照其在当年截至本月在本单位的任职受雇月份数，计算工资、薪金所得的累计收入，减除累计免税收入、累计减除费用、累计专项扣除、累计专项附加扣除和累计依法确定的其他扣除计算预扣预缴应纳税所得额，具体公式为：

累计预扣预缴应纳税所得额 = 累计收入 − 累计免税收入 − 累计减除费用 − 累计专项扣除 − 累计专项附加扣除 − 累计依法确定的其他扣除

## 二、本期应预扣预缴税额

根据累计预扣预缴应纳税所得额，对照表3－2，查找适用预扣率和速算扣除数，据此计算累计应预扣预缴税额，再减除累计减免税额和累计已预扣预缴税额。如果计算本月应预扣预缴税额为负值时，暂不退税。纳税年度终了后余额仍为负值时，由纳税人通过办理综合所得年度汇算清缴，税款多退少补。

具体计算公式如下：

本期应预扣预缴税额 =（累计预扣预缴应纳税所得额 × 预扣率 − 速算扣除数）− 累计减免税额 − 累计已预扣预缴税额

累计预扣预缴应纳税所得额 = 累计收入 − 累计免税收入 − 累计减除费用 − 累计专项扣除 − 累计专项附加扣除 − 累计依法确定的其他扣除

**表3－2　　工资、薪金个人所得税预扣税率及速算扣除数**

| 级数 | 累计预扣预缴应纳税所得额 | 预扣率（%） | 速算扣除数（元） |
| --- | --- | --- | --- |
| 1 | 不超过36 000元的 | 3 | 0 |
| 2 | 超过36 000元至144 000元的部分 | 10 | 2 520 |
| 3 | 超过144 000元至300 000元的部分 | 20 | 16 920 |
| 4 | 超过300 000元至420 000元的部分 | 25 | 31 920 |
| 5 | 超过420 000元至660 000元的部分 | 30 | 52 920 |
| 6 | 超过660 000元至960 000元的部分 | 35 | 85 920 |
| 7 | 超过960 000元的部分 | 45 | 181 920 |

其中：累计减除费用，按照5 000元/月乘以纳税人当年截至本月在本单位的任职受雇月份数计算。即纳税人如果5月份入职，则扣缴义务人发放5月份工资扣缴税款时，减除费用按5 000元计算；6月份发工资扣缴税款时，减除费用按10 000元计算，以此类推。

**案例3－49**

2019年1月8日，某公司应向张某支付工资22 000元，张某有两个孩子，目前都是在接受全日制学历教育，与家人约定由张某按子女教育专项附加扣除标准的100%扣除，子女教育可扣除2 000元。张某本人是在职博士研究生在读，每月可扣除400元。因张某在主要工作城市没有住房，以每月租金1 500元在（一类城市）孩子学校附近租住了一套房屋。张某是独生子女，父母均已满60岁，张某赡养老人每月扣除2 000元。单位给张某缴纳社保及公积金3 250元，依法确定的其他扣除有企业年金520元，支付税优商业健康保险费200元。

解析：1. 张某2019年1月个人所得税前扣除项目：（1）基本扣除费用5 000元。（2）专项扣除3 250元。（3）专项附加扣除5 900元：①子女教育专项附加扣除2 000元（女儿和儿子各1 000元）；②继续教育专项附加扣除400元；③租金专项附加扣除1 500元；④赡养老人专项附加扣除2 000元；⑤依法确定的其他扣除720元（企业年金520元，支付税优商业健康保险费200元）。

2. 张某2019年1月应纳税所得额 = 22 000 - 5 000 - 3 250 - 5 900 - 720 = 7 130（元）

张某在1月预扣预缴个人所得税 = 7 130 × 3% = 213.9（元）

**案例3-50**

2019年2月2日，某公司应支付张某工资22 500元，同时发放春节的过节福利费6 000元，合计28 500元。

解析：单位扣缴“三险一金”，张某缴付企业年金、支付税优商业健康保险费等金额均与1月相同；张某可享受的各类专项附加扣除也均与1月份相同。

1. 计算张某2019年2月个人所得税可扣除：（1）基本扣除费用5 000元。（2）专项扣除“三险一金”3 250元。（3）专项附加扣除5 900元：①子女教育专项附加扣除2 000元（女儿和儿子各1 000元）；②继续教育专项附加扣除400元；③租金专项附加扣除1 500元；④赡养老人专项附加扣除2 000元。（4）依法确定的其他扣除720元（企业年金520元，支付税优商业健康保险费200元）。

2. 按“累计预扣法”方式计算2月预扣预缴税款。张某在1月已预扣预缴个人所得税213.9元。

张某2月累计应税收入 = 22 000 + 22 000 + 6 000 = 50 000（元）

张某2月累计扣除额 = 5 000 × 2 + 3 250 × 2 + 5 900 × 2 + 720 × 2 = 29 740（元）

张某2月累计预扣预缴应纳税所得额 = 50 000 - 29 740 = 20 260（元）

张某2月累计应预扣预缴个人所得税 = 20 260 × 3% = 607.8（元）

张某2月当月应预扣预缴个人所得税 = 607.8 - 213.9 = 393.9（元）

## 第六节　工资、薪金预扣预缴申报

综合所得个人所得税预扣预缴申报，是指扣缴义务人在向居民个人支付综合所得时，根据已采集的个人身份信息，结合当期收入、扣除等情况，在支付所得的月度终了之日起15日内，向主管税务机关报送综合所得个人所得税预扣预缴报告表和主管税务机关要求报送的其他有关材料，进行综合所得个人所得税预扣预缴申报。

实行个人所得税预扣预缴申报的综合所得包括：工资、薪金所得；劳务报酬所得；稿酬所得；特许权使用费所得。

工资、薪金是综合所得内容之一，相应其按照综合所得的预扣预缴申报流程进行预扣预缴申报。首先进入“自然人扣缴客户端”，然后在首页功能菜单下点击【综合所得申报】，进入“综合所得预扣预缴表”页面，页面上方为申报主流程导航栏，最后根据【收入及减除填写】【税款计算】【附表填写】【申报表报送】四步流程完成工资、薪金的预扣预缴申报。

## 一、收入及减除填写

用于录入综合所得各项目的收入及减除项数据，所得项目包括“正常工资、薪金所得”。

点击界面下方综合所得申报表名称或【填写】进入表单，即可进行数据的录入，各项表单的填写方式，与“人员信息采集”操作类似，都可选择使用单个添加，或下载模板批量导入。

点击【正常工资、薪金所得】，进入“正常工资、薪金所得”界面。包括【返回】【添加】【导入】【预填专项附加扣除】【导出】【展开查询条件】和【更多操作】功能。

点击【导入】→【模板下载】，下载标准模板，录入数据后，点击【导入数据】→【标准模板导入】，选择模板文件批量导入数据。

点击【添加】弹出“正常工资、薪金所得新增”界面，进行单个数据录入。

【本期收入】：取得的全部收入，默认保留两位小数。

【基本养老保险费】【基本医疗保险费】【失业保险费】【住房公积金】：按国家有关规定缴纳的三险一金，填写个人承担且不超过当地规定限额的部分。

【子女教育支出】【继续教育支出】【住房贷款利息支出】【住房租金支出】【赡养老人支出】：点击“正常工资、薪金所得”界面【预填专项附加扣除】自动获取填充报送成功人员的可扣除额度，也可手动录入。根据政策要求，住房租金支出、住房贷款利息支出不允许同时扣除。

【商业健康保险】：填写按税法规定允许税前扣除的商业健康保险支出金额，扣除限额2 400元/年（200元/月）。

【税延养老保险】：填写按税法规定允许税前扣除的税延商业养老保险支出金额，扣除限额为年度收入总额的6%与12 000元之间的孰小值。仅试点地区可录入。

【准予扣除的捐赠额】：按照《税法》规定，个人将其所得对教育、扶贫、济困等公益慈善事业进行捐赠，捐赠额未超过纳税人申报的应纳税所得额30%的部分，可以从其应纳税所得额中扣除；国务院规定对公益慈善事业捐赠实行全额税前扣除的，从其规定。

点击【预填专项附加扣除】，弹出提示框，勾选确认需要进行自动预填，选择预填人员范围后，点击【确认】，可自动将已报送至税务机关的专项附加扣除信息下载到对应纳税人名下，自动填充至申报表。

## 二、税款计算

点击【税款计算】，系统自动对“收入及减除填写”模块中填写的数据进行计税，其中工资、薪金所得项目会从局端下载往期累计数据，再与当期填写的数据合并累计计税。

“税款计算”页面上会分所得项目显示对应项目的明细数据和合计数据，右上角显示综合所得的合计数据，包括申报总人数、收入总额、应纳税额和应补退税额。

双击其中一条数据行，可以查看该行人员具体的计税项，包括当期各类明细数据和年内累计数据。明细查看页面，只允许查看数据，不允许修改。

## 三、附表填写

在收入及减除中填写了减免税额、商业健康保险、税延养老保险的情况下，需要在相应附表里面完善减免信息，如减免事项、减免性质、减免税额等。

### （一）减免事项附表

用于补充减免税额对应的具体减免事项信息。

综合所得中填写过减免税额的人员，系统会自动在减免事项附表界面生成一条该人员本次填写的减免税数据，双击该条记录补充完善对应的减免税事项名称等内容。减免税额等于综合所得中减免税额之和，“减税事项”页签下补充完善减免税额信息。

【所得项目】：根据综合所得中填写的所得项目自动带出。

【总减免税额】：根据综合所得项目中该人员填写的减免税额自动合计带出。

【减免事项】：下拉选择人员可享受的减免税对应事项。

【减免性质】：根据选择的减免税事项自动匹配对应的减免性质。

### （二）商业健康保险附表

根据《税法》规定，对个人购买或单位统一购买符合规定的商业健康保险产品的支出，允许税前扣除，扣除限额为2 400元/年（200元/月）。在综合所得预扣预缴申报表里录入了商业健康保险数据的人员，应报送商业健康保险税前扣除情况明细表。

【税优识别码】：为确保税收优惠商业健康保险保单的唯一性、真实性和有效性，由商业健康保险信息平台按照“一人一单一码”的原则进行核发，填写个人保单凭证上打印的数字识别码。

【保单生效日期】：该商业健康保险保单生效的日期。

【年度保费】：商业健康保险保单年度内该保单的总保费。

【月度保费】：月缴费的保单填写每月所缴保费，按年一次性缴费的保单填写年度保费除以 12 后的金额。

【本期扣除金额】：根据国家有关政策对个人购买或单位统一购买符合规定的商业健康保险产品的支出，扣除限额为 2 400 元/年（200 元/月）。

（三）税延养老保险附表

自 2018 年 5 月 1 日起，在上海市、福建省（含厦门市）和苏州工业园区实施个人税收递延型商业养老保险试点。对试点地区个人通过个人商业养老资金账户购买符合规定的商业养老保险产品的支出，允许在一定标准内税前扣除。在综合所得中填写税延养老保险支出税前扣除申报的人员，应报送《税延型商业养老保险税前扣除情况明细表》。

【税延养老账户编号】【报税校验码】：按照中国保险信息技术管理有限责任公司相关信息平台出具的个人税收递延型商业养老保险扣除凭证载明的对应项目填写。

【月度保费】：取得工资薪金所得、连续性劳务报酬所得（特定行业除外）的个人，填写个人税收递延型商业养老保险扣除凭证载明的月度保费金额，一次性缴费的保单填写月平均保费金额。

【本期扣除金额】：取得工资、薪金所得的个人，应按税延养老保险扣除凭证记载的当月金额和扣除限额孰低的方法计算可扣除额。扣除限额按照申报扣除当月的工资、薪金的 6% 和 1 000 元孰低的办法确定。

## 四、申报表报送

申报表填写及税款计算完成后，点击【申报表报送】进入报表申报界面。该界面可完成工资、薪金的扣预缴的正常申报、更正申报以及作废申报操作。

当月第一次申报发送时，进入“申报表报送”界面，默认申报类型为正常申报，申报状态为未申报，显示【发送申报】。

注意事项：【申报表报送】需在法定申报期时才可点击进入申报界面。2019 年 1 月税款所属期报表需在 2019 年 2 月时才可点击操作。

# 第七节　不并入综合所得的工资性所得的计税及申报

为了实现个人所得税新老税制的衔接，部分工资性收入尚未纳入综合所得而单独计税，本部分主要对这类工资性收入个人所得税的计税方法及申报流程做具体介绍。

## 一、全年一次性奖金的计税及申报

《国家税务总局关于调整个人取得全年一次性奖金等计算征收个人所得税方法问题的通知》（国税发〔2005〕9号）和《关于个人所得税法修改后有关优惠政策衔接问题的通知》（财税〔2018〕164号）两个文件关于全年一次性奖金的个人所得税政策进行了规定，其中前者的部分内容被后者替代。

### （一）全年一次性奖金的概念

全年一次性奖金是指行政机关、企事业单位等扣缴义务人根据其全年经济效益和对雇员全年工作业绩的综合考核情况，向雇员发放的一次性奖金。上述一次性奖金也包括年终加薪、实行年薪制和绩效工资办法的单位根据考核情况兑现的年薪和绩效工资。

纳税人取得全年一次性奖金，单独作为一个月工资、薪金所得计算纳税。在一个纳税年度内，对每一个纳税人，该计税办法只允许采用一次。

《关于个人所得税法修改后有关优惠政策衔接问题的通知》（财税〔2018〕164号）文件，对居民个人取得关于全年一次性奖金的延续政策做出了规定，同时废止了《国家税务总局关于调整个人取得全年一次性奖金等计算征收个人所得税方法问题的通知》（国税发〔2005〕9号）第二条规定的个人所得税计税方法。

### （二）新个税下政策的主要变化

居民个人取得全年一次性奖金，符合《国家税务总局关于调整个人取得全年一次性奖金等计算征收个人所得税方法问题的通知》（国税发〔2005〕9号）规定的，在2021年12月31日前，不并入当年综合所得，以全年一次性奖金收入除以12个月得到的数额，按照财税〔2018〕164号文件后附按月换算后的综合所得税率表（以下简称月度税率表），确定适用税率和速算扣除数，单独计算纳税。居民个人取得全年一次性奖金，也可以选择并入当年综合所得计算纳税。自2022年1月1日起，居民个人取得全年一次性奖金，应并入当年综合所得计算缴纳个人所得税。

1. 新政策中计税方式可选择的原因。全年一次性奖金政策的优势是单独计税，不与当期综合所得合并计算个人所得税，从而“分拆”收入降低所适用的个人所得税税率级距。例如，某人每月收入3 000元，年终有20 000元的年终奖金，全年收入低于60 000元。如果并入综合所得征税，那么全年收入无须缴纳个人所得税，但如不并入当年综合所得，则需要缴纳600元的个人所得税，税负增加。

对部分中低收入者而言，如将全年一次性奖金并入当年工资、薪金所得，扣除基本减除费用、专项扣除、专项附加扣除等后，可能无须缴税或者缴纳很少税款。如果将全年一次性奖金采取单独计税方式，反而会产生应纳税款或者增加税负。同时，如单独适用全年一次性奖金政策，可能在税率换档时出现税负突然增加的“临界点”现象。因此，财税〔2018〕164 号规定，居民个人取得全年一次性奖金的，可以自行选择计税方式，请纳税人自行判断是否将全年一次性奖金并入综合所得计税。扣缴单位在发放奖金时注意把握，以便于纳税人充分享受减税红利。财税〔2018〕164 号的全年一次性奖金计税方法的可选择性更加符合税法的立法精神，也为纳税人全年工资性收入的划分提供了筹划的空间。

2. 计税公式的主要变化。

（1）原计税方法。按照《国家税务总局关于调整个人取得全年一次性奖金等计算征收个人所得税方法问题的通知》（国税发〔2005〕9 号）规定的计税方式如下：先将雇员当月内取得的全年一次性奖金除以 12 个月，按其商数确定适用税率和速算扣除数。如果在发放年终一次性奖金的当月，雇员当月工资、薪金所得低于税法规定的费用扣除额，应将全年一次性奖金减除“雇员当月工资、薪金所得与费用扣除额的差额”后的余额，按上述办法确定全年一次性奖金的适用税率和速算扣除数。如果雇员当月工资、薪金所得低于税法规定的费用扣除额，则适用公式为：应纳税额 =（雇员当月取得全年一次性奖金 - 雇员当月工资、薪金所得与费用扣除额的差额）×适用税率 - 速算扣除数

（2）新计税方法。以全年一次性奖金收入除以 12 个月得到的数额，按照财税〔2018〕164 号文后附的“按月换算后的综合所得税率表”（具体见表 3 - 3），确定适用税率和速算扣除数，单独计算纳税。

应纳税额 = 全年一次性奖金收入 × 适用税率 - 速算扣除数

**表 3 - 3　　按月换算后的综合所得税率表**

| 级数 | 应纳税所得额 | 税率（%） | 速算扣除数（元） |
|---|---|---|---|
| 1 | 不超过 3 000 元的 | 3 | 0 |
| 2 | 超过 3 000 元至 12 000 元的部分 | 10 | 210 |
| 3 | 超过 12 000 元至 25 000 元的部分 | 20 | 1 410 |
| 4 | 超过 25 000 元至 35 000 元的部分 | 25 | 2 660 |
| 5 | 超过 35 000 元至 55 000 元的部分 | 30 | 4 410 |
| 6 | 超过 55 000 元至 80 000 元的部分 | 35 | 7 160 |
| 7 | 超过 80 000 元的部分 | 45 | 15 160 |

（3）计税方法变化分析。比较财税〔2018〕164 号文件与国税发〔2005〕9 号文件的规定，可以发现，财税〔2018〕164 号文件给出的应纳税额的计算公式中，没有了“对雇员当月工资、薪金所得低于税法规定的费用扣除额的，以全年一次性奖金减除‘雇员当月工资、薪金所得与费用扣除额的差额’后的余额作为确定适用税率以及计税依据”的规定。因为从 2019 年度起，对于工资、薪金应当按照累计预扣法计算预扣税款，并按月办理扣缴申报。累计预扣预缴应纳税所得额 = 累计收入 - 累计免税收入 - 累计减除费用（按照5 000 元/月 ×纳税人当年截至本月在本单位的任职受雇月份数计算） - 累计专项扣除

－累计专项附加扣除－累计依法确定的其他扣除

本期应预扣预缴税额＝（累计预扣预缴应纳税所得额×预扣率－速算扣除数）－累计减免税额－累计已预扣预缴税额

2019 年 1 月 1 日起，个人取得全年一次性奖金计算税款时，不再考虑当月正常工资收入是否低于 5 000 元。主要原因是：高收入者往往选择全年一次性奖金政策，低收入者往往放弃享受全年一次性奖金政策，将全年一次性奖金直接并入综合所得征税，理论上不再存在减除当月工资低于 5 000 元差额的问题。

3. 政策执行起止时间。在 2021 年 12 月 31 日前，不并入当年综合所得；自 2022 年 1 月 1 日起，居民个人取得全年一次性奖金，应并入当年综合所得计算缴纳个人所得税。

上述规定明确在 2021 年 12 月 31 日前，年终奖仍然可按特殊单独计税，不并入综合所得。

### （三）应纳税额的计算

2019 年 1 月 1 日至 2021 年 12 月 31 日，个人取得全年一次性奖金，可以选择不并入当年综合所得，单独计税。计算税款过程为：（1）按照全年一次性奖金除以 12 的商数，对照“按月换算后的综合所得税率表”，查找适用税率（月税率）和速算扣除数；（2）全年一次性奖金的收入全额，乘以查找的适用税率，减去对应的一个速算扣除数，即为应纳税额。应纳税额＝全年一次性奖金收入×适用税率－速算扣除数

**案例 3－51**

张某 2019 年 1 月取得全年一次性奖金 80 000 元，应该缴纳个人所得税多少元？若取得全年一次性奖金 240 000 元，应缴纳个人所得税多少元？

解析：1. 全年一次性奖金 80 000 元，80 000÷12＝6 666.67（元）

根据按月换算后的综合所得税率表，判断适用税率为 10%，速算扣除数为 210 元。

应纳税额＝80 000×10%－210＝7 790（元）

2. 全年一次性奖金 240 000 元，240 000÷12＝20 000（元）

根据按月换算后的综合所得税率表，判断适用税率为 20%，速算扣除数为 1 410 元。

应纳税额＝240 000×20%－1 410＝46 590（元）

### （四）纳税申报

全年一次性奖金收入的个税实行网上申报，即通过自然人税收管理系统扣缴客户端予以申报纳税。各地在自然人税收管理系统上线时，会通过多种方式通知用户下载安装包，具体下载地址请留意税务机关通知，通常可在各地税务机关网站上获取安装包。

安装包程序下载后，双击安装包程序，点击【立即安装】，即可安装扣缴客户端到本地电脑，也可选择自定义安装目录进行安装。安装界面见图 3－7。

图 3-7　自然人税收管理系统扣缴客户端安装界面

本书以北京市自然人申报系统为例进行介绍，以【全年一次性奖金收入】为例详细介绍申报流程。

第一步，点击进入【自然人税收管理系统扣缴客户端】。

第二步，进入版本选择界面，其中［2018 年］是老的申报表模式，适用于所属期为 2018 年 12 月及以前月份申报；［2019 年］是新的申报表模式，适用于所属期为 2019 年 1 月及以后的申报，选择对应版本模式后进入系统注册环节。

点击 2019“新报表”，可以看出新报表有四类，分别是综合所得个人所得税预扣预缴报告表、分类所得个人所得税代扣缴报告表、非居民个人所得税代扣代缴报告表、限售股转让所得个人所得税扣缴报告表，具体见图 3-8。

图 3-8　自然人税收管理系统扣缴客户端新旧版本界面

第三步，密码登录，选择要申报个人所得税的公司名称。

第四步，左侧功能菜单栏，点击【综合所得申报】，具体见图 3-9。

图 3－9　自然人税收管理系统扣缴客户端申报界面

第五步，选择【全年一次性奖金收入】，具体见图 3－10。

图 3－10　综合所得预扣预缴界面

页面上方为申报主流程导航栏，根据【收入及减除填写】【税款计算】【附表填写】和【申报表报送】四步流程完成申报。

第六步，点击“添加”。点击添加后，即可进行数据的录入，可选择使用单个添加，或下载模板批量导入，具体见图 3－11。

图3－11　全年一次性奖金个税申报界面

第七步，收入与减除填写。

【全年一次性奖金收入】：填写当月发放的全年一次性奖金收入总额。

【免税收入】：其他扣除项、减免税额可依次填写，填写完毕保存信息。

第八步，税款计算。

信息填写完毕后，点击税款计算，系统自动对“收入及减除填写”模块中填写的数据进行计税。

第九步，附表填写。

如果收入及减除中填写了减免税额的情况，则需要在相应附表里面补充减免信息，减免事项、减免性质、减免税额等，具体见图3－12。

图3－12　全年一次性奖金个税附表填写界面

全年一次性奖金填写过减免税额的人员，系统会自动在减免事项附表界面生成一条该人员本次填写的减免税数据，双击该条记录补充完善对应的减免税事项名称等内容。“减税事项”页签下补充完善减免税额信息，具体见图3－13和图3－14。

图3－13　全年一次性奖金个税减免税额界面

图3－14　全年一次性奖金个税减免税额界面

【所得项目】：由已经填写的所得项目自动带出。

【总减免税额】：该人员填写的减免税额自动合计带出。

【减免事项】：下拉选择人员可享受的减免税对应事项。

【减免性质】：根据选择的减免税事项自动匹配对应的减免性质。

第十步，申报表报送。

申报表填写、税款计算完成后，点击【申报表报送】进入报表申报界面。该界面可完成正常申报、更正申报以及作废申报操作。当月第一次申报发送时，进入“申报表报送”界面，默认申报类型为正常申报，申报状态为未申报，显示【发送申报】。

第十一步，税款缴纳。

申报表申报成功后，若采用三方协议缴款方式，则点击“税款缴纳”“三方协议缴款”，界面下方显示欠税相关内容，包括所得月份、申报表、征收品目、税率、税款所属期起止、应补（退）税额以及缴款期限。

点击“立即缴款”，系统自动获取企业三方协议，并核对信息是否存在及正确。确认三方协议的开户行、账户名称等基本信息无误后，点击“确认扣款”发起缴款，进度条刷新完毕后得到缴款结果，即完成缴款。

三方协议缴款，单位需要和税务机关、银行签订《委托银行代缴税款协议书》才能使用“三方协议缴款”方式。已经签订过的，不需要重新签订。

### （五）节税筹划

财税〔2018〕164 号文件规定，2019 年 1 月 1 日 ~2021 年 12 月 31 日，年终奖不并入综合所得计算，单独计算个人所得税。工资、薪金所得的个人所得税计算采用累积预扣法，工资在年度中间如何发放不影响个人所得税税负。因此，对于纳税人单位的全部工资性收入，如何分解年终奖和剩余工资金额就是筹划的关键点。

考虑到工资和年终奖都存在超额累进税率的问题，在一个既定的收入总额内，工资、年终奖之间的变动会涉及各自适用税率的变动，因此要找到在既定收入总额下，能够使个人所得税税负最低的那个年终奖数额，经过测算，将判断原则总结如下：

如果全年应纳税所得额小于0，则不进行拆分，不发放年终奖，而是将全部收入并入综合所得计算缴纳个人所得税；如果该金额大于 36 000 元，则按照表 3 －4 查找应发放的年终奖金额，将收入总额在年终奖及工资、薪金中拆分，以达到个人所得税总体税负最低。

全年应纳税所得额 = 工资收入 － 基本减除费用 － 专项附加 － 专项附加扣除 － 依法确定的其他扣除

**表 3 －4　　全年一次性奖金节税方案**

| 级数 | 全年应纳税所得额（元） | 全年一次性奖金收入（元） |
|---|---|---|
| 1 | （36 000，203 100） | 36 000 |
| 2 | 203 100 | 36 000 或 144 000 |
| 3 | （203 100，672 000） | 144 000 |

续表

| 级数 | 全年应纳税所得额（元） | 全年一次性奖金收入（元） |
|---|---|---|
| 4 | 672 000 | 144 000 或 300 000 |
| 5 | （672 000，1 277 500 ） | 300 000 |
| 6 | 1 277 500 | 300 000 或 420 000 |
| 7 | （1 277 500，1 452 500） | 420 000 |
| 8 | 1 452 500 | 420 000 或 660 000 |
| 9 | （1 452 500，+∞） | 660 000 |

**案例 3－52**

2019 年预计张某全年收入（含年终奖）有 300 000 元，预计每月可扣除的“三险一金”合计为 3 500 元，预计可以扣除的专项附加扣除为：子女教育每月 2 000 元，房贷每月 1 000 元，赡养老人每月 2 000 元，依法规定的其他扣除为 1 500 元，则公司应该如何在发放工资与年终奖时进行合理拆分，以使其全年个人所得税税负最低？

解析：预计全年应纳税所得额＝300 000－60 000－（3 500＋5 000＋1 500）×12＝120 000（元）

由于其全年应纳税所得额为 120 000 元，120 000 元在“附表一”第 1 行（36 000 203 100）区间内。按照上述总结的规律，收入中全年一次性奖金拆分出 36 000 元，其余 264 000 元作为“工资、薪金所得”发放，则张某全年个人所得税税负最低。

## 二、中央企业负责人年度绩效薪金延期兑现收入和任期奖励的计税及申报

### （一）基本规定

《关于中央企业负责人年度绩效薪金延期兑现收入和任期奖励征收个人所得税问题的通知》（国税发〔2007〕118 号）文件规定，自 2007 年 10 月 29 日起，中央企业负责人任期结束后取得的绩效薪金 40% 部分和任期奖励，按照《国家税务总局关于调整个人取得全年一次性奖金等计算征收个人所得税方法问题的通知》（国税发〔2005〕9 号）第二条规定的方法，即单独作为一个月工资、薪金所得，除以 12 个月，按其商数确定适用税率和速算扣除数计算缴纳个人所得税。

全年一次性奖金和央企负责人绩效薪金延期兑现收入和任期奖励，作为两个项目在财税〔2018〕164 号文件第一条分项列示，且央企负责人绩效薪金延期兑现收入和任期奖励是参照全年一次性奖金应纳税额的计算公式执行。因此，央企负责人绩效薪金延期兑现收入和任期奖励与全年一次性奖金是并列关系，而非包含关系。

国税发〔2005〕9号文件第一条第一款和第二款规定：全年一次性奖金是指行政机关、企事业单位等扣缴义务人根据其全年经济效益和对雇员全年工作业绩的综合考核情况，向雇员发放的一次性奖金。上述一次性奖金也包括年终加薪、实行年薪制和绩效工资办法的单位根据考核情况兑现的年薪和绩效工资。按照这一表述，实行年薪制和绩效工资办法的单位根据考核情况兑现的年薪和绩效工资又属于全年一次性奖金范畴，两者之间存在一定的矛盾。

因此，可以将国税发〔2007〕118号文件规定的央企负责人绩效薪金延期兑现收入和任期奖励视为对国税发〔2005〕9号文中的"实行年薪制和绩效工资办法的单位根据考核情况兑现的年薪和绩效工资"的例外情形，按照特别规定优于一般规定、新的规定优于旧的规定的原则进行处理。央企负责人绩效薪金延期兑现收入和任期奖励单独适用全年一次性奖金的计税方法计税，并不是与当年度发放的全年一次性奖金合并计税。

### （二）适用条件

国税发〔2007〕118号文件对适用央企负责人绩效薪金延期兑现收入和任期奖励计税方法的单位和人员岗位进行了限定，只有符合条件的单位及个人方可适用。

1. 岗位要求。（1）国有独资企业和未设董事会的国有独资公司的总经理（总裁）、副总经理（副总裁）、总会计师；（2）设董事会的国有独资公司（国资委确定的董事会试点企业除外）的董事长、副董事长、董事、总经理（总裁）、副总经理（副总裁）、总会计师；（3）国有控股公司国有股权代表出任的董事长、副董事长、董事、总经理（总裁），列入国资委党委管理的副总经理（副总裁）、总会计师；（4）国有独资企业、国有独资公司和国有控股公司党委（党组）书记、副书记、常委（党组成员）、纪委书记（纪检组长）。

2. 名单限制。国税发〔2007〕118号文件附件详细列示了在国资委管理的中央企业名单。可见，国税发〔2007〕118号文件对国税发〔2005〕9号文件规定的个人所得税计算方法的中央企业名单和人员范围做了限定，因此，除国务院国资委管辖的其他国有企业负责人任期内的绩效年薪，根据国资委经营业绩考核和薪酬管理办法分次兑现时，不得直接按照国税发〔2007〕118号文件执行。

### （三）政策变化

1. 计税方法。

（1）原计税方法。原计税方法计算公式为：

应纳税额 =（雇员当月取得全年一次性奖金 - 雇员当月工资、薪金所得与费用扣除额的差额）× 适用税率 - 速算扣除数

（2）新计税方法。在2021年12月31日前，不并入当年综合所得，以全年一次性奖金收入除以12个月得到的数额，按照按月换算后的综合所得税率表，确定适用税率和速算扣除数，单独计算纳税。计算公式为：

应纳税额 = 全年一次性奖金收入 × 适用税率 − 速算扣除数

对于央企负责人来说，计税方法未发生大的变化，均是以全年一次性奖金收入除以12的数额判断适用税率及速算扣除数。

2. 新政策的执行期限。财税〔2018〕164号文件第一条规定，中央企业负责人取得年度绩效薪金延期兑现收入和任期奖励，符合国税发〔2007〕118号文件规定的条件，在2021年12月31日前，参照国税发〔2005〕9号规定的计税方法计算缴纳个人所得税，2022年1月1日之后的政策另行明确。

### （四）应纳税额的计算

国税发〔2007〕118号文件仅规定中央企业负责人任期结束后取得的绩效薪金和任期奖励可按国税发〔2005〕9号文件规定的方法，单独作为一个月工资、薪金所得，适用全年一次性奖金计算个人所得税的方法。

**案例3－53**

国有企业负责人上年度的绩效年薪分两次兑现，每年1月份依据财务快报数据预兑现部分绩效年薪的60%；绩效年薪的40%于第二年根据考核延期兑现收入。某国企负责人A先生适用上述情形，2017年度结束后，于2018年12月取得2017年度延期兑现收入240 000元。

解析：2018年取得2017年延期兑现收入，单独按全年一次性奖金的方法计算。延期兑现收入240 000除以12，商数为20 000元。按其商数根据按月换算后的综合所得税率表，确定适用税率为20%，速算扣除数为1 410元。

A先生应缴纳个人所得税 = 240 000 × 20% − 1 410 = 46 590（元）

### （五）纳税申报

财税〔2018〕164号文件规定，中央企业负责人取得年度绩效薪金延期兑现收入和任期奖励，延续了中央企业负责人年度绩效薪金延期兑现收入和任期奖励可以采用全年一次性奖金计算方法计税。

实务中，在进行全年一次性奖金个人所得税申报时，央企负责人绩效薪金延期兑现收入和任期奖励并没有单独的申报窗口，而是和全年一次性奖金共用一个申报窗口，且自然人扣缴客户端一个纳税年度不允许两次采用全年一次性奖金的申报方式，导致无法正常申报，属于虽有政策支持但申报系统不支持申报的状况，建议与当地主管税务机关协商处理。

## 三、上市公司股权激励个人所得税的计税及申报

上市公司股权激励对象主要是公司高管和核心技术人员，通过股权激励方式，将个人

利益与公司发展业绩绑在一起，让个人分享公司发展成果，增强对高管和核心技术人员的“向心力”。个人取得的上市公司股权激励所得，是个人任职受雇的一种报酬方式，属于“工资、薪金所得”。

2005 年以来，财政部、国家税务总局先后印发多份政策文件，明确了个人取得上市公司股权激励所得的个人所得税政策。总体思路是将股权激励所得在不超过 12 个月（最多为 12 个月）的期限内分摊计税。2019 年实施新税制后，为保证税收政策延续性，对股权激励所得的计税方法给予三年过渡期，在过渡期内，对上市公司股权激励所得的税收政策暂维持不变。

按照规定，个人自任职、受雇的上市公司取得股票期权、股票增值权、限制性股票、股权奖励等股权激励所得，属于任职、受雇期间取得的所得，应按照“工资、薪金”所得项目计算缴纳个人所得税。

### （一）上市公司股权激励个税政策的历史演变

我们按照文件制定的时间先后顺序列示，以便读者了解上市公司股权激励政策历次的修订内容。

《财政部 国家税务总局关于个人股票期权所得征收个人所得税问题的通知》（财税〔2005〕35 号），该文件主要介绍上市公司员工股票期权所得征税问题、应纳税额的计算及征收管理，自 2005 年 7 月 1 日起执行。

《国家税务总局关于个人股票期权所得缴纳个人所得税有关问题的补充通知》（国税函〔2006〕902 号），该文件对上市公司及非上市公司个人股票期权所得缴纳个人所得税的部分问题进行明确，自 2006 年 9 月 30 日起执行。

《财政部 国家税务总局关于股票增值权所得和限制性股票所得征收个人所得税有关问题的通知》（财税〔2009〕5 号），该文件对上市公司股票增值权所得和限制性股票所得征收个人所得税征税问题进行明确，自 2009 年 1 月 7 日起执行。

《国家税务总局关于股权激励有关个人所得税问题的通知》（国税函〔2009〕461 号），该文件对上市公司股权激励的应纳税所得额的计算进行了明确，自 2009 年 8 月 24 日起执行。

《关于完善股权激励和技术入股有关所得税政策的通知》（财税〔2016〕101 号），非上市公司股权激励的征税规定、上市公司个人可自股票期权行权、限制性股票解禁或取得股权奖励之日起，在不超过 12 个月的期限内缴纳个人所得税，自 2016 年 9 月 1 日起执行。

《国家税务总局关于股权激励和技术入股所得税征管问题的公告》（国家税务总局公告 2016 年第 62 号），非上市公司及上市公司股权激励的个人所得税征管及备案问题，自 2016 年 9 月 1 日起执行。

《关于个人所得税法修改后有关优惠政策衔接问题的通知》（财税〔2018〕164 号），该文件对上市公司及非上市公司股权激励的应纳税额的计算做出了规定，自 2019 年 1 月 1

日起执行。

废止了《财政部 国家税务总局关于个人股票期权所得征收个人所得税问题的通知》（财税〔2005〕35号）第四条第（一）项；《国家税务总局关于个人股票期权所得缴纳个人所得税有关问题的补充通知》（国税函〔2006〕902号）第七条、第八条。

### （二）股权激励个税政策内容

上市公司股权激励主要包括股票期权、股票增值权、限制性股票。在此，我们首先对股票期权、股票增值权、限制性股票的概念进行简单介绍，方便读者对政策的理解。

财税〔2005〕35号文件第一条规定，企业员工股票期权是指上市公司按照规定的程序授予本公司及其控股企业员工的一项权利，该权利允许被授权员工在未来时间内以某一特定价格购买本公司一定数量的股票。

财税〔2009〕5号文件第二条规定，股票增值权，是指上市公司授予公司员工在未来一定时期和约定条件下，获得规定数量的股票价格上升所带来收益的权利。被授权人在约定条件下行权，上市公司按照行权日与授权日二级市场股票差价乘以授权股票数量，发放给被授权人现金。

财税〔2009〕5号文件第三条规定，限制性股票，是指上市公司按照股权激励计划约定的条件授予公司员工一定数量本公司的股票。

### （三）股权激励个税政策适用的条件

国税函〔2009〕461号文件第七条规定，财税〔2005〕35号、国税函〔2006〕902号和财税〔2009〕5号以及国税函〔2009〕461号有关股权激励个人所得税政策，适用于上市公司（含所属分支机构）和上市公司控股企业的员工，其中上市公司占控股企业股份比例最低为30%。

间接持股比例，按各层持股比例相乘计算，上市公司对一级子公司持股比例超过50%的，按100%计算。

除满足上述规定之外的集团公司、非上市公司员工取得的股权激励所得；公司上市之前设立股权激励计划，待公司上市后取得的股权激励所得；上市公司未按照规定向其主管税务机关报备有关资料的，不适用财税〔2005〕35号、国税函〔2006〕902号和财税〔2009〕5号规定的优惠计税方法，直接计入个人当期所得征收个人所得税。非上市公司股权激励详见本节第四部分“非上市公司股权激励”。

### （四）税收政策的主要变化

本部分重点比较财税〔2005〕35号和财税〔2018〕164号文件中关于上市公司股权激励的计算应纳税额的计税方式的变化。

1. 原计税方法。财税〔2005〕35号文件第四条第（一）项规定，员工因参加股票期权计划而从中国境内取得的所得，按本通知规定应按工资、薪金所得计算纳税的，对该股票期权形式的工资、薪金所得可区别于所在月份的其他工资、薪金所得，单独按下列公式计算当月应纳税款：

应纳税额 =（股票期权形式的工资、薪金应纳税所得额/规定月份数 × 适用税率 - 速算扣除数）× 规定月份数

公式中的规定月份数，是指员工取得来源于中国境内的股票期权形式工资、薪金所得的境内工作期间月份数，长于 12 个月的，按 12 个月计算。

2. 新计税方法。财税〔2018〕164 号文件第二条规定，居民个人取得股票期权、股票增值权、限制性股票、股权奖励等股权激励，符合条件的上市公司股权激励所得，在 2021 年 12 月 31 日前，不并入当年综合所得，全额单独适用综合所得税率表计算纳税。

由于改革后综合所得的税率表为年度税率表，股权激励所得直接适用年度税率表，客观上相当于原来按 12 个月分摊计税的政策效果。可以看出在财税〔2018〕164 号文件中，取消了月份数的限制，直接用股权激励收入乘以适用税率，减去扣除数计算应纳税额。

应纳税额 = 股权激励收入 × 适用税率 - 速算扣除数

公式中的上述股权激励收入，为减除行权成本后的收入余额。

其取得两次（项）以上股权激励所得时，将纳税年度内各次（项）股权激励所得合并，按照上述公式计算应纳税额，减去本年度此前股权激励所得已纳税额的差额，为本次（项）股权激励所得的应纳税额。

### （五）股权激励的计税规定

1. 股票期权。

（1）授予环节的计税规定。

①授予时不征收个人所得税。财税〔2005〕35 号文件第二条规定，员工接受实施股票期权计划企业授予的股票期权时，除授权时即约定可以转让，且在境内或境外存在公开市场及挂牌价格外，一般不作为应税所得征税。

②授予时作为应收所得征收个人所得税。国税函〔2006〕902 号文件第六条规定，如部分股票期权在授权时即约定可以转让，且在境内或境外存在公开市场及挂牌价格（指可公开交易的股票期权），员工接受该可公开交易的股票期权时，属于员工已实际取得有确定价值的财产，应按授权日股票期权的市场价格，作为员工授权日所在月份的“工资、薪金所得”。如果员工以折价购入方式取得股票期权，则可以将授权日股票期权的市场价格扣除折价购入股票期权时实际支付的价款后的余额，作为授权日所在月份的“工资、薪金所得”。员工取得上述可公开交易的股票期权后，实际行使该股票期权购买股票时，不再计算缴纳个人所得税。

（2）行权的计税规定。

①行权时的所得计税规定。财税〔2005〕35 号文件第二条规定，员工行权时，其从

企业取得股票的实际购买价（施权价）低于购买日公平市场价（指该股票当日的收盘价）的差额，是因员工在企业的表现和业绩情况而取得的与任职、受雇有关的所得，应按工资、薪金所得适用的规定计算缴纳个人所得税。国税函〔2006〕902 号文件规定，凡取得股票期权的员工在行权日不实际买卖股票，而按行权日股票期权所指定股票的市场价与施权价之间的差额直接从授权企业取得价差收益的，该项价差收益应作为员工取得的股票期权形式的工资、薪金所得，按照财税〔2005〕35 号文件的有关规定计算缴纳个人所得税。

②行权前转让时所得计税规定。财税〔2005〕35 号文件第二条规定，对因特殊情况，员工在行权日之前将股票期权转让的，以股票期权的转让净收入，作为工资、薪金所得征收个人所得税。国税函〔2006〕902 号文件进一步明确“股票期权的转让净收入”，一般是指股票期权转让收入。如果员工是以折价购入方式取得股票期权的，可以将股票期权转让收入扣除折价购入股票期权时实际支付的价款后的余额作为股票期权的转让净收入。

（3）应纳税所得额的计算。

股票期权形式的工资、薪金应纳税所得额 =（行权股票的每股市场价 - 员工取得该股票期权支付的每股施权价）×股票数量

若员工股票市场价格为 12 元，员工该股票的每股实际购买价格为 8 元，股票数量为 500 股，应纳税所得额 =500×（12-8）=2 000 元。

2. 股票增值权。财税〔2009〕5 号第一条文件规定，个人从上市公司（含境内、外上市公司，下同）取得的股票增值权所得比照财税〔2005〕35 号文件规定计算征收个人所得税。

（1）应纳税所得额的计算。国税函〔2009〕461 号第二条，股票增值权被授权人获取的收益，是由上市公司根据授权日与行权日股票差价乘以被授权股数，直接向被授权人支付的现金。上市公司应于向股票增值权被授权人兑现时依法扣缴其个人所得税。被授权人股票增值权应纳税所得额计算公式为：股票增值权某次行权应纳税所得额 =（行权日股票价格 - 授权日股票价格）×行权股票份数。

（2）纳税义务发生时间。国税函〔2009〕461 号文件第四条规定，股票增值权个人所得税纳税义务发生时间为上市公司向被授权人兑现股票增值权所得的日期。

3. 限制性股票。财税〔2009〕5 号第一条文件规定，个人从上市公司（含境内、境外上市公司，下同）取得的限制性股票所得比照财税〔2005〕35 号文件规定计算征收个人所得税。

（1）应纳税所得额的计算。国税函〔2009〕461 号文件第四条规定，原则上应在限制性股票所有权归属于被激励对象时确认其限制性股票所得的应纳税所得额。

被授权人限制性股票应纳税所得额计算公式为：〔中国证券登记结算公司（境外为证券登记托管机构）进行股票登记日期的股票市价（指当日收盘价）+本批次解禁股票当日市价（指当日收盘价）〕÷2×本批次解禁股票份数 - 被激励对象本批次解禁股份数所对应的为获取限制性股票实际支付资金数额×（本批次解禁股票份数÷被激励对象获取的

限制性股票总份数）

（2）纳税义务发生时间。限制性股票个人所得税纳税义务发生时间为每一批次限制性股票解禁的日期。

### （六）应纳税额的计算

应纳税所得额延用财税〔2005〕35 号文件第四条第一款；国税函〔2006〕902 号文件第七条、第八条规定的计算方法。应纳税额的计算按照财税〔2018〕164 号文件第二条规定，居民个人取得股票期权、股票增值权、限制性股票、股权奖励等股权激励（以下简称股权激励），符合财税〔2005〕35 号、财税〔2009〕5 号文件规定条件的所得，在 2021 年 12 月 31 日前，不并入当年综合所得，全额单独适用综合所得税率表计算纳税。计算公式为：

应纳税额 = 股权激励收入 × 适用税率 − 速算扣除数

居民个人一个纳税年度内取得两次以上（含两次）股权激励的，应合并按上述公式计算。2022 年 1 月 1 日之后的股权激励政策另行明确。根据财税〔2018〕164 号文件的精神，员工以实际取得的股权激励所得为一次。对不并入综合所得，单独计算当月应纳税款：

1. 首次取得股权激励。

应纳税额 = 股权激励应纳税所得额 × 适用税率 − 速算扣除数

2. 多次取得股权激励。

应纳税款 = （本纳税年度内取得的股权激励累计应纳税所得额 × 适用税率 − 速算扣除数） − 本纳税年度内股权激励所得累计已纳税款

公式中的本纳税年度内取得的股权激励累计应纳税所得额，包括本次及本次以前各次取得的股权激励应纳税所得额。公式中的本纳税年度内股权激励累计已纳税款，不含本次股权激励应纳税款。

**案例 3 − 54**

A 上市公司自 2019 年 1 月开始对其软件开发人员实行股票期权激励计划。其中，对开发部主管张某授予的股票期权奖励计划是：2012 年 12 月 1 日 ~ 2018 年 12 月 1 日，在 A 公司任职 6 年，可以按每股 1 元的价格，购入公司股票 300 000 股。

2019 年 1 月 11 日，张某在行权前将股票期权转让。张某本次出售股票期权 100 000 股，行权日公平市场价 8 元，取得行权收入 700 000 元，假设已申报缴纳个人所得税款 8 000 元；2019 年 2 月 20 日，张某再次行权，出售股票期权 100 000 股，行权日公平市场价 6 元，取得行权收入 500 000 元，则张某 2 月份应缴纳的个人所得税是多少元？

解析：张某 2019 年 1 月应纳个人所得税：

第一次出售股票期权所得应纳税所得额 = 100 000 × （8 − 1） = 700 000（元）

第二次出售股票期权所得应纳税所得额 = 100 000 × （6 - 1） = 500 000（元）

累计应纳税所得额 = 700 000 + 500 000 = 1 200 000（元）

全额单独适用综合所得税率表，根据累计应纳税所得额确定适用税率 45%，速算扣除数为 181 920 元。

股票期权所得累计应纳税额 = 1 200 000 × 45% - 181 920 = 358 080（元）

张某 2 月股票期权所得实际应纳税额 = 358 080 - 8 000 = 350 080（元）

（七）纳税申报

上市公司股权激励的个税申报流程如下：

第一步，进入【自然人税收管理系统扣缴客户端】，依次选择【综合所得申报】【个人股权激励收入】【填写】，具体见图 3 - 15。

图 3 - 15　上市公司股权激励申报

第二步，点击【添加】，填写相应信息，点击保存。

第三步，点击【税款计算】，结果见图 3 - 16。

**图 3-16　上市公司个人股权激励税款计算界面**

第四步，填写附表（若有），申报表报送。

（八）延长纳税期限

财税〔2016〕101 号文件第二条，对上市公司股票期权、限制性股票和股权奖励适当延长纳税期限。上市公司授予个人的股票期权、限制性股票和股权奖励，经向主管税务机关备案，个人可自股票期权行权、限制性股票解禁或取得股权奖励之日起，在不超过 12 个月的期限内缴纳个人所得税。

（九）延期备案手续办理

国家税务总局公告 2016 年第 62 号上市公司实施股权激励，个人选择在不超过 12 个月期限内缴税的，上市公司应自股票期权行权、限制性股票解禁、股权奖励获得之次月 15 日内，向主管税务机关报送《上市公司股权激励个人所得税延期纳税备案表》（附件 2）。上市公司初次办理股权激励备案时，还应一并向主管税务机关报送股权激励计划、董事会或股东大会决议。具体操作流程如下：

第一步，点击进入【自然人税收管理系统扣缴客户端】【分期缴纳备案】。具体见图3－17。

图 3－17　上市公司股权激励延期备案界面

第二步，分期备案类别下拉框，选择备案的类型，具体见图 3－18。

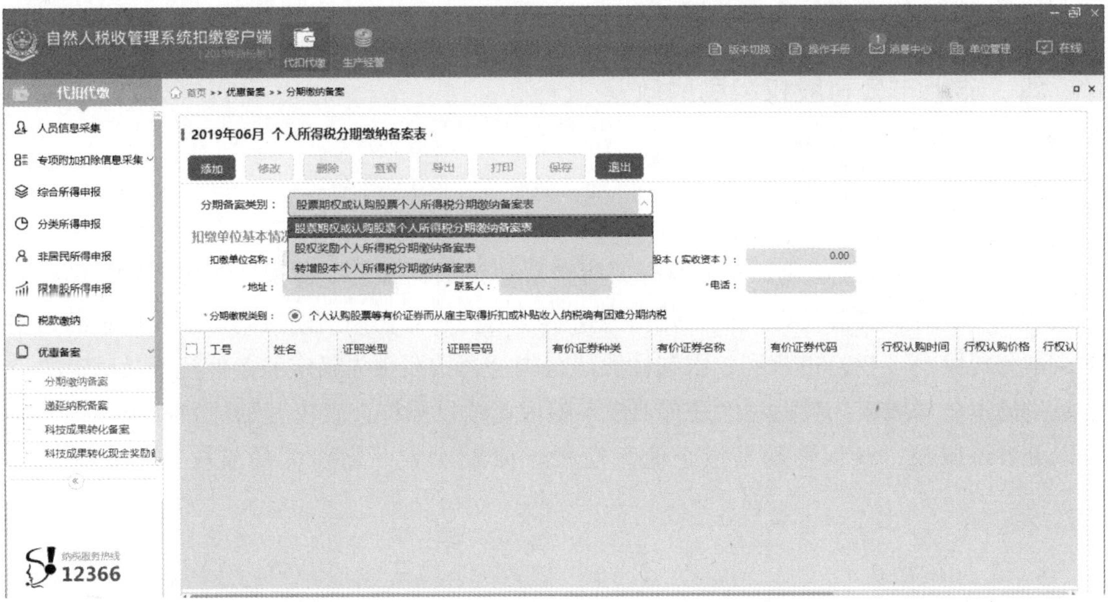

图 3－18　上市公司股权激励备案类型选择界面

第三步，根据相应的备案类型，选择个人所得税分期缴纳备案表填写相应的信息。

上市公司授予个人的股权激励，经向主管税务机关备案，个人可自股票期权行权、限制性股票解禁或取得股权奖励之日起，在不超过 12 个月的期限内缴纳个人所得税（见图 3－19）。

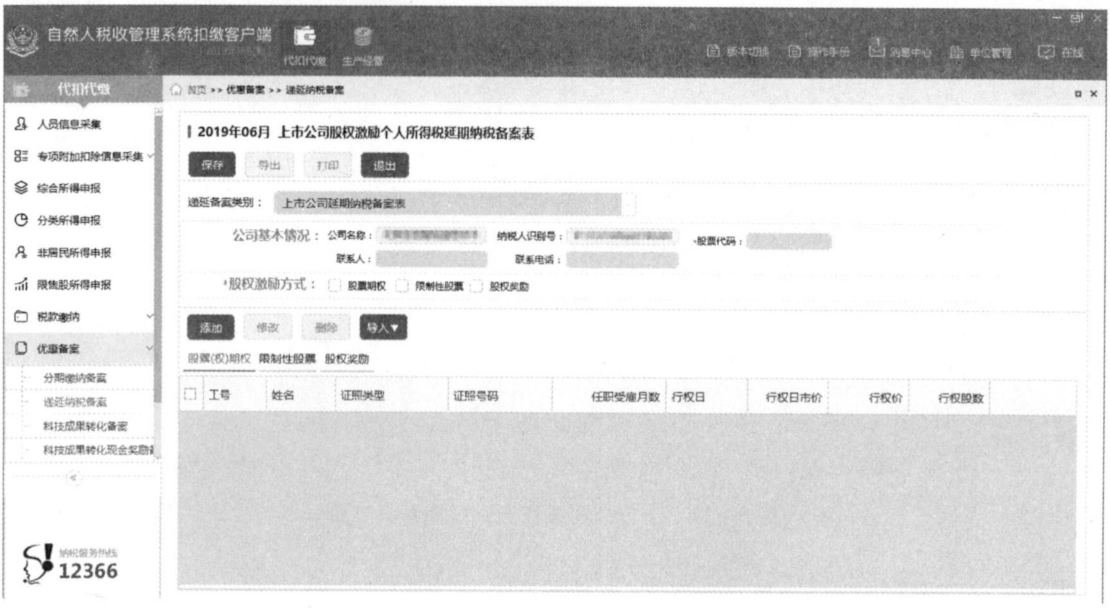


图 3－19　上市公司股权激励个人所得税延期纳税申报界面

## 四、非上市公司股权激励的政策

### （一）股权激励的内容

《关于完善股权激励和技术入股有关所得税政策的通知》（财税〔2016〕101 号）第一条第三项规定：股票（权）期权是指公司给予激励对象在一定期限内以事先约定的价格购买本公司股票（权）的权利；限制性股票是指公司按照预先确定的条件授予激励对象一定数量的本公司股权，激励对象只有工作年限或业绩目标符合股权激励计划规定条件的才可以处置该股权；股权奖励是指企业无偿授予激励对象一定份额的股权或一定数量的股份。

### （二）纳税方式

1. 高新技术企业科技成果转化可 5 年分期纳税。自 2016 年 1 月 1 日起，全国范围内的高新技术企业转化科技成果，给予本企业相关技术人员的股权奖励，个人一次缴纳税款有困难的，可根据实际情况自行制订分期缴税计划，在不超过 5 个公历年度内（含）分期缴纳，并将有关资料报主管税务机关备案。

（1）自2016年1月1日起，全国范围内的高新技术企业转化科技成果，给予本企业相关技术人员的股权奖励，个人一次缴纳税款有困难的，可根据实际情况自行制订分期缴税计划，在不超过5个公历年度内（含）分期缴纳，并将有关资料报主管税务机关备案。

（2）个人获得股权奖励时，按照“工资、薪金所得”项目，参照《财政部 国家税务总局关于个人股票期权所得征收个人所得税问题的通知》（财税〔2005〕35号）有关规定计算确定应纳税额。股权奖励的计税价格参照获得股权时的公平市场价格确定。

（3）技术人员转让奖励的股权（含奖励股权孳生的送、转股）并取得现金收入的，该现金收入应优先用于缴纳尚未缴清的税款。

（4）技术人员在转让奖励的股权之前企业依法宣告破产，技术人员进行相关权益处置后没有取得收益或资产，或取得的收益和资产不足以缴纳其取得股权尚未缴纳的应纳税款的部分，税务机关可不予追征。

（5）所称相关技术人员，是指经公司董事会和股东大会决议批准获得股权奖励的以下两类人员：①对企业科技成果研发和产业化做出突出贡献的技术人员，包括企业内关键职务科技成果的主要完成人，重大开发项目的负责人，对主导产品或者核心技术、工艺流程做出重大创新或者改进的主要技术人员。②对企业发展做出突出贡献的经营管理人员，包括主持企业全面生产经营工作的高级管理人员，负责企业主要产品（服务）生产经营合计占主营业务收入（或者主营业务利润）50%以上的中、高级经营管理人员。

企业面向全体员工实施的股权奖励，不得按财税〔2015〕116号文件规定的税收政策执行。

（6）所称股权奖励，是指企业无偿授予相关技术人员一定份额的股权或一定数量的股份。

（7）所称高新技术企业，是指实行查账征收、经省级高新技术企业认定管理机构认定的高新技术企业。

2. 非上市公司股权激励可递延纳税。非上市公司授予本公司员工的股票期权、股权期权、限制性股票和股权奖励，符合规定条件的，经向主管税务机关备案，可实行递延纳税政策，即员工在取得股权激励时可暂不纳税，递延至转让该股权时纳税；股权转让时，按照股权转让收入减除股权取得成本以及合理税费后的差额，适用“财产转让所得”项目，按照20%的税率计算缴纳个人所得税。

享受递延纳税政策的非上市公司股权激励（包括股票期权、股权期权、限制性股票和股权奖励）须同时满足以下条件：（1）属于境内居民企业的股权激励计划。（2）股权激励计划经公司董事会、股东（大）会审议通过。未设股东（大）会的国有单位，经上级主管部门审核批准。股权激励计划应列明激励目的、对象、标的、有效期、各类价格的确定方法、激励对象获取权益的条件和程序等。（3）激励标的应为境内居民企业的本公司股权。股权奖励的标的可以是技术成果投资入股到其他境内居民企业所取得的股权。激励标的股票（权）包括通过增发、大股东直接让渡以及法律法规允许的其他合理方式授予激励对象的股票（权）。（4）激励对象应为公司董事会或股东（大）会决定的技术骨干和高级管理人员，激励对象人数累计不得超过本公司最近6个月在职职工平均人数的30%。（5）股票（权）期权自授予日起应持有满3年，且自行权日起持有满1年；限制性股票自授予日起应持有满3年，且解禁后持有满1年；股权奖励自获得奖励之日起应持有满3年。上述时间条件须在股权激励计划中列明。（6）股票（权）期权自授予日至行权日的时间不得超过10年。（7）实施股权奖励的公司及其奖励股权标的公司所属行业均不属于《股权奖励税收优惠政策限制性行业目录》范围。公司所属行业按公司上一纳税年度主营业务收入占比最高的行业确定。

3. 非上市公司递延纳税的注意要点。递延纳税期间，非上市公司情况发生变化，不再同时符合递延纳税条件的，应于情况发生变化之次月15日内，按上述规定计算缴纳个人所得税。员工取得符合条件、实行递延纳税政策的股权激励，与不符合递延纳税条件的股权激励分别计算。员工在一个纳税年度中多次取得不符合递延纳税条件的股票（权）形式工资、薪金所得的，按照国税函〔2006〕902号规定执行，见本节“上市公司股权激励个人所得税的计税及申报”第四项“应纳税额的计算”。

### （三）不符合条件的并入“工资、薪金所得”

财税〔2015〕116号文件规定，个人获得股权奖励时，按照“工资、薪金所得”项目，参照财税〔2005〕35号文件有关规定计算确定应纳税额，股权奖励的计税价格参照获得股权时的公平市场价格确定。

财税〔2016〕101号文件规定，个人从任职受雇企业以低于公平市场价格取得股票（权）的，凡不符合递延纳税条件，应在获得股票（权）时，对实际出资额低于公平市场价格的差额，按照“工资、薪金所得”项目，参照财税〔2005〕35号文件有关规定计算缴纳个人所得税。

国家税务总局公告2016年第62号第一条第四项规定，非上市公司股票（权）的公平市场价格，依次按照净资产法、类比法和其他合理方法确定。净资产法按照取得股票（权）的上年末净资产确定。

### （四）应纳税额的计算

《关于个人所得税法修改后有关优惠政策衔接问题的通知》（财税〔2018〕164号）第二条规定，符合财税〔2015〕116号第四条、财税〔2016〕101号第四条第（一）项规定的相关条件的，在2021年12月31日前，不并入当年综合所得，全额单独适用综合所得税率表，计算纳税。

应纳税额＝股权激励收入×适用税率－速算扣除数

### （五）股权激励备案

1. 非上市公司股权激励递延纳税备案。

（1）次月15日内报送递延纳税备案表。按照规定，非上市公司实施符合条件的股权激励，个人选择递延纳税的，非上市公司应于股票（权）期权行权、限制性股票解禁、股权奖励获得之次月15日内，向主管税务机关报送非上市公司股权激励个人所得税递延纳税备案表、股权激励计划、董事会或股东大会决议、激励对象任职或从事技术工作情况说明等。实施股权奖励的企业同时报送本企业及其奖励股权标的企业上一纳税年度主营业务收入构成情况说明。延期备案操作流程如下：

第一步，点击进入【自然人税收管理系统扣缴客户端】【递延纳税备案】。

第二步，递延备案类别下拉框，选择备案的类型。

第三步，填列【公司基本情况】【股权激励基本情况】等，具体内容见图3－20。

图3－20　非上市公司股权激励个人所得税递延纳税备案填报界面

（2）年度终了后30日内报送递延纳税情况年度报告表。个人因非上市公司实施股权激励或以技术成果投资入股取得的股票（权），实行递延纳税期间，扣缴义务人应于每个纳税年度终了后30日内，向主管税务机关报送"个人所得税递延纳税情况年度报告表"，具体见图3－21。

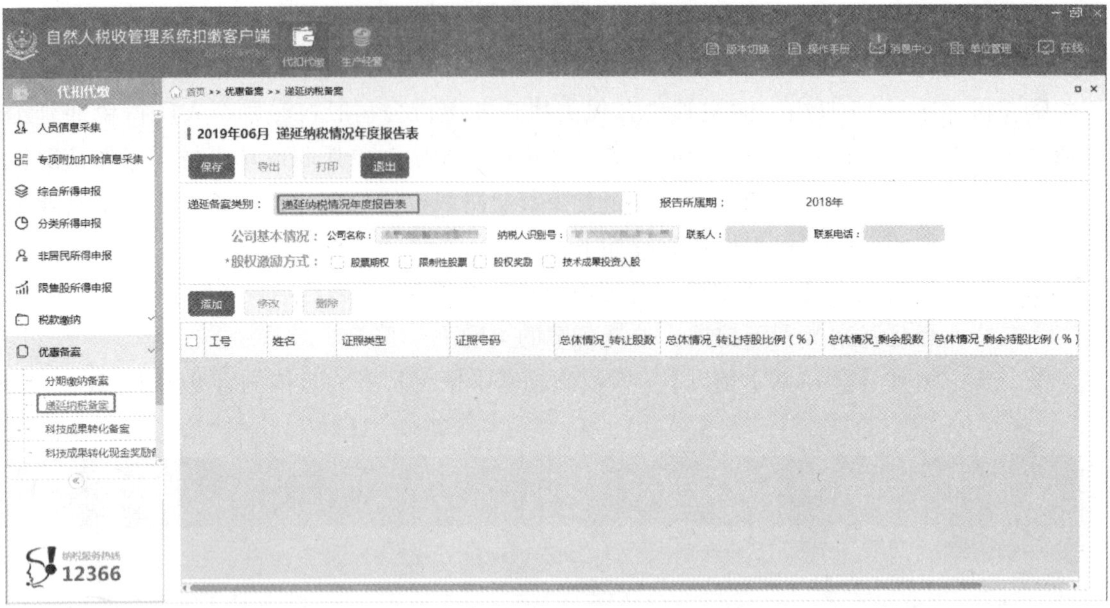


**图 3－21　非上市公司股权激励递延纳税情况年度报告填报界面**

2. 技术成果投资入股递延纳税备案。个人以技术成果投资入股境内公司并选择递延纳税的，被投资公司应于取得技术成果并支付股权之次月 15 日内，向主管税务机关报送《技术成果投资入股个人所得税递延纳税备案表》（附件 3）、技术成果相关证书或证明材料、技术成果投资入股协议、技术成果评估报告等资料。

第一步，点击进入【自然人税收管理系统扣缴客户端】【递延纳税备案】。

第二步，点击递延备案类别下拉框，选择备案的类型。

第三步，选择【技术成果入股个人所得税递延纳税备案表】，填写相应的信息，完成后保存。

3. 高新技术企业科技成果转化分期备案。自 2016 年 1 月 1 日起，全国范围内的高新技术企业转化科技成果，给予本企业相关技术人员的股权奖励，个人一次缴纳税款有困难的，可根据实际情况自行制订分期缴税计划，在不超过 5 个公历年度内（含）分期缴纳，并将有关资料报主管税务机关备案。

点击进入【自然人税收管理系统扣缴客户端】【科技成果转化备案】。

## 五、解除劳动关系一次性补偿收入

### （一）基本规定

财税〔2018〕164 号文件明确了解除劳动关系一次性补偿收入的计税方式，同时废止了《国家税务总局关于个人因解除劳动合同取得经济补偿金征收个人所得税问题的通知》

（国税发〔1999〕178号）全文、《国家税务总局关于国有企业职工因解除劳动合同取得一次性补偿收入征免个人所得税问题的通知》（国税发〔2000〕77号）全文，以及《财政部 国家税务总局关于个人与用人单位解除劳动关系取得的一次性补偿收入征免个人所得税问题的通知》（财税〔2001〕157号）第一条规定。

（二）政策的主要变化

1. 计税方法的差异。与财税〔2001〕157号相比，财税〔2018〕164号文件不再强调实际工作年限的条件限定，且计税方法有所不同。

（1）原计税方法。《关于个人与用人单位解除劳动关系取得的一次性补偿收入征免个人所得税问题的通知》（财税〔2001〕157号）规定，个人因与用人单位解除劳动关系而取得的一次性补偿收入（包括用人单位发放的经济补偿金、生活补助费和其他补助费用），其收入在当地上年职工平均工资3倍数额以内的部分，免征个人所得税；超过部分按照国税发〔1999〕178号文件规定计算缴纳个人所得税。

计算解除劳动关系取得一次性补偿收入需缴纳的个人所得税时，需要考虑职工的实际工作年数，将应税部分收入按照实际工作年数平均之后，按商数作为个人的月工资、薪金收入，计算缴纳个人所得税。对于实际工作年限数超过12年的，按照12年为限计算。

应纳税额＝{[（一次性补偿收入－上年职工平均工资3倍）/实际工作年限数]－费用扣除标准]×适用税率－速算扣除数}×实际工作年限数

（2）新计税方法。财税〔2018〕164号文件第五条第一项规定，个人与用人单位解除劳动关系取得一次性补偿收入（包括用人单位发放的经济补偿金、生活补助费和其他补助费），在当地上年职工平均工资3倍数额以内的部分，免征个人所得税；超过3倍数额的部分，不并入当年综合所得，单独适用综合所得税率表，根据一次性补偿收入减去上年职工平均工资的3倍后的余额，判断适用税率及速算扣除数。

应纳税额＝（一次性补偿收入－上年职工平均工资3倍）×适用税率－速算扣除数

可以看出，财税〔2018〕164号文件则不考虑职工的工作年数，直接计算出应税收入后按照全年（12个月）综合所得税税率表计算。与原政策相比，原计税方法适用月税率，新计税方法适用年税率，相当于不管个人是否工作达到12年，都以12年的标准对收入进行平均计算。

2. 费用扣除的差异。国税发〔1999〕178号文件规定，将一次性补偿收入中超过当地上年平均工资3倍的部分，视为一次取得多个月的工资，在计算应纳税所得额时，考虑到员工解除劳动关系后一段时间无法正常工作，一般认为以扣除每月3 500元的生计费的余额，确定适用税率及速算扣除数。

财税〔2018〕164号文件对于减除费用的扣除进行了明确，解除劳动关系取得一次性补偿收入中超过3倍数额的部分，不并入当年综合所得，单独适用综合所得税率表计算缴纳个人所得税。既然解除劳动关系取得一次性补偿收入不并入综合所得，也就不能再扣除

6万元/年的基本减除费用。

### （三）应纳税额的计算

财税〔2018〕164号文件规定，个人与用人单位解除劳动关系取得一次性补偿收入（包括用人单位发放的经济补偿金、生活补助费和其他补助费），在当地上年职工平均工资3倍数额以内的部分，免征个人所得税；超过3倍数额的部分，不并入当年综合所得，单独适用综合所得税率表，计算纳税。

财税〔2001〕157号文件第二条规定，计算个人所得税时，个人按国家和地方政府规定比例实际缴纳的住房公积金、医疗保险金、基本养老保险金、失业保险基金在计税时应予以扣除。

实际缴纳的基本社会保险费和住房公积金，是指个人取得补偿收入时实际缴纳到地方税务机关、劳动社会保障部门或政府住房公积金管理部门指定专户的部分，对未实际缴纳的不得扣除。如实际缴纳的基本社会保险费和住房公积金已于当月发放工资中扣除，则一次性经济补偿收入计算时不可再重复扣除。

个人在解除劳动合同后又再次任职、受雇的，对个人已取得的一次性经济补偿收入，不再与再次任职、受雇的工资、薪金所得合并计算补缴个人所得税。

**案例3－55**

2019年1月，王先生与工作单位解除劳动合同，取得一次性补偿金500 000元。王先生已经在原单位工作13年，假如当地上年社评工资为101 604元，请问王先生收到该笔补偿金应缴纳的个人所得税是多少元？

解析：3倍以内的社评工资＝101 604×3＝304 797（元）

超过3倍社评工资以上的部分＝500 000－304 797＝135 203（元）

根据商数135 203元，在综合所得年税率表中选择适用税率为10%，速算扣除数为2 520元。

王先生应缴纳个人所得税＝135 203×10%－2 520＝11 000.30（元）

### （四）纳税义务发生时间

个人一次性经济补偿收入应纳的个人所得税税款，由支付单位在支付时一次性代扣，并于次月15日内缴入国库。

### （五）纳税申报

第一步，进入【自然人税收管理系统扣缴客户端】，依次选择【综合所得申报】【解除劳动合同一次性补偿金】【填写】，具体见图3－22。

图 3－22　解除劳动关系一次性补偿金个税申报界面

第二步，点击添加，输入一次性补偿收入金额，当地上年职工平均工资 3 倍数额以内的部分，免征个人所得税。因此，在免税收入框内显示的为当地上年职工平均工资 3 倍以内的金额；超过当地上年职工平均工资 3 倍数额以内的部分为应纳税所得额。

第三步，如有其他扣除，可以填列按国家和地方政府规定比例实际缴纳的住房公积金、医疗保险金、基本养老保险金、失业保险基金。

第四步，信息填列完毕后，点击【税款计算】，结果见图 3－23。

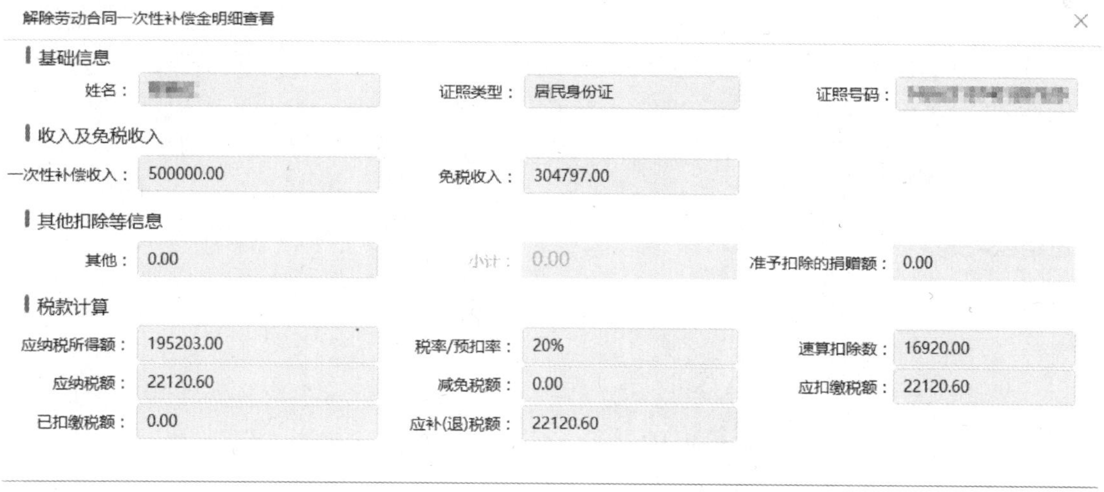


图 3－23　解除劳动关系一次性补偿金个税计算界面

第四步，附表（如有）填列完毕后，点击申报表报送。

## 六、提前退休一次性补贴收入

财税〔2018〕164号文件明确了提前退休一次性补贴收入的计税方式，同时废止了《关于个人提前退休取得补贴收入个人所得税问题的公告》（国家税务总局公告2011年第6号）文件第二条。

### （一）基本规定

《关于个人提前退休取得补贴收入个人所得税问题的公告》（国家税务总局公告2011年第6号）规定，自2011年1月1日起，机关、企事业单位对未达到法定退休年龄、正式办理提前退休手续的个人，按照统一标准向提前退休工作人员支付一次性补贴，不属于免税的离退休工资收入，应按照“工资、薪金所得”项目征收个人所得税。

### （二）政策主要变化

1. 原计税方法。国家税务总局公告2011年第6号第二条，个人因办理提前退休手续而取得的一次性补贴收入，应按照办理提前退休手续至法定退休年龄之间所属月份平均分摊计算个人所得税。计税公式：

应纳税额 = {〔（一次性补贴收入 ÷ 办理提前退休手续至法定退休年龄的实际月份数） - 费用扣除标准〕 × 适用税率 - 速算扣除数} × 提前办理退休手续至法定退休年龄的实际月份数

2. 新计税方法。财税〔2018〕164号文件规定，个人办理提前退休手续而取得的一次性补贴收入，应按照办理提前退休手续至法定离退休年龄之间实际年度数平均分摊，确定适用税率和速算扣除数，单独适用月综合所得税率表，计算纳税。计算公式：

应纳税额 = {〔（一次性补贴收入 ÷ 办理提前退休手续至法定退休年龄的实际年度数） - 费用扣除标准〕 × 适用税率 - 速算扣除数} × 办理提前退休手续至法定退休年龄的实际年度数

可以看出，新计税方法将提前退休一次性补贴收入计算公式中的办理提前退休手续至法定退休年龄的“实际月份数”变成了“实际年度数”，每年可享受60 000元的基本减除费用。

### （三）应纳税额的计算

**案例3-56**

2019年1月，王先生办理提前退休，取得一次性补偿金500 000元，离正式退休年龄还有3年，请问王先生收到提前退休补贴收入应缴纳的个人所得税是多少元？

解析：王先生离正式退休年龄还有3年，每年可以扣除基本减除费用60 000元。

应纳税所得额 = 500 000 - 60 000 × 3 = 320 000（元）

320 000 ÷ 3 = 106 666.67（元），根据综合所得税率表，确定适用税率为10%，速算扣除数为2 520元。

应纳税额 = （320 000 ÷ 3 × 10% - 2 520） × 3 = 24 440（元）

## （四）纳税申报

第一步，进入【自然人税收管理系统扣缴客户端】。

第二步，依次选择【综合所得申报】【提前退休一次性补贴】【填写】【添加】，具体见图3－24。

**图3－24　提前退休一次性补贴个税申报界面**

第三步，信息填列完毕后，点击【税款计算】后，结果见图3－25。

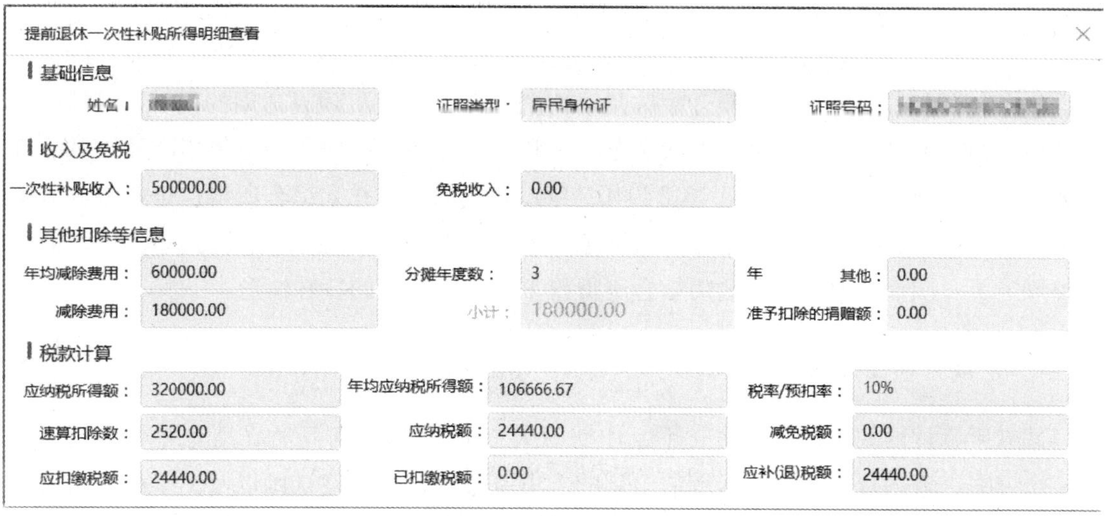


**图3－25　提前退休一次性补贴个税计算界面**

第四步，附表（如有）信息填列完毕后，点击申报表报送。

## 七、企业/职业年金领取环节个税的计税及扣缴

财税〔2018〕164号文件规定了企业年金的个人所得税计算办法，同时废止了《财政部 人力资源社会保障部 国家税务总局关于企业年金、职业年金个人所得税有关问题的通知》（财税〔2013〕103号）第三条第1项和第3项。

### （一）企业年金计税政策对比分析

1. 原计税办法。财税〔2013〕103号文件第三条规定，个人达到国家规定的退休年龄，按月领取的年金，全额按照“工资、薪金所得”项目适用的税率，计征个人所得税；按年或按季领取的年金，平均分摊计入各月，每月领取额全额按照“工资、薪金所得”项目适用的税率，计征个人所得税。

2. 新计税办法。财税〔2018〕164号文件第四条，关于个人领取企业年金和个人达到国家规定的退休年龄领取的企业年金、职业年金，符合（财税〔2013〕103号）规定的，不并入综合所得，全额单独计算应纳税款。其中按月领取的，适用月度税率表计算纳税；按季领取的，平均分摊计入各月，按每月领取额适用月度税率表计算纳税；按年领取的，适用综合所得税率表计算纳税。

个人因出境定居而一次性领取的年金个人账户资金，或个人死亡后，其指定的受益人或法定继承人一次性领取的年金个人账户余额，适用综合所得税率表计算纳税。对个人除上述特殊原因外一次性领取年金个人账户资金或余额的，适用月度税率表计算纳税。

3. 政策的主要变化分析。原年金计税办法，无论是按月、按季、按年领取，均需要平均分摊计入各月，每月领取额全额按照“工资、薪金所得”项目适用的税率，计征个人所得税。新计税办法，关于个人领取企业年金和个人达到国家规定的退休年龄领取的企业年金、职业年金，符合（财税〔2013〕103号）规定的，不并入综合所得，全额单独计算应纳税款。按月、按季领取的适用月税率表，按年领取的适用综合所得税率表计算纳税，另外规定了一次性领取年金可适用综合所得税率表计算纳税的特殊情形。

### （二）建立年金计划的单位备案

建立年金计划的单位应于建立年金计划的次月15日内，向其所在地主管税务机关报送年金方案、人力资源社会保障部门出具的方案备案函、计划确认函以及主管税务机关要求报送的其他相关资料。年金方案、受托人、托管人发生变化的，应于发生变化的次月15日内重新向其主管税务机关报送上述资料。

（三）扣缴义务人

个人领取年金时，其应纳税款由受托人代表委托人委托托管人代扣代缴。年金账户管理人应及时向托管人提供个人年金缴费及对应的个人所得税纳税明细。托管人根据受托人指令及账户管理人提供的资料，按照规定计算扣缴个人当期领取年金待遇的应纳税款，并向托管人所在地主管税务机关申报解缴。

建立年金计划的单位、年金托管人，应按照个人所得税法和税收征收管理法的有关规定，实行全员全额扣缴明细申报。受托人有责任协调相关管理人依法向税务机关办理扣缴申报，并提供相关资料。

（四）扣缴义务人的扣缴申报

第一步，登录【自然人税收管理系统扣缴客户端】。

第二步，依次选择【综合所得申报】【年金领取】【填写】，具体见图3－26。

**图3－26 企业/职业年金领取环节个税扣缴界面**

第三步，选择【添加】，具体见图3－27和图3－28。

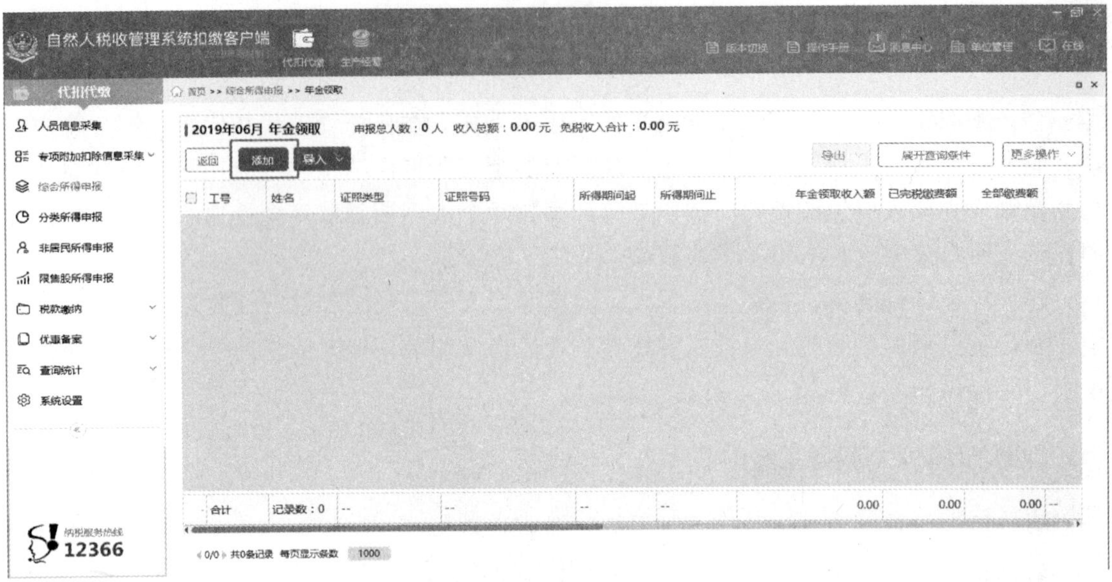


图 3－27　企业/职业年金领取环节个税扣缴界面

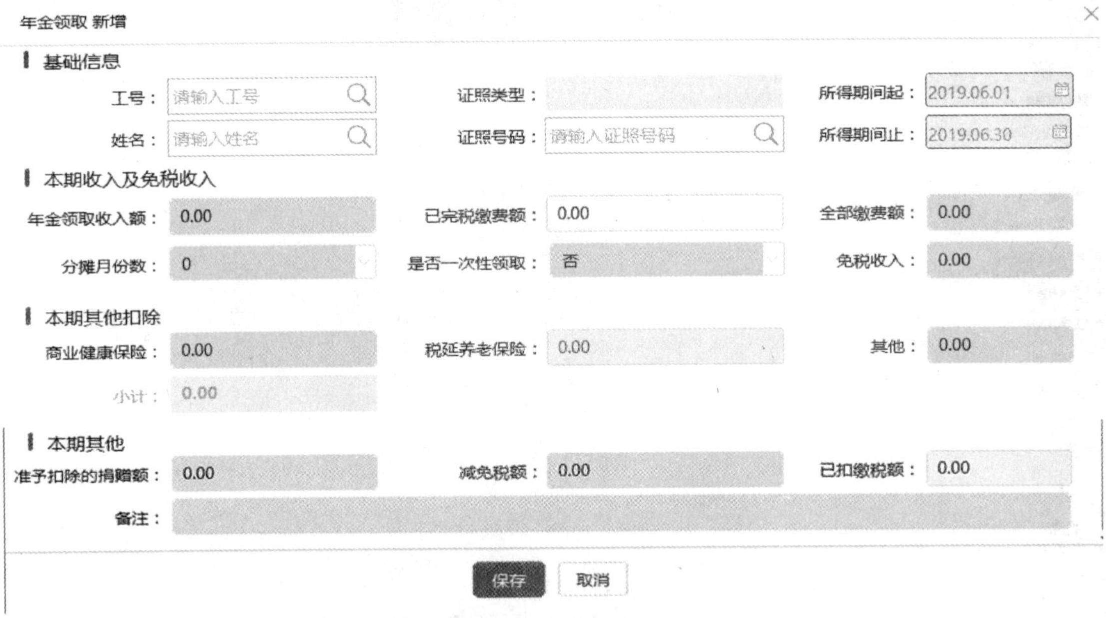


图 3－28　企业/职业年金领取环节个税计算界面

【年金领取收入额】：本次领取年金的金额。

【已完税缴费额】：在财税〔2013〕103 号文件实施之前缴付的年金单位缴费和个人缴费且已经缴纳个人所得税的部分，通常指的是 2014 年前的年金已完税缴费额。

【全部缴费额】：账户中实际年金缴纳部分。

第四步，填写完毕，点击选择【税款计算】。

第五步，附表（如有）信息填列完毕后，点击【申报表报送】。

# 第四章
# 劳务报酬的预扣预缴

劳务报酬是居民个人综合所得内容之一，与其他三类综合所得共同适用超额累进税率，计税依据为收入额，即劳务报酬收入减除费用后的余额为收入额。劳务报酬个税的预扣预缴适用累进预扣率。本章重点介绍劳务报酬所得的具体征税范围以及预扣预缴申报等相关内容。

## 第一节　征税范围

### 一、征税范围的一般规定

根据《个人所得税法实施条例》第六条的规定，劳务报酬所得是指个人从事劳务取得的所得，包括从事设计、装潢、安装、制图、化验、测试、医疗、法律、会计、咨询、讲学、翻译、审稿、书画、雕刻、影视、录音、录像、演出、表演、广告、展览、技术服务、介绍服务、经纪服务、代办服务以及其他劳务取得的所得。

与原条例相比，新条例删除了“个人从事新闻和广播劳务”，这是因为个人直接提供新闻、广播劳务难以界定。

### 二、征税范围的特殊规定

对于在实务中容易引起误解、难以操作的部分劳务报酬，国家又专门出台文件予以明确。

#### （一）兼职、实习补贴

2005 年 4 月，国家税务总局在对厦门地方税务局《关于个人兼职和退休人员再任职取得收入如何计算征收个人所得税问题的请示》批复中规定，个人兼职取得的收入应按照“劳务报酬所得”应税项目缴纳个人所得税。另外，在《国家税务总局关于个人所得税若干业务问题的批复》（国税函〔2002〕146号）第四条规定，在校学生因参与勤工俭学活动（包括参与学校组织的勤工俭学活动）而取得属于个人所得税法规定的应税项目的所得，应依法缴纳个人所得税。但是，此文件并未规定应当按照何种税目缴纳，实际中大部分勤工俭学是利用课余时间工作，其取得的收入应当为“劳务报酬所得”。

（二）董事费收入

根据《国家税务总局关于印发〈征收个人所得税若干问题的规定〉的通知》（国税发〔1994〕089号），个人由于担任董事职务所取得的董事费收入，属于劳务报酬所得性质，按照劳务报酬所得项目征收个人所得税。

根据《国家税务总局关于明确个人所得税若干政策执行问题的通知》（国税发〔2009〕121号），董事费按劳务报酬所得项目征税方法，仅适用于个人担任公司董事、监事，且不在公司任职、受雇的情形。

（三）非雇员营销人员奖励

根据《财政部 国家税务总局关于企业以免费旅游方式提供对营销人员个人奖励有关个人所得税政策的通知》（财税〔2004〕11号）规定，对商品营销活动中，企业和单位对营销业绩突出人员以培训班、研讨会、工作考察等名义组织旅游活动，通过免收差旅费、旅游费对个人实行的营销业绩奖励（包括实物、有价证券等），应根据所发生费用全额计入营销人员应税所得，依法征收个人所得税，并由提供上述费用的企业和单位代扣代缴。其中，对非雇员享受的此类奖励，应作为当期的劳务收入，按照“劳务报酬所得”项目征收个人所得税。

（四）广告设计、制作、发布过程中提供名义、形象取得的所得

《国家税务总局关于印发〈广告市场个人所得税征收管理暂行办法〉的通知》（国税发〔1996〕148号）第五条规定，纳税人在广告设计、制作、发布过程中提供名义、形象而取得的所得，应按劳务报酬所得项目计算纳税。

（五）影视人员

《国家税务总局关于影视演职人员个人所得税问题的批复》（国税函〔1997〕385号）批复，凡与单位存在工资、人事方面关系的人员，其为本单位工作所取得的报酬，属于“工资、薪金所得”应税项目征税范围；而其因某一特定事项临时为外单位工作所取得报酬，不属于税法中所说的“受雇”，应是“劳务报酬所得”应税项目征税范围。因此，对电影制片厂导演、演职人员参加本单位的影视拍摄所取得的报酬，应按“工资、薪金所

得”应税项目计征个人所得税。对电影制片厂为了拍摄影视片而临时聘请非本厂导演、演职人员，其所取得的报酬，应按“劳务报酬所得”应税项目计征个人所得税。

### （六）受医疗机构临时聘请坐堂门诊及售药人员取得所得

《国家税务总局关于个人从事医疗服务活动征收个人所得税问题的通知》（国税发〔1997〕178 号）规定，受医疗机构临时聘请坐堂门诊及售药，由该医疗机构支付报酬，收入与该医疗机构按比例分成的人员，其取得所得，按照“劳务报酬所得”应税项目缴纳个人所得税，以一个月内取得的所得为一次，税款由该医疗机构代扣代缴。

### （七）保险营销员、证券经纪人佣金收入

保险营销员、证券经纪人取得的佣金收入，由展业成本和劳务报酬两部分构成。考虑到保险营销员、证券经纪人在开展业务时，承担一定的展业成本，对其佣金收入全额计税，不尽合理。个人所得税制改革前，为支持保险、证券行业健康发展，适当减轻保险营销员、证券经纪人的税负，经商原保监会、证监会同意，将保险营销员、证券经纪人佣金收入的 40% 视为展业成本不予征税。

个人所得税制改革后，保险营销员、证券经纪人的佣金收入应当依法纳入综合所得，新增加每年 60 000 元的减除费用、“三险一金”、专项附加扣除、其他扣除等扣除项目，应纳税所得额的计算发生一定变化，为此，调整了保险营销员、证券经纪人的计税方法，保持税收政策连续稳定。

1. 政策衔接。关于证券经纪人佣金收入个人所得税政策，财政部、国家税务总局先后发布了国家税务总局公告〔2012〕第 45 号、财税〔2018〕164 号、国家税务总局公告 2018 年第 61 号和国家税务总局公告 2018 年第 56 号四个文件。2019 年 1 月 1 日后，《国家税务总局关于证券经纪人佣金收入征收个人所得税问题的公告》（国家税务总局公告〔2012〕第 45 号）全文废止。

2. 应纳税所得额的计算。财税〔2018〕164 号文件第三条规定，保险营销员、证券经纪人取得的佣金收入，属于劳务报酬所得，以不含增值税的收入减除 20% 的费用后的余额为收入额，收入额减去展业成本以及附加税费后，并入当年综合所得，计算缴纳个人所得税。保险营销员、证券经纪人展业成本按照收入额的 25% 计算。扣缴义务人向保险营销员、证券经纪人支付佣金收入时，应按照《个人所得税扣缴申报管理办法（试行）》（国家税务总局公告 2018 年第 61 号）规定的累计预扣法计算预扣税款。

3. 预扣预缴办法。《财政部 国家税务总局关于个人所得税法修改后有关优惠政策衔接问题的通知》（财税〔2018〕164 号）第三条规定，扣缴义务人向保险营销员、证券经纪人支付佣金收入时，应按照《个人所得税扣缴申报管理办法（试行）》（国家税务总局公告 2018 年第 61 号）规定的累计预扣法计算预扣税款。

日常预扣预缴时，综合考虑新旧税制衔接，为最大程度减轻保险营销员、证券经纪人

税收负担，依照税法规定，对其取得的佣金收入，按照累计预扣法计算预缴税款。具体计算时，以该纳税人截至当期在单位从业月份的累计收入减除累计减除费用和累计其他扣除后的余额，比照工资、薪金所得按照《个人所得税扣缴申报管理办法（试行）》（国家税务总局公告 2018 年第 61 号）规定的累计预扣法计算当期应预扣预缴税额。专项扣除和专项附加扣除，在预扣预缴环节暂不扣除，待年度终了后汇算清缴申报时办理。

（1）收入的确认。保险营销员（个人保险代理人）和证券经纪人都属于其他个人，个人在增值税上被界定为小规模纳税人，适用 3% 的征收率。不含佣金收入 = 含税佣金收入 ÷（1 + 3%）。如果含税佣金收入低于增值税《财政部 国家税务总局关于实施小微企业普惠性税收减免政策的通知》（财税〔2019〕13 号）文件规定的 10 万元，则无须换算；如果含税佣金收入高于起征点，则须按照前述公式换算。

如果超过起征点，佣金收入中的增值税需要缴纳给国家，当然在计算所得时无须考虑增值税，这些增值税也不会构成个人的所得。如果没有超过起征点，佣金收入无论是否换算，都不存在将税款单独交给国家的问题。

（2）收入额的确认。证券经纪人佣金收入性质上属于劳务报酬所得，按照劳务报酬收入额的计算方法，收入应为不含增值税的收入，收入减除费用后的余额为收入额。因此，证券经纪人参照累计预扣法计算缴纳个人所得税时，其累计收入额应为累计收入扣除费用后的余额。

假设某人月收入为 20 000 元，则费用扣除 = 20 000 × 20% = 4 000（元），收入额 = 20 000 − 4 000 = 16 000（元）。

（3）扣缴义务人应按月进行累计预扣预缴。根据国家税务总局公告 2018 年第 56 号、61 号相关规定，个人所得税累计预扣法的具体计算方法为：

本期应预扣预缴税额 =（累计预扣预缴应纳税所得额 × 预扣率 − 速算扣除数）− 累计减免税额 − 累计已预扣预缴税额

累计预扣预缴应纳税所得额 = 累计收入 − 累计免税收入 − 累计减除费用 − 累计依法确定的其他扣除

其中：累计减除费用，按照 5 000 元/月乘以纳税人当年截至本月在本单位的任职受雇月份数计算。

（4）展业成本和附加税费的扣除。根据财税〔2018〕164 号第三条规定，保险营销员、证券经纪人的佣金收入在计算个人所得税时还可以扣除展业成本和附加税费。

展业成本的计算依据是收入额的 25%，即将不含税收入减掉 20% 的费用后余额的 25% 作为可扣除的展业成本。

假设某人月收入为 20 000 元，则费用扣除 = 20 000 × 20% = 4 000（元）

收入额 = 20 000 − 20 000 × 20% = 16 000（元）

展业成本 = 收入额 × 25% = 16 000 × 25% = 4 000（元）

附加税费 = 增值税税额 × 附加税（费）率，通常是 12%，以当地具体政策为准。

（5）可扣除基本减除费用。由于保险营销员、证券经纪人佣金参照工资、薪金的累计预扣法扣缴个人所得税，因此，除财税〔2018〕164 号文第三条规定的 20% 费用、展业成本及附加税费外，还可扣除每月 5 000 元的基本减除费用。

本期应预扣预缴税额 =（累计预扣预缴应纳税所得额 × 预扣率 - 速算扣除数）- 累计已预扣预缴税额

累计预扣预缴应纳税所得额 = 累计收入 - 累计减除费用 - 累计依法确定的其他扣除

其中：累计减除费用，按照 5 000 元/月乘以纳税人当年截至本月在本单位的任职受雇月份数计算。

专项扣除和专项附加扣除，在预扣预缴环节暂不扣除，待年度终了后汇算清缴申报时办理。这主要是考虑到以下三方面的因素：一是依据个人所得税法及实施条例规定，个人取得的劳务报酬，应当在汇算清缴时办理专项附加扣除；二是保险营销员、证券经纪人多为自己缴付“三险一金”，支付佣金单位较难掌握这些情况并为其办理扣除；三是部分保险营销员、证券经纪人还有任职受雇单位，由支付佣金单位办理可能出现重复扣除。

（6）适用税率。财税〔2018〕164 号文件第三条规定，保险营销员、证券经纪人取得的佣金收入，扣缴单位应当按照累计预扣法计算预扣个人所得税。

本期应预扣预缴税额 =（累计预扣预缴应纳税所得额 × 预扣率 - 速算扣除数）- 累计减免税额 - 累计已预扣预缴税额

上述公式中的预扣率和速算扣除数，比照《个人所得税扣缴申报管理办法（试行）》（国家税务总局公告 2018 年第 61 号发布）所附的“个人所得税预扣率表一”执行，不适用一般劳务报酬的预扣率。

（7）纳税申报。目前“自然人税收管理申报系统”已经改造完毕，保险营销员、证券经纪人佣金于 2019 年 2 月份申报 1 月份个人所得税时，可以支持佣金收入累计预扣缴申报。

登录北京税务局自然人税收管理系统扣缴客户端，在“综合所得申报”中可以看到，“劳务报酬所得”申报分为“劳务报酬所得（保险营销员、证券经纪人）”和“劳务报酬所得（一般劳务、其他劳务）”，见图 4 - 1。

点击“劳务报酬所得（保险营销员、证券经纪人）”，出现以下申报界面（见图 4 - 2）。

【本期收入】填写取得的全部收入。

【费用】：由系统自动带出，为收入的 20%。

【展业成本】：由系统自动带出，为收入的 25%。

【可扣除的税费】：手动填写，通常为增值税税额的 12%。

【月减除费用】：系统锁定 5 000 元。

图 4－1　劳务报酬所得（保险营销员、证券经纪人）预扣缴填写（一）

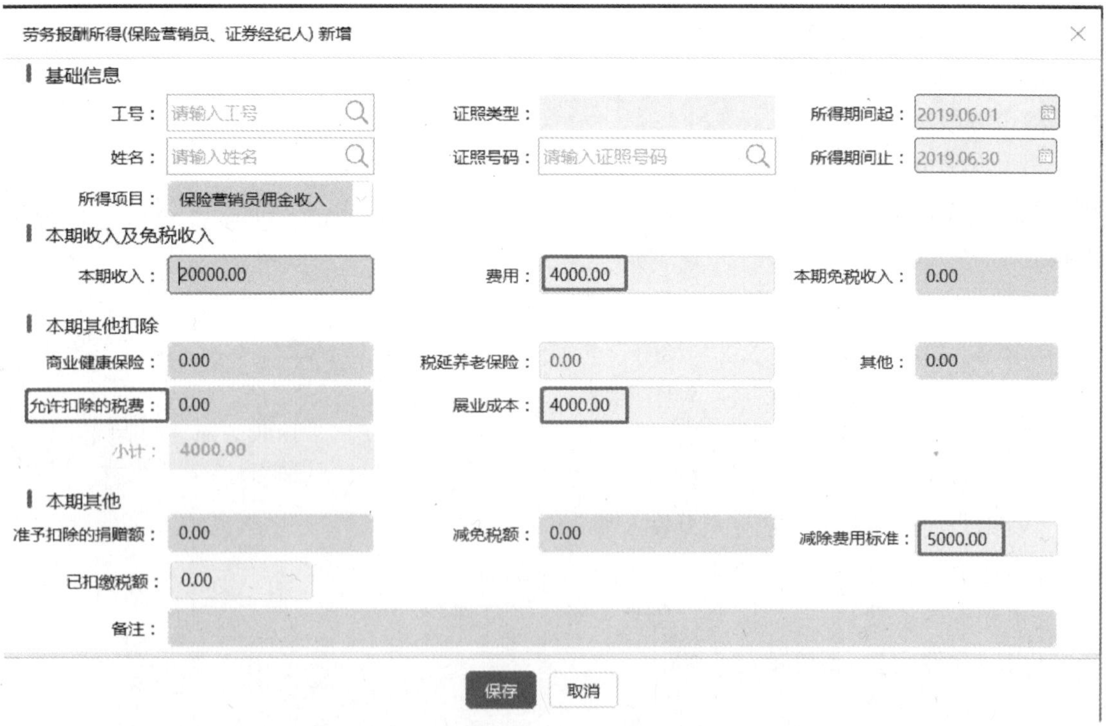

图 4－2　劳务报酬所得（保险营销员、证券经纪人）预扣缴填写（二）

（8）证券经纪人自行汇算清缴。财税〔2018〕164号第三条规定，保险营销员、证券经纪人佣金参照工资、薪金的累计预扣法执行，允许扣除的税费、依法确定的其他扣除、展业成本、基本减除费用60 000元，均已在预缴时扣除，因此年度终了时，专项扣除、专项附加扣除、大病医疗均在汇算清缴时扣除。保险营销员、证券经纪人的累计预扣个人所得税与其年度应纳税额相差不大，极大地减少了出现普遍性大额退税的可能。

## 第二节　预扣预缴税款计算和申报

根据《个人所得税法》第十一条的规定，居民个人取得综合所得，按年计算个人所得税；有扣缴义务人的，由扣缴义务人按月或者按次预扣预缴税款；劳务报酬所得个税的预扣预缴则涉及所得取得次数的确定以及预扣预缴税款的计算方法。本部分重点对这两方面的内容进行详细介绍。

居民个人劳务报酬所得、稿酬所得、特许权使用费所得个人所得税的预扣预缴方法，基本平移了原税法的扣缴方法，特别是平移了对每次收入不超过4 000元、费用按800元计算的规定。这种预扣预缴方法对扣缴义务人和纳税人来讲既容易理解，也简便易行，方便扣缴义务人和纳税人操作。

### 一、收入次数确认办法

劳务报酬所得按次预扣预缴个人所得税，因此次数确认办法至关重要。根据《个人所得税法实施条例》第十四条规定，劳务报酬所得，属于一次性收入的，以取得该项收入为一次；属于同一项目连续性收入的，以一个月内取得的收入为一次。

《征收个人所得税若干问题的规定》（国税发〔1994〕89号）对“同一项目”进行了解释，即“同一项目”是指劳务报酬所得列举具体劳务项目中的某一单项，个人兼有不同的劳务报酬所得，应当分别减除费用，计算缴纳个人所得税。劳务报酬所得以纳税人每参与一项广告的设计、制作、发布所取得的所得为一次，采取分笔支付的，应合并为一次所得计算纳税。

### 二、预扣预缴应纳税所得额的计算

根据《国家税务总局关于全面实施新个人所得税法若干征管衔接问题的公告》（国家税务总局公告2018年第56号）的规定，以每次收入额为预扣预缴应纳税所得额，而收入减除费用后的余额为收入额。劳务报酬所得每次收入不超过4 000元的，减除费用按800

元计算；每次收入4 000元以上的，减除费用按20%计算。

劳务报酬预扣预缴应纳税所得额 = 收入额 = 收入 - 费用

如果收入 <4 000元，则劳务报酬预扣预缴应纳税所得额 = 收入额 = 收入 - 费用 = 收入 - 4 000

如果收入≥4 000元，则劳务报酬预扣预缴应纳税所得额 = 收入额 = 收入 - 费用 = 收入 ×（1 - 20%）

对于个人提供劳务等过程中所支付的中介费，《财政部 国家税务总局关于个人所得税若干政策问题的通知》（财税字〔1994〕20号）文件规定，如能提供有效、合法凭证的，允许从其所得中扣除。

## 三、预扣预缴税额计算

根据《国家税务总局关于全面实施新个人所得税法若干征管衔接问题的公告》（国家税务总局公告2018年第56号）规定：

劳务报酬所得应预扣预缴税额 = 预扣预缴应纳税所得额 × 预扣率 - 速算扣除数

劳务报酬所得适用个人所得税预扣率，具体见表4 - 1。

**表4 - 1　劳务报酬预扣预缴率**

| 级数 | 预扣预缴应纳税所得额 | 预扣率（%） | 速算扣除数（元） |
|---|---|---|---|
| 1 | 不超过20 000元的部分 | 20 | 0 |
| 2 | 超过20 000元至50 000元的部分 | 30 | 2 000 |
| 3 | 超过50 000元的部分 | 40 | 7 000 |

**案例4 - 1**

某居民个人取得劳务报酬所得4 000元，则这笔所得应预扣预缴个人所得税额为多少元？

解析：应纳税所得额 = 收入额 = 收入 - 费用 = 4 000 - 800 = 3 200（元）

应纳税额 = 预扣预缴应纳税所得额 × 预扣率 - 速算扣除数 = 3 200 × 20% - 0 = 640（元）

**案例4 - 2**

某居民个人取得劳务报酬所得80 000元，则这笔所得应预扣预缴个人所得税额为多少元？

解析：应纳税所得额 = 收入额 = 收入 - 费用 = 20 000 - 20 000 × 20% = 16 000（元）

应纳税额 = 预扣预缴应纳税所得额 × 预扣率 - 速算扣除数 = 16 000 × 20% = 3 200（元）

## 四、扣缴申报表填写操作

劳务报酬为综合所得，相应其预扣预缴申报操作流程与诸如工资、薪金等其他综合所得类似。

点击【自然人税收管理系统扣缴客户端】，依次点击【综合所得申报】【劳务报酬所得】【填写】，见图 4－3。

图 4－3　劳务报酬所得个税预扣预缴申报界面

1. 填写劳务报酬所得预扣预缴相关信息。点击【填写】键后，进入填写界面（具体见图 4－2），填写相关信息。

2. 收入与减除填写。点击【收入】：填写当月（次）扣缴义务人支付给纳税人所得的总额。填写收入金额后，系统会自动带出费用金额，每次收入不超过 4 000 元的，【费用】为 800 元；每次收入 4 000 元以上的，【费用】为收入的 20%；

3. 税款计算。信息填写完毕，点击【税款计算】，系统会自动计算出税额（见图 4－4，图 4－5）。

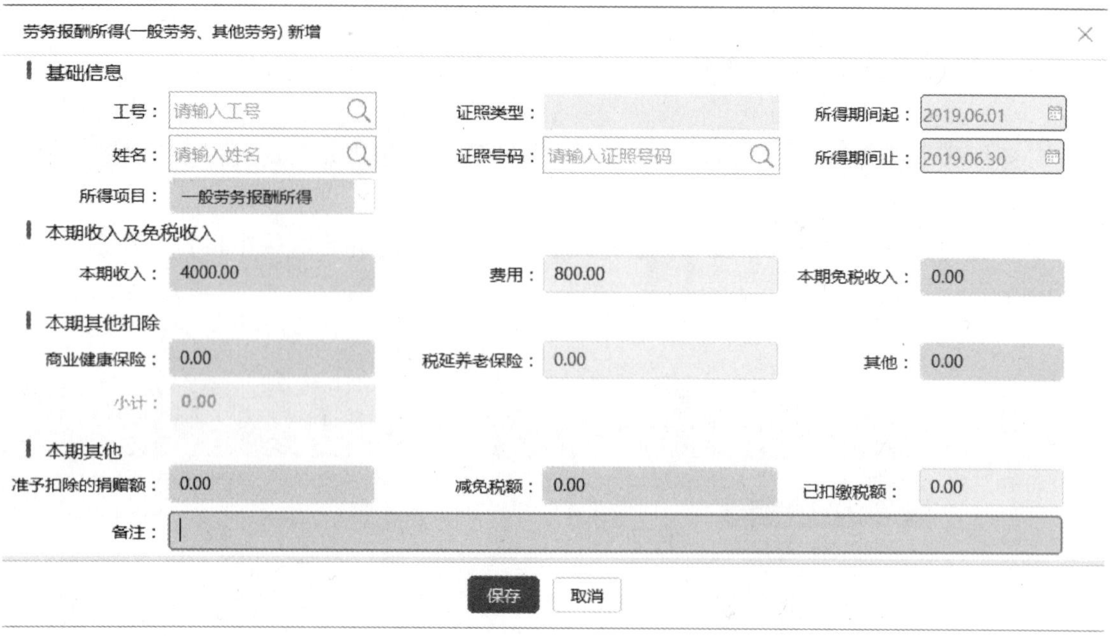


图 4－4　劳务报酬所得个税预扣预缴信息填报界面（一）

图 4－5　劳务报酬所得个税预扣预缴信息填报界面（二）

4. 附表填写及申报。附表（如有）信息填列完毕后，点击【申报表报送】。

提示：劳务报酬所得个税预扣预缴申报时，不能扣除专项扣除和专项附加扣除，相应也无须填报相关信息。

# 第五章
# 稿酬所得的预扣预缴

稿酬所得是居民个人综合所得内容之一，与其他三类综合所得共同适用超额累进税率，计税依据为收入额，且减计70%。稿酬收入减除费用后的余额为收入额。稿酬所得个税的预扣预缴适用20%的比例预扣税率。本章重点介绍稿酬所得的具体征税范围以及预扣预缴申报等相关内容。

## 第一节　征税范围

### 一、征税范围的一般规定

根据《个人所得税法实施条例》第六条规定，稿酬所得，是指个人因其作品以图书、报刊形式出版、发表而取得的所得。

### 二、征税范围的特殊规定

1. 任职受雇员工在其本单位报刊、杂志发表作品取得收入。根据《国家税务总局关于个人所得税若干业务问题的批复》（国税函〔2002〕146号）规定，任职、受雇于报刊、杂志等单位的记者、编辑等专业人员，因在本单位的报刊、杂志上发表作品取得的所得，属于因任职、受雇而取得的所得，应与其当月工资收入合并，按“工资、薪金所得”项目征收个人所得税。

2. 非任职受雇人员在其本单位报刊、杂志发表作品取得收入。除上述专业人员以外，其他人员在本单位的报刊、杂志上发表作品取得的所得，应按“稿酬所得”项目征收个人所得税。

3. 出版社作者在本社出版图书取得收入。出版社的专业作者撰写、编写或翻译的作品，由本社以图书形式出版而取得的稿费收入，应按“稿酬所得”项目计算缴纳个人所得税。

4. 在图书报刊上发布广告取得收入。在图书、报刊上发布广告，使用个人作品并由出版单位支付的个人所得，按照“稿酬所得”项目计算缴纳个人所得税。

## 第二节　预扣预缴税款计算和申报

根据《个人所得税法》第十一条的规定，居民个人取得综合所得，按年计算个人所得税；有扣缴义务人的，由扣缴义务人按月或者按次预扣预缴税款。稿酬所得个税的预扣预缴涉及所得取得次数的确定以及预扣预缴税款的计算方法，本部分重点对这两方面的内容进行详细介绍。

### 一、收入次数的确认办法

稿酬所得按次预扣预缴个人所得税，因此次数确认办法至关重要。根据《个人所得税法实施条例》第十四条规定，稿酬所得，属于一次性收入的，以取得该项收入为一次；属于同一项目连续性收入的，以一个月内取得的收入为一次。

《征收个人所得税若干问题的规定》国税发〔1994〕89号第四条规定：（1）个人每次以图书、报刊方式出版、发表同一作品（文字作品、书画作品、摄影作品以及其他作品），不论出版单位是预付还是分笔支付稿酬，或者加印该作品后再付稿酬，均应合并其稿酬所得按一次计征个人所得税。在两处或两处以上出版、发表或再版同一作品而取得稿酬所得，则将分别各处取得的所得或再版所得按分次所得计征个人所得税。（2）个人的同一作品在报刊上连载，应合并其因连载而取得的所有稿酬所得为一次，按税法规定计征个人所得税。在其连载之后又出书取得稿酬所得，或先出书后连载取得稿酬所得，应视同再版稿酬分次计征个人所得税。（3）作者去世后，对取得其遗作稿酬的个人，按稿酬所得征收个人所得税。作者将自己的文字作品手稿原件或复印件公开拍卖（竞价）取得的所得，应按“特许权使用费所得项目”征收个人所得税。

### 二、预扣预缴应纳税所得额的计算

根据《国家税务总局关于全面实施新个人所得税法若干征管衔接问题的公告》（国家税务总局公告2018年第56号）的规定，稿酬所得以每次收入额减计70%后为预扣预缴应纳税所得额，而收入减除费用后的余额为收入额。稿酬所得每次收入不超过4 000元的，减除费用按 800 元计算；每次收入 4 000 元以上的，减除费用按 20% 计算。

稿酬预扣预缴应纳税所得额 = 收入额 ×70% =（收入 − 费用）×70%

如果收入 <4 000 元，则稿酬预扣预缴应纳税所得额 = 收入额 = 收入 − 费用 =（收入 − 4 000）×70%

如果收入 ≥4 000 元，则稿酬预扣预缴应纳税所得额 = 收入额 = 收入 − 费用 = 收入 ×（1 −20%）×70%

## 三、预扣预缴税额计算

依据《国家税务总局关于全面实施新个人所得税法若干征管衔接问题的公告》（国家税务总局公告 2018 年第 56 号）规定：

稿酬所得应预扣预缴税额 = 预扣预缴应纳税所得额 × 预扣率

稿酬所得适用 20% 的比例预扣率。

**案例 5 −1**

某作家在出版社某一刊物连载小说，连续四个月取得的收入依次为 1 000 元、1 500 元、800 元、1 600 元，然后出版社将这一连载小说汇编成书出版，作者又因此获得稿酬 8 000 元。一年后，他又因该书再版获得稿酬 5 600 元，该作家分别要预扣预缴个人所得税多少元？

解析：1. 已连载完成后取得的所有收入合并为一次计算缴纳个人所得税。

预扣预缴应纳税所得额 = 收入额 ×70% =（1 000 +1 500 +800 +1 600）×（1 −20%）×（1 −30%）=2 744（元）

预扣预缴应纳税额 =2 744 ×20% =548.8（元）

2. 汇编成书预扣预缴应纳税额 =8 000 ×（1 −20%）×（1 −30%）×20% =896（元）

再版预扣预缴应纳税额 =5 600 ×（1 −20%）×（1 −30%）×20% =627.20（元）

**案例 5 −2**

假如某居民个人取得稿酬所得 60 000 元，则这笔所得应预扣预缴税额为多少元？

解析：应纳税所得额 =（60 000 −60 000 × 20%）×70% =33 600（元）

应纳税额 = 预扣预缴应纳税所得额 ×20% =33 600 ×20% =6 720（元）

## 四、扣缴申报表填写

稿酬所得为综合所得，相应其预扣预缴申报操作流程与诸如工资、薪金等其他综合所得类似。

第一步，点击【自然人税收管理系统扣缴客户端】，依次点击【综合所得申报】【稿酬所得】【填写】，见图5－1。

图5－1　稿酬所得个税预扣预缴申报界面

第二步，填写稿酬所得预扣预缴相关信息。点击【填写】后，进入填写界面（见图5－2），填写相关信息。

图5－2　稿酬所得个税预扣预缴信息填报界面

1. 收入与减除填写。

【收入】：填写当月（次）扣缴义务人支付给纳税人所得的总额。

【费用】：收入填写完毕后，自动带出费用金：每次收入不超过4 000元的，费用为

“800”元；每次收入4 000元以上的，费用为收入的20%。

【免税收入】：收入及费用金额填写完毕后，会自动带出本期免税收入，稿酬所得的收入额减按70%计算（30%做免税收入处理），即显示本期收入减除费用后的30%部分，可修改。

2. 税款计算和明细查看。收入与减除填写完毕后点击保存，返回点击【税额计算】，系统会自动计算出税额，见图5－3和图5－4。

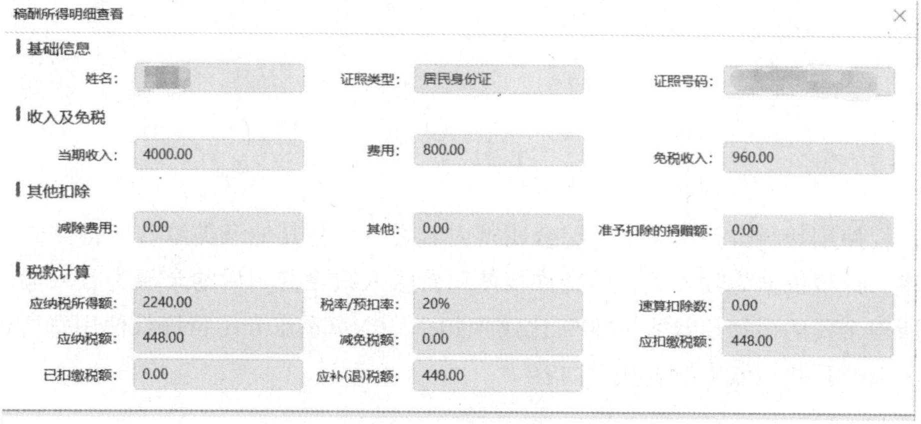


**图5－3　稿酬所得个税预扣预缴税款计算界面**

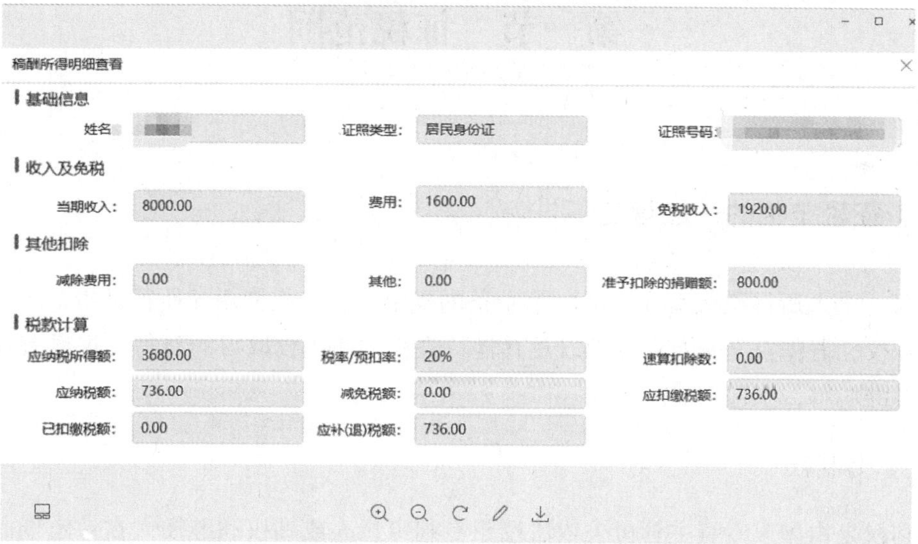


**图5－4　稿酬所得个税预扣预缴税款明细查看界面**

3. 附表填写与申报。附表（如有）信息填列完毕后，点击【申报表报送】。

提示：稿酬所得个税预扣预缴申报时，不能扣除专项扣除和专项附加扣除，相应也无须填报相关信息。

# 第六章 特许权使用费所得的预扣预缴

特许权使用费所得是居民个人综合所得内容之一，与其他三类综合所得共同适用超额累进税率，计税依据为收入额，即特许权使用费收入减除费用后的余额为收入额。特许权使用费所得个税的预扣预缴适用20%比例预扣率。本章重点介绍特许权使用费所得的具体征税范围以及预扣预缴申报等相关内容。

## 第一节　征税范围

### 一、征税范围的一般规定

根据《个人所得税法实施条例》第六条的规定，特许权使用费所得是指个人提供专利权、商标权、著作权、非专利技术以及其他特许权的使用权取得的所得。提供著作权的使用权取得的所得，不包括稿酬所得。

#### （一）专利权

专利权是由国家专利主管机关依法授予专利申请人或其权利继授人在一定期间内实施其发明创造的专有权。

#### （二）商标权

商标权即商标注册人享有的商标专用权。

#### （三）著作权

著作权即版权，是作者依法对文学、艺术和科学作品享有的专用权。

（四）非专利技术

非专利技术包括：未申请专利的技术成果；未授予专利的技术成果；专利法规定不授予专利权的技术成果。

## 二、征税范围的特殊规定

（一）拍卖文稿所得

根据《征收个人所得税若干问题的规定》（国税发〔1994〕89 号）规定，作者将自己的文字作品手稿原件或复印件公开拍卖（竞价）取得的所得，应按特许权使用费所得项目征收个人所得税。

（二）剧本使用费

根据《国家税务总局关于剧本使用费征收个人所得税问题的通知》（国税发〔2002〕52 号）规定，对于剧本作者从电影、电视剧的制作单位取得的剧本使用费，不再区分剧本的使用方是否为其任职单位，统一按特许权使用费所得项目计征个人所得税。同时规定，《国家税务总局关于影视演职人员个人所得税问题的批复》（国税函〔1997〕385 号）中与国税发〔2002〕52 号文件精神不符的规定废止，但并未明确具体将哪些条款予以废止。

（三）专利赔款所得

《国家税务总局关于个人取得专利赔偿所得征收个人所得税问题的批复》（国税函〔2000〕257 号）规定，个人取得专利权赔偿所得，按照《个人所得税法及其实施条例》的规定，按“特许权使用费所得”应税项目缴纳个人所得税，税款由支付赔款的单位代扣代缴。

# 第二节　预扣预缴税款计算和申报

根据《个人所得税法》第十一条的规定，居民个人取得综合所得，按年计算个人所得税；有扣缴义务人的，由扣缴义务人按月或者按次预扣预缴税款，那么特许权使用费所得个税的预扣预缴则涉及所得取得次数的确定以及预扣预缴税款的计算方法，本部分重点对这两方面的内容进行详细介绍。

## 一、收入次数的确认办法

特许权使用费所得按次预扣预缴个人所得税，因此次数确认办法至关重要。根据《个人所得税法实施条例》第十四条规定，特许权使用费所得，属于一次性收入的，以取得该项收入为一次；属于同一项目连续性收入的，以一个月内取得的收入为一次。

特许权使用费所得以提供一项特许权在一项广告的设计、制作、发布过程中使用而取得的所得为一次，采取分笔支付的，应合并为一次所得计算纳税。

## 二、预扣预缴应纳税所得额的计算

根据《国家税务总局关于全面实施新个人所得税法若干征管衔接问题的公告》（国家税务总局公告2018年第56号）的规定，特许权使用费所得以每次收入额为预扣预缴应纳税所得额，而收入减除费用后的余额为收入额。特许权使用费所得每次收入不超过4 000元的，减除费用按800元计算；每次收入4 000元以上的，减除费用按20%计算。

特许权使用费所得预扣预缴应纳税所得额 = 收入额 = 收入 - 费用

如果收入<4 000元,则特许权使用费所得预扣预缴应纳税所得额 = 收入额 = 收入 - 费用 = 收入 -4 000

如果收入≥4 000元,则特许权使用费所得预扣预缴应纳税所得额 = 收入额 = 收入 - 费用 = 收入 ×(1 -20%)

## 三、预扣预缴税额计算

依据《国家税务总局关于全面实施新个人所得税法若干征管衔接问题的公告》（国家税务总局公告2018年第56号）规定：

特许权使用费所得应预扣预缴税额 = 预扣预缴应纳税所得额 × 预扣率

特许权使用费所得，适用20%的比例预扣率。

## 四、扣缴申报表填写

稿酬所得为综合所得，相应其预扣预缴申报操作流程与诸如工资、薪金等其他综合所得类似。

第一步，点击【自然人税收管理系统扣缴客户端】，依次点击【综合所得申报】【稿酬所得】【填写】，见图6 -1。

图 6－1　稿酬所得个税预扣预缴申报界面

第二步，填写稿酬所得预扣预缴相关信息。点击【填写】键后，进入填写界面，填写相关信息。

1. 收入与减除填写。

【收入】：填写当月（次）扣缴义务人支付给纳税人所得的总额。

【费用】：收入金额填写完毕后，费用金额会自动带出，每次收入不超过 4 000 元的，费用为“800”元；每次收入 4 000 元以上的，费用为收入的 20%，具体见图 6－2、图 6－3。

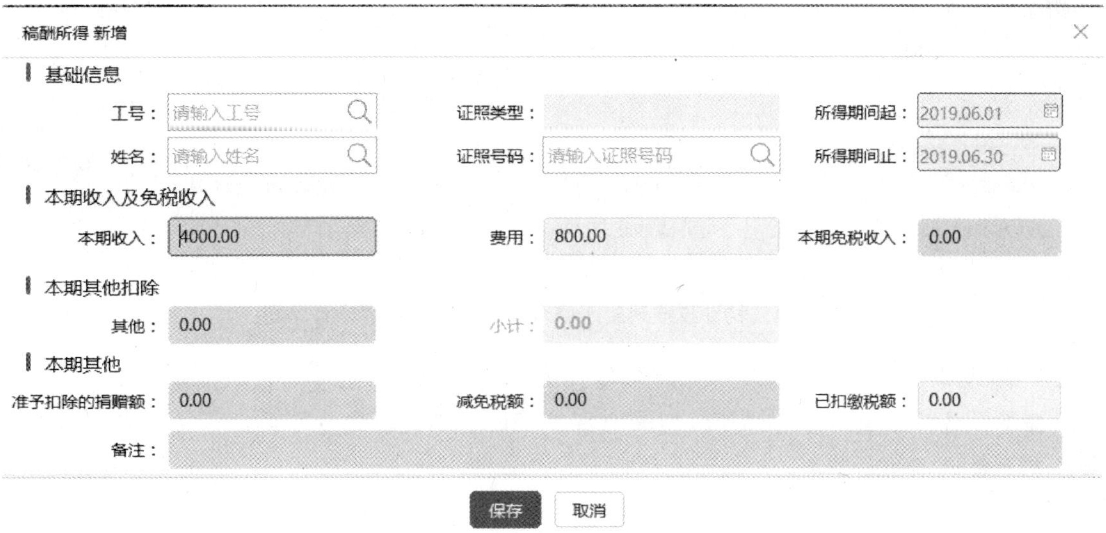


图 6－2　稿酬所得个税预扣预缴信息填报界面（收入小于等于 4 000 元）

稿酬所得 新增

**基础信息**

| | | | | | |
|---|---|---|---|---|---|
| 工号： | 请输入工号 | 证照类型： | | 所得期间起： | 2019.06.01 |
| 姓名： | 请输入姓名 | 证照号码： | 请输入证照号码 | 所得期间止： | 2019.06.30 |

**本期收入及免税收入**

| | | | | | |
|---|---|---|---|---|---|
| 本期收入： | 30000 | 费用： | 6000.00 | 本期免税收入： | 0.00 |

**本期其他扣除**

| | | | |
|---|---|---|---|
| 其他： | 0.00 | 小计： | 0.00 |

**本期其他**

| | | | | | |
|---|---|---|---|---|---|
| 准予扣除的捐赠额： | 0.00 | 减免税额： | 0.00 | 已扣缴税额： | 0.00 |
| 备注： | | | | | |

保存 取消

**图6－3　稿酬所得个税预扣预缴信息填报界面（收入大于4 000元）**

2. 税款计算。收入与减除填写完毕后点击保存，返回点击【税额计算】，系统会自动计算出税额，见图6－4。

稿酬所得明细查看

**基础信息**

| | | | | | |
|---|---|---|---|---|---|
| 姓名： | [redacted] | 证照类型： | 居民身份证 | 证照号码： | [redacted] |

**收入及免税**

| | | | | | |
|---|---|---|---|---|---|
| 当期收入： | 4000.00 | 费用： | 800.00 | 免税收入： | 960.00 |

**其他扣除**

| | | | |
|---|---|---|---|
| 其他： | 0.00 | 准予扣除的捐赠额： | 0.00 |

**税款计算**

| | | | | | |
|---|---|---|---|---|---|
| 应纳税所得额： | 2240.00 | 税率/预扣率： | 20% | 速算扣除数： | 0.00 |
| 应纳税额： | 448.00 | 减免税额： | 0.00 | 应扣缴税额： | 448.00 |
| 已扣缴税额： | 0.00 | 应补(退)税额： | 448.00 | | |

**图6－4　特许权使用费所得个税预扣预缴税款计算界面**

3. 附表填写及申报。附表（如有）信息填列完毕后，点击【申报表报送】。

提示：特许权使用费所得预扣预缴申报个税时，不能扣除专项扣除和专项附加扣除，相应也无须填报相关信息。

# 第七章
# 综合所得的纳税申报

综合所得个税申报包括纳税年度内的预扣预缴申报和年终的汇算清缴申报两个环节，前者主要涉及扣缴义务人，后者涉及纳税人。

值得提醒读者注意的是，在前面的章节中对各类综合所得的预扣预缴进行了介绍，而本章也涉及综合所得预扣预缴申报内容。前几章侧重于各类综合所得预扣预缴税额的计算办法及具体申报操作流程，而本章预扣预缴申报内容则侧重于介绍相关基本规定和预扣预缴申报表的填写。

## 第一节　扣缴义务人综合所得申报系统流程简介

### 一、自然人税收管理系统扣缴客户端概述

自然人税收管理系统扣缴客户端用于扣缴义务人为在本单位取得所得的人员（含雇员和非雇员）办理全员全额扣缴申报。

点击“自然人税收管理系统扣缴客户端”，进入版本选择界面。其中：【2018 年】是老的申报表模式，适用于所属期为 2018 年 12 月及以前月份申报；【2019 年】是新的申报表模式，适用于所属期为 2019 年 1 月及以后的申报。使用者选择对应版本模式后进入系统注册环节。

系统默认为当前时间的上一个月。例如，当前时间为 2019 年 2 月 1 日，则【税款所属月份】为 2019 年 1 月。可点击下拉键，切换【税款所属月份】，具体见图 7－1。

此界面分为三个部分，左边是功能菜单树，右面又分为两个区，分别为“常用功能区”和“待处理事项”。

**图 7－1　自然人税收管理系统扣缴客户端功能选择界面**

## 二、常用功能区介绍

常用功能区界面如图 7－2 所示。界面左边为功能菜单，通过点击功能菜单打开对应功能模块。系统常用功能统一放在该处。界面主要部分为常用功能快捷键区，具体包括人员信息采集、专项附加扣除信息采集，综合所得申报、分类所得申报，非居民所得申报，税收缴纳，点击相应快捷按钮，可直接进入相应功能页面。

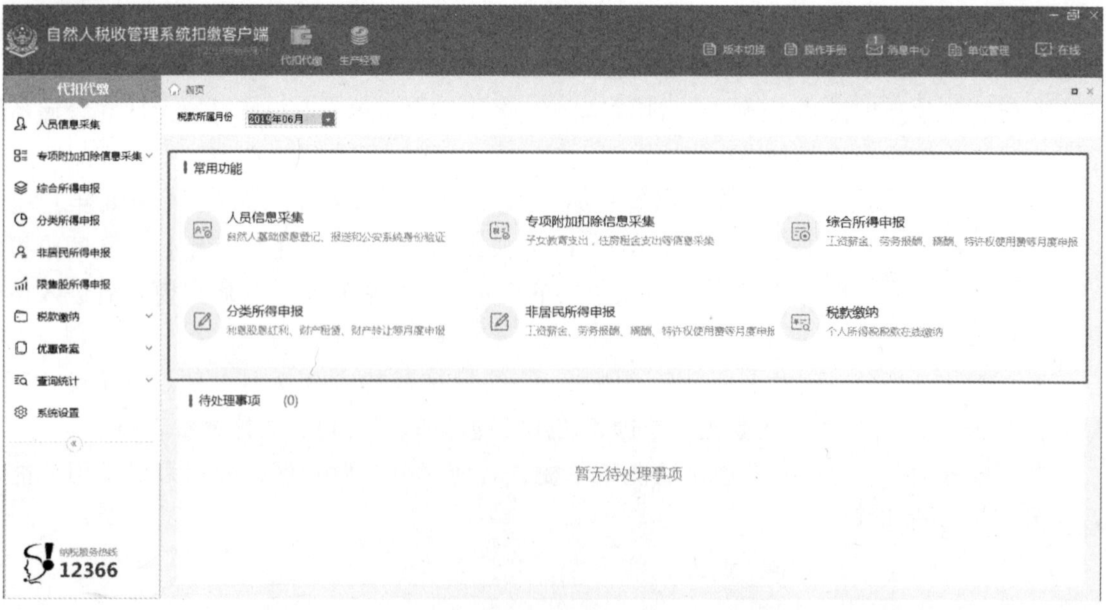


**图 7－2　自然人税收管理系统扣缴客户端“常用功能区”界面**

## 三、待处理事项区

显示消息类型为争议申诉且状态是未处理的消息，具体见图 7－3。

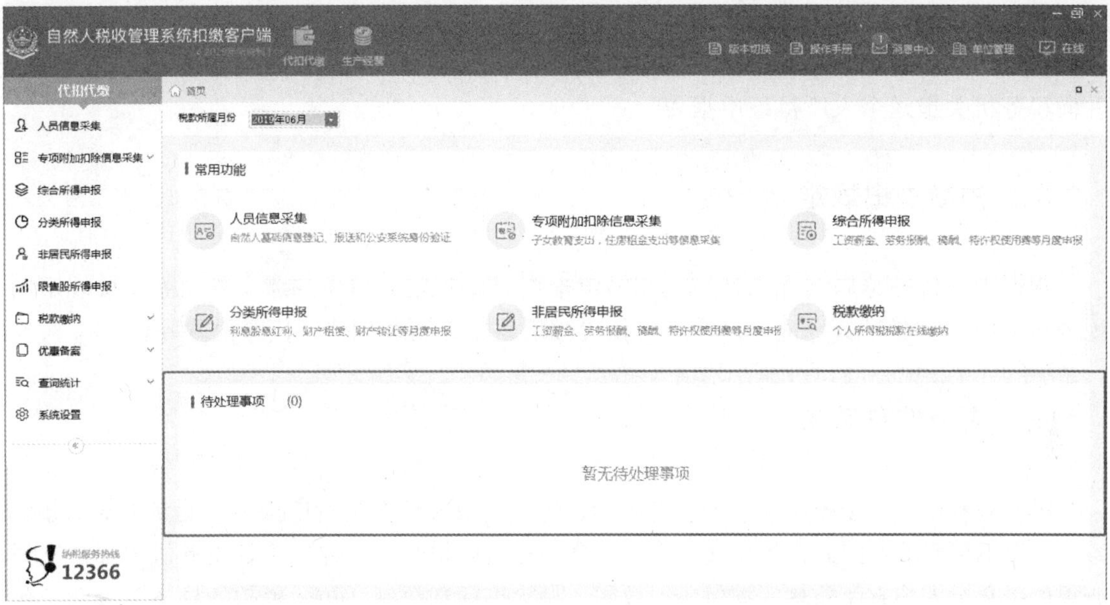


**图 7－3　自然人税收管理系统扣缴客户端“待处理事项区”界面**

# 第二节　综合所得的预扣预缴申报

2019 年 1 月 1 日后，综合与分类相结合的个人所得税制正式实施。与分类税制相比，新税制将居民个人工资、薪金所得，劳务报酬所得，稿酬所得，特许权使用费所得纳入综合所得，由扣缴义务人按月或者按次预扣预缴税款。同时，新增子女教育、继续教育、大病医疗、住房贷款利息或者住房租金、赡养老人六项与民生密切相关的专项附加扣除。

综合所得预扣预缴申报的基本流程包括人员信息采集（报送及反馈）→报表填写→申报表报送→税款缴纳四个环节，已经分别在工资、薪金所得，劳务报酬所得，稿酬所得，特许权使用费所得纳税申报进行介绍，本节主要介绍扣缴申报表的填写要求。

## 一、预扣预缴申报的基本规定

《个人所得税法》第十一条规定，居民个人取得综合所得，按年计算个人所得税；有扣缴义务人的，由扣缴义务人按月或者按次预扣预缴税款，扣缴义务人向居民个人支付工资、薪金所得时，应当按照累计预扣法计算预扣税款，并按月办理扣缴申报。法定扣缴义务人，是指向个人支付所得的单位和个人。

《个人所得税扣缴申报管理办法（试行）》（国家税务总局公告 2018 年第 61 号）规定，居民个人向扣缴义务人提供有关信息并依法要求办理专项附加扣除的，扣缴义务人应当按照规定在工资、薪金所得按月预扣预缴税款时予以扣除，不得拒绝。

个人所得税扣缴申报表填表说明（国家税务总局公告 2018 年第 56 号附件 1）规定，扣缴义务人应当在每月或者每次预扣、代扣税款的次月十五日内，将已扣税款缴入国库，并向税务机关报送个人所得税申报表。

## 二、扣缴登记规定

根据国家税务总局《个人所得税扣缴申报指引》规定，单位扣缴义务人需要按规定向税务机关办理扣缴税款登记。自然人代扣代缴税款，无须办理代扣代缴税款登记。

## 三、人员信息采集

纳税人基础信息填报不完整、不准确的，将对纳税人年度自行申报和享受专项附加扣除政策产生不利影响。因此，扣缴义务人应在办理扣缴申报时，一并向主管税务机关报送支付所得的所有个人的有关信息、支付所得数额、扣除事项和数额、扣缴税款的具体数额和总额以及其他相关涉税信息资料。新员工入职后，扣缴单位应在支付所得的次月办理扣缴申报。

网上进行人员信息采集时，首先应通过扣缴客户端软件“人员信息采集”功能进行自然人基础信息的采集和验证。在完成“报送”及“反馈”的操作后，扣缴客户端将通过与公安部门人口数据进行比对，反馈个人身份信息登记准确与否的情况。

需要重点关注的是，提示“验证未通过”时，很可能是因为人员信息登记有误，请企业财务仔细核对员工的有效身份证件原件，确属有误的应更正后重新上报；若员工证件核实无误但客户端仍提示验证未通过的，请通知员工持本人有效身份证件至当地办税服务厅现场办理身份核验。

## 四、综合所得扣缴申报表填写

预扣预缴综合所得个人所得税时，需要填报预扣综合所得税申报表。国家税务总局在《关于修订个人所得税申报表的公告》（国家税务总局公告 2019 年第 7 号）中发布了个人所得税扣缴申报表及填表说明，具体表样见表 7－1。下面就表 7－1 的适用范围、申报期限以及填报方法进行介绍。

### （一）适用范围

表 7－1 适用于扣缴义务人向居民个人支付工资、薪金所得，劳务报酬所得，稿酬所

得和特许权使用费所得的个人所得税全员全额预扣预缴申报；向非居民个人支付工资、薪金所得，劳务报酬所得，稿酬所得和特许权使用费所得的个人所得税全员全额扣缴申报；向纳税人（居民个人和非居民个人）支付利息、股息、红利所得，财产租赁所得，财产转让所得和偶然所得的个人所得税全员全额扣缴申报。

个人所得税扣缴申报表既适用于居民个人，也适用于非居民个人。

### （二）申报期限

扣缴义务人应当在每月或者每次预扣、代扣税款的次月 15 日内，将已扣税款缴入国库，并向税务机关报送本表。

### （三）填写说明

表 7 - 1 包括两个部分：一是表头部分；二是表内部分。下面就各部分内容含义及填报方法进行说明。

1. 表头项目。

（1）“税款所属期”：填写扣缴义务人预扣、代扣税款当月的第 1 日至最后 1 日。例如：2019 年 3 月 20 日发放工资时代扣的税款，税款所属期填写“2019 年 3 月 1 日至 2019 年 3 月 31 日”。

（2）“扣缴义务人名称”：填写扣缴义务人的法定名称全称。

（3）“扣缴义务人纳税人识别号（统一社会信用代码）”：填写扣缴义务人的纳税人识别号或统一社会信用代码。

2. 表内各栏。

（1）第 2 列“姓名”：填写纳税人姓名。

（2）第 3 列“身份证件类型”：填写纳税人有效的身份证件名称。中国公民有中华人民共和国居民身份证的，填写居民身份证；没有居民身份证的，填写中华人民共和国护照、港澳居民来往内地通行证或者港澳居民居住证、台湾居民通行证或者台湾居民居住证、外国人永久居留身份证、外国人工作许可证或者护照等。

（3）第 4 列“身份证件号码”：填写纳税人有效身份证件上载明的证件号码。

（4）第 5 列“纳税人识别号”：有中国公民身份号码的，填写中华人民共和国居民身份证上载明的“公民身份号码”；没有中国公民身份号码的，填写税务机关赋予的纳税人识别号。

（5）第 6 列“是否为非居民个人”：纳税人为居民个人的填“否”；为非居民个人的，根据合同、任职期限、预期工作时间等不同情况，填写“是，且不超过 90 天”，或者“是，且超过 90 天不超过 183 天”。不填默认为“否”。其中，纳税人为非居民个人的，填写“是，且不超过 90 天”，当年在境内实际居住超过 90 天的次月 15 日内，填写“是，且超过 90 天不超过 183 天”。

（6）第7列“所得项目”：填写纳税人取得的个人所得税法第二条规定的应税所得项目6. 第7列“所得项目”：填写纳税人取得的个人所得税法第二条规定的应税所得项目名称。同一纳税人取得多项或者多次所得的，应分行填写。

（7）第8～21列“本月（次）情况”：填写扣缴义务人当月（次）支付给纳税人的所得，以及按规定各所得项目当月（次）可扣除的减除费用、专项扣除、其他扣除等。其中，工资、薪金所得预扣预缴个人所得税时扣除的专项附加扣除，按照纳税年度内纳税人在该任职受雇单位截至当月可享受的各专项附加扣除项目的扣除总额，填写至“累计情况”中第25～29列相应栏，本月情况中则无须填写。

“收入额计算”：包含“收入”“费用”“免税收入”。收入额＝第8列－第9列－第10列。

第8列“收入”：填写当月（次）扣缴义务人支付给纳税人所得的总额。

第9列“费用”：取得劳务报酬所得、稿酬所得、特许权使用费所得时填写，取得其他各项所得时无须填写本列。居民个人取得上述所得，每次收入不超过4 000元的，费用填写“800”元；每次收入4 000元以上的，费用按收入的20%填写。非居民个人取得劳务报酬所得、稿酬所得、特许权使用费所得，费用按收入的20%填写。

第10列“免税收入”：填写纳税人各所得项目收入总额中，包含的税法规定的免税收入金额。其中，税法规定“稿酬所得的收入额减按70%计算”，对稿酬所得的收入额减计的30%部分，填入本列。

第11列“减除费用”：按税法规定的减除费用标准填写。例如：2019年纳税人取得工资、薪金所得按月申报时，填写5 000元。纳税人取得财产租赁所得，每次收入不超过4 000元的，填写800元；每次收入4 000元以上的，按收入的20%填写。

第12～15列“专项扣除”：分别填写按规定允许扣除的基本养老保险费、基本医疗保险费、失业保险费、住房公积金（以下简称三险一金）的金额。

第16～21列“其他扣除”：分别填写按规定允许扣除的项目金额。

（8）第22～30列“累计情况”：本栏适用于居民个人取得工资、薪金所得，保险营销员、证券经纪人取得佣金收入等按规定采取累计预扣法预扣预缴税款时填报。

第22列“累计收入额”：填写本纳税年度截至当前月份，扣缴义务人支付给纳税人的工资、薪金所得，或者支付给保险营销员、证券经纪人的劳务报酬所得的累计收入额。

第23列“累计减除费用”：按照5 000元/月乘以纳税人当年在本单位的任职受雇或者从业的月份数计算。

第24列“累计专项扣除”：填写本年度截至当前月份，按规定允许扣除的“三险一金”的累计金额。

（9）第25～29列“累计专项附加扣除”：分别填写截至当前月份，纳税人按规定可享受的子女教育、赡养老人、住房贷款利息或者住房租金、继续教育扣除的累计金额。大病医疗扣除由纳税人在年度汇算清缴时办理，此处无须填报。

（10）第30列“累计其他扣除”：填写本年度截至当前月份，按规定允许扣除的年金

(包括企业年金、职业年金)、商业健康保险、税延养老保险及其他扣除项目的累计金额。

(11) 第 31 列“减按计税比例”：填写按规定实行应纳税所得额减计税收优惠的减计比例。无减计规定的，可不填，系统默认为 100%。例如，某项税收政策实行减按 60% 计入应纳税所得额，则本列填 60%。

(12) 第 32 列“准予扣除的捐赠额”：这是指按照税法及相关法规、政策规定，可以在税前扣除的捐赠额。

(13) 第 33 ~ 39 列“税款计算”：填写扣缴义务人当月扣缴个人所得税款的计算情况。

第 33 列“应纳税所得额”：根据相关列次计算填报。

居民个人取得工资、薪金所得，填写累计收入额减除累计减除费用、累计专项扣除、累计专项附加扣除、累计其他扣除后的余额。非居民个人取得工资、薪金所得，填写收入额减去减除费用后的余额。居民个人或者非居民个人取得劳务报酬所得、稿酬所得、特许权使用费所得，填写本月(次)收入额减除其他扣除后的余额。保险营销员、证券经纪人取得的佣金收入，填写累计收入额减除累计减除费用、累计其他扣除后的余额。居民个人或者非居民个人取得利息、股息、红利所得和偶然所得，填写本月(次)收入额。居民个人或者非居民个人取得财产租赁所得，填写本月(次)收入额减去减除费用、其他扣除后的余额。居民个人或者非居民个人取得财产转让所得，填写本月(次)收入额减除财产原值、允许扣除的税费后的余额。其中，适用“减按计税比例”的所得项目，其应纳税所得额按上述方法计算后乘以减按计税比例的金额填报。

按照税法及相关法规、政策规定，可以在税前扣除的捐赠额，可以按上述方法计算后从应纳税所得额中扣除。

(14) 第 34 ~ 35 列“税率/预扣率”“速算扣除数”：填写各所得项目按规定适用的税率(或预扣率)和速算扣除数。没有速算扣除数的，则不填。

(15) 第 36 列“应纳税额”：根据相关列次计算填报。第 36 列 = 第 33 列 × 第 34 列 - 第 35 列。

(16) 第 37 列“减免税额”：填写符合税法规定可减免的税额，并附报个人所得税减免税事项报告表。居民个人工资、薪金所得，以及保险营销员、证券经纪人取得佣金收入，填写本年度累计减免税额；居民个人取得工资、薪金以外的所得或非居民个人取得各项所得，填写本月(次)减免税额。

(17) 第 38 列“已缴税额”：填写本年或本月(次)纳税人同一所得项目，已由扣缴义务人实际扣缴的税款金额。

(18) 第 39 列“应补/退税额”：根据相关列次计算填报。第 39 列 = 第 36 列 - 第 37 列 - 第 38 列。

## (四) 其他事项说明

以纸质方式报送本表的，应当一式两份，扣缴义务人和税务机关各留存一份(见表 7 - 1)。

表 7－1

## 个人所得税扣缴申报表

税款所属期：　年　月　日至　年　月　日　　　　扣缴义务人名称：

扣缴义务人纳税人识别号（统一社会信用代码）：□□□□□□□□□□□□□□□□□□□□□□　　　　金额单位：人民币元（列至角分）

| 序号 | 姓名 | 身份证件类型 | 身份证件号码 | 纳税人识别号 | 是否为非居民个人 | 所得项目 | 本月（次）情况 | | | | | | | | | | | | | | 累计情况 | | | | | | | | | 减按计税比例 | 准予扣除的捐赠额 | 税款计算 | | | | | | | 备注 |
|---|---|---|---|---|---|---|---|---|---|---|---|---|---|---|---|---|---|---|---|---|---|---|---|---|---|---|---|---|---|---|---|---|---|---|---|---|---|---|---|
| | | | | | | | 收入额计算 | | | 减除费用 | 专项扣除 | | | | 其他扣除 | | | | | | 累计收入额 | 累计减除费用 | 累计专项扣除 | 累计专项附加扣除 | | | | | 累计其他扣除 | | | 应纳税所得额 | 税率/预扣率 | 速算扣除数 | 应纳税额 | 减免税额 | 已缴税额 | 应补/退税额 | |
| | | | | | | | 收入 | 费用 | 免税收入 | | 基本养老保险费 | 基本医疗保险费 | 失业保险费 | 住房公积金 | 年金 | 商业健康保险 | 税延养老保险 | 财产原值 | 允许扣除的税费 | 其他 | | | | 子女教育 | 赡养老人 | 住房贷款利息 | 住房租金 | 继续教育 | | | | | | | | | | | |
| 1 | 2 | 3 | 4 | 5 | 6 | 7 | 8 | 9 | 10 | 11 | 12 | 13 | 14 | 15 | 16 | 17 | 18 | 19 | 20 | 21 | 22 | 23 | 24 | 25 | 26 | 27 | 28 | 29 | 30 | 31 | 32 | 33 | 34 | 35 | 36 | 37 | 38 | 39 | 40 |
| | | | | | | | | | | | | | | | | | | | | | | | | | | | | | | | | | | | | | | | |
| | | | | | | | | | | | | | | | | | | | | | | | | | | | | | | | | | | | | | | | |
| | | | | | | | | | | | | | | | | | | | | | | | | | | | | | | | | | | | | | | | |
| | | | | | | | | | | | | | | | | | | | | | | | | | | | | | | | | | | | | | | | |
| | | | | | | | | | | | | | | | | | | | | | | | | | | | | | | | | | | | | | | | |
| 合计 | | | | | | | | | | | | | | | | | | | | | | | | | | | | | | | | | | | | | | | |

谨声明：本表是根据国家税收法律法规及相关规定填报的，是真实的、可靠的、完整的。

扣缴义务人（签章）：　　　　年　　月　　日

| | |
|---|---|
| 经办人签字：<br>经办人身份证件号码：<br>代理机构签章：<br>代理机构统一社会信用代码： | 受理人：<br>受理税务机关（章）：<br><br>受理日期：　　年　　月　　日 |

# 第三节　综合所得年度汇算清缴

居民个人的综合所得不但要在纳税年度内定期预扣预缴，还要在纳税年度结束后进行汇算清缴，本节对综合所得的年度汇算清缴予以详细介绍。

## 一、汇算清缴基本原则

《个人所得税法》第十一条规定，居民个人取得综合所得，按年计算个人所得税；有扣缴义务人的，由扣缴义务人按月或者按次预扣预缴税款；需要办理汇算清缴的，应当在取得所得的次年3月1日至6月30日内办理汇算清缴。预扣预缴办法由国务院税务主管部门制定。

《个人所得税法实施条例》第三十二条规定，所得为人民币以外货币的，按照办理纳税申报或者扣缴申报的上一月最后一日人民币汇率中间价，折合成人民币计算应纳税所得额。年度终了后办理汇算清缴的，对已经按月、按季或者按次预缴税款的人民币以外货币所得，不再重新折算；对应当补缴税款的所得部分，按照上一纳税年度最后一日人民币汇率中间价，折合成人民币计算应纳税所得额。

## 二、需办理汇算清缴的情形

《关于个人所得税自行纳税申报有关问题的公告》（国家税务总局公告2018年第62号）中规定，取得综合所得需要办理汇算清缴的情形包括：（1）从两处以上取得综合所得，且综合所得年收入额减除专项扣除的余额超过60 000元；（2）取得劳务报酬所得、稿酬所得、特许权使用费所得中一项或者多项所得，且综合所得年收入额减除专项扣除的余额超过60 000元；（3）纳税年度内预缴税额低于应纳税额；（4）纳税人申请退税。

汇算清缴的具体办法由国务院税务主管部门制定。截至目前，汇算清缴的具体办法暂未出台，我们将需要办理汇算清缴的情形总结如下：（1）有任职、受雇单位。纳税人有两处以上任职、受雇单位的，选择向其中一处任职、受雇单位所在地主管税务机关办理纳税申报。（2）无任职、受雇单位。纳税人没有任职、受雇单位的，向户籍所在地或经常居住地主管税务机关办理纳税申报。（3）预扣缴环节未享受或未足额享受专项附加扣除。一个纳税年度内，纳税人在扣缴义务人预扣预缴税款环节未享受或未足额享受专项附加扣除的，可以在当年内向支付工资、薪金的扣缴义务人申请在剩余月份发放工资、薪金时补充扣除，也可以在次年3月1日至6月30日内，向汇缴地主管税务机关办理汇算清缴时申报扣除。(4) 享受大病医疗专项附加扣除。享受大病医疗专项附加扣除的纳税人，由其在次年3月1日至6月30日内，自行向汇缴地主管税务机关办理汇算清缴申报时扣除。(5) 未取得工资、薪金所得。纳税人未取得工资、薪金所得，仅取得劳务报酬所得、稿酬所得、特许权使用费所得需要享受专项附加扣除的，应当在次年3月1日至6月30日内，自行向汇缴地主管税务机关报送扣除信息表，并在办理汇算清缴申报时扣除。

## 三、汇算清缴申报的时间及地点

《关于个人所得税自行纳税申报有关问题的公告》(国家税务总局公告2018年第62号) 第一条规定，需要办理汇算清缴的纳税人，应当在取得所得的次年3月1日至6月30日内，向任职、受雇单位所在地主管税务机关办理纳税申报，并报送个人所得税年度自行纳税申报表。

## 四、汇算清缴应纳税额计算

居民个人综合所得的应纳税额 = 居民个人综合所得的应纳税所得额 × 适用税率。所适用税率见表3-3。

居民个人综合所得的应纳税所得额基本计算公式为：

纳税年度应纳税所得税额 = (年度收入额 - 准予扣除额) × 适用税率 - 速算扣除数

准予扣除额 = 基本扣除费用60 000元 + 专项扣除 + 专项附加扣除 + 依法确定的其他扣除

应(补)退税额 = 纳税年度应纳税所得税额 - 预扣缴环节已缴税额

特别提醒关注的是：劳务报酬所得、稿酬所得、特许权使用费所得(以下简称三项所得) 预扣预缴税款的计算和年度汇算清缴税款的计算方法是有差别的：一是收入额的计算方法不同。年度汇算清缴时，收入额为收入减除20%的费用后的余额；预扣预缴时收入额为每次收入减除费用后的余额，其中，收入不超过4 000元的，费用按800元计算；每次收入4 000元以上的，费用按20%计算。二是可扣除的项目不同。居民个人的上述三项所得和工资、薪金所得均属于综合所得，年度汇算清缴时以四项所得的合计收入额减除费用60 000元以及专项扣除、专项附加扣除和依法确定的其他扣除后的余额，为应纳税所得额。然而，根据《个人所得税法》规定上述三项所得预扣预缴环节暂不减除专项附加扣除。三是适用的税率/预扣率不同。年度汇算清缴时，各项所得合并适用3% ~45%的超额累进税率；预扣预缴环节，劳务报酬所得适用20% ~40%的预扣率，而稿酬所得和特许权使用费所得适用20%的比例预扣率。

## 五、综合所得汇算清缴退税

《个人所得税法》第十四条对应，扣缴义务人每月或者每次预扣、代扣的税款，应当在次月十五日内缴入国库，并向税务机关报送扣缴个人所得税申报表。纳税人办理汇算清缴退税或者扣缴义务人为纳税人办理汇算清缴退税的，税务机关审核后，按照国库管理的有关规定办理退税。

《个人所得税法实施条例》第二十五条规定，纳税人申请退税，应当提供其在中国境内开设的银行账户，并在汇算清缴地就地办理税款退库。

《个人所得税法实施条例》第三十一条规定，纳税人申请退税时提供的汇算清缴信息有错误的，税务机关应当告知其更正；纳税人更正的，税务机关应当及时办理退税。

扣缴义务人未将扣缴的税款解缴入库的，不影响纳税人按照规定申请退税，税务机关应当凭纳税人提供的有关资料办理退税。

## 第四节 其他需要纳税人自行申报的情形

居民个人综合所得的个人所得税以扣缴义务人预扣预缴为主，但在特殊情况下，需要纳税人自行申报。

### 一、扣缴义务人未扣缴税款的纳税申报

纳税人取得应税所得，扣缴义务人未扣缴税款的，应当区别以下情形办理纳税申报：

1. 居民个人取得综合所得的，按照取得综合所得需要办理汇算清缴的纳税申报办理。

2. 非居民个人取得工资、薪金所得，劳务报酬所得，稿酬所得，特许权使用费所得的，应当在取得所得的次年6月30日前，向扣缴义务人所在地主管税务机关办理纳税申报，并报送个人所得税自行纳税申报表（A表）。有两个以上扣缴义务人均未扣缴税款的，选择向其中一处扣缴义务人所在地主管税务机关办理纳税申报。

### 二、取得境外所得的纳税申报

#### （一）申报时间及地点

居民个人从中国境外取得所得的，应当在取得所得的次年3月1日至6月30日内向中国境内任职、受雇单位所在地主管税务机关办理纳税申报。

#### （二）无任职、受雇单位申报地点

在中国境内没有任职、受雇单位的，向户籍所在地或中国境内经常居住地主管税务机

关办理纳税申报；户籍所在地与中国境内经常居住地不一致的，选择其中一地主管税务机关办理纳税申报；在中国境内没有户籍的，向中国境内经常居住地主管税务机关办理纳税申报。

## 三、纳税人自行申报方式和相关资料

纳税人可以采用远程办税端、邮寄等方式申报，也可以直接到主管税务机关申报。纳税人办理自行纳税申报时，应当一并报送税务机关要求报送的其他有关资料。首次申报或者个人基础信息发生变化的，还应报送个人所得税基础信息表（B 表）。

# 第三篇　经营所得篇

2019年1月1日开始实施的《个人所得税法》，将“个体工商户的生产、经营所得”和“对企事业单位的承包经营、承租经营所得”合并称为“经营所得”。

经营所得适用5%～35%的超额累进税率，以每一纳税年度的收入总额减除成本、费用以及亏损后的余额，为应纳税所得额。纳税人取得经营所得，按年计算个人所得税，由纳税人在月度或者季度终了后15日内向税务机关报送纳税申报表，并预缴税款；在取得所得的次年3月31日前办理汇算清缴。

经营所得的纳税主体主要是个体工商户、合伙企业和个人独资企业。由于主体不同，经营所得的个人所得税涉税事项也各有差异。因此，本篇基于取得经营所得的不同纳税主体来划分章节，共有五章，前四章分别为个体工商户经营所得、合伙企业经营所得、个人独资企业经营所得和承包经营、承租经营以及转包、转租经营所得个税，最后一章着重介绍经营所得的纳税申报事宜。

# 第八章
# 个体工商户经营所得

截至2018年10月，我国共有个体工商户7 137.2万户，是适用个人所得税经营所得税目的主要纳税主体。同时，合伙企业和个人独资企业经营所得个人所得税的计税办法也多比照个体工商户，因此个体工商户经营所得个人所得税的计算缴纳则非常重要。本章从纳税义务人、征税范围、应纳税额计算、纳税申报等几个方面详细介绍个体工商户经营所得个人所得税涉税事项。

## 第一节　纳税义务人

《个体工商户个人所得税计税办法（2018年修正）》（以下简称《计税办法》）第四条规定，个体工商户以业主为个人所得税纳税义务人。为此，为准确理解和界定个体工商户的纳税义务人的范围，我们首先需要了解什么是个体工商户，以及行政法规和税法对其规定有何异同。

### 一、关于个体工商户的界定

#### （一）行政法规工商户的界定

《个体工商户条例》（2016年修正）和《个体工商户登记管理办法》分别对个体工商户进行了定义。《个体工商户条例》第二条规定："有经营能力的公民，依照本条例规定经工商行政管理部门登记，从事工商业经营的，为个体工商户。个体工商户可以个人经营，也可以家庭经营。"

《个体工商户登记管理办法》第二条规定："有经营能力的公民经工商行政管理部门登记，领取个体工商户营业执照，依法开展经营活动。"

上述规定对个体工商户的定义均强调“依法登记”并“依法经营”，即只有在工商部门登记为个体工商户并依法经营的，才能视为行政法规中的个体工商户，其经营单位为个人或家庭。

（二）税法对个体工商户的界定

在个人所得税法中，涉及个体工商户界定的政策文件有两个，一个是《个体工商户个人所得税计税办法（2018 年修正）（以下简称《计税办法》），另一个是《个人所得税法实施条例》。

1.《计税办法》对个体工商户的界定。《计税办法》第三条规定，个体工商户包括：（1）依法取得个体工商户营业执照，从事生产经营的个体工商户；（2）经政府有关部门批准，从事办学、医疗、咨询等有偿服务活动的个人；（3）其他从事个体生产、经营的个人。

可见，《计税办法》中规定的个体工商户，既包括依法取得个体工商户营业执照，从事生产经营的个体工商户，也包括因为某种原因未取得个体工商户营业执照但从事经营活动的个人。这意味着个人所得税层面个体工商户的边界相较于行政法规中的个体工商户更加广泛。也就是说，从事个体生产经营的单位和个人均视作个体工商户，适用个体工商户的计税办法及相关规定。因此，从事医疗、办学、医疗等服务活动的个人，通常是依据其行业规范进行登记管理，无须进行个体工商户登记，但提供医疗、办学、医疗服务活动产生的所得，也需要按照经营所得缴纳个人所得税。比如，个人根据《医疗管理机构条例》进行登记，取得医疗机构执业许可证，依法开展的诊疗活动，虽无须取得个体工商户的营业执照，但开展有偿医疗活动取得经营收入的个人，应作为个人所得税的纳税义务人，按照经营所得税目计算缴纳个人所得税。类似的还有个人成立律师事务所、社会力量办学等情况。因此，在个人所得税“经营所得”纳税义务人的具体判断中，不应仅以营业执照判断是否为经营所得的纳税义务人，还应结合对应行业规范中规定的登记管理许可执照进行判断。

此外，《计税办法》第三条第三款规定，“其他从事个体生产、经营的个人”作为兜底条款，表明凡是从事经营活动的个人，无论其注册与否均为个体工商户个人所得税纳税人。

2.《个人所得税法实施条例》对个体工商户的界定。《个人所得税法实施条例》中并无对经营所得纳税义务人的直接规定，但是我们可参照其征税范围的规定进行分析。从中可以看出，《个人所得税法实施条例》与《计税办法》关于个体工商户的规定基本一致。

## 二、个体工商户纳税义务人的界定

《计税办法》第四条规定，个体工商户以业主为个人所得税纳税义务人。因此，个体工商户个人所得税纳税义务人为个体工商户业主，依法从事办学、医疗、咨询以及其他有偿服务活动的经营者，从事其他生产、经营活动的经营者。

根据《工商总局关于扩大开放台湾居民在大陆申办个体工商户登记管理工作的意见》〔工商个字（2015）224号〕规定，台湾居民可在大陆申办个体工商户，从事经营活动。需要注意的是，台湾居民个体工商户的涉税事项涉及居民个人与非居民个人的判断。

# 第二节 征税范围

个体工商户个人所得税的征税范围为纳税人经营所得，但仍有一些细节需要明确。

## 一、征税范围的一般规定

《个人所得税法实施条例》第六条在界定经营所得范围时规定：(1) 个体工商户从事生产、经营活动取得的所得，个人独资企业投资人、合伙企业的个人合伙人来源于境内注册的个人独资企业、合伙企业生产、经营的所得；(2) 个人依法从事办学、医疗、咨询以及其他有偿服务活动取得的所得；(3) 个人对企业、事业单位承包经营、承租经营以及转包、转租取得的所得；(4) 个人从事其他生产、经营活动取得的所得。

这表明，个体工商户（此处个体工商户为税法口径）个人所得税的征税范围是其经营所得，具体包括：个体工商户（此处个体工商户为行政法法规口径）；个人依法从事办学、医疗、咨询以及其他有偿服务活动取得的所得，个人依据其行业规范进行登记管理，无须登记个体工商户，其开展有偿服务活动取得的所得，应按照经营所得缴纳个人所得税；个人从事其他生产、经营活动取得的所得包含“无证经营”取得的所得、个人利用自己的技能从事无须取得许可的便民劳动活动和零星小额交易活动取得的所得，其他另有规定的情形，应按照经营所得缴纳个人所得税。

## 二、征税范围的特殊规定

### （一）个人从事彩票代销业务取得的所得

《国家税务总局关于个人所得税若干政策问题的批复》国税函〔2002〕629号文件第三条规定：个人因从事彩票代销业务而取得所得，应按照“个体工商户的生产、经营所得”项目计征个人所得税。

### （二）出租车驾驶员从事出租车运营取得的收入

出租车驾驶员作为个人所得税的纳税义务人，按其不同的运营方式适用不同的税目缴纳个人所得税。《机动出租车驾驶员个人所得税征收管理暂行办法》（国税发〔1995〕50号）第六条规定：

1. 出租汽车经营单位对出租车驾驶员采取单车承包或承租方式运营，出租车驾驶员从事客货运营取得的收入，按“工资、薪金所得”项目征税。

2. 从事个体出租车运营的出租车驾驶员取得的收入，按“个体工商户的生产、经营所得”项目缴纳个人所得税。

3. 出租车属个人所有，但挂靠出租汽车经营单位或企事业单位，驾驶员向挂靠单位缴纳管理费的，或出租汽车经营单位将出租车所有权转移给驾驶员的，出租车驾驶员从事客货运营取得的收入，比照“个体工商户的生产，经营所得”项目征税。

### （三）个人从事医疗服务所得

根据《国家税务总局关于个人从事医疗服务活动征收个人所得税问题的通知》（国税发〔1997〕178号）规定，以下两种情形适用经营所得税目缴纳个人所得税。

1. 个人经政府有关部门批准，取得执照，以门诊部、诊所、卫生所（室）、卫生院、医院等医疗机构形式从事疾病诊断、治疗及售药等服务活动，应当以该医疗机构取得的所得，作为个人的应纳税所得额，按照“个体工商户的生产、经营所得”应税项目缴纳个人所得税。个人未经政府有关部门批准，自行连续从事医疗服务活动，不管是否有经营场所，其取得与医疗服务活动相关的所得，按照“个体商户的生产、经营所得”应税项目缴纳个人所得税。各省、自治区、直辖市地方税务局可以根据本地实际情况，确定个体工商户业主的费用扣除标准。

2. 对于由集体、合伙或个人出资的乡村卫生室（站），由医生承包经营，经营成果归医生个人所有。承包人取得的所得，比照“对企事业单位的承包经营、承租经营所得”应税项目缴纳个人所得税。经政府有关部门批准而取得许可证（执照）的个人，应当在领取执照后30日内向当地主管税务机关申报办理税务登记。未经政府有关部门批准而自行开业的个人，应当自开始医疗服务活动后30日内向当地主管税务机关申报办理税务登记。

### （四）社会力量办学所得

《国家税务总局关于社会力量办学征收个人所得税问题的批复》（国税函〔1998〕号）文件与《个人所得税法》及其实施条例规定，对于个人经政府有关部门批准，取得执照，从事办学取得的所得，应按“个体工商户的生产、经营所得”应税项目计征个人所得税。据此，对于个人办学者取得的办学所得用于个人消费的部分，应依法计征个人所得税。

### （五）建安工程作业人员所得

《建筑安装业个人所得税征收管理暂行办法》（国税发〔1996〕127 号）第三条规定，承包建筑安装业各项工程作业的承包人取得的所得，应区别不同情况计征个人所得税：经营成果归承包人个人所有的所得，或按照承包合同（协议）规定，将一部分经营成果留归承包人个人的所得，按对企事业单位的承包经营、承租经营所得项目征税；以其他分配方式取得的所得，按“工资、薪金所得”项目征税。从事建筑安装业的个体工商户和未领取营业执照承揽建筑安装业工程作业的建筑安装队和个人，以及建筑安装企业实行个人承包后工商登记改变为个体经济性质的，其从事建筑安装业取得的收入应依照个体工商户的生产、经营所得项目计征个人所得税。从事建筑安装业工程作业的其他人员取得的所得，分别按照工资、薪金所得项目和劳务报酬所得项目计征个人所得税。

## 三、个体工商户取得其他性质的所得适用税目的界定

个体工商户的主要所得来源为经营所得，但在经营过程中，仍会有其他所得来源，如投资所得（利息、股息红利等）以及其他与经营活动无关的所得。对于这类所得，应按其所得性质，适用与经营所得不同的计税方法。

### （一）对外投资分回的利润按利息、股息、红利征收个人所得税

《财政部 国家税务总局关于个人所得税若干政策问题的通知》（财税字〔1994〕20 号）第一条第三项规定：个体工商户与企业联营而分得的利润，按利息、股息、红利所得项目征收个人所得税。

### （二）取得与生产、经营活动无关的各项所得分别按其性质计算个人所得税

《财政部 国家税务总局关于个人所得税若干政策问题的通知》（财税字〔1994〕20 号）第一条第四项规定：个体工商户和从事生产、经营的个人，取得与生产、经营活动无关的各项应税所得，应按规定分别计算征收个人所得税。

## 四、劳务报酬与经营所得的辨析

实务中，个人工商户经营所得与综合所得中的劳务报酬所得在具体界定中存在交叉，有时难以辨析，这主要包含以下两个方面。

### （一）医疗、咨询服务的重复界定

《个人所得税法实施条例》界定经营所得和劳务报酬所得时，均涉及医疗、咨询服务

所得，出现重复交叉。《个人所得税法实施条例》第六条在界定经营所得征税范围时明确，“个人依法从事办学、医疗、咨询以及其他有偿服务活动取得的所得”；而在界定劳务报酬所得时明确：“劳务报酬所得，是指个人从事劳务取得的所得，包括从事……医疗、法律、会计、咨询……所得。”

法规层面的交叉重复规定给实务操作带来困难，引发争议，如个人提供医疗、咨询服务，是界定为经营所得还是界定为劳务报酬所得，存在争议。在具体操作中，往往将个人取得相关的行业执照后取得的医疗和咨询服务所得，视为经营所得；如无执照，一般情况下理解是劳务报酬所得，该事项的判定在现实中存在争议。

### （二）其他未列明事项的重复界定

经营所得中有“个人从事其他生产、经营活动取得”一项，劳务报酬所得的征税范围中也有“其他劳务取得的所得”的规定。对于未列明的其他事项，实务中很可能产生判定的歧义。如定义为经营所得，其个人所得税应由个人自行缴纳或税务机关代收，如定义为劳务报酬所得，则须支付所得的企业进行代扣代缴，且二者适用不同的计税方法。典型案例为影视行业存在无法将影视人员个人劳务报酬等收入混入工作室经营收入的情形，在近期引起税务机关和社会各界的广泛关注。

**案例8－1**

某公司于2018年4月2日发布重组报告，披露收购标的（A传媒公司、B娱乐公司和C影视公司）从事艺人经纪服务的业务流程和收入成本确认原则、艺人经纪业务收入的合理性以及为艺人代扣代缴所得税税务处理的合规性等。

扣缴个税情况：标的公司及其控股子公司与艺人合作的收入结算模式分为与艺人工作室结算或者与艺人直接结算两种，涉及个人所得税缴纳的安排如下：

1. 对于设立工作室的签约艺人，由艺人工作室与标的公司结算并自行缴纳艺人从事演艺活动所获各项收入的税款。

2. 对于与标的公司直接签约的艺人，由标的公司为艺人全额代扣代缴从事演艺活动所获各项收入相关的个人所得税。具体方式为：以劳务报酬的所得方式为艺人申报个人所得税，每次劳务报酬收入不足4 000元的，用收入减去800元作为个人应纳税所得额；每次劳务报酬收入超过4 000元的，用收入减去收入额的20%作为个人应纳税所得额。

计算公式如下：应纳税额＝应纳税所得额×适用税率－速算扣除数

标的公司报告期内各年度艺人个人所得税代扣代缴情况如下：

针对第1种情形，标的公司及其控股子公司不存在为签约艺人个人或其个人工作室代扣代缴税款的义务。因此，若该签约艺人存在偷税漏税情况，标的公司及其子公司亦不对其偷税漏税的行为承担法律责任。

针对第2种情形，标的公司及其控股子公司负有代扣代缴个人所得税的义务，截至本报告书签署日，标的公司及其控股子公司已依法向主管税务机关申报并缴纳该部分所得税，税务处理合规。

**案例8-2**

某影视公司于2018年11月5日发布公告，答复深交所关于艺人经纪业务是否涉及偷漏税而受处罚以及现有税收优惠是否有可持续性的问询。请问该影视公司及其子公司是否需承担相应法律责任?

解析：在该影视公司艺人经纪业务开展过程中，该影视公司没有和艺人个人发生经济关系，因此无须承担为艺人代扣代缴个人所得税的义务。具体业务流程包括以下两个环节：

环节一：为艺人安排相关演艺事业后，通常由艺人工作室、剧组或栏目组等演艺事业相关合作方（以下简称需求方）、该影视公司签署三方业务合同，或者由需求方和该影视公司签署双方业务合同，约定具体的演艺事业细节和付款细节。

在该环节中，付款方为需求方，收款方为该影视公司和/或艺人工作室，根据《中华人民共和国个人所得税法（2011年修正）》，个人所得税以所得人为纳税义务人，以支付所得的单位或者个人为扣缴义务人，因此该影视公司不承担为艺人代扣代缴个人所得税的义务，若其存在偷税漏税的情况，该影视公司无须承担相应法律责任。

环节二：如果环节一收款方为该影视公司，在需求方向该影视公司支付环节一中所述费用后，该影视公司应按照与艺人工作室的安排约定，向艺人工作室支付相应报酬。艺人工作室的法律性质为个体工商户或者个人独资企业，根据《中华人民共和国个人所得税法（2011年修正）》《国务院关于个人独资企业和合伙企业征收所得税问题的通知》（国发〔2000〕16号）的相关规定，个体工商户或者个人独资企业均应就其生产、经营所得自行缴纳相应的个人所得税。

因此，在该环节中，该影视公司不承担代扣代缴所得税的义务。若存在偷税漏税的情况，该公司无须承担相应法律责任。

## 第三节　免税所得

对于个人取得的部分特定经营所得，国家给予免税待遇，具体包括个人（个体户）从事农业生产取得的经营所得以及转业（退役）军人创业所得。

## 一、涉农经营暂不征收个人所得税

《财政部 国家税务总局关于农村税费改革试点地区有关个人所得税问题的通知》（财税〔2004〕30号）第一条规定：农村税费改革试点期间，取消农业特产税、减征或免征农业税后，对个人或个体户从事种植业、养殖业、饲养业、捕捞业，且经营项目属于农业税（包括农业特产税）、牧业税征税范围的，其取得的所得暂不征收个人所得税。

## 二、转业干部、退役士兵创业个人所得税优惠

### （一）军队转业干部个人所得税优惠政策

《财政部 国家税务总局关于自主择业的军队转业干部有关税收政策问题的通知》（财税〔2003〕26号）规定，从事个体经营的军队转业干部，经主管税务机关批准，自领取税务登记证之日起，3年内免征个人所得税。自主择业的军队转业干部必须持有师以上部队颁发的转业证件。

### （二）退役士兵个人所得税优惠政策

根据《财政部 国家税务总局 退役军人部关于进一步扶持自主就业退役士兵创业就业有关税收政策的通知》（财税〔2019〕21号）规定，自主就业退役士兵从事个体经营的，自办理个体工商户登记当月起，在3年（36个月，下同）内按每户每年12 000元为限额依次扣减其当年实际应缴纳的增值税、城市维护建设税、教育费附加、地方教育附加和个人所得税。限额标准最高可上浮20%，各省、自治区、直辖市人民政府可根据本地区实际情况在此幅度内确定具体限额标准。

纳税人年度应缴纳税款小于上述扣减限额的，减免税额以其实际缴纳的税款为限；大于上述扣减限额的，以上述扣减限额为限。纳税人的实际经营期不足1年的，应当按月换算其减免税限额。换算公式为：减免税限额 = 年度减免税限额 ÷ 12 × 实际经营月数。城市维护建设税、教育费附加、地方教育附加的计税依据是享受本项税收优惠政策前的增值税应纳税额。

自主就业退役士兵是指依照《退役士兵安置条例》（国务院 中央军委令第608号）的规定退出现役并按自主就业方式安置的退役士兵。企业是指属于增值税纳税人或企业所得税纳税人的企业等单位。

自主就业退役士兵从事个体经营的，在享受税收优惠政策进行纳税申报时，注明其退役军人身份，并将中国人民解放军义务兵退出现役证、中国人民解放军士官退出现役证或中国人民武装警察部队义务兵退出现役证、中国人民武装警察部队士官退出现役证留存

备查。

企业招用自主就业退役士兵享受税收优惠政策的，将以下资料留存备查：（1）招用自主就业退役士兵的中国人民解放军义务兵退出现役证、中国人民解放军士官退出现役证或中国人民武装警察部队义务兵退出现役证、中国人民武装警察部队士官退出现役证；（2）企业与招用自主就业退役士兵签订的劳动合同（副本）以及为职工缴纳的社会保险费记录；（3）自主就业退役士兵本年度在企业工作时间表。

企业招用自主就业退役士兵既可以适用本通知规定的税收优惠政策，又可以适用其他扶持就业专项税收优惠政策的，企业可以选择适用最优惠的政策，但不得重复享受。

税收政策执行期限为2019年1月1日至2021年12月31日。纳税人在2021年12月31日享受本通知规定税收优惠政策未满3年的，可继续享受至3年期满为止。《财政部 国家税务总局 民政部关于继续实施扶持自主就业退役士兵创业就业有关税收政策的通知》（财税〔2017〕46号）自2019年1月1日起停止执行。

退役士兵以前年度已享受退役士兵创业就业税收优惠政策满3年的，不得再享受本通知规定的税收优惠政策；以前年度享受退役士兵创业就业税收优惠政策未满3年且符合本通知规定条件的，可按本通知规定享受优惠至3年期满。

## 第四节　应纳税额

个体工商户经营所得适用五级超额累进税率，其应纳税额为经营所得应纳税所得额与适用税率的乘积。其中，应纳税所得额的核算方法又依其个税征收方法不同而不同。个体工商户经营所得适用五级超额累进税率。

本节首先介绍个体工商户经营所得个税征税方式，以此确定其应纳税所得额的计算方法，然后分别介绍查账征收和核定征收应纳税额的计算。

### 一、个体工商户经营所得个税征收方式

个体工商户经营所得个税的征税方式主要有两种，分别是查账征收和核定征收。

#### （一）查账征收方式

查账征收方式，是税务机关根据个体工商户实现的经营所得，按照适用税率计算个人所得税的方法。该方式适用于财务核算制度健全，能够如实反映生产经营成果，计算应纳税款的纳税人，主要依据《个体工商户个人所得税计税办法》（国家税务总局令第35号）规定的计税方法、扣除项目和标准进行个人所得税应纳税款的计算。

总体而言，个体工商户经营所得实行查账征收方式，其核算方法类似于企业所得税，即以每一纳税年度的收入总额减除成本、费用以及损失后的余额，为应纳税所得额，适用五级超额累进税率。

### （二）核定征收方式

《个人所得税法实施条例》第十五条第三款规定：“从事生产、经营活动，未提供完整、准确的纳税资料，不能正确计算应纳税所得额的，由主管税务机关核定应纳税所得额或者应纳税额。

核定征收方式，一般适用于生产规模较小、会计核算不健全、财务管理不规范的纳税人，是税务机关按规定核定其应纳税额的一种征收方式，主要依据《个体工商户税收定期定额征收管理办法》及各地税务机关制定的管理办法执行。

对经营所得实行核定征收方式的，一般有定期定额征收、核定征收率征收、核定应税所得率征收三种方式。随着社会形势的发展，尤其是市场经济的逐步发展，对个体工商户等的账务管理要求逐渐提高，个人所得税核定征收口径逐步趋严。比如，2018 年 11 月 30 日，北京市海淀区税务局、房山区税务局等北京多个区税务局发布公告，规定除由集贸市场代征税款的个体工商户外，自 2019 年 1 月 1 日起终止定期定额征收方式。12 月 7 日，北京市税务部门对以上通知内容进行了说明，“自明年起终止定期定额征收方式”是对按照税收征管法及其相关规定应设置账簿的个体工商户实行查账征收方式，不符合设置账簿标准的仍实行定期定额征收方式。

## 二、查账征收方式应纳税额的计算与缴纳

计算应纳税额时，须首先计算应纳税所得额。计算应纳税所得额时，会涉及所得额确认原则，收入、成本和费用的核算，亏损弥补等问题。

### （一）应纳税所得额的计算

本部分应纳税所得额的计算方式为适用查账征收的情形。个人所得税的应纳税所得额在确认时，其原则和计算方法与企业所得税相似，个体工商户应纳税所得额确认的主要依据是《计税办法》。

1. 应纳税所得额确认原则。

（1）权责发生制原则。《计税办法》第五条规定：个体工商户应纳税所得额的计算，以权责发生制为原则，属于当期的收入和费用，不论款项是否收付，均作为当期的收入和费用；不属于当期的收入和费用，即使款项已经在当期收付，均不作为当期收入和费用。本办法和财政部、国家税务总局另有规定的除外。

（2）税法优先原则。《计税办法》第六条规定：在计算应纳税所得额时，个体工商户

会计处理办法与本办法和财政部、国家税务总局相关规定不一致的，应当依照本办法和财政部、国家税务总局的相关规定计算。

（3）区分收益性支出和资本性支出原则。《计税办法》第十四条第一款和第二款规定：个体工商户发生的支出应当区分收益性支出和资本性支出。收益性支出在发生当期直接扣除；资本性支出应当分期扣除或者计入有关资产成本，不得在发生当期直接扣除。其中的支出，是指与取得收入直接相关的支出。

（4）不得重复扣除原则。《计税办法》第十四条第三款规定：除税收法律法规另有规定外，个体工商户实际发生的成本、费用、税金、损失和其他支出，不得重复扣除。

2. 应纳税所得额的计算。根据《个人所得税法》第六条的规定，经营所得以每一纳税年度的收入总额减除成本、费用以及损失后的余额，为应纳税所得额。同时，《计税办法》规定：以每一纳税年度的收入总额减除成本、费用、税金、损失、其他支出以及允许弥补的以前年度亏损后的余额，为应纳税所得额，用公式表示为：

应纳税所得额 = 收入总额 - 成本 - 费用 - 税金 - 损失 - 其他支出 - 允许弥补的以前年度亏损

成本、费用，是指生产、经营活动中发生的各项直接支出和分配计入成本的间接费用以及销售费用、管理费用、财务费用；损失，是指生产、经营活动中发生的固定资产和存货的盘亏、毁损、报废损失，转让财产损失，坏账损失，自然灾害等不可抗力因素造成的损失以及其他损失。

3. 收入、成本、费用、税金、损失、其他支出的确认。个体工商户收入、成本、费用、税金、损失、其他支出金额的确认依据来源于《计税办法》。

（1）收入的确认。根据《计税办法》第八条的规定，个体工商户从事生产经营以及与生产经营有关的活动（以下简称生产经营）取得的货币形式和非货币形式的各项收入，为收入总额，包括销售货物收入、提供劳务收入、转让财产收入、利息收入、租金收入、接受捐赠收入、其他收入。其他收入包括个体工商户资产溢余收入、逾期一年以上的未退包装物押金收入、确实无法偿付的应付款项、已作坏账损失处理后又收回的应收款项、债务重组收入、补贴收入、违约金收入、汇兑收益等。

（2）成本的确认。成本是指个体工商户在生产经营活动中发生的销售成本、销货成本、业务支出以及其他耗费。个体工商户使用或者销售存货，按照规定计算的存货成本，准予在计算应纳税所得额时扣除。个体工商户转让资产，该项资产的净值，准予在计算应纳税所得额时扣除。

（3）费用扣除的确认。费用是指个体工商户在生产经营活动中发生的销售费用、管理费用和财务费用，已经计入成本的有关费用除外。

①工资。个体工商户实际支付给从业人员的、合理的工资、薪金支出，准予扣除。个体工商户业主的费用扣除标准，依照相关法律、法规和政策规定执行。个体工商户业主的工资、薪金支出不得税前扣除。

②社保、公积金、补充保险。个体工商户按照国务院有关主管部门或者省级人民政府规定的范围和标准为其业主和从业人员缴纳的基本养老保险费、基本医疗保险费、失业保险费、生育保险费、工伤保险费和住房公积金，准予扣除。个体工商户为从业人员缴纳的补充养老保险费、补充医疗保险费，分别在不超过从业人员工资总额5%标准内的部分据实扣除；超过部分，不得扣除。个体工商户业主本人缴纳的补充养老保险费、补充医疗保险费，以当地（地级市）上年度社会平均工资的3倍为计算基数，分别在不超过该计算基数5%标准内的部分据实扣除；超过部分，不得扣除。

③商业保险。除个体工商户依照国家有关规定为特殊工种从业人员支付的人身安全保险费和财政部、国家税务总局规定可以扣除的其他商业保险费外，个体工商户业主本人或者为从业人员支付的商业保险费，不得扣除。

④工会经费、职工福利费、职工教育经费。个体工商户向当地工会组织拨缴的工会经费、实际发生的职工福利费支出、职工教育经费支出分别在工资、薪金总额的2%、14%、2.5%的标准内据实扣除。工资、薪金总额是指允许在当期税前扣除的工资、薪金支出数额。职工教育经费的实际发生数额超出规定比例当期不能扣除的数额，准予在以后纳税年度结转扣除。个体工商户业主本人向当地工会组织缴纳的工会经费、实际发生的职工福利费支出、职工教育经费支出，以当地（地级市）上年度社会平均工资的3倍为计算基数，在本条第一款规定比例内据实扣除。需要注意的是，《财政部 国家税务总局关于企业职工教育经费税前扣除政策的通知》（财税〔2018〕51号）规定，从2018年1月1日起，企业发生的职工教育经费支出，不超过工资、薪金总额8%的部分，准予在计算企业所得税应纳税所得额时扣除；超过部分，准予在以后纳税年度结转扣除。

⑤借款费用。个体工商户在生产经营活动中发生的合理的不需要资本化的借款费用，准予扣除。个体工商户为购置、建造固定资产、无形资产和经过12个月以上的建造才能达到预定可销售状态的存货发生借款的，在有关资产购置、建造期间发生的合理的借款费用，应当作为资本性支出计入有关资产的成本，并依照本办法的规定扣除。

⑥利息支出。个体工商户在生产经营活动中发生的下列利息支出，准予扣除：一是向金融企业借款的利息支出；二是向非金融企业和个人借款的利息支出，不超过按照金融企业同期同类贷款利率计算的数额的部分。

⑦汇兑损失。个体工商户在货币交易中，以及纳税年度终了时将人民币以外的货币性资产、负债按照期末即期人民币汇率中间价折算为人民币时产生的汇兑损失，除已经计入有关资产成本部分外，准予扣除。

⑧业务招待费。个体工商户发生的与生产经营活动有关的业务招待费，按照实际发生额的60%扣除，但最高不得超过当年销售（营业）收入的5‰。业主自申请营业执照之日起至开始生产经营之日止所发生的业务招待费，按照实际发生额的60%计入个体工商户的开办费。

⑨广告宣传费。个体工商户每一纳税年度发生的与其生产经营活动直接相关的广告费

和业务宣传费不超过当年销售（营业）收入 15% 的部分，可以据实扣除；超过部分，准予在以后纳税年度结转扣除。

⑩为他人负担税款。个体工商户代其从业人员或者他人负担的税款，不得税前扣除。

⑪摊位费、行政性收费、协会会费。个体工商户按照规定缴纳的摊位费、行政性收费、协会会费等，按实际发生数额扣除。

⑫固定资产租赁费。个体工商户根据生产经营活动的需要租入固定资产支付的租赁费，按照以下方法扣除：以经营租赁方式租入固定资产发生的租赁费支出，按照租赁期限均匀扣除；以融资租赁方式租入固定资产发生的租赁费支出，按照规定构成融资租入固定资产价值的部分应当提取折旧费用，分期扣除。

⑬财产保险。个体工商户参加财产保险，按照规定缴纳的保险费，准予扣除。

⑭劳保支出。个体工商户发生的合理的劳动保护支出，准予扣除。

⑮开办费。个体工商户自申请营业执照之日起至开始生产经营之日止所发生符合本办法规定的费用，除为取得固定资产、无形资产的支出，以及应计入资产价值的汇兑损益、利息支出外，作为开办费，个体工商户可以选择在开始生产经营的当年一次性扣除，也可自生产经营月份起在不短于 3 年期限内摊销扣除，但一经选定，不得改变。开始生产经营之日为个体工商户取得第一笔销售（营业）收入的日期。

⑯公益性捐赠。个体工商户通过公益性社会团体或者县级以上人民政府及其部门，用于《中华人民共和国公益事业捐赠法》规定的公益事业的捐赠，捐赠额不超过其应纳税所得额 30% 的部分可以据实扣除。财政部、国家税务总局规定可以全额在税前扣除的捐赠支出项目，按有关规定执行。个体工商户直接对受益人的捐赠不得扣除。公益性社会团体的认定，按照财政部、国家税务总局、民政部有关规定执行。

⑰赞助支出。所称赞助支出，是指个体工商户发生的与生产经营活动无关的各种非广告性质支出。

⑱开发费用和研发用设备的扣除方式选择。个体工商户研究开发新产品、新技术、新工艺所发生的开发费用，以及研究开发新产品、新技术而购置单台价值在 10 万元以下的测试仪器和试验性装置的购置费准予直接扣除；单台价值在 10 万元以上（含 10 万元）的测试仪器和试验性装置，按固定资产管理，不得在当期直接扣除。

（4）税金的确认。税金是指个体工商户在生产经营活动中发生的除个人所得税和允许抵扣的增值税以外的各项税金及其附加。

（5）损失的确认。损失是指个体工商户在生产经营活动中发生的固定资产和存货的盘亏、毁损、报废损失，转让财产损失，坏账损失，自然灾害等不可抗力因素造成的损失以及其他损失。个体工商户发生的损失，减除责任人赔偿和保险赔款后的余额，参照财政部、国家税务总局有关企业资产损失税前扣除的规定扣除。个体工商户已经作为损失处理的资产，在以后纳税年度又全部收回或者部分收回时，应当计入收回当期的收入。

（6）其他支出的确认。其他支出是指除成本、费用、税金、损失外，个体工商户在生产经营活动中发生的与生产经营活动有关的、合理的支出。个体工商户发生的支出应当区分收益性支出和资本性支出。收益性支出在发生当期直接扣除；资本性支出应当分期扣除或者计入有关资产成本，不得在发生当期直接扣除。个体工商户资产的税务处理，参照企业所得税相关法律、法规和政策规定执行。

（7）不得扣除项目。根据《计税办法》第十五条的规定，个体工商户下列支出不得扣除：①个人所得税税款；②税收滞纳金；③罚金、罚款和被没收财物的损失；④不符合扣除规定的捐赠支出；⑤赞助支出；⑥用于个人和家庭的支出；⑦与取得生产经营收入无关的其他支出；⑧国家税务总局规定不准扣除的支出。

（8）个人、家庭支出混用的经营费用扣除方式。个体工商户生产经营活动中，应当分别核算生产经营费用和个人、家庭费用。对于生产经营与个人、家庭生活混用难以分清的费用，其40%视为与生产经营有关费用，准予扣除。

4. 弥补亏损。个体工商户纳税年度发生的亏损，准予向以后年度结转，用以后年度的生产经营所得弥补，但结转年限最长不得超过五年。本办法所称亏损，是指个体工商户依照本办法规定计算的应纳税所得额小于零的数额。

5. 投资者减除费用。《个人所得税实施条例》第十五条第二款规定：取得经营所得的个人，没有综合所得的，计算其每一纳税年度的应纳税所得额时，应当减除费用60 000元、专项扣除、专项附加扣除以及依法确定的其他扣除。专项附加扣除在办理汇算清缴时减除。

2011 年修订的《个人所得税法》规定，纳税人既有工资、薪金所得又有生产、经营所得的，可分别扣除减除费用。2018 年修订的《个人所得税法》规定，纳税人在没有综合所得的情况下才可以扣除减除费用、专项扣除、专项附加扣除及依法确定的其他扣除。若纳税人存在零星劳务报酬所得，无工资、薪金所得，则意味着纳税人仅可在综合所得年终汇算清缴时才可扣除减除费用、专项扣除、专项附加扣除及依法确定的其他扣除。综合所得和经营所得在综合税制和分类税制并行的现状下，不可互相合并扣除。对既有综合所得，又有经营所得的纳税人，若取得的综合所得金额低于基本减除60 000 元，则未扣除部分不能在经营所得中扣除。2018 年修订《个人所得税法》后，个体工商户可能存在纳税人可扣除费用变少的情形。

### （二）适用税率

2018 年《个人所得税法》的修订将“个体工商户的生产、经营所得”与“对企事业单位的承包经营、承租经营所得”税目合并为“经营所得”税目。“经营所得”沿用了2011 版个人所得税法中“个体工商户的生产、经营所得”及“对企事业单位的承包经营、承租经营所得”适用的5 级超额累进税率（5% ~35%），但将每一档税率适用的所得级距金额范围予以扩大，在一定程度上呼应了经济现状，有助于降低相关经营者的税负（见表8 -1）。

个体工商户的生产、经营所得，在按上述规定计算应纳税所得额后，根据应纳税所得额在个人所得税税率表（经营所得适用）查找对应税率及速算扣除数，计算缴纳税款。

**表 8－1　　经营所得税率表**

| 级数 | 全年应纳税所得额 | 税率（%） | 速算扣除数（元） |
|---|---|---|---|
| 1 | 不超过 30 000 元的 | 5 | 0 |
| 2 | 超过 30 000 元至 90 000 元的部分 | 10 | 1 500 |
| 3 | 超过 90 000 元至 300 000 元的部分 | 20 | 10 500 |
| 4 | 超过 300 000 元至 500 000 元的部分 | 30 | 40 500 |
| 5 | 超过 500 000 元的部分 | 35 | 65 500 |

### （三）应纳税额的计算缴纳

根据《个人所得税法》第十二条规定，纳税人取得经营所得，按年计算个人所得税，由纳税人在月度或者季度终了后 15 日内向税务机关报送纳税申报表，并预缴税款；在取得所得的次年 3 月 31 日前办理汇算清缴。具体缴纳方式为纳税年度按月度或季度预缴，纳税年度结束后汇算清缴。

1. 按月度或季度预缴。查账征收方式下预缴税款分为两种方式，分别是据实预缴和按上年应纳税所得额预缴。

（1）据实预缴。

应纳税额＝（累计利润总额－弥补以前年度亏损－投资者减除费用）×税率－速算扣除数

应补（退）税额＝应纳税额－减免税额－已预缴税额

其中，取得经营所得的个人，每一纳税年度没有综合所得的，计算其应纳税所得额时，应当减除费用 60 000 元。该减除费用可在预缴时享受，扣除金额为 5 000 元/月。

**案例 8－3**

某市阳泉酒家系个体经营户，账证比较健全，2019 年 12 月取得的营业额为 120 000元，购进蔬菜、肉、蛋、面粉、大米等原材料费为 60 000 元，缴纳电费、水费、房租、煤气费等共计 15 000 元，缴纳其他税费合计为 6 600 元。当月支付给 2 名员工工资共计 4 800 元，业主个人费用扣除标准为 5 000 元。1～11 月累计应纳税所得额为 55 600 元，1～11 月累计已预缴个人所得税为 14 397. 50 元。计算该个体营业户 12 月应缴纳的个人所得税为多少元。

解析：12 月应纳税所得额＝120 000－60 000－12 000－6 600－4 800－5 000＝28 600（元）

全年累计应纳税所得额＝55 600＋28 600＝84 200（元）

12 月应缴纳个人所得税＝84 200×10%－1 500＝6 920（元）

（2）按上年应纳税所得额预缴。

应纳税额 = 上年度的应纳税所得额 ÷ 12 × 月份数

应补（退）税额 = 应纳税额 − 减免税额 − 已预缴税额年度

2. 汇算清缴。年终汇算清缴时，应纳税额的计算公式为：

应纳税额 =（利润总额 + 纳税调整增加额 − 纳税调整减少额 − 弥补以前年度亏损 − 投资者减除费用）× 税率 − 速算扣除数

应补（退）税额 = 应纳税额 − 减免税额 − 已预缴税额

需要注意的是，取得经营所得的个人，没有综合所得的，其专项附加扣除可在汇算清缴时一次性扣除。

3. 经营期不足一年应纳税额的计算。《国家税务总局关于个体工商户、个人独资企业和合伙企业个人所得税问题的公告》（国家税务总局公告 2014 年第 25 号）规定，个体工商户、个人独资企业和合伙企业因在纳税年度中间开业、合并、注销及其他原因，导致该纳税年度的实际经营期不足 1 年的，对个体工商户业主、个人独资企业投资者和合伙企业自然人合伙人的生产经营所得计算个人所得税时，以其实际经营期为 1 个纳税年度。投资者本人的费用扣除标准，应按照其实际经营月份数，以每月 3 500 元的减除标准确定。

2019 年 1 月 1 日《个人所得税法》实施后，取得经营所得的个人，没有综合所得的，计算其每一纳税年度的应纳税所得额时，应当减除费用 60 000 元。经营期不足一年应纳税额的计算时，也可全额扣除减除费用 60 000 元。

4. 境外抵免。纳税义务人从中国境外取得的所得，准予其在应纳税额中扣除已在境外缴纳的个人所得税税额，但扣除额不得超过该纳税义务人境外所得依照中国境内税法计算的应纳税额。

## 三、核定征收方式应税额的计算与缴纳

### （一）核定征收的一般规定

核定征收的法律依据为《中华人民共和国税收征管法》和《个人所得税法实施条例》中的相关规定。

1.《中华人民共和国税收征管法》中的相关规定。《中华人民共和国税收征管法》第三十五条规定，纳税人有下列情形之一的，税务机关有权核定其应纳税额：（1）依照法律、行政法规的规定可以不设置账簿的；（2）依照法律、行政法规的规定应当设置账簿但未设置的；（3）擅自销毁账簿或者拒不提供纳税资料的；（4）虽设置账簿，但账目混乱或者成本资料、收入凭证、费用凭证残缺不全，难以查账的；（5）发生纳税义务，未按照规定的期限办理纳税申报，经税务机关责令限期申报，逾期仍不申报的；（6）纳税人申报的计税依据明显偏低，又无正当理由的。

税务机关核定应纳税额的具体程序和方法由国务院税务主管部门规定。

2.《个人所得税法实施条例》中的相关规定。《个人所得税法实施条例》第十五条规定，从事生产、经营活动，未提供完整、准确的纳税资料，不能正确计算应纳税所得额的，由主管税务机关核定应纳税所得额或者应纳税额。

（二）核定征收的方式

对符合《中华人民共和国税收征管法》第三十五条、《个人所得税法实施条例》第十五条规定的经营所得纳税义务人，一般采取定期定额、核定征收率、核定应税所得率三种方式，具体核定方式一般由各地税务局出台规范性文件。

1. 定期定额方式。2006 年 8 月 30 日，国家税务总局发布了《个体工商户税收定期定额征收管理办法》（国家税务总局令〔2009〕第 16 号）（自 2007 年 1 月 1 日起施行），对定期定额征收的相关问题进行了明确。

（1）定期定额征收的含义。根据《个体工商户税收定期定额征收管理办法》（国家税务总局令〔2009〕第 16 号）第二条规定，个体工商户税收定期定额征收，是指税务机关依照法律、行政法规及该办法的规定，对个体工商户在一定经营地点、一定经营时期、一定经营范围内的应纳税经营额（包括经营数量）或所得额（即定额）进行核定，并以此为计税依据，确定其应纳税额的一种征收方式。

（2）适用范围。根据《个体工商户税收定期定额征收管理办法》（国家税务总局令〔2009〕第 16 号）第三条规定，该办法适用于经主管税务机关认定和县以上税务机关（含县级）批准的生产经营规模小，达不到《个体工商户建账管理暂行办法》规定设置账簿标准的个体工商户（即定期定额户）的税收征收管理。也就是说，并不是所有个体工商户都按照定期定额征收方式管理，只有达不到建账标准的个体工商户才适用新《个体工商户税收定期定额征收管理办法》，达到建账条件的个体工商户就应该建账，实行查账征收。除此之外，根据《个体工商户税收定期定额征收管理办法》（国家税务总局令〔2009〕第 16 号）第二十五条的规定，个人独资企业的税款征收管理也可以比照该《个体工商户税收定期定额征收管理办法》的规定执行。

（3）主管税务机关。根据《个体工商户税收定期定额征收管理办法》（国家税务总局令〔2009〕第 16 号）第四条规定，税务机关负责组织定额的核定工作。

（4）定额执行期限。根据《个体工商户税收定期定额征收管理办法》（国家税务总局令〔2009〕第 16 号）第六条规定，定额执行期的具体期限由省级税务机关确定，但最长不得超过一年。定额执行期是指税务机关核定后执行的第一个纳税期至最后一个纳税期。

（5）核定方法。根据《个体工商户税收定期定额征收管理办法》（国家税务总局令〔2009〕第 16 号）第七条规定，税务机关应当根据定期定额户的经营规模、经营区域、经营内容、行业特点、管理水平等因素核定定额，可以采用下列一种或两种以上的方法核定：①按照耗用的原材料、燃料、动力等推算或者测算核定；②按照成本加合理的费用和利润的方法核定；③按照盘点库存情况推算或者测算核定；④按照发票和相关凭据核定；⑤按照银行经营账户资金往来情况测算核定；⑥参照同类行业或类似行业中同规模、同区域纳税人的生产、经营情况核定；⑦按照其他合理方法核定。

（6）核定程序。《个体工商户税收定期定额征收管理办法》（国家税务总局令〔2009〕第16号）第八条规定，税务机关核定定额程序为：

①自行申报。定期定额户要按照税务机关规定的申报期限、申报内容向主管税务机关申报，填写有关申报文书。申报内容应包括经营行业、营业面积、雇用人数和每月经营额、所得额以及税务机关需要的其他申报项目（其中，经营额、所得额为预估数）。

②核定定额。主管税务机关根据定期定额户自行申报情况，参考典型调查结果，采取本办法第七条规定的核定方法核定定额，并计算应纳税额。

③定额公示。主管税务机关应当将核定定额的初步结果进行公示，公示期限为五个工作日。公示地点、范围、形式应当按照便于定期定额户及社会各界了解、监督的原则，由主管税务机关确定。

④上级核准。主管税务机关根据公示意见结果修改定额，并将核定情况报经县以上税务机关审核批准后，填制《核定定额通知书》。

⑤下达定额。将《核定定额通知书》送达定期定额户执行。

⑥公布定额。主管税务机关将最终确定的定额和应纳税额情况在原公示范围内进行公布。

（7）凭证及纳税资料。国家税务总局令〔2009〕第16号第九条，定期定额户应当建立收支凭证粘贴簿、进销货登记簿，完整保存有关纳税资料，并接受税务机关的检查。

（8）纳税申报。根据国家税务总局令〔2009〕第16号第十条，依照法律、行政法规的规定，定期定额户负有纳税申报义务。采用数据电文申报、邮寄申报、简易申报等方式的，经税务机关认可后方可执行，经确定的纳税申报方式在定额执行期内不予更改。

①不办理申报手续的情形。实行简易申报的定期定额户，应当在税务机关规定的期限内按照法律、行政法规规定缴清应纳税款，当期（指纳税期）可以不办理申报手续。

②需要办理申报手续的情形。定期定额户发生下列情形，应当向税务机关办理相关纳税事宜：a. 定额与发票开具金额或税控收款机记录数据比对后，超过定额的经营额、所得额所应缴纳的税款；b. 在税务机关核定定额的经营地点以外从事经营活动所应缴纳的税款。

定期定额户在定额执行期结束后，应当以该期每月实际发生的经营额、所得额向税务机关申报，申报额超过定额的，按申报额缴纳税款；申报额低于定额的，按定额缴纳税款。具体申报期限由省级税务机关确定。定期定额户当期发生的经营额、所得额超过定额一定幅度的，应当在法律、行政法规规定的申报期限内向税务机关进行申报并缴清税款。具体幅度由省级税务机关确定。

（9）税款划缴。国家税务总局令〔2009〕第16号第十二条规定，定期定额户可以委托经税务机关认定的银行或其他金融机构办理税款划缴。凡委托银行或其他金融机构办理税款划缴的定期定额户，应当向税务机关书面报告开户银行及账号。其账户内存款应当足以按期缴纳当期税款。其存款余额低于当期应纳税款，致使当期税款不能按期入库的，税务机关按逾期缴纳税款处理；对实行简易申报的，按逾期办理纳税申报和逾期缴纳税款处理。

（10）简化税款征收方式。国家税务总局令〔2009〕第16号第十四条，税务机关可以根据保证国家税款及时足额入库、方便纳税人、降低税收成本的原则，采用简化的税款征收方式，具体方式由省级税务机关确定。

（11）委托代征。国家税务总局令〔2009〕第16号第十五条，县以上税务机关可以根据当地实际情况，依法委托有关单位代征税款。税务机关与代征单位必须签订委托代征协议，明确双方的权利、义务和应当承担的责任，并向代征单位颁发委托代征证书。

（12）简并征期。国家税务总局令〔2009〕第16号第十六条，定期定额户经营地点偏远、缴纳税款数额较小，或者税务机关征收税款有困难的，税务机关可以按照法律、行政法规的规定简并征期，但简并征期最长不得超过一个定额执行期。简并征期的税款征收时间为最后一个纳税期。

（13）完税凭证的送达。国家税务总局令〔2009〕第16号第十七条，通过银行或其他金融机构划缴税款的，其完税凭证可以到税务机关领取，或到税务机关委托的银行或其他金融机构领取；税务机关也可以根据当地实际情况采取邮寄送达，或委托有关单位送达。

（14）重新核定定额。国家税务总局令〔2009〕第16号第十九条，定期定额户的经营额、所得额连续纳税期超过或低于税务机关核定的定额，应当提请税务机关重新核定定额，税务机关应当根据该办法规定的核定方法和程序重新核定定额。具体期限由省级税务机关确定。

2009年7月27日，国家税务总局发布了《关于印发〈进一步加强税收征管若干具体措施〉的通知》（国税发〔2009〕114号），加强对装饰、建材、钢材、家具、服装、餐饮、娱乐、美容等行业个体工商户定额核定，对定额偏低的，依法核定和调整定额；对经营规模较大、达到建账标准的，实行查账征收。

（15）追缴税款。国家税务总局令〔2009〕第16号第二十条，经税务机关检查发现定期定额户在以前定额执行期发生的经营额、所得额超过定额，或者当期发生的经营额、所得额超过定额一定幅度而未向税务机关进行纳税申报及结清应纳税款的，税务机关应当追缴税款，加收滞纳金，并按照法律、行政法规规定予以处理。其经营额、所得额连续纳税期超过定额，税务机关应当按照本办法第十九条的规定重新核定其定额。

（16）停业、复业。国家税务总局令〔2009〕第16号第二十一条，定期定额户发生停业的，应当在停业前向税务机关书面提出停业报告；提前恢复经营的，应当在恢复经营前向税务机关书面提出复业报告；需延长停业时间的，应当在停业期满前向税务机关提出书面的延长停业报告。

（17）停止实行定期定额征收。国家税务总局令〔2009〕第16号第二十二条，税务机关停止定期定额户实行定期定额征收方式，应当书面通知定期定额户。

（18）核定定额争议。国家税务总局令〔2009〕第16号第二十三条，定期定额户对税务机关核定的定额有争议的，可以在接到《核定定额通知书》之日起30日内向主管税务机关提出重新核定定额申请，并提供足以说明其生产、经营真实情况的证据，主管税务机关应当自接到申请之日起30日内书面答复。定期定额户也可以按照法律、行政法规的规定直接向上一级税务机关申请行政复议；对行政复议决定不服的，可以依法向人民法院提起行政诉讼。定期定额户在未接到重新核定定额通知、行政复议决定书或人民法院判决书前，仍按原定额缴纳税款。

2. 核定征收率方式。核定征收率是按照个人所得税法和各地规定的征收率计算应纳税额的一种征收方式。俗称“附征率”或“单定”。公式为：应纳税额 = 收入额 × 核定征收率。

《国家税务总局北京市税务局关于调整个体工商户个人所得税核定征收率的公告》（国家税务总局北京市税务局公告2018年第10号）规定：为贯彻落实《财政部 国家税务总局关于2018年第四季度个人所得税减除费用和税率适用问题的通知》（财税〔2018〕98号）有关规定，现就调整个体工商户个人所得税核定征收率有关问题公告如下：

（1）对于按月核定征收个人所得税的个体工商户，月生产经营收入在20 000元以下的，个人所得税征收率为0；月生产经营收入在20 000元（含）至50 000元之间的，对超过20 000元以上的部分，按0.5%的核定征收率征收个人所得税；月生产经营收入在50 000元（含）至100 000元之间的，对超过20 000元以上的部分，按0.8%的核定征收率征收个人所得税；月生产经营收入在100 000元（含）以上的，对超过20 000元以上的部分，按1.4%的核定征收率征收个人所得税。

（2）对在集贸市场内经营并按月征收个人所得税的个体工商户，月生产经营收入在20 000元（含）以上的，对超过20 000元以上的部分，按0.3%的核定征收率征收个人所得税。

（3）对于实行按次缴纳增值税的纳税人，在到税务机关办理代开发票业务时，对开具发票金额达到按次征收增值税起征点的，按规定征收增值税及附加税费，并对超过增值税起征点以上的部分，按0.5%的核定征收率征收个人所得税。

3. 核定应税所得率方式。税率机关按照一定程序和方法，预先核定纳税人的应税所得率，由纳税人根据纳税年度收入总额或成本费用等实际发生额，按预先核定的应税所得率计算缴纳个人所得税的方法。

应纳税额 = 应纳税所得额 × 税率 − 速算扣除数

应纳税所得额 = 收入总额 × 应税所得率

或者，应纳税所得额 = 成本费用支出额 − （1 − 应税所得率） × 应税所得率

# 第五节　纳税申报

## 一、纳税时间

《个人所得税法》第十二条规定：纳税人取得经营所得，按年计算个人所得税，由纳税人在月度或者季度终了后 15 日内向税务机关报送纳税申报表，并预缴税款；在取得所得的次年 3 月 31 日前办理汇算清缴。

## 二、纳税地点

《计税办法》第四十条，个体工商户有两处或两处以上经营机构的，选择并固定向其中一处经营机构所在地主管税务机关申报缴纳个人所得税。

## 三、注销与清算

个体工商户终止生产经营的，应当在注销工商登记或者向政府有关部门办理注销前向主管税务机关结清有关纳税事宜。

# 第九章
# 合伙企业经营所得

《个人所得税法实施条例》第六条规定，合伙企业的个人合伙人来源于境内注册的个人独资企业、合伙企业生产、经营的所得，适用经营所得税目缴纳个人所得税。

合伙企业所得税在我国经历了从适用企业所得税到适用个人所得税的转变，为帮助读者更好理解合伙企业所得税，下面简要回顾一下我国合伙企业所得税制度（政策）的演变历程。

在2000年之前，合伙企业适用企业所得税。

2000年6月1日，国务院下发《关于个人独资企业和合伙企业征收所得税问题的通知》（国发〔2000〕16号）文件，明确自2000年1月1日起，对个人独资企业和合伙企业停止征收企业所得税，其投资者的生产经营所得，比照个体工商户的生产经营所得征收个人所得税；

2000年9月1日，财政部 国家税务总局下发《关于印发〈关于个人独资企业和合伙企业投资者征收个人所得税的规定〉的通知》（财税〔2000〕91号），对个人独资企业和合伙企业投资者征收个人所得税做了具体规定（目前该文件除附件1继续有效之外，其他附件均已失效）；

2001年1月17日，国税函〔2001〕84号对财税〔2000〕91号文件的部分规定的执行口径进行明确；

2008年6月3日，《财政部 国家税务总局关于调整个体工商户、个人独资企业和合伙企业个人所得税税前扣除标准有关问题的通知》（财税〔2008〕65号）对财税〔2000〕91号文件中个人所得税前扣除标准进行明确；

2008年1月1日，《财政部 国家税务总局关于合伙企业合伙人所得税问题的通知》财税〔2008〕第159号文件对合伙企业合伙人的所得税问题进行明确。至此，合伙企业的计税规定基本趋于完善。

因此，目前除《个人所得税》和《个人所得税法实施条例》外，涉及合伙企业所得税的有效政策文件包括：《国务院关于个人独资企业和合伙企业征收所得税问题的通知》（国发〔2000〕16号）、《财政部 国家税务总局关于印发〈关于个人独资企业和合伙企业投资者征收个人所得税的规定〉的通知》（财税〔2000〕91号）附件1、《国家税务总局

〈关于个人独资企业和合伙企业投资者征收个人所得税的规定〉执行口径的通知》（国税函〔2001〕84号）、《财政部 国家税务总局关于调整个体工商户、个人独资企业和合伙企业个人所得税税前扣除标准有关问题的通知》（财税〔2008〕65号）、《财政部 国家税务总局关于合伙企业合伙人所得税问题的通知》（财税〔2008〕159号）。

# 第一节　纳税义务人

## 一、合伙企业的界定

根据《财政部 国家税务总局关于印发〈关于个人独资企业和合伙企业投资者征收个人所得税的规定〉的通知》（财税〔2000〕91号）文件中附件1第二条的规定，合伙企业包括：（1）依照《中华人民共和国合伙企业法》登记成立的合伙企业；（2）依照《中华人民共和国私营企业暂行条例》登记成立的合伙性质的私营企业；（3）依照《中华人民共和国律师法》登记成立的合伙制律师事务所；（4）经政府有关部门依照法律法规批准成立的负无限责任和无限连带责任的个人合伙性质的机构或组织。

## 二、合伙企业纳税义务人

根据《财政部 国家税务总局关于印发〈关于个人独资企业和合伙企业投资者征收个人所得税的规定〉的通知》（财税〔2000〕91号）文件中附件1第三条规定：合伙企业以每一个合伙人为纳税义务人。

《财政部 国家税务总局关于合伙企业合伙人所得税问题的通知》（财税〔2008〕第159号）文件中第二条规定：合伙企业以每一个合伙人为纳税义务人。合伙企业合伙人是自然人的，缴纳个人所得税；合伙人是法人和其他组织的，缴纳企业所得税。

# 第二节　征税范围

## 一、征税范围的一般规定

根据《个人所得税法实施条例》第六条的规定，合伙企业的个人合伙人个税的征税范围为来源于境内注册的合伙企业的生产、经营所得。

## 二、征税范围的特殊规定

《财政部 国家税务总局关于规范个人投资者个人所得税征收管理的通知》（财税〔2003〕158号）第一条第二款规定：个人独资企业、合伙企业的个人投资者以企业资金为本人、家庭成员及其相关人员支付与企业生产经营无关的消费性支出及购买汽车、住房等财产性支出，视为企业对个人投资者的利润分配，并入投资者个人的生产经营所得，依照“个体工商户的生产经营所得”项目计征个人所得税。

《财政部 国家税务总局关于企业为个人购买房屋或其他财产征收个人所得税问题的批复》（财税〔2008〕83号）文件对《财政部 国家税务总局关于规范个人投资者个人所得税征收管理的通知》（财税〔2003〕158号）的有关规定进行明确，符合以下情形的房屋或其他财产，不论所有权人是否将财产无偿或有偿交付企业使用，其实质均为企业对个人进行了实物性质的分配，应依法计征个人所得税：（1）企业出资购买房屋及其他财产，将所有权登记为投资者个人、投资者家庭成员或企业其他人员的。（2）企业投资者个人、投资者家庭成员或企业其他人员向企业借款用于购买房屋及其他财产，将所有权登记为投资者、投资者家庭成员或企业其他人员，且借款年度终了后未归还借款的。（3）对个人独资企业、合伙企业的个人投资者或其家庭成员取得的上述所得，视为企业对个人投资者的利润分配，按照“个体工商户的生产、经营所得”项目计征个人所得税；对除个人独资企业、合伙企业以外其他企业的个人投资者或其家庭成员取得的上述所得，视为企业对个人投资者的红利分配，按照“利息、股息、红利所得”项目计征个人所得税；对企业其他人员取得的上述所得，按照“工资、薪金所得”项目计征个人所得税。

# 第三节　应纳税所得额

合伙企业适用所得税时，以其合伙人作为纳税义务人，相应需要将其生产经营所得按照一定方式分配至合伙人，据以确定每个合伙人的应纳税所得额。

## 一、生产经营所得采取“先分后税”原则

《财政部 国家税务总局关于合伙企业合伙人所得税问题的通知》（财税〔2008〕第159号）第二条规定：合伙企业生产经营所得和其他所得采取“先分后税”的原则。其中的生产经营所得和其他所得，包括合伙企业分配给所有合伙人的所得和企业当年留存的所

得（利润）。

合伙企业的合伙人个税计征方式的典型特征为“先分后税”。也就是说，合伙企业在所得税层面并非实体，合伙企业在缴纳所得税时，须穿透至其投资者，投资者就其分得的部分各自缴纳所得税，且依投资者性质不同而分别适用不同的所得税，个人合伙人按经营所得税目缴纳个人所得税，法人合伙者适用企业所得税。

## 二、减征个人所得税的情形

国家税务总局关于《关于个人独资企业和合伙企业投资者征收个人所得税的规定》执行口径的通知（国税函〔2001〕84 号）第四条规定：残疾人员投资兴办或参与投资兴办个人独资企业和合伙企业的，残疾人员取得的生产经营所得，符合各省、自治区、直辖市人民政府规定的减征个人所得税条件的，经本人申请、主管税务机关审核批准，可按各省、自治区、直辖市人民政府规定减征的范围和幅度，减征个人所得税。

## 三、投资者取得“四业”所得免税

根据《财政部 国家税务总局关于个人独资企业和合伙企业投资者取得种植业、养殖业、饲养业、捕捞业所得有关个人所得税问题的批复》（财税〔2010〕96 号）规定，对个人独资企业和合伙企业从事种植业、养殖业、饲养业和捕捞业（以下简称“四业”），其投资者取得的“四业”所得暂不征收个人所得税。

## 四、合伙人确定应纳税所得额的基本原则

《财政部 国家税务总局关于合伙企业合伙人所得税问题的通知》（财税〔2008〕第 159 号）第四条规定：(1) 合伙企业的合伙人以合伙企业的生产经营所得和其他所得，按照合伙协议约定的分配比例确定应纳税所得额。(2) 合伙协议未约定或者约定不明确的，以全部生产经营所得和其他所得，按照合伙人协商决定的分配比例确定应纳税所得额。(3) 协商不成的，以全部生产经营所得和其他所得，按照合伙人实缴出资比例确定应纳税所得额。(4) 无法确定出资比例的，以全部生产经营所得和其他所得，按照合伙人数量平均计算每个合伙人的应纳税所得额。合伙协议不得约定将全部利润分配给部分合伙人。

## 五、应纳税所得额确定的其他规定

### （一）对外投资分回股息红利不视作经营所得

国家税务总局关于《关于个人独资企业和合伙企业投资者征收个人所得税的规定》执

行口径的通知（国税函〔2001〕84 号），关于个人独资企业和合伙企业对外投资分回利息、股息、红利的征税问题：

个人独资企业和合伙企业对外投资分回的利息或者股息、红利，不并入企业的收入，而应单独作为投资者个人取得的利息、股利、红利所得，按“利息、股利、红利所得”应税项目计算缴纳个人所得税。

以合伙企业名义对外投资分回利息或者股利、红利的，应按《财政部 国家税务总局关于印发〈关于个人独资企业和合伙企业投资者征收个人所得税的规定〉的通知》（财税〔2000〕91 号）附件 1 第五条规定的文件精神，确定各个投资者的利息、股利、红利所得，分别按“利息、股息、红利所得”应税项目计算缴纳个人所得税。具体分配原则如下：合伙企业的投资者按照合伙企业的全部生产经营所得和合伙协议约定的分配比例确定应纳税所得额，合伙协议没有约定分配比例的，以全部生产经营所得和合伙人数量平均计算每个投资者的应纳税所得额。

### （二）投资者应汇总多个合伙企业的经营所得

《财政部 国家税务总局关于印发〈关于个人独资企业和合伙企业投资者征收个人所得税的规定〉的通知》（财税〔2000〕91 号）附件 1 第十二条规定，投资者兴办两个或两个以上企业的（包括参与兴办），年度终了时，应汇总从所有企业取得的应纳税所得额，据此确定适用税率并计算缴纳应纳税款。投资者兴办两个或两个以上企业的，第一款规定准予扣除的个人费用，由投资者选择在其中一个企业的生产经营所得中扣除。

### （三）关联交易由税务局调整其应纳税所得额

《财政部 国家税务总局关于印发〈关于个人独资企业和合伙企业投资者征收个人所得税的规定〉的通知》（财税〔2000〕91 号）附件 1 第十一条，企业与其关联企业之间的业务往来，应当按照独立企业之间的业务往来收取或者支付价款、费用。不按照独立企业之间的业务往来收取或者支付价款、费用，而减少其应纳税所得额的，主管税务机关有权进行合理调整。关联企业的认定条件及税务机关调整其价款、费用的方法，按照《中华人民共和国税收征收管理法》及其实施细则的有关规定执行。

## 六、费用扣除和亏损弥补

《个人所得税法实施条例》第六条规定，经营所得以每一纳税年度的收入总额减除成本、费用以及损失后的余额，为应纳税所得额。因此，合伙企业的合伙人在计算其应纳税所得额时，可以减除成本、费用以及损失。

按照《关于个人独资企业和合伙企业征收所得税问题的通知》（国发〔2000〕16 号）的规定，合伙企业的合伙人的生产经营所得，比照个体工商户的生产、经营所得征收个人所得税。因此，其成本费用扣除和亏损弥补与个体工商户的规定相同。

### （一）允许跨年度弥补亏损

《财政部 国家税务总局关于印发〈关于个人独资企业和合伙企业投资者征收个人所得税的规定〉的通知》（财税〔2000〕91号）附件1第十四条规定，企业的年度亏损，允许用本企业下一年度的生产经营所得弥补，下一年度所得不足弥补的，允许逐年延续弥补，但最长不得超过5年。

国家税务总局关于《关于个人独资企业和合伙企业投资者征收个人所得税的规定》执行口径的通知（国税函〔2001〕84号）第三条规定，实行查账征税方式的个人独资企业和合伙企业改为核定征税方式后，在查账征税方式下认定的年度经营亏损未弥补完的部分，不得再继续弥补。

### （二）可以跨企业扣除个人费用，但不允许跨企业弥补亏损

《财政部 国家税务总局关于印发〈关于个人独资企业和合伙企业投资者征收个人所得税的规定〉的通知》（财税〔2000〕91号）附件一第十二条规定：投资者兴办两个或两个以上企业的，第一款规定准予扣除的个人费用，由投资者选择在其中一个企业的生产经营所得中扣除；投资者兴办两个或两个以上企业的，企业的年度经营亏损不能跨企业弥补。

# 第四节 应纳税额

合伙企业的个人合伙人来源于境内注册的合伙企业生产、经营的所得参照“个体工商户应纳税额的计算”。需要注意的是，合伙企业合伙人在计算应纳税所得额时须乘以具体的合伙人分配比例，与个体工商户略有不同。

合伙企业合伙人应在纳税年度内按季度预缴税款，在纳税年度终了后汇算清缴，本节分别介绍这两种情况下应纳税额的计算方法和相关纳税规定。

## 一、季度预缴应纳税额的计算

在查账征收方式下，合伙企业合伙人个税季度预缴又分为据实预缴和按上年应纳税所得额预缴两种方式。

### （一）据实预缴

据实预缴应纳税额的计算公式为：

应纳税额 = {（累计利润总额 - 弥补以前年度亏损）× 合伙企业合伙人分配比例 - 投资者减除费用} × 税率 - 速算扣除数

应补（退）税额 = 应纳税额 - 减免税额 - 已预缴税额

其中，取得经营所得的个人，没有综合所得的，计算其每一纳税年度的应纳税所得额时，应当减除费用60 000元。该减除费用可在预缴时享受，扣除5 000元/月。

### （二）按上年应纳税所得额预缴

按上年应纳税所得额预缴应纳税额的计算公式为：

应纳税额 = 上年度的应纳税所得额 ÷ 12 × 月份数

应补（退）税额 = 应纳税额 - 减免税额 - 已预缴税额

## 二、汇算清缴应纳税额的计算

汇算清缴时，实行多退少补原则，应纳税额为全年应缴纳税款扣减已预缴税款的余额，具体计算公式为：

应纳税额 = {（利润总额 + 纳税调整增加额 - 纳税调整减少额 - 弥补以前年度亏损）× 合伙企业合伙人分配比例 - 投资者减除费用} × 税率 - 速算扣除数

应补（退）税额 = 应纳税额 - 减免税额 - 已预缴税额

应补（退）税额为正，则需要纳税人补缴税款；应补（退）税额为负，则需要税务机关退还税款。

## 三、合伙企业清算个人所得税处理

《财政部 国家税务总局关于印发〈关于个人独资企业和合伙企业投资者征收个人所得税的规定〉的通知》（财税〔2000〕91号）附件一第十六条，企业进行清算时，投资者应当在注销工商登记之前，向主管税务机关结清有关税务事宜。企业的清算所得应当视为年度生产经营所得，由投资者依法缴纳个人所得税。所称清算所得，是指企业清算时的全部资产或者财产的公允价值扣除各项清算费用、损失、负债、以前年度留存的利润后，超过实缴资本的部分。

企业在年度中间合并、分立、终止时，投资者应当在停止生产经营之日起60日内，向主管税务机关办理当期个人所得税汇算清缴。企业在纳税年度的中间开业，或者由于合并、关闭等原因，使该纳税年度的实际经营期不足12个月的，应当以其实际经营期为一个纳税年度。

## 四、合伙企业境外抵免的相关规定

《个人所得税法》第七条规定，居民个人从中国境外取得的所得，可以从其应纳税额中抵免已在境外缴纳的个人所得税税额，但抵免额不得超过该纳税人境外所得依照本法规定计算的应纳税额。

《财政部 国家税务总局关于印发〈关于个人独资企业和合伙企业投资者征收个人所得税的规定〉的通知》（财税〔2000〕91号）附件一第十五条规定，投资者来源于中国境外的生产经营所得，已在境外缴纳所得税的，可以按照《个人所得税法》的有关规定计算扣除已在境外缴纳的所得税。

### 五、纳税地点的相关规定

根据《财政部 国家税务总局关于印发〈关于个人独资企业和合伙企业投资者征收个人所得税的规定〉的通知》（财税〔2000〕91号）附件一第十二条规定，投资者兴办两个或两个以上企业的，应分别向企业实际经营管理所在地主管税务机关预缴税款。

投资者兴办的企业中含有合伙性质的，投资者应向经常居住地主管税务机关申报纳税，办理汇算清缴，但经常居住地与其兴办企业的经营管理所在地不一致的，应选定其参与兴办的某一合伙企业的经营管理所在地为办理年度汇算清缴所在地，并在5年内不得变更。5年后需要变更的，须经原主管税务机关批准。

《关于个人所得税自行纳税申报有关问题的公告》（国家税务总局公告2018年第62号）第二条规定，纳税人取得经营所得，按年计算个人所得税，由纳税人在月度或季度终了后15日内，向经营管理所在地主管税务机关办理预缴纳税申报，并报送个人所得税经营所得纳税申报表（A表）。在取得所得的次年3月31日前，向经营管理所在地主管税务机关办理汇算清缴，并报送个人所得税经营所得纳税申报表（B表）；从两处以上取得经营所得的，选择向其中一处经营管理所在地主管税务机关办理年度汇总申报，并报送个人所得税经营所得纳税申报表（C表）。

## 第五节　特殊事项

### 一、被投资企业股份制改制时合伙人的税务处理

#### （一）自然人合伙人税务处理

《关于将国家自主创新示范区有关税收试点政策推广到全国范围实施的通知》（财税〔2015〕116号）文件规定，企业以未分配利润、盈余公积、资本公积向个人股东转增股

本时，个人股东获得转增的股本，应按照“利息、股息、红利所得”项目，适用20%税率征收个人所得税。因此，不论是资本公积、留存收益转增股本，还是股份制改制，当合伙人为自然人时，均视为合伙人通过合伙企业从被投资单位取得了所得，须按照20%的税率计算缴纳个人所得税。

### （二）法人合伙人税务处理

《国家税务总局关于贯彻落实企业所得税法若干税收问题的通知》（国税函〔2010〕79号）文件第四条规定，被投资企业将股权（票）溢价所形成的资本公积转为股本的，不作为投资方企业的股息、红利收入，投资方企业也不得增加该项长期投资的计税基础。

因此，当合伙人为法人单位时，被投资单位资本公积转增股本，不视为法人单位取得了所得，不涉及企业所得税；当被投资单位留存收益转增股本时，法人单位计算的股息红利收入，不符合居民企业直接股权投资股息红利免税的规定，不免征企业所得税。

## 二、合伙企业股权转让方式退出时合伙人的税务处理

合伙企业计算应纳税所得额合伙企业转让股权，应将取得的股权转让收入，减去股权历史成本，得到股权转让所得，然后并入合伙企业生产经营所得，按合伙协议约定，由各合伙人分配应纳税所得额。

### （一）自然人合伙人的个人所得税处理

自然人合伙人取得的应纳税所得额，通常比照个体工商户所得适用5%～35%的超额累进税率。但是，有的地方对股权投资类合伙企业和自然人合伙人统一按20%的税率征收个人所得税，如京金融办〔2009〕5号文件规定，合伙制股权基金中个人合伙人取得的收益，按照“利息、股息、红利所得”或者“财产转让所得”项目征收个人所得税，税率为20%。

有一些地方为了鼓励股权投资类合伙企业，对不执行合伙事务的自然人合伙人，按“财产转让所得”征收20%的个人所得税，对执行合伙事务的自然人合伙人，则比照“个体工商户的生产经营所得”，征收5%～35%的累计所得税，例如：合肥的合政2015年127号文件、上海的沪金融办通〔2008〕3号文件。

自然有限合伙人的个人所得税征税规定，各地都是按照“股息、红利所得”以20%税率征税。自然人普通合伙人的股息、红利个人所得税规定存在较大差异。北京不分普通合伙人和有限合伙人，一律按照20%征收，天津则要求按照合伙人根据不同收入的性质区分，分别用不同税务处理方法。

如前所述，《国家税务总局关于〈关于个人独资企业和合伙企业投资者征收个人所得税的规定〉执行口径的通知》实施前，根据财税〔2000〕91号文的规定，生产经营所得

比照个人所得税法的“个体工商户的生产经营所得”应税项目，适用5%～35%的五级超额累进税率，计算征收个人所得税。国税函〔2001〕84号文件第二条规定，合伙企业对外投资分回的利息或者股息、红利，不并入企业的收入，而应单独作为投资者个人取得的利息、股利、红利所得，按“利息、股息、红利”所得20%计征个人所得税。

实务中，一些地方将合伙制股权基金中自然人合伙人取得的收益，对不执行合伙事务的自然人合伙人，按利息、股息、红利所得项目缴纳20%的个人所得税；对执行合伙事务的自然人合伙人，则比照个体工商户的生产经营所得项目缴纳5%～35%的累进所得税；还有部分地区规定，个人独资企业或者合伙企业的个人投资者，缴纳个人所得税可以申请核定征收，核定综合税率由各地自行规定。

实际情况可能更复杂，普通合伙人如果仅仅管理基金，没有参与基金的投资，按照财税〔2000〕91号文件规定应该执行5%～35%的个人所得税税率；如果基金管理人同时也是基金的投资人，则应该就经营所得和投资所得分别核算，对于投资所得按利息、股息、红利所得执行20%的个人所得税税率，对于经营所得则应依照个体工商户的生产经营所得适用5%～35%的税率。

在现有政策下，合伙企业自然人转让股权的两种个人所得税计税方式各自适用，因为在国家立法层面没有明确政策，导致各地在执行层面出现了诸多差异，但在现行立法背景下，适用不同的税率征收个人所得税并不属于违法。

### （二）法人合伙人的企业所得税处理

合伙企业转让股权，法人合伙人按照分得的应纳税所得额并入生产经营所得，按照适用税率计算缴纳企业所得税。

### （三）股权转让政策梳理

1.《北京关于促进股权投资基金业发展的意见》（京金融办〔2009〕5号）规定：鼓励和支持从事创业投资业务的股权基金或管理企业按照《创业投资企业管理暂行办法》（国家发展改革委等十部委第39号令）进行备案，并按照《企业所得税法》第三十一条和《企业所得税法实施条例》第九十七条的规定享受国家税收优惠政策支持。股权基金或管理企业可以依法采取公司制、合伙制等企业组织形式。自然人合伙人取得的收益，按照“利息、股息、红利所得”或者“财产转让所得”项目征收个人所得税，税率为20%。合伙制股权基金从被投资企业获得的股息、红利等投资性收益，属于已缴纳企业所得税的税后收益。

2.《天津市地方税务局、天津市国家税务局关于合伙企业合伙人分别缴纳所得税有关问题的通知》（津地税所〔2007〕17号）规定：合伙企业实行先分后税，其生产经营所得和其他所得，按照国家有关税收规定，由合伙人分别缴纳所得税。对合伙企业中的自然人合伙人分得的生产经营所得和其他所得，按个人所得税法列举的“个体生产、经营所得”

项目，依5%～35%税率在合伙企业注册地地税局缴纳个人所得税。

3. 上海《关于本市股权投资企业工商登记等事项的通知》（沪金融办通〔2008〕3号）规定，明确以有限合伙企业形式设立的股权投资企业、股权投资管理企业中自然人的税收政策。以有限合伙形式设立的股权投资企业和股权投资管理企业的经营所得和其他所得，按照国家有关税收规定，由合伙人分别缴纳所得税。其中，执行有限合伙企业合伙事务的自然人普通合伙人，按照《中华人民共和国个人所得税法》及其实施条例的规定，按“个体工商户的生产经营所得”应税项目，适用5%～35%的五级超额累进税率，计算征收个人所得税。不执行有限合伙企业合伙事务的自然人有限合伙人，其从有限合伙企业取得的股权投资收益，按照《中华人民共和国个人所得税法》及其实施条例的规定，按“利息、股息、红利所得”应税项目，依20%税率计算缴纳个人所得税。

## 第六节　创业投资企业和天使投资个人专题

### 一、政策出台过程

创业投资和天使投资是促进大众创业、万众创新的重要资本力量，是促进科技创新成果转化的助推器，是落实新发展理念、推进供给侧结构性改革的新动能。为进一步鼓励和支持创业投资沿着健康的轨道蓬勃发展，2017年4月19日，国务院常务会议做出决定，在京津冀、上海、广东、安徽、四川、武汉、西安、沈阳8个全面创新改革试验地区和苏州工业园区开展创业投资企业和天使投资个人税收政策试点。财政部和国家税务总局根据国务院决定，联合出台了有关创业投资企业与天使投资个人投资种子期、初创期科技型企业（以下简称初创科技型企业）投资抵扣的税收优惠政策。

2018年4月，国务院常务会议决定将创业投资企业和天使投资个人税收试点政策推广到全国实施。财政部和国家税务总局根据国务院决定，联合下发了《关于创业投资企业和天使投资个人有关税收政策的通知》（财税〔2018〕55号），就全国范围内实施的创业投资企业和天使投资个人税收政策进行明确。

2018年7月，国家税务总局发布《国家税务总局关于创业投资企业和天使投资个人税收政策有关问题的公告》（国家税务总局公告2018年第43号），就政策执行口径、办理程序和资料及其他管理要求进行明确，提高政策可操作性，便于纳税人准确享受税收优惠。

2019年1月10日，为进一步支持创业投资企业（含创投基金，以下统称创投企业）发展，财政部、国家税务总局联合发布《关于创业投资企业个人合伙人所得税政策问题的通知》（财税〔2019〕8 号），对创投企业的核算方式进行规定，创投企业可以选择按单一投资基金核算或者按创投企业年度所得整体核算两种方式之一，对其个人合伙人来源于创投企业的所得计算个人所得税应纳税额。

2019 年 1 月 17 日，《财政部 国家税务总局关于实施小微企业普惠性税收减免政策的通知》（财税〔2019〕13 号）文件，更新了财税〔2018〕55 号第二条第（一）项。

## 二、政策内容

创业投资和天使投融入所得税政策的主要内容是对符合条件的创业（天使）投资额的 70% 可以抵扣所得税应纳税所得额，且可跨年度结转。下面详细介绍政策享受主体、具体政策内容等。

公司制创业投资企业，符合条件的创业投资，其 70% 的投资额抵扣其企业所得税的应纳税所得额；有限责任制创业投资企业（合伙创投企业），对于其创业投资，其 70% 的投资额部分或者抵扣法人合伙人分得的所得，或者抵扣个人合伙人分得的经营所得；天使投资人，符合条件的天使投资，其 70% 的投资额可抵扣其投资科技初创型企业的应纳税所得额。

### （一）政策享受主体

政策享受主体主要包括三类主体，即公司制创业投资企业、有限合伙制创业投资企业及其合伙人（包括法人合伙人和个人合伙人）和天使投资个人。

### （二）政策内容

政策内容主要是在《关于创业投资企业和天使投资个人有关税收政策的通知》（财税〔2018〕55 号）文件中予以明确，《国家税务总局关于创业投资企业和天使投资个人税收政策有关问题的公告》（国家税务总局公告 2018 年第 43 号）又对相关政策细节进行了解释说明。

1. 公司制创业投资企业。公司制创业投资企业（以下简称公司制创投企业）采取股权投资方式直接投资于种子期、初创期科技型企业（以下简称初创科技型企业）满 2 年（24 个月，下同）的，可以按照投资额的 70% 在股权持有满 2 年的当年抵扣该公司制创业投资企业的应纳税所得额；当年不足抵扣的，可以在以后纳税年度结转抵扣。

国家税务总局公告 2018 年第 43 号第 1 条进一步解释，公司制创投企业投资初创科技型企业的实缴投资满 2 年，投资时间从初创科技型企业接受投资并完成工商变更登记的日期算起。

《财政部 国家税务总局关于实施小微企业普惠性税收减免政策的通知》（财税〔2019〕13 号）文件规定，2019 年 1 月 1 日至 2021 年 12 月 31 日发生的投资，投资满 2 年且符合本通知规定和财税〔2018〕55 号文件规定的其他条件的，可以适用财税〔2018〕55 号文件规定的税收政策；2019 年 1 月 1 日前 2 年内发生的投资，自 2019 年 1 月 1 日起投资满 2 年且符合本通知规定和财税〔2018〕55 号文件规定的其他条件的，可以适用财税〔2018〕55 号文件规定的税收政策。

2. 有限合伙制创业投资企业。有限合伙制创业投资企业（以下简称合伙创投企业）采取股权投资方式直接投资于初创科技型企业满 2 年的，该合伙创投企业的合伙人分别按以下方式处理：法人合伙人可以按照对初创科技型企业投资额的 70% 抵扣法人合伙人从合伙创投企业分得的所得；当年不足抵扣的，可以在以后纳税年度结转抵扣。个人合伙人可以按照对初创科技型企业投资额的 70% 抵扣个人合伙人从合伙创投企业分得的经营所得；当年不足抵扣的，可以在以后纳税年度结转抵扣。

国家税务总局公告 2018 年第 43 号第 1 条规定，对于合伙创投企业投资初创科技型企业的，仅强调合伙创投企业投资于初创科技型企业的实缴投资满 2 年，并未限定合伙人对该合伙创投企业的实缴出资须满 2 年，简化了政策条件，有利于企业准确执行政策。例如，某合伙创投企业于 2017 年 12 月投资初创科技型企业，假设其他条件均符合文件规定，合伙创投企业的某个法人合伙人于 2018 年 1 月对该合伙创投企业出资，2019 年 12 月，合伙创投企业投资初创科技型企业满 2 年时，该法人合伙人同样可享受税收试点政策。

3. 天使投资个人。天使投资个人采取股权投资方式直接投资于初创科技型企业满 2 年的，可以按照投资额的 70% 抵扣转让该初创科技型企业股权取得的应纳税所得额；当期不足抵扣的，可以在以后取得转让该初创科技型企业股权的应纳税所得额时结转抵扣。天使投资个人投资多个初创科技型企业的，对其中办理注销清算的初创科技型企业，天使投资个人对其投资额的 70% 尚未抵扣完的，可自注销清算之日起 36 个月内抵扣天使投资个人转让其他初创科技型企业股权取得的应纳税所得额。鉴于天使投资标的企业发展过程中的高风险性，为充分保障天使投资个人享有财税〔2019〕13 号文件中规定的税收抵扣政策，该文件进一步明确：天使投资个人投资多个初创科技型企业的，对其中办理注销清算的初创科技型企业，天使投资个人对其投资额的 70% 尚未抵扣完的，可自注销清算之日起 36 个月内抵扣天使投资个人转让其他初创科技型企业股权取得的应纳税所得额。

上述政策中的投资必须同时符合三个条件：一是投向初创科技型企业；二是以现金方式投资；三是股权投资。比如受让其他股东的存量股权的投资则不在此政策范围内，其目的是为了激励更多投资投向实体企业和高科技企业。

## 三、政策涉及主体限定条件

上述政策涉及的主体包括投资方（企业类创业投资方和天使投资人）和被投资方（初创科技企业），相关文件对其双方均作了明确的限定。

1. 企业类投资方创业投资企业需满足的条件。

（1）在中国境内（不含港、澳、台地区）注册成立、实行查账征收的居民企业或合伙创投企业，且不属于被投资初创科技型企业的发起人。

（2）该等企业符合投资基金的相关规定，完成备案且规范运作；该等规定主要为《创业投资企业管理暂行办法》及《私募投资基金监督管理暂行办法》。

（3）投资后 2 年内，创业投资企业及其关联方持有被投资企业的股权比例合计应低于 50%。

国家税务总局公告 2018 年第 43 号明确合伙创投企业合伙人出资比例的计算口径。合伙创投企业投资初创型科技企业的，在投资满 2 年的当年就可享受税收优惠政策，因此将计算出资比例的时点确定为投资满 2 年当年年末，对同一年满 2 年的投资统一计算，简化计算方法，减轻企业办税负担。

2. 所涉个人投资方天使投资个人需满足的条件。

（1）不属于被投资初创科技型企业的发起人、雇员或其亲属，且与被投资初创科技型企业不存在劳务派遣等关系。

（2）投资后 2 年内，本人及其亲属持有被投资企业股权比例合计应低于 50%。

3. 对于被投资方初创科技型企业需满足的条件。

（1）在中国境内（不包括港、澳、台地区）注册成立、实行查账征收的居民企业。

（2）接受投资时，从业人数不超过 200 人，其中具有大学本科以上学历的从业人数不低于 30%；资产总额和年销售收入均不超过 3 000 万元。从业人数包括与企业建立劳动关系的职工人员及企业接受的劳务派遣人员；销售收入包括主营业务收入与其他业务收入；相关数据的计算按照企业接受投资前连续 12 个月作为时间范围，不足 12 个月的按照实际月数计算。

《财政部 国家税务总局关于实施小微企业普惠性税收减免政策的通知》（财税〔2019〕13 号）文件将财税〔2018〕55 号第二条第（一）项关于初创科技型企业条件中的“从业人数不超过 200 人”调整为“从业人数不超过 300 人”，“资产总额和年销售收入均不超过 3 000 万元”调整为“资产总额和年销售收入均不超过 5 000 万元”。

解析：国家税务总局公告 2018 年第 43 号及财税〔2019〕13 号文件，明确了从业人数、资产总额的计算方法。参照了小型微利企业的计算方法，确保纳税人能准确理解政策、适用政策。具体计算公式如下：

月平均数 =（月初数 + 月末数）÷2

接受投资前连续 12 个月平均数 = 接受投资前连续 12 个月平均数之和 ÷12

（3）接受投资时设立时间不超过 5 年。

（4）接受投资时以及接受投资后 2 年内未在境内外证券交易所上市。

（5）接受投资当年及下一纳税年度，研发费用总额占成本费用支出的比例不低于 20%，其中成本费用包括主营业务成本、其他业务成本、销售费用、管理费用、财务费用。

解析：国家税务总局公告2018年第43号第2条，明确研发费用总额占成本费用支出的比例，指企业接受投资当年及下一个纳税年度的研发费用总额合计占同期成本费用总额合计的比例。此口径参考了高新技术企业研发费用占比的计算方法，在一定程度上降低了享受优惠的门槛，使更多的企业可以享受到政策红利。

**案例9－1**

某公司制创投企业于2018年5月投资初创科技型企业，假设其他条件均符合文件规定，初创科技型企业2018年发生研发费用100万元，成本费用1 000万元，2018年研发费用占比10%，低于20%；2019年发生研发费用500万元，成本费用1 000万元，2019年研发费用占比50%，高于20%。如要求投资当年及下一年分别满足研发费用占比高于20%的条件，则该公司制创投企业不能享受税收优惠政策。按照国家税务总局公告2018年第43号第2条明确的口径，投资当年及下一年初创科技型企业研发费用平均占比为30%［(100＋500)÷(1 000＋1 000)］，大于要求的20%，该公司制创投企业可以享受税收优惠政策。

## 四、享受政策的申报手续

天使投资个人、公司制创业投资企业、合伙创投企业、合伙创投企业法人合伙人、被投资初创科技型企业应按相关规定办理税收优惠备案手续。享受税收优惠政策的纳税人，其主管税务机关对被投资企业是否符合初创科技型企业条件有异议的，可以转请被投资企业主管税务机关提供相关材料。

### （一）企业所得税方面

国家税务总局关于发布修订后的《企业所得税优惠政策事项办理办法的公告》（国家税务总局公告2018年第23号）明确企业享受优惠事项采取“自行判别、申报享受、相关资料留存备查”的办理方式，不再要求企业办理备案手续。据此，公司制创投企业和合伙创投企业法人合伙人按照国家税务总局公告2018年第23号的规定办理相关手续。

此外，为进一步简政放权，减轻纳税人负担，不再要求合伙创投企业向税务机关报送合伙创投企业法人合伙人所得分配情况明细表，改由合伙创投企业直接提供给法人合伙人留存备查。留存备查的资料有：发展改革或证监部门出具的符合创业投资企业条件的年度证明材料；初创科技型企业接受现金投资时的投资合同（协议）、章程、实际出资的相关证明材料；创业投资企业与其关联方持有初创科技型企业的股权比例的说明；被投资企业符合初创科技型企业条件的有关资料等。

### （二）个人所得税方面

合伙创投企业的个人合伙人符合享受优惠条件的，合伙创投企业应在投资初创科技型企业满2年的年度终了后3个月内，向合伙创投企业主管税务机关办理备案手续，备案时应报送合伙创投企业个人所得税投资抵扣备案表（见表9－1），同时将有关资料留存备查（备查资料同公司制创投企业）。合伙企业多次投资同一初创科技型企业的，应按年度分别备案。合伙创投企业应在投资初创科技型企业满2年后的每个年度终了后3个月内，向合伙创投企业主管税务机关报送合伙创投企业个人所得税投资抵扣情况表（见表9－2）。

可见，合伙创投企业个人合伙人的备案环节的相关手续主要由合伙创投企业办理，个人无须另行办理备案手续。

**表9－1　　合伙创投企业个人所得税投资抵扣备案表**

（________年度）

备案编号（主管税务机关填写）：　　　　单位:%，人民币元（列至角分）

| 合伙创投企业基本情况 | | | |
|---|---|---|---|
| 企业名称 | | 纳税人识别号（统一社会信用代码） | |
| 备案管理部门 | | 备案时间 | |
| 联系人 | | 联系电话 | |

对初创科技型企业投资情况

| 初创科技型企业名称 | 纳税人识别号 | 注册地 | 设立时间 | 投资日期 | 从业人数 | 本科以上学历人数占比 | 资产总额 | 年销售收入 | 研发费用总额占成本费用支出的比例 | 投资2年内与关联方合计持股比例是否超50% | 投资额 |
|---|---|---|---|---|---|---|---|---|---|---|---|
| | | | | | | | | | | | |
| | | | | | | | | | | | |

谨声明：本人（单位）知悉并保证本表填报内容及所附证明材料真实、完整，并承担因资料虚假而产生的法律责任。

合伙创投企业印章：　　　　合伙创投企业负责人签章：　　　　年　　月　　日

| 代理机构印章：<br><br>联系人：<br>填报日期： | 主管税务机关印章：<br><br>受理人：<br>受理日期： |
|---|---|

国家税务总局监制

## 填报说明

一、适用范围

本表适用于有限合伙制创业投资企业（以下简称合伙创投企业）投资境内种子期、初创期科技型企业（以下简称初创科技型企业），就符合投资抵扣税收优惠条件的投资，向主管税务机关办理投资情况备案。

二、报送期限

合伙创投企业应于投资满 2 年的年度终了后 3 个月内，向其注册地主管税务机关报送本表。

三、表内各栏

（一）合伙创投企业基本情况

1. 企业名称：填写合伙创投企业名称全称。

2. 纳税人识别号（统一社会信用代码）：填写合伙创投企业的纳税人识别号或统一社会信用代码。

3. 备案管理部门：填写合伙创投企业根据《创业投资企业管理暂行办法》或《私募投资基金监督管理暂行办法》等规定，办理备案的主管部门名称全称。

4. 备案时间：填写合伙创投企业向备案管理部门完成备案的时间。

5. 联系人：填写合伙创投企业联系人姓名。

6. 联系电话：填写合伙创投企业联系人的联系电话。

（二）对初创科技型企业投资情况

合伙创投企业投资多个初创科技型企业或对同一家初创科技型企业有多轮投资的，均需就每次投资情况分行填写。

1. 初创科技型企业名称：填写初创科技型企业名称全称。

2. 纳税人识别号：填写初创科技型企业的纳税人识别号或统一社会信用代码。

3. 注册地：填写初创科技型企业注册登记的具体地址。

4. 设立时间：填写初创科技型企业设立登记的具体日期。

5. 投资日期：填写初创科技型企业接受合伙创投企业投资并完成工商变更登记的日期。

6. 从业人数：填写与初创科技型企业建立劳动关系的职工及企业接受的劳务派遣人员人数。具体按照初创科技型企业接受投资前连续 12 个月的平均数填写，不足 12 个月的按实际月数平均计算填写。

7. 本科以上学历人数占比：填写初创科技型企业接受投资时本科以上学历人数占企业从业人数的比例。

8. 资产总额：填写初创科技型企业的资产总额。具体按照初创科技型企业接受投资前连续 12 个月的平均数填写，不足 12 个月的按实际月数平均计算填写。

9. 年销售收入：填写初创科技型企业的年销售收入。具体按照初创科技型企业接受投资前连续 12 个月的累计数填写，不足 12 个月的按实际月数累计计算填写。

10. 研发费用总额占成本费用支出的比例：填写企业接受投资当年及下一年两个纳税年度的研发费用总额合计占同期成本费用总额合计的比例。

11. 投资后 2 年内与关联方合计持股比例是否超 50%：填写“是”或“否”。

12. 投资额：填写合伙创投企业以现金形式对初创科技型企业的实缴出资额。

四、本表一式两份。主管税务机关受理后，由合伙创投企业和主管税务机关分别留存。

**表9－2**　　**合伙创投企业个人所得税投资抵扣情况表**

（________年度）

单位:%，人民币元（列至角分）

| 合伙创投企业情况 | | | |
|---|---|---|---|
| 企业名称 | | 纳税人识别号（统一社会信用代码） | |
| 投资情况备案编号 | | | |
| 当年新增符合条件的投资额合计 | | 新增可抵扣投资额 | |

| 个人合伙人相关情况 | | | | | | | | | | |
|---|---|---|---|---|---|---|---|---|---|---|
| 姓名 | 身份证件类型 | 身份证件号码 | 出资额 | 出资比例 | 分配比例 | 当年度分配的经营所得 | 结转上年可抵扣投资额 | 当年新增可抵扣投资额 | 当年实际抵扣投资额 | 结转抵扣投资额 |
| | | | | | | | | | | |
| | | | | | | | | | | |

谨声明：本人（单位）知悉并保证本表填报内容及所附证明材料真实、完整，并承担因资料虚假而产生的法律责任。

合伙创投企业印章：　　　　合伙创投企业负责人签章：　　　　年　　月　　日

| | |
|---|---|
| 代理机构印章：<br><br>联系人：<br>填报日期： | 主管税务机关印章：<br><br>受理人：<br>受理日期： |

国家税务总局监制

**填报说明**

一、适用范围

本表适用于有限合伙制创业投资企业（以下简称合伙创投企业）投资境内种子期、初创期科技型企业（以下简称初创科技型企业），在符合投资抵扣税收优惠年度及以后年度，向主管税务机关报告有关情况并办理投资抵扣手续。

二、报送期限

合伙创投企业自符合投资抵扣税收优惠年度起，每个年度终了3个月内，向其注册地主管税务机关报送本表。

三、表内各栏

（一）合伙创投企业情况

1. 企业名称：填写合伙创投企业名称全称。

2. 纳税人识别号（统一社会信用代码）：填写合伙创投企业的纳税人识别号或统一社会信用代码。

3. 投资情况备案编号：填写合伙创投企业办理投资情况备案时，税务机关受理其填报的“合伙创投企业个人所得税投资抵扣备案表”赋予的备案编号。

4. 当年新增符合条件的投资额合计：填写当年“合伙创投企业个人所得税投资抵扣备案表”投资额合计。若当年无新增符合投资抵扣税收优惠条件的投资，则无须填写。

5. 新增可抵扣投资额：新增可抵扣投资额 = 当年新增符合条件的投资额合计 ×70%。

（二）个人合伙人相关情况

本栏填报个人合伙人报告年度实际投资抵扣的有关情况。

1. 姓名：填写个人合伙人姓名。

2. 身份证件类型：填写个人合伙人办理个人所得税年度申报时使用的身份证件类型。

3. 身份证件号码：填写个人合伙人办理个人所得税年度申报时使用的身份证件号码。

4. 出资额：填写个人合伙人在投资满两年当年年末，对合伙创投企业的实缴出资额。

5. 出资比例：填写报告年度年末各合伙人对合伙创投企业的实缴出资额占所有合伙人全部实缴出资额的比例。

6. 分配比例：填写个人合伙人办理个人所得税年度申报时填报的分配比例。

7. 当年度分配的经营所得：填写报告年度个人合伙人按其分配比例自合伙创投企业计算分得的经营所得。

8. 结转上年可抵扣投资额：填写上年度此表“结转抵扣投资额”，上年无结转抵扣投资额的填“0”。

9. 当年新增可抵扣投资额：当年新增可抵扣投资额 = 新增可抵扣投资额 × 出资比例。

10. 当年实际抵扣投资额：区别以下情况计算填写。

（1）当年度分配的经营所得 < 结转上年可抵扣投资额 + 当年新增可抵扣投资额时，

当年实际抵扣投资额 = 当年度分配的经营所得；

（2）当年度分配的经营所得≥结转上年可抵扣投资额 + 当年新增可抵扣投资额时，

当年实际抵扣投资额 = 当年新增可抵扣投资额 + 结转上年可抵扣投资额。

11. 结转抵扣投资额：结转抵扣投资额 = 结转上年可抵扣投资额 + 当年新增可抵扣投资额 − 当年实际抵扣投资额。

四、本表一式两份。主管税务机关受理后，由合伙创投企业和主管税务机关分别留存。

### （三）天使投资个人备案

天使投资个人需要与初创科技型企业共同在投资初创科技型企业满 24 个月的次月 15 日内，向初创科技型企业的主管税务机关办理备案，报送“天使投资个人所得税投资抵扣备案表”。

被投资企业符合初创科技型企业条件的有关资料留存企业备查，备查资料包括初创科技型企业接受现金投资时的投资合同（协议）、章程、实际出资的相关证明材料，以及被投资企业符合初创科技型企业条件的有关资料。

## 五、个人享受投资抵扣政策的操作办法

本部分重点介绍与个人所得税相关的政策操作办法，包括合伙创投企业合伙人的申报

抵扣和天使投资人的申报抵扣。

### （一）合伙创投企业个人合伙人的申报抵扣

由合伙创投企业按年报送投资抵扣情况，合伙创投企业应在投资初创科技型企业满 2 年后的每个年度终了 3 个月内，向合伙创投企业主管税务机关报送“合伙创投企业个人所得税投资抵扣情况表”。

由个人合伙人办理年度纳税申报时扣除。合伙创投企业个人合伙人只须正常办理年度纳税申报即可享受投资抵扣。填写申报表时，需要将当年允许抵扣的投资额填至年度申报表“个人所得税生产经营所得纳税申报表（B 表）”的“允许扣除的其他费用”栏。

### （二）天使投资个人的申报抵扣

一是转让未上市的初创科技型企业股权。天使投资个人可以在股权转让次月 15 日内办理投资抵扣，具体需要向主管税务机关报送“天使投资个人所得税投资抵扣情况表”和投资初创科技型企业后税务机关受理的“天使投资个人所得税投资抵扣备案表”。

二是转让投资后初创科技型企业在上交所、深交所上市的公司股票。天使投资个人在转让上市公司限售股税款清算时，办理投资抵扣。

## 六、天使投资个人投资的初创科技型企业注销清算的税务处理

天使投资个人投资的初创科技型企业注销清算的，其尚未抵扣完毕的投资额，可以在 36 个月内转让其他符合投资抵扣条件的初创科技型企业股权时进行抵扣。

### （一）初创科技型企业注销清算时

天使投资个人应持前期投资抵扣备案的“天使投资个人所得税投资抵扣备案表”，及时到原初创科技型企业主管税务机关办理情况登记。

### （二）转让其他初创科技型企业股权投资抵扣时

持税务机关登记后的已注销清算企业的“天使投资个人所得税投资抵扣备案表”和前期办理投资抵扣时税务机关受理的“天使投资个人所得税投资抵扣情况表”办理投资抵扣手续。

## 七、其他管理要求

### （一）明确转请机制

明确了税务机关在创业投资企业和合伙创投企业合伙人享受优惠政策后续管理中，对

初创科技型企业是否符合规定条件有异议的，可以转请相应主管税务机关提供相关资料，主管税务机关应积极配合。

（二）明确骗取抵扣的罚则

创业投资企业、合伙创投企业合伙人、天使投资个人、初创科技型企业提供虚假情况，故意隐瞒已投资抵扣情况或采取其他手段骗取投资抵扣，不缴或者少缴应纳税款的，按税收征管法有关规定处理。

## 八、施行时间

天使投资个人所得税有关规定自 2018 年 7 月 1 日起施行，其他所得税规定自 2018 年 1 月 1 日起施行。

原试点政策的执行时间为企业所得税政策自 2017 年 1 月 1 日起施行，个人所得税政策自 2017 年 7 月 1 日起施行。考虑到合伙制创投企业个人合伙人政策施行时间可与法人合伙人保持一致，因此对个人合伙人的施行时间进行了调整，明确天使投资个人所得税政策自 2018 年 7 月 1 日起施行，其他各项政策自 2018 年 1 月 1 日起施行。

## 九、过渡条款

在全国范围内实施，已经涵盖了试点政策公告所实施的区域。为避免政策碎片化，便于纳税人准确查找、理解政策，须及时废止试点政策公告。考虑到天使投资个人所得税政策自 2018 年 7 月 1 日起实施，试点政策公告应自 2018 年 7 月 1 日起废止，保证政策无缝衔接。同时，按照政策规定，满 2 年当年不足抵扣的投资额，可向以后年度结转抵扣，为避免试点政策公告废止后引发执行歧义，统一政策执行口径，《国家税务总局公告 2018 年第 43 号》明确符合试点政策条件的投资额可按规定继续办理抵扣。

**案例 9－2**

某公司制创投企业于 2015 年 12 月以 100 万元投资了初创科技型企业，该笔投资符合试点政策的条件。2017 年度汇算清缴时，应纳税所得额（抵扣前）为 50 万元，可抵扣的投资额为 70 万元（100 万元 ×70%），当年实际抵扣应纳税所得额为 50 万元，剩余 20 万元可结转 2018 年及以后年度抵扣。

## 十、创投企业核算方式的选择和对应税务处理

（一）适用主体

《关于创业投资企业个人合伙人所得税政策问题的通知》（财税〔2019〕8 号）所称

创投企业，是指符合《创业投资企业管理暂行办法》（发展改革委等10部门令第39号）或者《私募投资基金监督管理暂行办法》（证监会令第105号）关于创业投资企业（基金）的有关规定，并按照上述规定完成备案且规范运作的合伙制创业投资企业（基金）。

### （二）选择按单一投资基金核算的处理方式

创投企业选择按单一投资基金核算的，其个人合伙人从该基金应分得的股权转让所得和股息红利所得，按照20%税率计算缴纳个人所得税。

单一投资基金核算，是指单一投资基金（包括不以基金名义设立的创投企业）在一个纳税年度内从不同创业投资项目取得的股权转让所得和股息红利所得按下述方法分别核算纳税。

1. 股权转让所得。单个投资项目的股权转让所得，按年度股权转让收入扣除对应股权原值和转让环节合理费用后的余额计算，股权原值和转让环节合理费用的确定方法，参照股权转让所得个人所得税有关政策规定执行。单一投资基金的股权转让所得，按一个纳税年度内不同投资项目的所得和损失相互抵减后的余额计算，余额大于或等于零的，即确认为该基金的年度股权转让所得；余额小于零的，该基金年度股权转让所得按零计算且不能跨年结转。

个人合伙人按照其应从基金年度股权转让所得中分得的份额计算其应纳税额，并由创投企业在次年3月31日前代扣代缴个人所得税。符合《财政部 国家税务总局关于创业投资企业和天使投资个人有关税收政策的通知》（财税〔2018〕55号）规定条件的，创投企业个人合伙人可以按照被转让项目对应投资额的70%抵扣其应从基金年度股权转让所得中分得的份额后再计算其应纳税额，当期不足抵扣的，不得向以后年度结转。

2. 股息红利所得。单一投资基金的股息红利所得，以其来源于所投资项目分配的股息、红利收入以及其他固定收益类证券等收入的全额计算。

个人合伙人按照其应从基金股息红利所得中分得的份额计算其应纳税额，并由创投企业按次代扣代缴个人所得税。

3. 基金管理人的管理费和业绩报酬。除前述可以扣除的成本、费用之外，单一投资基金发生的包括投资基金管理人的管理费和业绩报酬在内的其他支出，不得在核算时扣除。

本条规定的单一投资基金核算方法仅适用于计算创投企业个人合伙人的应纳税额。

### （三）创投企业选择按年度所得整体核算的处理方式

创投企业选择按年度所得整体核算的，其个人合伙人应从创投企业取得的所得，按照“经营所得”项目、5%～35%的超额累进税率计算缴纳个人所得税。

创投企业年度所得整体核算，是指将创投企业以每一纳税年度的收入总额减除成本、费用以及损失后，计算应分配给个人合伙人的所得。符合《财政部 国家税务总局关于创业投资企业和天使投资个人有关税收政策的通知》（财税〔2018〕55 号）规定条件的，创投企业个人合伙人可以按照被转让项目对应投资额的 70% 抵扣其可以从创投企业分得的经营所得后再计算其应纳税额。年度核算亏损的，准予按有关规定向以后年度结转。

按照“经营所得”项目计税的个人合伙人，没有综合所得的，可依法减除基本减除费用、专项扣除、专项附加扣除以及国务院确定的其他扣除。从多处取得经营所得的，应汇总计算个人所得税，只减除一次上述费用和扣除。

（四）延续时间

创投企业选择按单一投资基金核算或按创投企业年度所得整体核算后，3 年内不能变更。

（五）备案方式

创投企业选择按单一投资基金核算的，应当在按照财税〔2019〕8 号文件第一条规定完成备案的 30 日内，向主管税务机关进行核算方式备案；未按规定备案的，视同选择按创投企业年度所得整体核算。2019 年 1 月 1 日前已经完成备案的创投企业，选择按单一投资基金核算的，应当在 2019 年 3 月 1 日前向主管税务机关进行核算方式备案。创投企业选择一种核算方式满 3 年需要调整的，应当在满 3 年的次年 1 月 31 日前，重新向主管税务机关备案。

（六）执行期限

执行期限为 2019 年 1 月 1 日起至 2023 年 12 月 31 日止。

## 第七节　律师事务所从业人员专题

截至 2017 年底，我国共有律师事务所 2. 8 万余家，执业律师 36. 5 万人，形成庞大的执业群体。从个人所得税层面来看，我国律师事务所为合伙企业或个人独资企业，是律师从业的主要载体，其出资律师合伙人（独资人）按照经营所得税目缴纳个人所得税。同时，有些律师以雇员或兼职身份从业，有些律师还要自行支付部分人员的费用。

律师事务所及其从业人员的个人所得税，有合伙企业合伙人个税的共性问题，也有其执业特点所带来的个性涉税问题，为此，本章专辟一节，分析讨论律师事务所从业人员个人所得税的相关问题。

### 一、专门针对律师事务所从业人员个人所得税政策文件

2000 年 9 月 1 日，为了规范和加强律师事务所从业人员个人所得税的征收管理，国家

税务总局下发了《关于律师事务所从业人员取得收入征收个人所得税有关业务问题的通知》（国税发〔2000〕149号），明确了相关个人所得税问题。

随着律师行业的发展和收入分配形式的变化，《国家税务总局关于强化律师事务所等中介机构投资者个人所得税查账征收的通知》（国税发〔2002〕123号）规定，对具备查账征收条件的律师事务所，实行查账征收个人所得税。税务机关针对个人所得税征收方式的改变，结合律师行业的实际情况，制定下发了《国家税务总局关于律师事务所从业人员有关个人所得税问题的公告》（国家税务总局公告2012年第53号）。

因此，专门针对律师事务所从业人员个人所得税的政策文件包括《关于律师事务所从业人员取得收入征收个人所得税有关业务问题的通知》（国税发〔2000〕149号）和《国家税务总局关于强化律师事务所等中介机构投资者个人所得税查账征收的通知》（国税发〔2002〕123号）两个文件。

## 二、出资律师所得的个税计税

首先需要明确的是，合伙企业形式的律师事务所，仍遵循合伙企业所得税的一般计税原则和计税方法，即“先分后税”，个人合伙人（即出资律师）取得的所得按照“经营所得”项目适用个人所得税，按照合伙企业合伙人应纳税所得额的计算方法和“经营所得”所适用的税率计算应纳税额。

《关于律师事务所从业人员取得收入征收个人所得税有关业务问题的通知》（国税发〔2000〕149号）和《国家税务总局关于强化律师事务所等中介机构投资者个人所得税查账征收的通知》（国税发〔2002〕123号）两个文件，是对出资律师在计税时的相关问题进行的明确解释。

### （一）明确出资律师所得按经营所得缴纳个人所得税

根据《关于律师事务所从业人员取得收入征收个人所得税有关业务问题的通知》（国税发〔2000〕149号）的规定，律师个人出资兴办的独资和合伙性质的律师事务所的年度经营所得，从2000年1月1日起，停止征收企业所得税，作为出资律师的个人经营所得，按照有关规定，比照“个体工商户的生产、经营所得”应税项目征收个人所得税。

### （二）明确按出资或约定比例分配经营所得

根据《关于律师事务所从业人员取得收入征收个人所得税有关业务问题的通知》（国税发〔2000〕149号）的规定，合伙制律师事务所应将年度经营所得全额作为基数，按出资比例或者事先约定的比例计算各合伙人应分配的所得，据以征收个人所得税。

### （三）明确费用扣除项目和办法

根据《关于律师事务所从业人员取得收入征收个人所得税有关业务问题的通知》（国

税发〔2000〕149号）的规定，在计算其经营所得时，出资律师本人的工资、薪金不得扣除；

律师事务所和律师个人发生的其他费用和列支标准，按照《国家税务总局关于印发〈个体工商户个人所得税计税办法（试行）〉的通知》（国税发〔1997〕43号）等文件的规定执行。

1. 合伙律师费用扣除。根据《国家税务总局关于律师事务所从业人员有关个人所得税问题的公告》（国家税务总局公告2012年第53号），合伙人律师在计算应纳税所得额时，应凭合法有效凭据按照个人所得税法和有关规定扣除费用。对确实不能提供合法有效凭据而实际发生与业务有关的费用，经当事人签名确认后，可再按下列标准扣除费用：个人年营业收入不超过50万元的部分，按8%扣除；个人年营业收入超过50万元至100万元的部分，按6%扣除；个人年营业收入超过100万元的部分，按5%扣除。不执行查账征收的，不适用前款规定。但是，该规定属于过渡性质，仅在2013年1月1日至2015年12月31日期间执行，超过2015年12月31日，计算应纳税所得额时，要求合伙人律师依据合法有效的凭证进行费用扣除。

2. 律师培训费用的扣除。根据《国家税务总局关于律师事务所从业人员有关个人所得税问题的公告》（国家税务总局公告2012年第53号）的规定，律师个人承担的按照律师协会规定参加的业务培训费用，可据实扣除，该规定的适用对象是所有律师。考虑到全国律师协会对律师每年参加业务培训有强制要求，有行业特殊性，又与律师的本职工作直接相关，可以作为费用处理。律师自行参加的培训以及与律师业务无关的培训产生的费用不适用该规定。

## 三、提成律师收入的计税

提成律师是指实行收入分成办法的雇员律师，该类律师为律师事务所雇员，其与律师事务所按规定的比例对收入分成，律师事务所不负担律师办理案件支出的费用（如交通费、资料费、通讯费及聘请人员等费用）。

《关于律师事务所从业人员取得收入征收个人所得税有关业务问题的通知》（国税发〔2000〕149号）第五条第一款和《国家税务总局关于律师事务所从业人员有关个人所得税问题的公告》（国家税务总局公告2012年第53号）的第一条对提成律师收入的计税进行了明确。

1. 提成律师提成收入适用“工资、薪金”应税项目。根据《关于律师事务所从业人员取得收入征收个人所得税有关业务问题的通知》（国税发〔2000〕149号）第五条第一款的规定，提成律师当月的分成收入按规定扣除办理案件支出的费用后，余额与律师事务所发给的工资合并，按“工资、薪金所得”应税项目计征个人所得税。

2. 提成律师的提成收入按35%的比例扣除费用，办案费用不得在律师事务所重复列支。根据《国家税务总局关于律师事务所从业人员有关个人所得税问题的公告》（国家税务总局公告 2012 年第 53 号）第一条的规定，律师当月的分成收入，可以扣除办理案件支出费用，扣除金额在当月分成收入的 35% 比例内确定。当月分成收入扣除案件支出的费用后的余额，与律师事务所发给的工资合并，按“工资、薪金所得”应税项目计征个人所得税，其提成律师办案费用不得在律师事务所重复列支。

## 四、兼职律师收入计税

兼职律师是指取得律师资格和律师执业证书，不脱离本职工作从事律师职业的人员。文件《关于律师事务所从业人员取得收入征收个人所得税有关业务问题的通知》（国税发〔2000〕149 号）的第六条对兼职律师的个人所得税事宜进行了明确。

兼职律师从律师事务所取得“工资、薪金”性质的所得，律师事务所在代扣代缴其个人所得税时，不再减除个人所得税法规定的费用扣除标准，以收入全额（取得分成收入的为扣除办理案件支出费用后的余额）直接确定适用税率，计算扣缴个人所得税。

兼职律师应于次月 7 日内自行向主管税务机关申报两处或两处以上取得的工资、薪金所得，合并计算缴纳个人所得税。

## 五、工薪律师及其他雇员的工资计税

《关于律师事务所从业人员取得收入征收个人所得税有关业务问题的通知》（国税发〔2000〕149 号）对律师事务所的雇员（包括律师及行政辅助人员，但不包括律师事务所的投资者，下同）的个税计税事宜进行了明确，即律师事务所支付给雇员的所得，按“工资、薪金所得”应税项目征收个人所得税。

## 六、律师以个人名义聘用他人计税

《关于律师事务所从业人员取得收入征收个人所得税有关业务问题的通知》（国税发〔2000〕149 号）规定，律师以个人名义再聘请其他人员为其工作而支付的报酬，应由该律师按“劳务报酬所得”应税项目负责代扣代缴个人所得税。为了便于操作，税款可由其任职的律师事务所代为缴入国库。

## 七、律师接受法律顾问费及其他酬金计税

根据《国家税务总局关于律师事务所从业人员有关个人所得税问题的公告》（国家税务总局公告 2012 年第 53 号）的规定：律师承办业务，由律师事务所统一接受委托，与委

托人签订书面委托合同，按照国家规定统一收取费用并如实入账。因此，律师收取的法律顾问费或其他收入是其作为律师事务所的成员承办业务所取得的收入，不同于提供独立个人劳务所取得的收入，因此不应作为劳务报酬所得，而应根据律师是否为合伙人或雇员律师来确定其相应的纳税义务。因此，国家税务总局公告2012年第53号废止国税发〔2000〕149号第八条的规定，律师从接受法律事务服务的当事人处取得法律顾问费或其他酬金等收入，应并入其从律师事务所取得的其他收入，按照规定计算缴纳个人所得税。

## 八、律师事务所的后续管理

根据《国家税务总局关于3项个人所得税事项取消审批实施后续管理的公告》（国家税务总局公告2016年第5号）的规定：《国家税务总局关于强化律师事务所等中介机构投资者个人所得税查账征收的通知》（国税发〔2002〕123号）第三条废止后，关于“取消对律师事务所征收方式的核准”的后续管理统一按照《中华人民共和国税收征收管理法》及其实施细则、《财政部 国家税务总局关于印发〈关于个人独资企业和合伙企业投资者征收个人所得税的规定〉的通知》（财税〔2000〕91号）等相关规定实施后续管理。

# 第十章
# 个人独资企业及承包经营所得

《个人所得税法实施条例》第六条规定，个人投资企业投资人来源于境内注册的个人独资企业、合伙企业生产经营的所得，适用经营所得税目缴纳个人所得税。

《关于个人独资企业和合伙企业投资者征收个人所得税的规定》（财税〔2000〕91号）中附件1规定，个人独资企业投资人来源于境内注册的个人独资企业的生产、经营所得的比照个体工商户经营所得缴纳个人所得税。因此，个人投资企业投资人所得的计税办法、适用税率以及费用扣除等方面与个体工商户类似。本章仅对个人独资企业的特殊涉税事项做简单介绍。

## 第一节　纳税义务人

### 一、个人独资企业的界定

根据《关于个人独资企业和合伙企业投资者征收个人所得税的规定》（财税〔2000〕91号）中附件1的规定，个人所得税法层面的个人独资企业包括：（1）依照《中华人民共和国个人独资企业法》登记成立的个人独资企业。《中华人民共和国个人独资企业法》第二条规定：本法所称个人独资企业，是指依照本法在中国境内设立，由一个自然人投资，财产为投资人个人所有，投资人以其个人财产对企业债务承担无限责任的经营实体。（2）依照《中华人民共和国私营企业暂行条例》登记成立的独资性质的私营企业。（3）经政府有关部门依照法律法规批准成立的负无限责任和无限连带责任的其他个人独资性质的机构或组织。

### 二、个人独资企业投资人为纳税义务人

根据《关于个人独资企业和合伙企业投资者征收个人所得税的规定》（财税〔2000〕91 号）中的附件 1 的规定，个人独资企业以投资者为纳税义务人。

## 第二节 征税范围和计税方式

### 一、征税范围的一般规定

个人独资企业投资人所得为经营所得，具体为包含来源于境内注册的个人独资企业的生产、经营的所得。

### 二、征税范围的其他规定

《财政部 国家税务总局关于规范个人投资者个人所得税征收管理的通知》（财税〔2003〕158 号）第一条第二款规定：个人独资企业、合伙企业的个人投资者以企业资金为本人、家庭成员及其相关人员支付与企业生产经营无关的消费性支出及购买汽车、住房等财产性支出，视为企业对个人投资者的利润分配，并入投资者个人的生产经营所得，依照“个体工商户的生产经营所得”项目计征个人所得税。

## 第三节 承包经营等所得

### 一、纳税义务人

按照《个人所得税法实施条例》第六条规定，个人对企业、事业单位承包经营、承租经营以及转包、转租取得的所得为经营所得。因此，从事企业、事业单位承包经营、承租经营以及转包、转租活动的个人为个人所得税纳税义务人。

## 二、征税范围

《个人所得税法实施条例》第六条第五项规定，个人对企业、事业单位承包经营、承租经营以及转包、转租取得的所得，按经营所得缴纳个人所得税。

《国家税务总局关于个人对企事业单位实行承包经营、承租经营取得所得征税问题的通知》（国税发〔1994〕179 号）规定：承包、承租人对企业经营成果不拥有所有权，仅是按合同（协议）规定取得一定所得的，其所得按“工资、薪金所得”项目征税。承包、承租人按合同（协议）的规定只向发包、出租方交纳一定费用后，企业经营成果归其所有的，承包、承租人取得的所得，按对企事业单位的承包经营、承租经营所得项目缴纳个人所得税。

截至目前，《个人所得税法》暂未更新上述文件，基于对《个人所得税法实施条例》内容的理解，个人对企业、事业单位承包经营、承租经营以及转包、转租取得的所得依然可按照上述原则确认适用的个人所得税项目。承包、承租人对企业经营成果不拥有所有权，仅是按合同（协议）规定取得一定所得的，其所得按工资、薪金所得项目征税。承包、承租人按合同（协议）的规定只向发包、出租方交纳一定费用后，企业经营成果归其所有的，承包、承租人取得的所得，按经营所得征税。

## 三、计税方式

对企业、事业单位承包经营、承租经营以及转包、转租取得所得的涉税事项，按第九章第四节掌握。

# 第十一章
# 纳税申报

根据《关于个人所得税自行纳税申报有关问题的公告》（国家税务总局公告2018年第62号）的规定，纳税人取得经营所得，按年计算个人所得税，由纳税人在月度或季度终了后15日内，向经营管理所在地主管税务机关办理预缴纳税申报，并报送个人所得税经营所得纳税申报表（A表）；在取得所得的次年3月31日前，向经营管理所在地主管税务机关办理汇算清缴，并报送个人所得税经营所得纳税申报表（B表）；从两处以上取得经营所得的，选择向其中一处经营管理所在地主管税务机关办理年度汇总申报，并报送个人所得税经营所得纳税申报表（C表）。从中可以看出，取得经营所得的纳税人在纳税年度内按月度或季度预缴，纳税年度终了后进行汇算清缴。具体表样参照《关于修订个人所得税申报表的公告》（国家税务总局公告2019年第7号）附件5。

## 第一节　纳税申报操作流程简介

【自然人扣缴税收管理系统扣缴客户端】中经营所得预缴纳税申报，适用于个体工商户业主、个人独资企业投资者和合伙企业自然人合伙人预缴纳税申报。

申报主要流程是报表填写、申报表报送、税款缴纳。

1. 人员信息采集：根据个人所得税基础信息表（A表）的要求采集相关信息，系统采用先报送人员信息再填写报表的方式。

2. 报送及获取反馈：将人员信息报送后，税务局系统对人员身份信息进行验证并反馈验证结果。

3. 报表填写：代理经营所得申报包括“预缴纳税申报”，即个人所得税经营所得纳税申报表（A表）与年度汇算清缴，即个人所得税经营所得纳税申报表（B表）。

4. 申报表报送：通过网络方式将填写完整的申报表发送至税务机关并获取申报反馈结果。

5. 税款缴纳：申报成功后通过网上缴款或其他方式缴纳税款。

下面以北京市为例，介绍经营所得纳税申报网上操作的具体流程。

第一步，登录“自然人扣缴税收管理系统扣缴客户端”，用户登录之后，点击“生产经营”，界面如图 11 - 1。

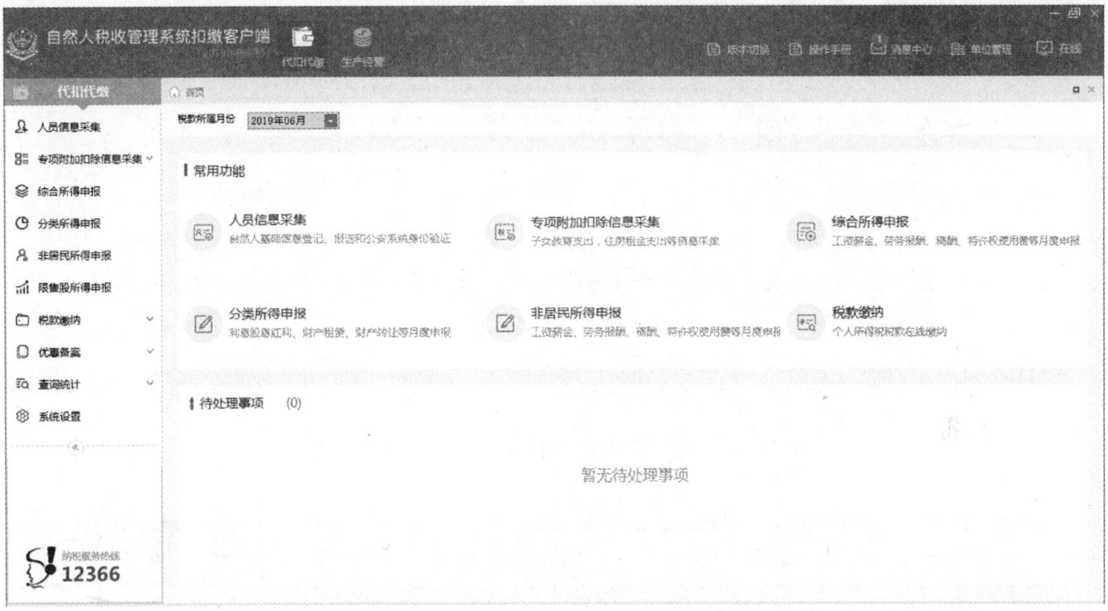


**图 11 - 1　经营所得申报界面——生产经营**

第二步，点击左侧【预缴纳税申报】进入界面如图 11 - 2。系统自动获取企业核定信息，包含企业类型、征收方式、投资者信息（见图 11 - 3、图 11 - 4）。

**图 11 - 2　生产经营所得功能界面——预缴纳税申报**

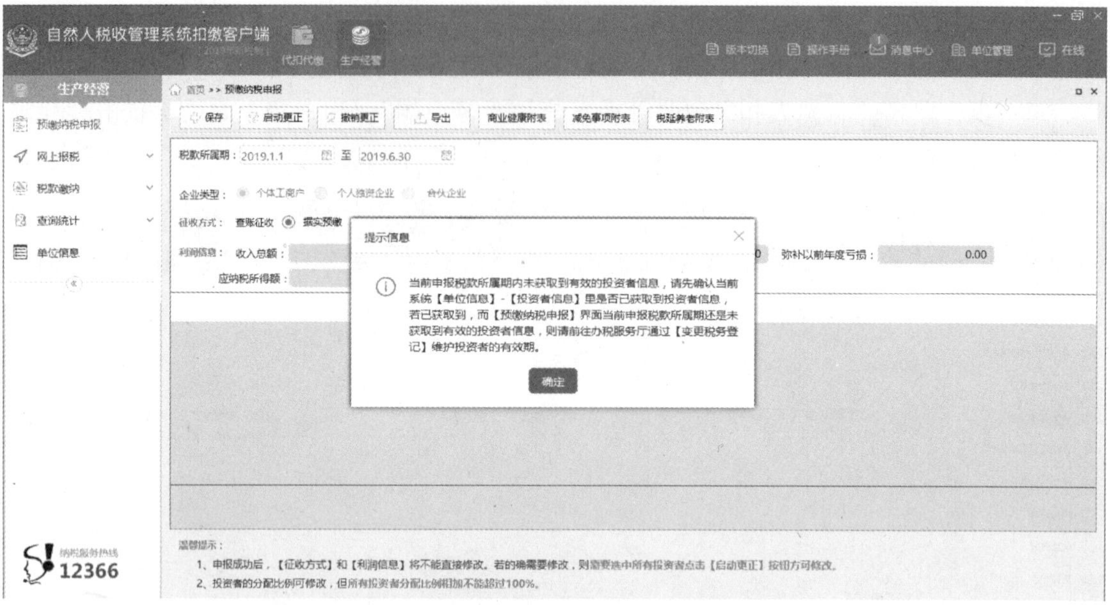


**图 11 －3　生产经营所得功能界面——核定信息**

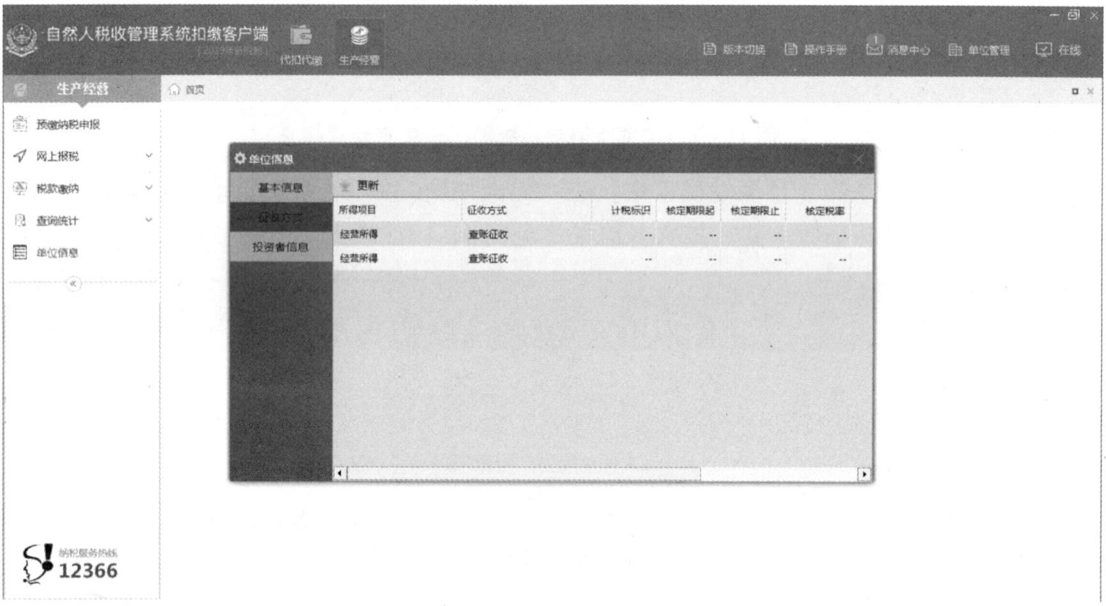


**图 11 －4　生产经营所得功能界面——征收方式**

点击【基本信息】，会出现纳税人识别号、单位名称、主管税务机关、财务负责人、法定代表人信息，所属行业、注册日期、企业类型、注册地址、上市公司与否等信息（见图 11 －5）。

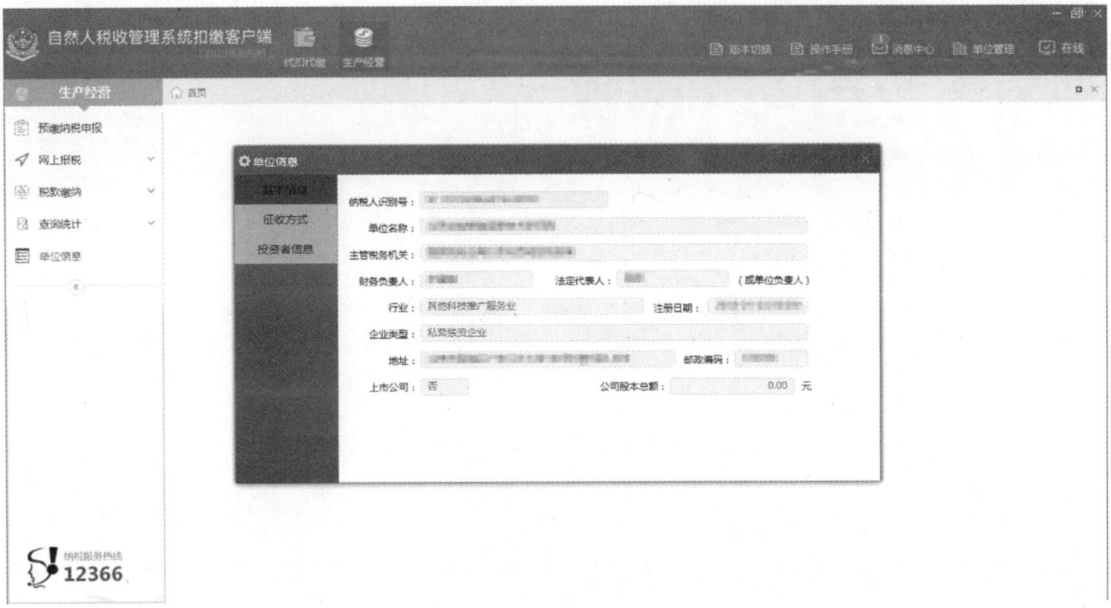


**图 11－5　生产经营所得功能界面——基本信息**

手动下载获取企业最新核定信息，下载成功后，重新点击【预缴纳税申报】进入申报表填写主界面。

第三步，填写报表，季度预缴填写个人所得税生产经营所得纳税申报表（A 表），具体填报方法详见本章第三节内容，主要根据征收方式的不同，按不同的规则填写申报表（见图 11－6、图 11－7、图 11－8）。

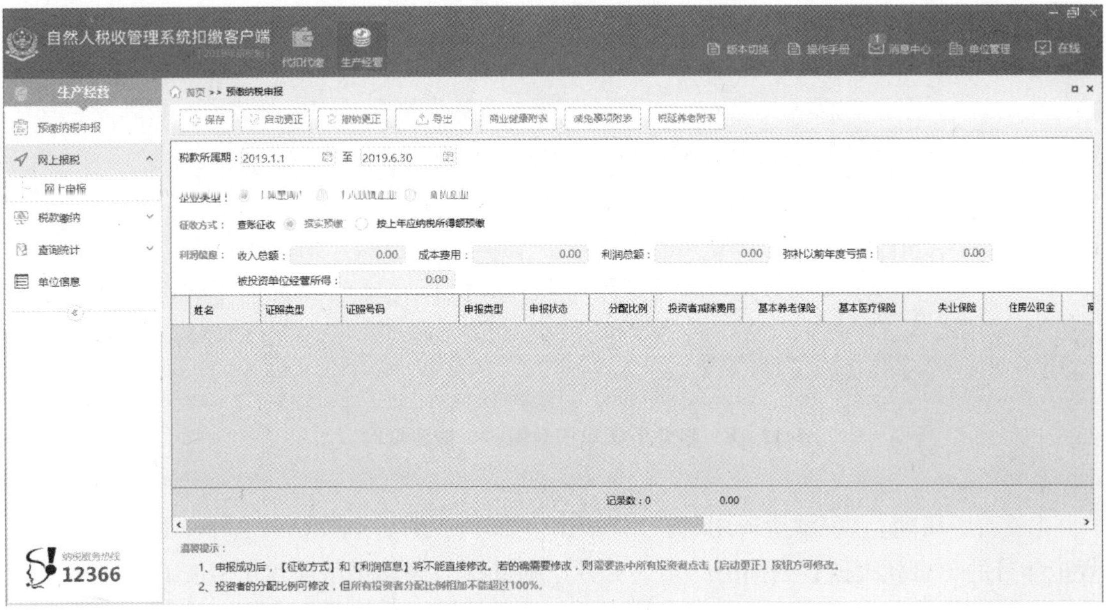


**图 11－6　经营所得申报界面——核定征收**

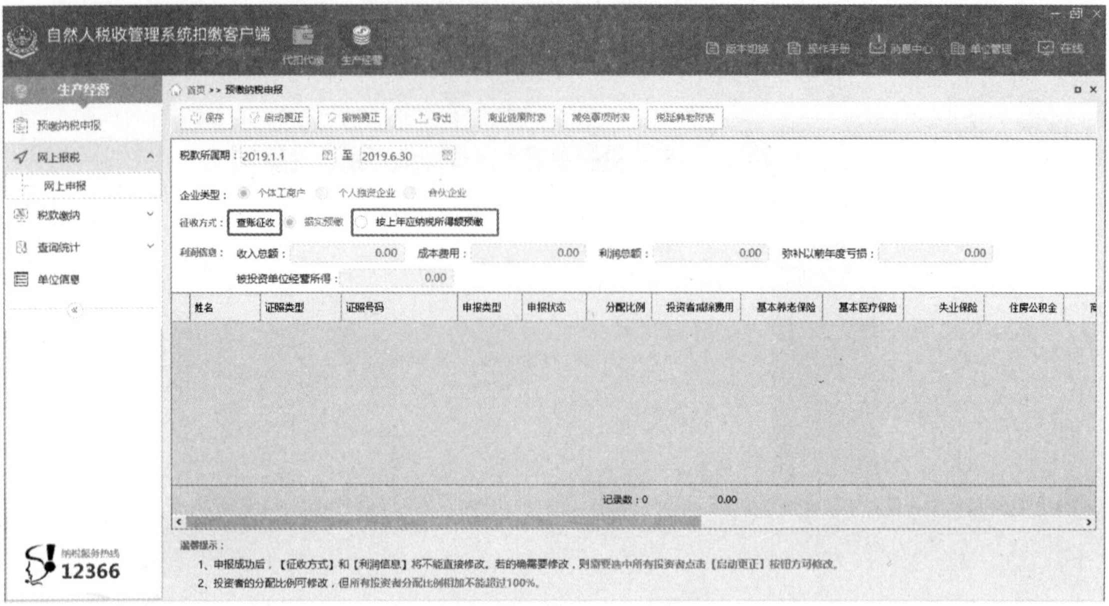

图 11－7　经营所得申报界面——查账征收（一）

图 11－8　经营所得申报界面——查账征收（二）

【税款所属期】：税款所属期起：如果当前时间为 1 月，则默认为去年 1 月 1 日与企业登记年月的 1 日孰大值；当前时间不为 1 月，则默认为当前系统年度 1 月 1 日与企业登记年月的 1 日孰大值。税款所属期止：默认为系统当前时间的上一月份的最后一日。

【企业类型】：从“单位信息”中带出，若显示不正确，可重新至“单位信息”中更新获取最新信息。

【征收方式】：根据下载的单位信息中征收方式自动带出。包括：查账征收（据实预缴、按上年应纳税所得额预缴）、核定应税所得率征收（能准确核算收入总额的、能准确核算成本费用的）、核定应纳税所得额征收、税务机关认可的其他方式（所得率、征收率）。

【收入总额】：填写被投资单位本年度开始经营月份起截至本期从事经营以及与经营有关的活动取得的货币形式和非货币形式的各项收入总金额。征收方式为查账征收（据实预缴）、核定征收（能准确核算收入总额的）、税务机关认可的其他方式（所得率、征收率）。

【成本费用】：填写被投资单位本年度开始经营月份起截至本期实际发生的成本、费用、税金、损失及其他支出的总额。征收方式为查账征收（据实预缴）、核定征收（能准确核算成本费用的）。

【利润总额】：当收入总额和成本费用可录时，利润总额 = 收入总额 - 成本费用，不可修改。征收方式为能准确核算成本费用的，利润总额置灰，不可修改。

【弥补以前年度亏损】：填写企业可在税前弥补的以前年度尚未弥补的亏损额。仅征收方式为查账征收（据实预缴）时，弥补以前年度亏损可填写。

【被投资单位经营所得】：征收方式为据实预缴、能准确核算收入总额的、税务机关认可的其他方式（所得率、征收率）时，被投资单位经营所得 = 利润总额 - 弥补以前年度亏损，无特殊说明，不可改；征收方式为能准确核算成本费用的，被投资单位经营所得 = 成本费用总额 / （1 - 应税所得率），不可改；征收方式为按上年应纳税所得额预缴、核定应纳税所得额征收时，被投资单位经营所得显示为“应纳税所得额”，可修改，但必须大于0。

【应税所得率】：征收方式为查账征收时，“应税所得率”不显示；征收方式为核定应税所得率征收（能准确核算收入总额的、能准确核算成本费用的）时，从核定信息中获取，不允许修改，直接显示税务机关核定的数据。征收方式为税务机关认可的其他方式（所得率）时，“应税所得率”数据项显示为“所得率”；征收方式为税务机关认可的其他方式（征收率）时，“应税所得率”显示为“征收率”。

【分配比例】：个人独资企业、个体工商户默认分配比例为100%，不可修改；合伙企业根据投资者信息带出分配比例，可修改，但合计不能超过100%。

【投资者减除费用】：征收方式为查账征收（据实预缴）、税务机关认可的其他方式（所得率）时，默认为（税款所属期止月份 - 税款所属期起月份 + 1）× 月度减除标准（默认是5 000，西藏支持差异化配置）；其他征收方式时默认为0，不可修改。

【基本养老保险】【基本医疗保险】【失业保险】【住房公积金】：查账征收（据实预缴）时，默认为0，可录入；其他征收方式不可录入。

【商业健康险】：填写按税法规定允许税前扣除的商业健康保险支出金额，扣除限额为

2 400 元/年。实行核定应税所得率征收（能准确核算收入总额的、能准确核算成本费用的）、按税务机关认可的其他方式（所得率）的纳税人，在税款所属期止为 12 月时可录，否则不可录；其他征收方式的不可录。企业注销时（状态为清算状态）也可减商业健康险。

【税延养老险】：填写按税法规定允许税前扣除的税延商业养老保险支出金额，扣除限额为年度收入总额 × 分配比例的 6% 与 12 000 元之间的孰小值。非试点地区不可录，试点地区实行核定应税所得率征收（能准确核算收入总额的、能准确核算成本费用的）、按税务机关认可的其他方式（所得率）的纳税人，在税款所属期止为 12 月时可录，否则不可录；其他征收方式的不可录。企业注销时（状态为清算状态）也可减税延养老险。

【其他扣除】：查账征收（据实预缴）时，默认为 0，可录入；其他征收方式不可录入。

【应纳税所得额】：由计算公式计算而得，不可修改。

【税率】：经营所得是 5 级超额累进税率，按应纳税所得额确定税率，不可修改。

【速算扣除数】：按照税率对应速算扣除数默认带出，不可修改。

【应纳税额】：应纳税额 = 应纳税所得额 × 税率 − 速算扣除数，不可修改。

【减免税额】：可填写，减免税额≤应纳税额。

【已预缴税额】：自动带出，不可修改。

【应补（退）税额】：由计算公式计算而得，不可修改。

申报表填写无误后点击【保存】，系统校验“投资者减除费用”“专项扣除”“依法确定的其他扣除”是否存在任意一项非 0，若有则弹出“有综合所得时，投资者减除费用、专项扣除、依法确定的其他扣除，只能在综合所得申报中扣除，是否继续申报?”提示框，可根据实际情况点击【是】保存报表，或者点击【否】修改报表数据后重新点击【保存】→【是】，确认保存时系统会对填写了商业健康保险、税延养老险和减免税额数据项的人员进行对应的附表填写校验以及分配比例是否超过 100% 的校验，校验通过则弹出“投资者预缴申报记录保存成功”提示框，点击【确定】即可。

第四步，纳税申报。点击【网上报税】→【网上申报】，进入申报表报送界面，系统自动生成已保存成功但未报送的报表，勾选纳税人后点击【发送申报】，税务机关系统接收成功后报表显示“申报处理中”，若未能自动获取到申报反馈结果，可自行点击【获取反馈】查看申报结果，显示申报成功即可；若申报失败，根据反馈提示修改申报表数据后，重新【发送申报】并【获取反馈】。

本期申报成功后，若需修改申报数据，可重新点击【预缴纳税申报】→【启动更正】，修改数据后进行更正申报，启动更正后，则企业所有投资人都需要重新申报（见图 11－9）。

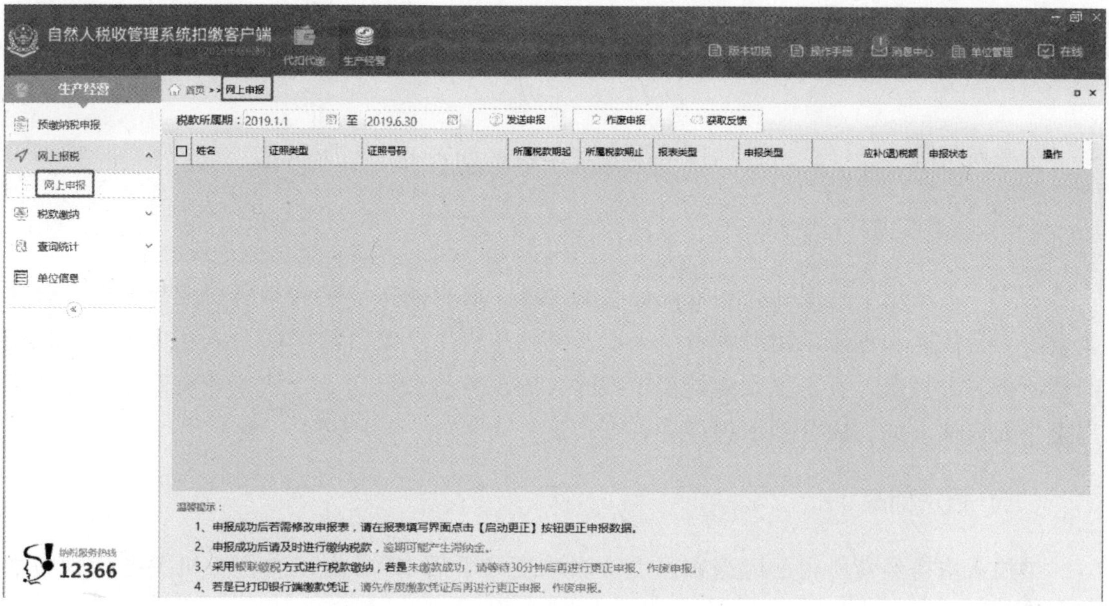


**图 11－9　经营所得申报界面——网上申报**

第五步，缴纳税费。查询后，如果确认申报无误，可进行“税费缴纳”环节。系统支持“三方协议缴款”和“银行端缴款”两种模式。签署了“三方协议缴款”的纳税人可直接进行网上缴款，纳税人也可以打印银行端缴款凭证，前往银行缴款。

# 第二节　经营所得的预缴申报

## 一、需要报送的资料清单

实行查账征收个人所得税方式的个体工商户、企事业单位的承包承租经营者、个人独资企业投资人和合伙企业合伙人的预缴纳税申报及实行核定征收的纳税申报，应报送：(1) 两份个人所得税生产经营所得纳税申报表（A 表），合伙企业有两个或两个以上自然人合伙人的，应分别填报本表。(2) 享受商业健康保险税前扣除政策且实行核定征收的纳税人，还应报送一份商业健康保险税前扣除情况明细表。(3) 享受个人税收递延型商业养老保险个人所得税政策试点的纳税人，还应报送一份个人税收递延型商业养老保险税前扣除情况明细表。(4) 享受个人所得税优惠的纳税人，还应报送一份个人所得税减免税事项报告表。

## 二、个人所得税生产经营所得纳税申报表（A表）填报方法

个人所得税生产经营所得纳税申报表（A表）如表11－1所示。

### （一）适用范围

表11－1适用于查账征收和核定征收的个体工商户业主、个人独资企业投资人、合伙企业个人合伙人、承包承租经营者个人以及其他从事生产经营活动的个人在中国境内取得经营所得，办理个人所得税预缴纳税申报时，向税务机关报送。合伙企业有两个或者两个以上个人合伙人的，应分别填报。

### （二）报送期限

纳税人取得经营所得，应当在月度或者季度终了后15日内，向税务机关办理预缴纳税申报。

**表11－1　个人所得税生产经营所得纳税申报表（A表）**

税款所属期：　　年　月　日至　　年　月　日　　纳税人姓名：

纳税人识别号：□□□□□□□□□□□□□□□□□□□□　　金额单位：人民币元（列至角分）

| 被投资单位信息 | 名称 | | 纳税人识别号（统一社会信用代码） | |
|---|---|---|---|---|
| 征收方式 | □查账征收（据实预缴）　□查账征收（按上年应纳税所得额预缴）<br>□核定应税所得率征收　□核定应纳税所得额征收<br>□税务机关认可的其他方式＿＿＿＿ | | | |

| 项目 | 行次 | 金额/比例 |
|---|---|---|
| 一、收入总额 | 1 | |
| 二、成本费用 | 2 | |
| 三、利润总额（3＝1－2） | 3 | |
| 四、弥补以前年度亏损 | 4 | |
| 五、应税所得率（%） | 5 | |
| 六、合伙企业个人合伙人分配比例（%） | 6 | |
| 七、允许扣除的个人费用及其他扣除（7＝8＋9＋14） | 7 | |
| （一）投资者减除费用 | 8 | |
| （二）专项扣除（9＝10＋11＋12＋13） | 9 | |
| 1. 基本养老保险费 | 10 | |
| 2. 基本医疗保险费 | 11 | |
| 3. 失业保险费 | 12 | |
| 4. 住房公积金 | 13 | |

续表

| 项目 | 行次 | 金额/比例 |
|---|---|---|
| （三）依法确定的其他扣除（14 = 15 + 16 + 17） | 14 | |
| 1. | 15 | |
| 2. | 16 | |
| 3. | 17 | |
| 八、应纳税所得额 | 18 | |
| 九、税率（%） | 19 | |
| 十、速算扣除数 | 20 | |
| 十一、应纳税额（21 = 18 × 19 − 20） | 21 | |
| 十二、减免税额（附报“个人所得税减免税事项报告表”） | 22 | |
| 十三、已缴税额 | 23 | |
| 十四、应补/退税额（24 = 21 − 22 − 23） | 24 | |

谨声明：本表是根据国家税收法律法规及相关规定填报的，是真实的、可靠的、完整的。

纳税人签字：　　　　年　　月　　日

| | |
|---|---|
| 经办人：<br>经办人身份证件号码：<br>代理机构签章：<br>代理机构统一社会信用代码： | 受理人：<br><br>受理税务机关（章）：<br>受理日期：　　　年　　月　　日 |

国家税务总局监制

## （三）填表说明

1. 第1行“收入总额”：填写本年度开始经营月份起截至本期从事经营以及与经营有关的活动取得的货币形式和非货币形式的各项收入总金额，包括销售货物收入、提供劳务收入、转让财产收入、利息收入、租金收入、接受捐赠收入、其他收入。

2. 第2行“成本费用”：填写本年度开始经营月份起截至本期实际发生的成本、费用、税金、损失及其他支出的总额。

3. 第3行“利润总额”：填写本年度开始经营月份起截至本期的利润总额。

4. 第4行“弥补以前年度亏损”：填写可在税前弥补的以前年度尚未弥补的亏损额。

5. 第5行“应税所得率”：按核定应税所得率方式纳税的纳税人，填写税务机关确定的核定征收应税所得率。按其他方式纳税的纳税人不填本行。

6. 第6行“合伙企业个人合伙人分配比例”：纳税人为合伙企业个人合伙人的，填写本行，其他则不填。分配比例按照合伙协议约定的比例填写；合伙协议未约定或不明确的，按合伙人协商决定的比例填写；协商不成的，按合伙人实缴出资比例填写；无法确定出资比例的，按合伙人平均分配。

7. 第7～17行“允许扣除的个人费用及其他扣除”：

（1）第8行“投资者减除费用”：填写根据本年实际经营月份数计算的可在税前扣除的投资者本人每月5 000元减除费用的合计金额。

（2）第9～13行“专项扣除”：填写按规定允许扣除的基本养老保险费、基本医疗保险费、失业保险费、住房公积金的金额。

（3）第14～17行“依法确定的其他扣除”：填写商业健康保险、税延养老保险以及其他按规定允许扣除项目的金额。其中，税延养老保险可在申报四季度或12月份税款时填报扣除。

8. 第18行“应纳税所得额”：根据相关行次计算填报，见表11－2。

（1）查账征收（据实预缴）：第18行＝（第3行－第4行）×第6行－第7行。

（2）查账征收（按上年应纳税所得额预缴）：第18行＝上年度的应纳税所得额÷12×月份数。

（3）核定应税所得率征收（能准确核算收入总额的）：第18行＝第1行×第5行×第6行。

（4）核定应税所得率征收（能准确核算成本费用的）：第18行＝第2行÷（1－第5行）×第5行×第6行。

（5）核定应纳税所得额征收：直接填写应纳税所得额。

（6）税务机关认可的其他方式：直接填写应纳税所得额。

**表11－2　　应纳税所得额填写说明**

| 项目 | | 合伙企业合伙人 | 其他 |
|---|---|---|---|
| 查账征收 | 据实预缴 | 第8行＝（第3行－第4行）×第5行－第6行 | 第8行＝第3行－第4行－第6行 |
| | 按上年应纳税所得额预缴 | 第8行＝上年度的应纳税所得额÷12×月份数 | 第8行＝上年度的应纳税所得额÷12×月份数 |
| 核定征收 | 核定应税所得率征收（能准确核算收入总额的） | 第8行＝第1行×第7行×第5行 | 第8行＝第1行×第7行 |
| | 核定应税所得率征收（能准确核算成本费用的） | 第8行＝第2行÷（1－第7行）×第7行×第5行 | 第8行＝第2行÷（1－第7行）×第7行 |
| | 核定应纳税所得额征收 | 直接填写应纳税所得额 | 直接填写应纳税所得额 |
| 税务机关认可的其他方式 | | 直接填写应纳税所得额 | 直接填写应纳税所得额 |

9. 第19～20行“税率”和“速算扣除数”：填写按规定适用的税率和速算扣除数。

10. 第21行“应纳税额”：根据相关行次计算填报。第21行＝第18行×第19行－第20行。

11. 第22行“减免税额”：填写符合税法规定可以减免的税额，并附报“个人所得税减免税事项报告表”。

12. 第23行“已缴税额”：填写本年度在月（季）度申报中累计已预缴的经营所得个人所得税的金额。

13. 第24行“应补/退税额”：根据相关行次计算填报。第24行=第21行-第22行-第23行。

# 第三节　经营所得汇算清缴申报

## 一、需要报送的资料清单

实行查账征收个人所得税方式的个体工商户、企事业单位的承包承租经营者、个人独资企业投资人和合伙企业合伙人的个人所得税年度申报，应报送：(1) 个人所得税生产经营所得纳税申报表（B表），合伙企业有两个或两个以上自然人合伙人的，应分别填报。(2) 享受商业健康保险税前扣除政策且实行核定征收的纳税人，还应报送“商业健康保险税前扣除情况明细表”。(3) 享受个人税收递延型商业养老保险个人所得税政策试点的纳税人，还应报送个人税收递延型商业养老保险税前扣除情况明细表。(4) 享受个人所得税优惠的纳税人，还应报送个人所得税减免税事项报告表。(5) 享受合伙创投企业个人所得税投资抵扣税收政策的个人合伙人纳税人，还应报送合伙创投企业主管税务机关受理的合伙创投企业个人所得税投资抵扣情况表。

## 二、个人所得税生产经营所得纳税申报表（B表）填报方法

个人所得税生产经营所得纳税申报表（B表）如表11-3所示。

### （一）适用范围

表11-3适用于个体工商户业主、个人独资企业投资人、合伙企业个人合伙人、承包承租经营者个人以及其他从事生产、经营活动的个人在中国境内取得经营所得，且实行查账征收的，在办理个人所得税汇算清缴纳税申报时，向税务机关报送。合伙企业有两个或者两个以上个人合伙人的，应分别填报本表。同时，合伙企业有两个或两个以上自然人合伙人的，应分别填报本表。

### （二）纳税期限

纳税人在取得经营所得的次年3月31日前，向税务机关办理汇算清缴。

**表 11－3　　个人所得税生产经营所得纳税申报表（B 表）**

税款所属期：　　　年　月　日至　　年　月　日　　　　纳税人姓名：

纳税人识别号：□□□□□□□□□□□□□□□□□□□□　　　金额单位：人民币元（列至角分）

| 被投资单位信息 | 名称 | | 纳税人识别号（统一社会信用代码） | |
|---|---|---|---|---|

| 项目 | 行次 | 金额/比例 |
|---|---|---|
| 一、收入总额 | 1 | |
| 其中：国债利息收入 | 2 | |
| 二、成本费用（3＝4＋5＋6＋7＋8＋9＋10） | 3 | |
| （一）营业成本 | 4 | |
| （二）营业费用 | 5 | |
| （三）管理费用 | 6 | |
| （四）财务费用 | 7 | |
| （五）税金 | 8 | |
| （六）损失 | 9 | |
| （七）其他支出 | 10 | |
| 三、利润总额（11＝1－2－3） | 11 | |
| 四、纳税调整增加额（12＝13＋27） | 12 | |
| （一）超过规定标准的扣除项目金额（13＝14＋15＋16＋17＋18＋19＋20＋21＋22＋23＋24＋25＋26） | 13 | |
| 1. 职工福利费 | 14 | |
| 2. 职工教育经费 | 15 | |
| 3. 工会经费 | 16 | |
| 4. 利息支出 | 17 | |
| 5. 业务招待费 | 18 | |
| 6. 广告费和业务宣传费 | 19 | |
| 7. 教育和公益事业捐赠 | 20 | |
| 8. 住房公积金 | 21 | |
| 9. 社会保险费 | 22 | |
| 10. 折旧费用 | 23 | |
| 11. 无形资产摊销 | 24 | |
| 12. 资产损失 | 25 | |
| 13. 其他 | 26 | |
| （二）不允许扣除的项目金额（27＝28＋29＋30＋31＋32＋33＋34＋35＋36） | 27 | |
| 1. 个人所得税税款 | 28 | |
| 2. 税收滞纳金 | 29 | |
| 3. 罚金、罚款和被没收财物的损失 | 30 | |

续表

| 项目 | 行次 | 金额/比例 |
|---|---|---|
| 4. 不符合扣除规定的捐赠支出 | 31 | |
| 5. 赞助支出 | 32 | |
| 6. 用于个人和家庭的支出 | 33 | |
| 7. 与取得生产经营收入无关的其他支出 | 34 | |
| 8. 投资者工资、薪金支出 | 35 | |
| 9. 其他不允许扣除的支出 | 36 | |
| 五、纳税调整减少额 | 37 | |
| 六、纳税调整后所得（38 = 11 + 12 − 37） | 38 | |
| 七、弥补以前年度亏损 | 39 | |
| 八、合伙企业个人合伙人分配比例（%） | 40 | |
| 九、允许扣除的个人费用及其他扣除（41 = 42 + 43 + 48 + 55） | 41 | |
| （一）投资者减除费用 | 42 | |
| （二）专项扣除（43 = 44 + 45 + 46 + 47） | 43 | |
| 1. 基本养老保险费 | 44 | |
| 2. 基本医疗保险费 | 45 | |
| 3. 失业保险费 | 46 | |
| 4. 住房公积金 | 47 | |
| （三）专项附加扣除（48 = 49 + 50 + 51 + 52 + 53 + 54） | 48 | |
| 1. 子女教育 | 49 | |
| 2. 继续教育 | 50 | |
| 3. 大病医疗 | 51 | |
| 4. 住房贷款利息 | 52 | |
| 5. 住房租金 | 53 | |
| 6. 赡养老人 | 54 | |
| （四）依法确定的其他扣除（55 = 56 + 57 + 58 + 59） | 55 | |
| 1. 商业健康保险 | 56 | |
| 2. 税延养老保险 | 57 | |
| 3. | 58 | |
| 4. | 59 | |
| 十、投资抵扣 | 60 | |
| 十一、准予扣除的个人捐赠支出 | 61 | |
| 十二、应纳税所得额（62 = 38 − 39 − 41 − 60 − 61）或［62 =（38 − 39）× 40 − 41 − 60 − 61］ | 62 | |
| 十三、税率（%） | 63 | |
| 十四、速算扣除数 | 64 | |

续表

| 项目 | 行次 | 金额/比例 |
|---|---|---|
| 十五、应纳税额（65 =62 ×63 －64） | 65 | |
| 十六、减免税额（附报“个人所得税减免税事项报告表”） | 66 | |
| 十七、已缴税额 | 67 | |
| 十八、应补/退税额（68 =65 －66 －67） | 68 | |

谨声明：本表是根据国家税收法律法规及相关规定填报的，是真实的、可靠的、完整的。

纳税人签字：　　　　年　月　日

| | |
|---|---|
| 经办人：<br>经办人身份证件号码：<br>代理机构签章：<br>代理机构统一社会信用代码： | 受理人：<br><br>受理税务机关（章）：<br>受理日期：　　　年　月　日 |

国家税务总局监制

（三）填表说明

个人所得税生产经营所得纳税申报表（B 表）共分为表头和表内两大部分。

1. 表头项目。

（1）税款所属期：填写纳税人取得经营所得应纳个人所得税款的所属期间，应填写具体的起止年月日。

（2）纳税人姓名：填写自然人纳税人姓名。

（3）纳税人识别号：有中国公民身份号码的，填写中华人民共和国居民身份证上载明的“公民身份号码”；没有中国公民身份号码的，填写税务机关赋予的纳税人识别号。

2. 被投资单位信息。

（1）名称：填写被投资单位法定名称的全称。

（2）纳税人识别号（统一社会信用代码）：填写被投资单位的纳税人识别号或统一社会信用代码。

3. 表内各行填写。

（1）第 1 行“收入总额”：填写本年度从事生产经营以及与生产经营有关的活动取得的货币形式和非货币形式的各项收入总金额，包括销售货物收入、提供劳务收入、转让财产收入、利息收入、租金收入、接受捐赠收入、其他收入。

（2）第 2 行“国债利息收入”：填写本年度已计入收入的因购买国债而取得的应予免税的利息金额。

（3）第 3 ~10 行“成本费用”：填写本年度实际发生的成本、费用、税金、损失及其他支出的总额。

①第 4 行“营业成本”：填写在生产经营活动中发生的销售成本、销货成本、业务支出以及其他耗费的金额。

②第 5 行“营业费用”：填写在销售商品和材料、提供劳务的过程中发生的各种费用。

③第 6 行“管理费用”：填写为组织和管理企业生产经营发生的管理费用。

④第 7 行“财务费用”：填写为筹集生产经营所需资金等发生的筹资费用。

⑤第 8 行“税金”：填写在生产经营活动中发生的除个人所得税和允许抵扣的增值税以外的各项税金及其附加。

⑥第 9 行“损失”：填写生产经营活动中发生的固定资产和存货的盘亏、毁损、报废损失，转让财产损失，坏账损失，自然灾害等不可抗力因素造成的损失以及其他损失。

⑦第 10 行“其他支出”：填写除成本、费用、税金、损失外，生产经营活动中发生的与之有关的、合理的支出。

（4）第 11 行“利润总额”：根据相关行次计算填报。第 11 行 = 第 1 行 – 第 2 行 – 第 3 行。

（5）第 12 行“纳税调整增加额”：根据相关行次计算填报。第 12 行 = 第 13 行 + 第 27 行。

（6）第 13 行“超过规定标准的扣除项目金额”：填写扣除的成本、费用和损失中，超过税法规定的扣除标准应予调增的应纳税所得额。

（7）第 27 行“不允许扣除的项目金额”：填写按规定不允许扣除但被投资单位已将其扣除的各项成本、费用和损失，应予调增应纳税所得额的部分。

（8）第 37 行“纳税调整减少额”：填写在计算利润总额时已计入收入或未列入成本费用，但在计算应纳税所得额时应予扣除的项目金额。

（9）第 38 行“纳税调整后所得”：根据相关行次计算填报。第 38 行 = 第 11 行 + 第 12 行 – 第 37 行。

（10）第 39 行“弥补以前年度亏损”：填写本年度可在税前弥补的以前年度亏损额。

（11）第 40 行“合伙企业个人合伙人分配比例”：纳税人为合伙企业个人合伙人的，填写本栏，其他则不填。分配比例按照合伙协议约定的比例填写；合伙协议未约定或不明确的，按合伙人协商决定的比例填写；协商不成的，按合伙人实缴出资比例填写；无法确定出资比例的，按合伙人平均分配。

（12）第 41 行“允许扣除的个人费用及其他扣除”：填写按税法规定可以税前扣除的各项费用、支出。

①第 42 行“投资者减除费用”：填写按税法规定的减除费用金额。

②第 43 ~ 47 行“专项扣除”：分别填写本年度按规定允许扣除的基本养老保险费、基本医疗保险费、失业保险费、住房公积金的合计金额。

③第 48 ~ 54 行“专项附加扣除”：分别填写本年度纳税人按规定可享受的子女教育、继续教育、大病医疗、住房贷款利息、住房租金、赡养老人等专项附加扣除的合计金额。

④第 55 ~59 行“依法确定的其他扣除”：分别填写按规定允许扣除的商业健康保险、税延养老保险，以及国务院规定其他可以扣除项目的合计金额。

（13）第 60 行“投资抵扣”：填写按照税法规定可以税前抵扣的投资金额。

（14）第 61 行“准予扣除的个人捐赠支出”：填写本年度按照税法及相关法规、政策规定，可以在税前扣除的个人捐赠合计额。

（15）第 62 行“应纳税所得额”：根据相关行次计算填报。

①纳税人为非合伙企业个人合伙人的：第 62 行 = 第 38 行 - 第 39 行 - 第 41 行 - 第 60 行 - 第 61 行。

②纳税人为合伙企业个人合伙人的：第 62 行 = （第 38 行 - 第 39 行） ×第 40 行 - 第 41 行 - 第 60 行 - 第 61 行。

（16）第 63 ~64 行“税率”“速算扣除数”：填写按规定适用的税率和速算扣除数。

（17）第 65 行“应纳税额”：根据相关行次计算填报。第 65 行 = 第 62 行 × 第 63 行 - 第 64 行。

（18）第 66 行“减免税额”：填写符合税法规定可以减免的税额，并附报《个人所得税减免税事项报告表》。

（19）第 67 行“已缴税额”：填写本年度累计已预缴的经营所得个人所得税金额。

（20）第 68 行“应补/退税额”：根据相关行次计算填报。第 68 行 = 第 65 行 - 第 66 行 - 第 67 行。

## 第四节　取得两处以上生产经营所得的年度汇总纳税申报

### 一、需报送资料清单

在中华人民共和国境内 2 处或者 2 处以上取得个体工商户的生产、经营所得和对企事业单位的承包经营、承租经营所得的，同项所得合并计算纳税的个人所得税年度汇总纳税申报，应报送：（1）个人所得税生产经营所得纳税申报表（C 表）两份；（2）享受个人所得税优惠的纳税人，还应报送个人所得税减免税事项报告表一份。

### 二、报表填报

个人所得税生产经营所得纳税申报表（C 表）如表 11 - 4 所示。

**表 11－4　　　　　　个人所得税生产经营所得纳税申报表（C 表）**

税款所属期：　　　　年　月　日至　　年　月　日　　　　　　纳税人姓名：

纳税人识别号：□□□□□□□□□□□□□□□□□□□□　　　　金额单位：人民币元（列至角分）

| | | | | | |
|---|---|---|---|---|---|
| 被投资单位信息 | 单位名称 | | | 纳税人识别号（统一社会信用代码） | 投资者应纳税所得额 |
| | 汇总地 | | | | |
| | 非汇总地 | 1 | | | |
| | | 2 | | | |
| | | 3 | | | |
| | | 4 | | | |
| | | 5 | | | |

| 项目 | 行次 | 金额/比例 |
|---|---|---|
| 一、投资者应纳税所得额合计 | 1 | |
| 二、应调整的个人费用及其他扣除（2＝3＋4＋5＋6） | 2 | |
| （一）投资者减除费用 | 3 | |
| （二）专项扣除 | 4 | |
| （三）专项附加扣除 | 5 | |
| （四）依法确定的其他扣除 | 6 | |
| 三、应调整的其他项目 | 7 | |
| 四、调整后应纳税所得额（8＝1＋2＋7） | 8 | |
| 五、税率（%） | 9 | |
| 六、速算扣除数 | 10 | |
| 七、应纳税额（11＝8×9－10） | 11 | |
| 八、减免税额（附报个人所得税减免税事项报告表） | 12 | |
| 九、已缴税额 | 13 | |
| 十、应补/退税额（14＝11－12－13） | 14 | |

谨声明：本表是根据国家税收法律法规及相关规定填报的，是真实的、可靠的、完整的。

纳税人签字：　　　　　年　　月　　日

| | |
|---|---|
| 经办人：<br>经办人身份证件号码：<br>代理机构签章：<br>代理机构统一社会信用代码： | 受理人：<br><br>受理税务机关（章）：<br>受理日期：　　　年　　月　　日 |

国家税务总局监制

## （一）适用范围

表 11－4 适用于个体工商户业主、个人独资企业投资人、合伙企业个人合伙人、承包承租经营者个人以及其他从事生产、经营活动的个人在中国境内两处以上取得经营所得，办理合并计算个人所得税的年度汇总纳税申报时，向税务机关报送。

（二）报送期限

纳税人从两处以上取得经营所得，应当于取得所得的次年3月31日前办理年度汇总纳税申报。

（三）填写说明

1. 表头项目。

（1）税款所属期：填写纳税人取得经营所得应纳个人所得税款的所属期间，应填写具体的起止年月日。

（2）纳税人姓名：填写自然人纳税人姓名。

（3）纳税人识别号：有中国公民身份号码的，填写中华人民共和国居民身份证上载明的公民身份号码；没有中国公民身份号码的，填写税务机关赋予的纳税人识别号。

2. 被投资单位信息。

（1）名称：填写被投资单位法定名称的全称。

（2）纳税人识别号（统一社会信用代码）：填写被投资单位的纳税人识别号或者统一社会信用代码。

（3）投资者应纳税所得额：填写投资者从其各投资单位取得的年度应纳税所得额。

3. 填表说明。

（1）第1行“投资者应纳税所得额合计”：填写投资者从其各投资单位取得的年度应纳税所得额的合计金额。

（2）第2~6行“应调整的个人费用及其他扣除”：填写按规定需调整增加或者减少应纳税所得额的项目金额。调整减少应纳税所得额的，用负数表示。

①第3行“投资者减除费用”：填写需调整增加或者减少应纳税所得额的投资者减除费用的金额。

②第4行“专项扣除”：填写需调整增加或者减少应纳税所得额的“三险一金”（基本养老保险费、基本医疗保险费、失业保险费、住房公积金）的合计金额。

③第5行“专项附加扣除”：填写需调整增加或者减少应纳税所得额的专项附加扣除（子女教育、继续教育、大病医疗、住房贷款利息、住房租金、赡养老人）的合计金额。

④第6行“依法确定的其他扣除”：填写需调整增加或者减少应纳税所得额的商业健康保险、税延养老保险以及国务院规定其他可以扣除项目的合计金额。

（3）第7行“应调整的其他项目”：填写按规定应予调整的其他项目的合计金额。调整减少应纳税所得额的，用负数表示。

（4）第8行“调整后应纳税所得额”：根据相关行次计算填报。第8行=第1行+第2行+第7行。

（5）第9~10行“税率”“速算扣除数”：填写按规定适用的税率和速算扣除数。

（6）第11行“应纳税额”：根据相关行次计算填报。第11行=第8行×第9行−第10行。

（7）第 12 行“减免税额”：填写符合税法规定可以减免的税额，并附报《个人所得税减免税事项报告表》。

（8）第 13 行“已缴税额”：填写纳税人本年度累计已缴纳的经营所得个人所得税的金额。

（9）第 14 行“应补/退税额”：按相关行次计算填报。第 14 行 = 第 11 行 − 第 12 行 − 第 13 行。

# 第五节　个人所得税减免申报

## 一、“个人所得税减免税事项报告表”表样

“个人所得税减免税事项报告表”如表 11－5 所示。纳税人、扣缴义务人纳税申报时存在减免个人所得税情形的，应填报本表。

**表 11－5**　　个人所得税减免税事项报告表

税款所属期：　　年　月　日至　　年　月　日　　　　金额单位：人民币元（列至角分）

<table>
<tr><td colspan="2">扣缴义务人名称</td><td colspan="3"></td><td>扣缴义务人<br>纳税识别号</td><td colspan="2"></td></tr>
<tr><td colspan="2">纳税人姓名</td><td colspan="3"></td><td>纳税人识别号</td><td colspan="2"></td></tr>
<tr><td rowspan="25">减免税情况</td><td>编号</td><td>勾选</td><td colspan="3">减免事项</td><td>减免人数</td><td>减免税额</td></tr>
<tr><td>1</td><td>□</td><td colspan="3">芦山地震受灾减免个人所得税</td><td></td><td></td></tr>
<tr><td>2</td><td>□</td><td colspan="3">鲁甸地震受灾减免个人所得税</td><td></td><td></td></tr>
<tr><td>3</td><td>□</td><td colspan="3">其他地区地震受灾减免个人所得税</td><td></td><td></td></tr>
<tr><td>4</td><td>□</td><td colspan="3">其他自然灾害受灾减免个人所得税</td><td></td><td></td></tr>
<tr><td>5</td><td>□</td><td colspan="3">个人转让 5 年以上唯一住房免征个人所得税</td><td></td><td></td></tr>
<tr><td>6</td><td>□</td><td colspan="3">随军家属从事个体经营免征个人所得税</td><td></td><td></td></tr>
<tr><td>7</td><td>□</td><td colspan="3">军转干部从事个体经营免征个人所得税</td><td></td><td></td></tr>
<tr><td>8</td><td>□</td><td colspan="3">退役士兵从事个体经营减免个人所得税</td><td></td><td></td></tr>
<tr><td>9</td><td>□</td><td colspan="3">残疾、孤老、烈属减征个人所得税</td><td></td><td></td></tr>
<tr><td>10</td><td>□</td><td colspan="3">失业人员从事个体经营减免个人所得税</td><td></td><td></td></tr>
<tr><td>11</td><td>□</td><td colspan="3">低保及零就业家庭从事个体经营减免个人所得税</td><td></td><td></td></tr>
<tr><td>12</td><td>□</td><td colspan="3">高校毕业生从事个体经营减免个人所得税</td><td></td><td></td></tr>
<tr><td>13</td><td>□</td><td colspan="3">取消农业税从事四业所得暂免征收个人所得税</td><td></td><td></td></tr>
<tr><td>14</td><td>□</td><td colspan="3">符合条件的房屋赠与免征个人所得税</td><td></td><td></td></tr>
<tr><td>15</td><td rowspan="6">□</td><td rowspan="6">税收协定</td><td>股息</td><td>税收协定名称及条款：</td><td></td><td></td></tr>
<tr><td>16</td><td>利息</td><td>税收协定名称及条款：</td><td></td><td></td></tr>
<tr><td>17</td><td>特许权使用费</td><td>税收协定名称及条款：</td><td></td><td></td></tr>
<tr><td>18</td><td>财产收益</td><td>税收协定名称及条款：</td><td></td><td></td></tr>
<tr><td>19</td><td>受雇所得</td><td>税收协定名称及条款：</td><td></td><td></td></tr>
<tr><td>20</td><td>其他</td><td>税收协定名称及条款：</td><td></td><td></td></tr>
<tr><td>21</td><td rowspan="3">□</td><td rowspan="3">其他</td><td colspan="2">减免事项名称及减免性质代码：</td><td></td><td></td></tr>
<tr><td>22</td><td colspan="2">减免事项名称及减免性质代码：</td><td></td><td></td></tr>
<tr><td>23</td><td colspan="2">减免事项名称及减免性质代码：</td><td></td><td></td></tr>
<tr><td colspan="5">合　计</td><td></td><td></td></tr>
</table>

续表

| | 序号 | 姓　名 | 身份证件类型 | 身份证件号码 | 减免事项（编号或减免性质代码） | 减免税额 |
|---|---|---|---|---|---|---|
| 减免税人员名单 | | | | | | |
| | | | | | | |
| | | | | | | |
| | | | | | | |
| | | | | | | |
| | | | | | | |
| | | | | | | |
| | | | | | | |
| | | | | | | |
| | | | | | | |
| | | | | | | |
| | | | | | | |
| | | | | | | |
| | | | | | | |
| | | | | | | |
| | | | | | | |
| | | | | | | |
| | | | | | | |
| | | | | | | |
| | | | | | | |

谨声明：此表是根据《中华人民共和国个人所得税法》及有关法律法规规定填写的，是真实的、完整的、可靠的。

纳税人或扣缴单位负责人签字：　　　　年　　月　　日

感谢您对税收工作的支持！

| 代理申报机构（负责人）签章：<br>经办人：<br>经办人执业证件号码：<br>代理申报日期：　　　　年　　月　　日 | 主管税务机关印章：<br>受理人：<br>受理日期：　　　　年　　月　　日 |
|---|---|

国家税务总局监制

## 二、填报说明

### （一）表头填报

税款所属期：填写纳税人取得所得并享受减免税优惠的所属期间，应填写具体的起止年月日。

（二）表内信息填报

表内信息栏又分为基本信息栏、减免税情况栏、减免人名单三部分。

1. 基本信息栏。“扣缴义务人名称”“扣缴义务人纳税识别号”：由扣缴义务人填写，纳税人自行纳税申报无须填写。“纳税人姓名”“纳税人识别号”：由纳税人填写，扣缴义务人扣缴申报的无须填写。

2. 减免税情况栏。

（1）“减免事项”：纳税人、扣缴义务人根据减免税优惠的类型进行勾选。享受税收协定待遇的，应在“税收协定”项目相关所得类型后的空格内填写具体税收协定名称及条款。其中，编号19“受雇所得”即税收协定规定的非独立个人劳务所得。存在表中列示以外的减免情形的，应在编号21—23“其他”项目的空格内填写对应的减免事项名称及减免性质代码（按照国家税务总局制定下发的最新《减免性质及分类表》中的最细项减免性质代码填报）。

（2）“减免人数”：扣缴义务人填写此栏，纳税人自行纳税申报无须填写。

（3）“减免税额”：填写符合税法规定可以减免的税额。减免税额合计应与扣缴个人所得税报告表、特定行业个人所得税年度申报表、个人所得税自行纳税申报表（A表）、个人所得税纳税申报表（适用于年所得12万元以上的纳税人申报）、个人所得税生产经营所得纳税申报表（A表）、个人所得税生产经营所得纳税申报表（B表）或个人所得税生产经营所得纳税申报表（C表）等申报表“减免税额”栏的金额或金额合计相等。

3. 减免税人员名单。由扣缴义务人填写，纳税人自行纳税申报无须填写。

（1）“姓名”“身份证件类型”“身份证件号码”“减免税额”：应与扣缴个人所得税报告表或特定行业个人所得税年度申报表相关信息一致。

（2）“减免事项（编号或减免性质代码）”：填写“减免税情况栏”列示的减免事项对应的编号、减免性质代码及税务机关要求填报的其他信息。

# 第四篇　财产所得和资本利得篇

# 第十二章
# 利息、股息、红利所得

利息、股息、红利所得是基于个人拥有的资产而取得的所得，是指个人拥有债权、股权等而取得的利息、股息、红利所得。利息、股息、红利所得适用20%的比例税率，以每次收入额为其应纳税所得额。利息、股息、红利所得按月或者按次计算个人所得税，有扣缴义务人的，由扣缴义务人在机构所在地按月或者按次代扣代缴税款。

## 第一节　征税范围

### 一、纳税义务人和扣缴义务人

根据《个人所得税法》的规定，取得利息、股息、红利所得的个人，为纳税义务人；支付利息、股息、红利所得的单位或者个人，为扣缴义务人。

扣缴义务人向个人支付利息、股息、红利所得时，应当依照个人所得税法规定代扣税款，按时缴库，并专项记载备查。

上述称支付，包括现金支付、汇拨支付、转账支付和以有价证券、实物以及其他形式的支付。

### 二、征税范围的一般规定

利息，是指个人拥有债券而取得的利息，包括存款利息、贷款利息和各种债券利息。股息、红利，是指个人拥有的股权取得的股息、红利。按照一定的比率对每股发放的息金叫股息；公司、企业应分配的利润，按股份分配的为股利。因此，除特殊规定外，个人取得利息、股息、红利所得都应当缴纳个人所得税。

## 三、征税范围的特殊规定

除上述一般规定外，相关政策文件又对具有利息、股权、红利性质的所得的征税范围进行了明确。

### （一）个体工商户与企业联营利润分配

根据《财政部 国家税务总局关于个人所得税若干政策问题的通知》（财税字〔1994〕20号）第一条第三项规定，个体工商户与企业联营而分得的利润，按利息、股息、红利所得项目征收个人所得税。

### （二）个人独资企业、合伙企业对外投资利润分配

根据《关于个人独资企业和合伙企业投资者征收个人所得税的规定》（国税函〔2001〕84号）第二条规定，个人独资企业和合伙企业对外投资分回的利息或者股息、红利，不并入企业的收入，而应单独作为投资者个人取得的利息、股利、红利所得，按“利息、股利、红利所得”应税项目计算缴纳个人所得税。以合伙企业名义对外投资分回利息或者股利、红利的，应按规定确定各个投资者的利息、股利、红利所得，分别按“利息、股息、红利所得”应税项目计算缴纳个人所得税。

### （三）企业为投资者发生的与经营无关的支出

《财政部 国家税务总局关于规范个人投资者个人所得税征收管理的通知》（财税〔2003〕158号）规定，除个人独资企业、合伙企业以外的其他企业的个人投资者，以企业资金为本人、家庭成员及其相关人员支付与企业生产经营无关的消费性支出及购买汽车、住房等财产性支出，视为企业对个人投资者的红利分配，依照“利息、股息、红利所得”项目计征个人所得税。

企业的上述支出不允许在所得税前扣除。

### （四）个人投资者从其投资的企业逾期未还借款

根据《财政部 国家税务总局关于规范个人投资者个人所得税征收管理的通知》（财税〔2003〕158号）的规定，纳税年度内个人投资者从其投资企业（个人独资企业、合伙企业除外）借款，在该纳税年度终了后既不归还，又未用于企业生产经营的，其未归还的借款可视为企业对个人投资者的红利分配，依照“利息、股息、红利所得”项目计征个人所得税。

### （五）职工个人以股份形式取得的量化资产参与利润分配

根据《国家税务总局关于企业改组改制过程中个人取得的量化资产征收个人所得税问

题的通知》（国税发〔2000〕60号）的规定：（1）对职工个人以股份形式取得的仅作为分红依据，不拥有所有权的企业量化资产，不征收个人所得税。（2）对职工个人以股份形式取得的拥有所有权的企业量化资产，暂缓征收个人所得税；待个人将股份转让时，就其转让收入额，减除个人取得该股份时实际支付的费用支出和合理转让费用后的余额，按"财产转让所得"项目计征个人所得税。

**案例12－1**

2015年初，某地级市甲乡镇乙行政村，被列为全国积极发展农民股份合作赋予农民对集体资产股份权能改革试点单位，随后该村积极推进村集体资产清产核资、资产量化、成员确认、股权配置和管理，组建村集体经济股份合作社。2016年底，该村集体土地租金、现代农业园管理费等经营性资产收益达46万元，除了预留22%用作下一年发展外，其余35万多元全部用于村民股东分红，人均分红100元。近日，当地地税机关电话通知该合作社财务人员，要求该合作社对上述分红履行个人所得税代扣代缴义务。该合作社股民对此不解，要求税务机关给个"说法"。

根据农业部、中央农办、国家林业局印发的《关于积极发展农民股份合作赋予农民对集体资产股份权能改革试点工作的批复》（农经发〔2015〕7号）的规定，从股权管理层面而言，集体资产折股量化到户的股权确定后，要及时向股东出具股权证书，作为参与管理决策、享有收益分配的凭证，量化的股权可以继承，满足一定条件的情况下可以在本集体经济组织内部转让。关于量化资产分红，《国家税务总局关于企业改组改制过程中个人取得的量化资产征收个人所得税问题的通知》（国税发〔2000〕60号）规定，允许集体所有制在改制为股份合作制企业时将有关资产量化给职工个人。对职工个人以股份形式取得的企业量化资产参与企业分配而获得的股息、红利，应按"利息、股息、红利"项目征收个人所得税。因此，税务机关要求该合作社财务人员依法履行个人所得税扣缴义务是正确的。同时，国税发〔2000〕60号文件明确规定，对职工个人以股份形式取得的仅作为分红依据，不拥有所有权的企业量化资产，不征收个人所得税。对职工个人以股份形式取得的拥有所有权的企业量化资产，暂缓征收个人所得税；待个人将股份转让时，就其转让收入额，减除个人取得该股份时实际支付的费用支出和合理转让费用后的余额，按"财产转让所得"项目计征个人所得税。因此，该社财务人员还应正确理解上述政策，并根据试点方案对量化资产是否拥有所有权来确定将来股权转让时是否需要缴纳"财产转让所得"个人所得税，同时向股民做好政策宣传解释工作。

# 第二节　免税收入

## 一、储蓄存款利息收入

根据《财政部 国家税务总局关于储蓄存款利息所得有关个人所得税政策的通知》（财税〔2008〕132号）规定，对于储蓄存款利息所得，区分不同时间阶段差别征税：（1）自2008年10月9日起，对储蓄存款利息所得暂免征收个人所得税。对储蓄存款在1999年10月31日前孳生的利息所得，不征收个人所得税。（2）储蓄存款在1999年11月1日至2007年8月14日孳生的利息所得，按照20%的比例税率征收个人所得税。（3）储蓄存款在2007年8月15日至2008年10月8日孳生的利息所得，按照5%的比例税率征收个人所得税。（4）储蓄存款在2008年10月9日后（含10月9日）孳生的利息所得，暂免征收个人所得税。

## 二、专项基金储蓄利息收入

根据《财政部 国家税务总局关于住房公积金、医疗保险金、基本养老保险金、失业保险基金个人账户存款利息所得免征个人所得税的通知》（财税字〔1999〕267号）规定：根据国务院《对储蓄存款利息所得征收个人所得税的实施办法》第五条“对个人取得的教育储蓄利息所得以及国务院财政部门确定的其他专项储蓄存款或者储蓄性专项基金存款的利息所得，免征个人所得税”的规定，为了保证和支持社会保障制度和住房制度改革的顺利实施，现明确按照国家或省级地方政府规定的比例缴付的下列专项基金或资金存入银行个人账户所取得的利息收入免征个人所得税：（1）住房公积金；（2）医疗保险金；（3）基本养老保险金；（4）失业保险基金。

## 三、国债利息收入

根据《中华人民共和国个人所得税法（2018年）》第四条规定，国债和国家发行的金融债券利息，免征个人所得税。国债利息，是指个人持有中华人民共和国财政部发行的债券而取得的利息；国家发行的金融债券利息，是指个人持有经国务院批准发行的金融债券而取得的利息。

## 四、地方政府债券利息

《关于地方政府债券利息免征所得税问题的通知》（财税〔2013〕5号）规定，对企业和个人取得的2012年及以后年度发行的地方政府债券利息收入，免征企业所得税和个人所得税。

地方政府债券是指经国务院批准同意，以省、自治区、直辖市和计划单列市政府为发行和偿还主体的债券。

## 五、职工保险互助会分配红利

根据《财政部 国家税务总局关于职工个人取得中国职工保险互助会分配的红利所得征免个人所得税问题的通知》（财税〔2000〕137号）规定，鉴于中国职工保险互助会筹集的大部分资金来自国有企业的困难职工，其所获利润主要来自购买国债的利息收入，分配使用体现了职工互助互济、解决自身困难的原则，对于职工个人2000年及以前年度从中国职工保险互助会取得的红利所得特案免征个人所得税。从2001年1月1日起，职工个人从中国职工保险互助会取得的红利所得应依法缴纳个人所得税。中国职工保险互助会扣缴会员红利所得个人所得税。

中国职工保险互助会是经劳动部批准、民政部注册，组织职工开展互助互济活动的社会团体，隶属全国总工会。它向参加互助合作保险的职工筹集资金，委托金融机构主要通过购买国债等形式进行运作，所获利润主要用于对遭遇工伤事故和意外事故的职工进行补偿，剩余部分分配给参加互助合作保险的职工。

## 六、个人持有上市公司限售股

根据《财政部 国家税务总局 证监会关于实施上市公司股息红利差别化个人所得税政策有关问题的通知》（财税〔2012〕85号）规定，对个人持有的上市公司限售股，解禁后取得的股息红利，按照本通知规定计算纳税，持股时间自解禁日起计算；解禁前取得的股息红利继续暂减按50%计入应纳税所得额，适用20%的税率计征个人所得税。所称限售股，是指财税〔2009〕167号文件和财税〔2010〕70号文件规定的限售股。

## 七、上市公司IPO股票溢价转增资本

根据《国家税务总局关于股份制企业转增股本和派发红股征免个人所得税的通知》（国税发〔1997〕第198号）规定，股份制企业用资本公积金转增股本不属于股息、红利

性质的分配，对个人取得的转增股本数额，不作为个人所得，不征收个人所得税。

解析：《国家税务总局关于原城市信用社在转制为城市合作银行过程中个人股增值所得应纳个人所得税的批复》（国税函〔1998〕289号）第二条规定，所表述的“资本公积金”是指股份制企业股票溢价发行收入所形成的资本公积金，将此转增股本由个人取得的数额不作为应税所得征收个人所得税；与此不相符合的其他资本公积金分配个人所得部分，应当依法征收个人所得税。

### 八、个人投资者证券交易结算资金利息

根据《财政部 国家税务总局关于证券市场个人投资者证券交易结算资金利息所得有关个人所得税政策的通知》（财税〔2008〕140号）的规定，自2008年10月9日起，对证券市场个人投资者取得的证券交易结算资金利息所得，暂免征收个人所得税，即证券市场个人投资者的证券交易结算资金在2008年10月9日后（含10月9日）孳生的利息所得，暂免征收个人所得税。

### 九、境外个人投资者投资中国境内原油期货取得的所得

根据《关于支持原油等货物期货市场对外开放税收政策的通知》（财税〔2018〕21号）规定，自原油期货对外开放之日起，对境外个人投资者投资中国境内原油期货取得的所得，三年内暂免征收个人所得税。

## 第三节　特殊事项

随着资本市场的不断完善，个人取得股息、红利性质的所得形式也日趋多样和复杂，需要专门文件对相关涉税问题进行明确，本节主要介绍这类股息、红利的具体规定。

### 一、以股票形式派发红股

根据《国家税务总局关于印发〈征收个人所得税若干问题的规定〉的通知》（国税发〔1994〕89号）第十一条规定，个人取得股份制企业以股票形式分配的股息和红利，应以派发红股的股票票面金额为收入额，按利息、股息、红利项目计征个人所得税。

## 二、上市公司股息红利个税待遇差别化

为调控资本市场，抑制短期炒作行为，针对个人持有上市公司股票取得股息红利所得，依持有期限不同，实现差别征税，其政策依据为《财政部 国家税务总局 证监会关于实施上市公司股息红利差别化个人所得税政策有关问题的通知》（财税〔2012〕85 号）和《关于上市公司股息红利差别化个人所得税政策有关问题的通知》（财税〔2015〕101 号）两个文件，其中财税〔2012〕85 号的第一条和第二条第一款被财税〔2015〕101 号文件所替代，其他条款有效。

### （一）政策适用范围

上述两项政策适用于个人从公开发行和转让市场取得和转让上市公司股票两种情况。

1. 取得股票的范围：（1）通过证券交易所集中交易系统或大宗交易系统取得的股票；（2）通过协议转让取得的股票；（3）因司法扣划取得的股票；（4）因依法继承或家庭财产分割取得的股票；（5）通过收购取得的股票；（6）权证行权取得的股票；（7）使用可转换公司债券转换的股票；（8）取得发行的股票、配股、股份股利及公积金转增股本；（9）持有从代办股份转让系统转到主板市场（或中小板、创业板市场）的股票；（10）上市公司合并，个人持有的被合并公司股票转换的合并后公司股票；（11）上市公司分立，个人持有的被分立公司股票转换的分立后公司股票；（12）其他从公开发行和转让市场取得的股票。

2. 转让股票的范围：（1）通过证券交易所集中交易系统或大宗交易系统转让股票；（2）协议转让股票；（3）持有的股票被司法扣划；（4）因依法继承、捐赠或家庭财产分割让渡股票所有权；（5）用股票接受要约收购；（6）行使现金选择权将股票转让给提供现金选择权的第三方；（7）用股票认购或申购交易型开放式指数基金（ETF）份额；（8）其他具有转让实质的情形。

### （二）政策具体内容

1. 持有 2013 年 1 月 1 日至 2015 年 9 月 7 日的股票。个人从公开发行和转让市场取得的上市公司股票，持股期限在 1 个月以内（含 1 个月）的，其股息红利所得全额计入应纳税所得额；持股期限在 1 个月以上至 1 年（含 1 年）的，暂减按 50% 计入应纳税所得额；持股期限超过 1 年的，暂减按 25% 计入应纳税所得额。上述所得统一适用 20% 的税率计征个人所得税。

2. 持有 2015 年 9 月 8 日起至今的股票。个人从公开发行和转让市场取得的上市公司股票，持股期限超过 1 年的，股息红利所得暂免征收个人所得税；个人从公开发行和转让市场取得的上市公司股票，持股期限在 1 个月以内（含 1 个月）的，其股息红利所得全额

计入应纳税所得额；持股期限在1个月以上至1年（含1年）的，暂减按50%计入应纳税所得额。上述所得统一适用20%的税率计征个人所得税。

个人转让股票时，按照先进先出的原则计算持股期限，即证券账户中先取得的股票视为先转让。证券投资基金从上市公司取得的股息红利所得，按照本通知规定计征个人所得税。上述应纳税所得额以个人投资者证券账户为单位计算，持股数量以每日日终结算后个人投资者证券账户的持有记录为准，证券账户取得或转让的股份数为每日日终结算后的净增（减）股份数。

### （三）税款的扣缴

1. 2013年1月1日至2015年9月7日的股票。上市公司派发股息红利时，对截止股权登记日个人已持股超过1年的，其股息红利所得按25%计入应纳税所得额；对截止股权登记日个人持股1年以内（含1年）且尚未转让的，税款分两步代扣代缴：第一步，上市公司派发股息红利时，统一暂按25%计入应纳税所得额计算并代扣税款。第二步，个人转让股票时，证券登记结算公司根据其持股期限计算实际应纳税额，超过已扣缴税款的部分，由证券公司等股份托管机构从个人资金账户中扣收并划付证券登记结算公司，证券登记结算公司应于次月5个工作日内划付上市公司，上市公司在收到税款当月的法定申报期内向主管税务机关申报缴纳。

2. 2015年9月8日以后的股票。上市公司派发股息红利时，对个人持股1年以内（含1年）的，上市公司暂不扣缴个人所得税；待个人转让股票时，证券登记结算公司根据其持股期限计算应纳税额，由证券公司等股份托管机构从个人资金账户中扣收并划付证券登记结算公司，证券登记结算公司应于次月5个工作日内划付上市公司，上市公司在收到税款当月的法定申报期内向主管税务机关申报缴纳。

## 三、新三板挂牌公司股息红利个税差别化政策

个人持有全国中小企业股份转让系统挂牌公司股票取得股息红利所得，根据持有期限不同，实行差别征税，其政策依据为《关于实施全国中小企业股份转让系统挂牌公司股息红利差别化个人所得税政策有关问题的通知》（财税〔2014〕48号）和《关于上市公司股息红利差别化个人所得税政策有关问题的通知》（财税〔2015〕101号）两个文件。其中，财税〔2015〕101号文件第四条替代了财税〔2014〕48号的第一条和第二条第一款。

### （一）政策适用范围

上述两项政策适用于个人从新三板市场取得和转让系统挂牌公司两种情况。

1. 取得股票的情形：（1）在全国中小企业股份转让系统挂牌前取得的股票；（2）通过全国中小企业股份转让系统转让取得的股票；（3）因司法扣划取得的股票；（4）因依

法继承或家庭财产分割取得的股票；（5）通过收购取得的股票；（6）权证行权取得的股票；（7）使用附认股权、可转换成股份条款的公司债券认购或者转换的股票；（8）取得发行的股票、配股、股票股利及公积金转增股本；（9）挂牌公司合并，个人持有的被合并公司股票转换的合并后公司股票；（10）挂牌公司分立，个人持有的被分立公司股票转换的分立后公司股票；（11）其他从全国中小企业股份转让系统取得的股票。

2. 转让股票的情形：（1）通过全国股份转让系统转让股票；（2）持有的股票被司法扣划；（3）因依法继承、捐赠或家庭财产分割让渡股票所有权；（4）用股票接受要约收购；（5）行使现金选择权将股票转让给提供现金选择权的第三方；（6）用股票认购或申购交易型开放式指数基金（ETF）份额；（7）其他具有转让实质的情形。

### （二）政策内容

1. 持有2014年7月8日至2015年9月7日的股票。个人持有全国中小企业股份转让系统挂牌公司的股票，持股期限在1个月以内（含1个月）的，其股息红利所得全额计入应纳税所得额；持股期限在1个月以上至1年（含1年）的，暂减按50%计入应纳税所得额；持股期限超过1年的，暂减按25%计入应纳税所得额。上述所得统一适用20%的税率计征个人所得税。

2. 持有自2015年9月8日起至今的股票。个人从全国中小企业股份转让系统取得的挂牌公司股票，持股期限超过1年的，股息红利所得暂免征收个人所得税；个人从全国中小企业股份转让系统取得的挂牌公司股票，持股期限在1个月以内（含1个月）的，其股息红利所得全额计入应纳税所得额；持股期限在1个月以上至1年（含1年）的，暂减按50%计入应纳税所得额。上述所得统一适用20%的税率计征个人所得税。

个人转让股票时，按照先进先出的原则计算持股期限，即证券账户中先取得的股票视为先转让。应纳税所得额以个人投资者证券账户为单位计算，持股数量以每日日终结算后个人投资者证券账户的持有记录为准，证券账户取得或转让的股票数为每日日终结算后的净增（减）股票数。

证券投资基金从挂牌公司取得的股息红利所得，按照通知规定计征个人所得税。个人和证券投资基金从全国股份转让系统挂牌的原STAQ、NET系统挂牌公司（以下简称两网公司）取得的股息红利所得，按照规定计征个人所得税。

**案例12-2**

近期，税务机关在应对中等风险案件中发现，自然人A将其持有的某全国中小企业股份转让系统（俗称“新三板”）挂牌企业的股权转让给企业B，并取得股权转让收益，但企业B却没有代扣代缴“财产转让所得”个人所得税。为此，税务机关责令企业B对自然人A股权转让所得履行代扣代缴义务。

解析：《国务院关于全国中小企业股份转让系统有关问题的决定》（国发〔2013〕49号）第六条规定，市场建设中涉及税收政策的，原则上比照上市公司投资者的税收政策处理。《财政部 国家税务总局 证监会关于个人转让上市公司限售股所得征收个人所得税有关问题的通知》（财税〔2009〕167号）第八条规定，对个人在上海证券交易所、深圳证券交易所转让从上市公司公开发行和转让市场取得的上市公司股票所得，继续免征个人所得税。因此，部分纳税人误以为个人转让“新三板”股权可以比照个人转让上市公司股票，取得的所得免征个人所得税。但是，经过分析可以发现：(1) 国发〔2013〕49号文件表述的是“原则上比照”，不具有法律约束力，不应当作为税务执法的依据，应有具体的财税文件支撑。(2) 在我国目前的个人所得税法规中，对于“新三板”的政策和上市公司一样，会单独发文或者在文件里明确规定，如《财政部 国家税务总局 证监会关于上市公司股息红利差别化个人所得税政策有关问题的通知》（财税〔2015〕101号）第四条规定，全国中小企业股份转让系统挂牌公司股息红利差别化个人所得税政策，按照本通知规定执行；《财政部 国家税务总局关于完善股权激励和技术入股有关所得税政策的通知》（财税〔2016〕101号）第四条规定，全国中小企业股份转让系统挂牌公司按照本通知第一条规定执行。故综合判断，依照现有的文件支撑，转让“新三板”的股票不得随意参考上市公司的个人所得税政策，自然人A股权转让所得应缴纳个人所得税，企业B应依法履行“财产转让所得”代扣代缴义务。

### （三）税款扣缴

1. 2014年7月8日至2015年9月7日的股票。挂牌公司派发股息红利时，对截至股权登记日个人已持股超过1年的，其股息红利所得按25%计入应纳税所得额，直接由挂牌公司计算并代扣代缴税款。对截至股权登记日个人持股1年以内（含1年）且尚未转让的，税款分两步代扣代缴：第一步，挂牌公司派发股息红利时，统一暂按25%计入应纳税所得额，计算并代扣税款。第二步，个人转让股票时，证券登记结算公司根据其持股期限计算实际应纳税额，超过已扣缴税款的部分，由证券公司等股票托管机构从个人资金账户中扣收并划付证券登记结算公司，证券登记结算公司应于次月5个工作日内划付挂牌公司，挂牌公司在收到税款当月的法定申报期内向主管税务机关申报缴纳。

2. 2015年9月8日以后的股票。上市公司派发股息红利时，对个人持股1年以内（含1年）的，上市公司暂不扣缴个人所得税；待个人转让股票时，证券登记结算公司根据其持股期限计算应纳税额，由证券公司等股份托管机构从个人资金账户中扣收并划付证券登记结算公司，证券登记结算公司应于次月5个工作日内划付上市公司，上市公司在收到税款当月的法定申报期内向主管税务机关申报缴纳。

## 四、企业资产评估增值部分个人所得税处理

《国家税务总局关于资产评估增值计征个人所得税问题的通知》（国税发〔2008〕115号）第一条规定，个人（自然人）股东从被投资企业取得的、以企业资产评估增值转增个人股本的部分，属于企业对个人股东股息、红利性质的分配，按照“利息、股息、红利所得”项目计征个人所得税。税款由企业在转增个人股本时代扣代缴。

## 五、基金取得的股息、红利、利息收入的个人所得税处理

根据《财政部 国家税务总局关于开放式证券投资基金有关税收问题的通知》（财税〔2002〕128 号）第二条规定：对基金取得的股票的股息、红利收入，债券的利息收入，储蓄存款利息收入，由上市公司、发行债券的企业和银行在向基金支付上述收入时代扣代缴 20% 的个人所得税；对投资者个人从基金分配中取得的收入，暂不征收个人所得税。

根据《财政部 国家税务总局 中国证券监督管理委员会关于内地与香港基金互认有关税收政策的通知》（财税〔2015〕125 号），内地个人投资者通过基金互认从香港基金分配取得的收益，由该香港基金在内地的代理人按照 20% 的税率代扣代缴个人所得税。代理人是指依法取得中国证监会核准的公募基金管理资格或托管资格，根据香港基金管理人的委托，代为办理该香港基金内地事务的机构。

对香港市场投资者（包括企业和个人）通过基金互认从内地基金分配取得的收益，由内地上市公司向该内地基金分配股息红利时，对香港市场投资者按照 10% 的税率代扣所得税，或由发行债券的企业向该内地基金分配利息时，对香港市场投资者按照 7% 的税率代扣所得税，并由内地上市公司或发行债券的企业向其主管税务机关办理扣缴申报。该内地基金向投资者分配收益时，不再扣缴所得税。内地基金管理人应当向相关证券登记结算机构提供内地基金的香港市场投资者的相关信息。

## 六、税收协定缔约对方税收居民取得的中国居民公司发放的股息享受税收协定待遇

《国家税务总局关于执行税收协定股息条款有关问题的通知》（国税函〔2009〕81号）规定：（1）所称税收协定股息条款是指专门适用于股息所得的税收协定条款，不含按税收协定规定应作为营业利润处理的股息所得所适用的税收协定条款。（2）按照税收协定股息条款规定，中国居民公司向税收协定缔约对方税收居民支付股息，且该对方税收居民（或股息收取人）是该股息的受益所有人，则该对方税收居民取得的该项股息可享受税收协定待遇，即按税收协定规定的税率计算其在中国应缴纳的所得税。如果税收协定规定

的税率高于中国国内税收法律规定的税率，则纳税人仍可按中国国内税收法律规定纳税。纳税人需要享受上款规定的税收协定待遇的，应同时符合以下条件：①可享受税收协定待遇的纳税人应是税收协定缔约对方税收居民；②可享受税收协定待遇的纳税人应是相关股息的受益所有人；③可享受税收协定待遇的股息应是按照中国国内税收法律规定确定的股息、红利等权益性投资收益；④国家税务总局规定的其他条件。（3）根据有关税收协定股息条款规定，凡税收协定缔约对方税收居民直接拥有支付股息的中国居民公司一定比例以上资本（一般为25%或10%）的，该对方税收居民取得的股息可按税收协定规定税率征税。该对方税收居民需要享受该税收协定待遇的，应同时符合以下条件：①取得股息的该对方税收居民根据税收协定规定应限于公司；②在该中国居民公司的全部所有者权益和有表决权股份中，该对方税收居民直接拥有的比例均符合规定比例；③该对方税收居民直接拥有该中国居民公司的资本比例，在取得股息前连续12个月以内任何时候均符合税收协定规定的比例。（4）以获取优惠的税收地位为主要目的的交易或安排不应构成适用税收协定股息条款优惠规定的理由，纳税人因该交易或安排而不当享受税收协定待遇的，主管税务机关有权进行调整。（5）纳税人需要按照税收协定股息条款规定纳税的，相关纳税人或扣缴义务人应该取得并保有支持其执行税收协定股息条款规定的信息资料，并按有关规定及时根据税务机关的要求报告或提供。有关的信息资料包括：①由协定缔约对方税务主管当局或其授权代表签发的税收居民身份证明以及支持该证明的税收协定缔约对方国内法律依据和相关事实证据；②纳税人在税收协定缔约对方的纳税情况，特别是与取得由中国居民公司支付股息有关的纳税情况；③纳税人是否构成任一第三方（国家或地区）税收居民；④纳税人是否构成中国税收居民；⑤纳税人据以取得中国居民公司所支付股息的相关投资（转让）合同、产权凭证、利润分配决议、支付凭证等权属证明；⑥纳税人在中国居民公司的持股情况；⑦其他与执行税收协定股息条款规定有关的信息资料。

## 七、境外居民个人股东从境内非外商投资企业在香港发行股票取得的股息红利所得

《国家税务总局关于国税发〔1993〕045号文件废止后有关个人所得税征管问题的通知》（国税函〔2011〕348号）规定：（1）根据《中华人民共和国个人所得税法》及其实施条例规定，045号文件废止后，境外居民个人股东从境内非外商投资企业在香港发行股票取得的股息红利所得，应按照“利息、股息、红利所得”项目，由扣缴义务人依法代扣代缴个人所得税。（2）境内非外商投资企业在香港发行股票，其境外居民个人股东可根据其居民身份所属国家与中国签署的税收协定及内地和香港（澳门）间税收安排的规定，享受相关税收优惠。（3）根据《国家税务总局关于印发〈非居民享受税收协定待遇管理办法（试行）〉的通知》（国税发〔2009〕124号）规定，境外居民个人享受相关税收优惠时应由本人或书面委托代理人提出申请并办理相关手续。鉴于上述税收协定及税收安排规

定的相关股息税率一般为10%，且股票持有者众多，为简化税收征管，在香港发行股票的境内非外商投资企业派发股息红利时，一般可按10%的税率扣缴个人所得税，无须办理申请事宜。（4）对股息税率不属于10%的情况，按以下规定办理：①取得股息红利的个人为低于10%税率的协定国家居民，扣缴义务人可按国税发〔2009〕124号的规定，代为办理享受有关协定待遇申请，经主管税务机关审核批准后，对多扣缴税款予以退还；②取得股息红利的个人为高于10%且低于20%税率的协定国家居民，扣缴义务人派发股息红利时应按协定实际税率扣缴个人所得税，无须办理申请事宜；③取得股息红利的个人为与我国没有税收协定国家居民及其他情况，扣缴义务人派发股息红利时应按20%的税率扣缴个人所得税。

## 第四节　纳税申报

利息、股息、红利应纳税额计算公式为：

应纳税额＝应纳税额所得额×适用税率

根据《个人所得税法》第六条规定，利息、股息、红利所得，以每次收入额为应纳税所得额。根据《个人所得税法实施条例》第十四条规定，利息、股息、红利所得，以支付利息、股息、红利时取得的收入为一次，适用比例税率，税率为20%。因此，利息、股息、红利应纳税额计算公式为：

应纳税额＝每次收入额×20%

股息、利息、红利所得个人所得税的申报方式有两种，代扣代缴申报和纳税人自行申报，且以前者为主。股息、利息、红利所得个人所得税的代扣代缴申报是指扣缴义务人向居民个人支付租赁所得时，不论其是否属于本单位人员、支付的分类所得是否达到纳税标准，扣缴义务人应按月或按次计算个人所得税。没有扣缴义务人的，由纳税人自行申报。

### 一、纳税申报的一般规定

#### （一）扣缴义务人纳税申报的相关规定

《个人所得税法》第十二条第二款规定，纳税人取得利息、股息、红利所得，按月或者按次计算个人所得税，有扣缴义务人的，由扣缴义务人按月或者按次代扣代缴税款。

纳税人取得应税所得，扣缴义务人未扣缴税款的，纳税人应当在取得所得的次年6月30日前缴纳税款；税务机关通知限期缴纳的，纳税人应当按照期限缴纳税款。

《国家税务总局关于发布〈个人所得税扣缴申报管理办法（试行）〉的公告》（国家税

务总局公告2018年第61号）第二条规定，扣缴义务人，是指向个人支付所得的单位或者个人。扣缴义务人应当依法办理全员全额扣缴申报。全员全额扣缴申报，是指扣缴义务人应当在代扣税款的次月15日内，向主管税务机关报送其支付所得的所有个人的有关信息、支付所得数额、扣除事项和数额、扣缴税款的具体数额和总额以及其他相关涉税信息资料。扣缴义务人每月或者每次预扣、代扣的税款，应当在次月15日内缴入国库，并向税务机关报送《个人所得税扣缴申报表》。

### （二）无扣缴义务人纳税人自行申报

纳税人取得应税所得没有扣缴义务人的，应当在取得所得的次月15日内向税务机关报送纳税申报表，并缴纳税款。

纳税人取得应税所得，扣缴义务人未扣缴税款的，纳税人应当在取得所得的次年6月30日前缴纳税款；税务机关通知限期缴纳的，纳税人应当按照期限缴纳税款。

## 二、申报指引

股息红利所得实行个人所得税分类所得申报，下面详细说明股息红利所得的申报流程：

第一步，登录自然人税收管理系统扣缴客户端，点击全员全额明细扣缴，见图12－1。

在首页功能菜单点击分类所得申报，进入“一般分类所得代扣代缴申报”页面，页面上方为申报主流程导航栏，依次进行收入及减除填写、附表填写、申报表报送三步流程完成分类所得代扣代缴申报。

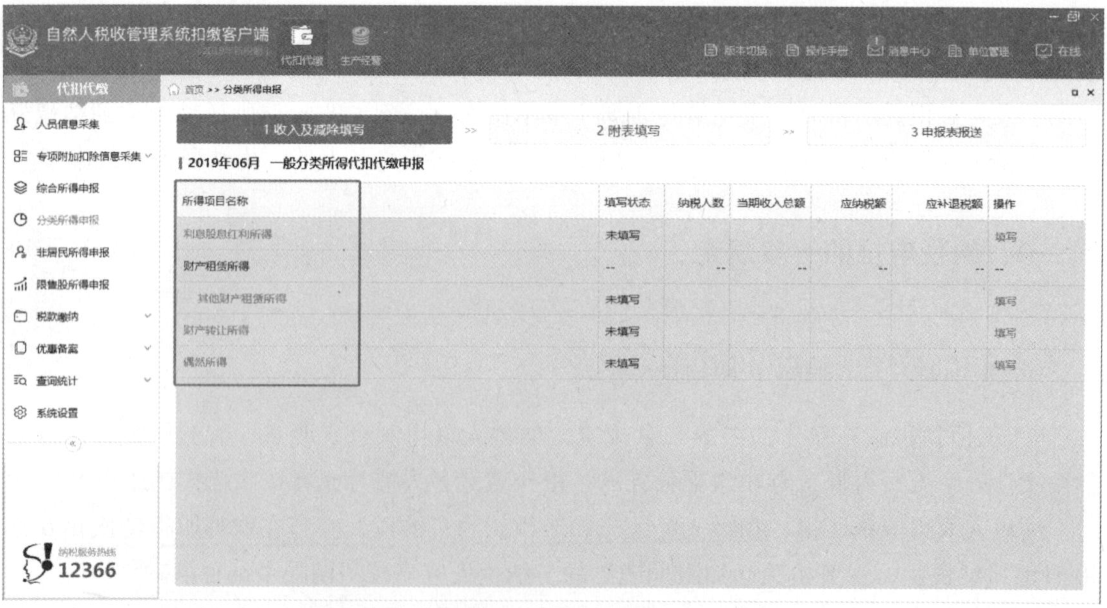


图12－1　股息、红利个税缴纳登录界面

第二步，填写收入与减除项目。点击图 12－1 界面下方一般分类所得申报表名称或填写进入表单，即可进行数据的录入。股息、红利个税汇总申报类型填报界面见图 12－2。

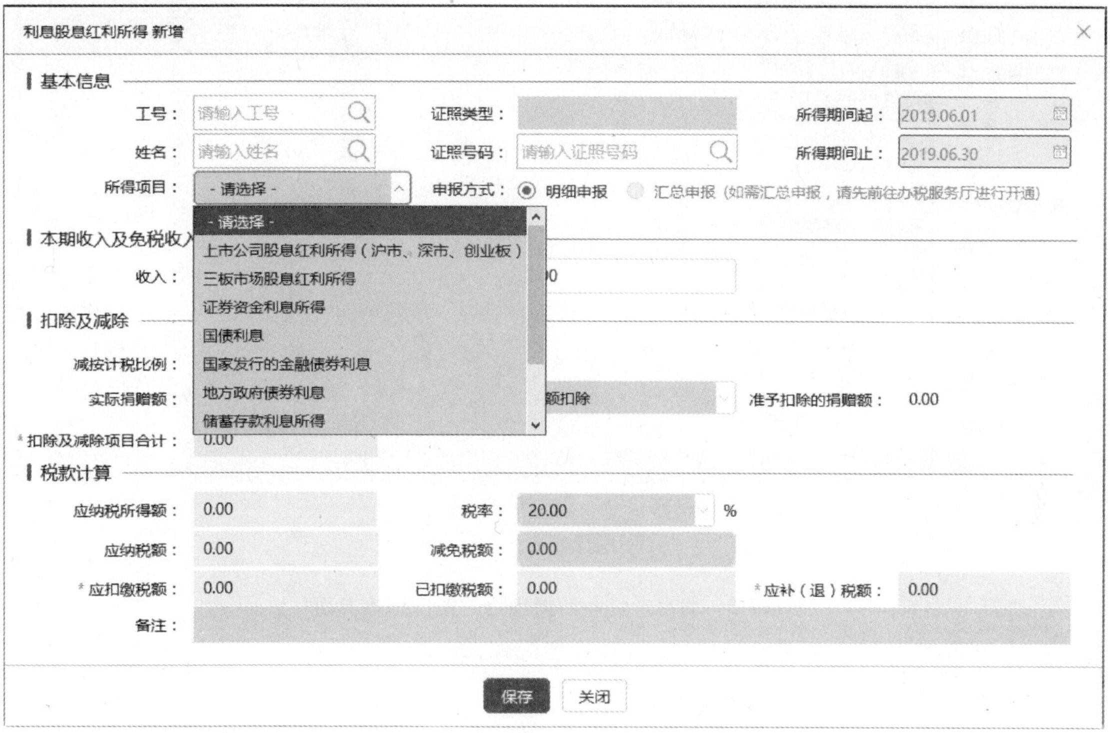


**图 12－2　股息、红利个税汇总申报类型填报界面**

减免税额：分类所得所有所得项目有符合规定的减免情形，均可填写。

实际捐赠额：填写当月收入中实际捐赠的金额。

捐赠方式：默认“限额扣除”，可下拉选择“限额扣除”“全额扣除”或“混合”。个人将其所得对教育、扶贫、济困等公益慈善事业进行捐赠，捐赠额未超过纳税人申报的应纳税所得额 30% 的部分，可从其应纳税所得额中扣除，选择“限额扣除”；国务院规定对公益慈善事业捐赠实行全额税前扣除的，从其规定选择“全额扣除”。表间计算逻辑如下：

准予扣除的捐赠额 =（收入 － 免税收入）×30%

扣除及减除项目合计 = 准予扣除的捐赠额

应纳税所得额 = 收入 － 免税收入 － 扣除及减除项目合计

第三步，填写附表。减免事项附表用于补充减免税额对应的具体减免事项等信息，完善减免信息，比如减免事项、减免性质、减免税额等。

在分类所得项目中填写了减免税额，减免事项附表里会自动生成一条状态为未填写的减免税额记录，点击填写打开编辑界面，补充完善具体的减免事项和减免性质等信息，点击保存即可，见图 12－3 和图 12－4。

**图 12－3　股息、红利所得项目的类型填报界面**

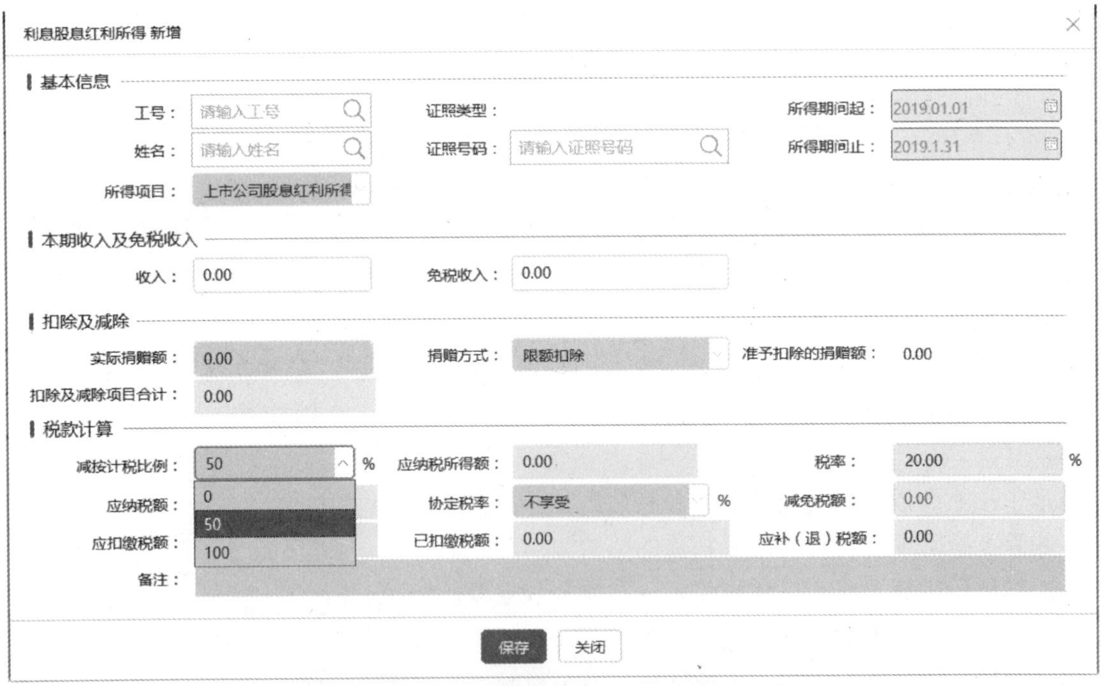


**图 12－4　股息、红利所得减计税比例填报界面**

减免事项：下拉选择人员可享受的减免税对应事项。

减免性质：根据选择的减免税事项自动匹配对应的减免性质。

第四步，申报表报送。申报表报送用于完成一般分类所得代扣代缴的正常申报、更正申报以及作废申报操作。

提示：申报表报送须在法定申报期才可点击进入申报界面。2019 年 1 月税款所属期报表须在 2019 年 2 月才可点击操作。

## 第五节　转增资本专题

为加强企业转增注册资本和股本管理，国家税务总局制定了《关于进一步加强高收入者个人所得税征收管理的通知》（国税发〔2010〕54 号），对相关问题予以明确，要求对以未分配利润、盈余公积和除股票溢价发行外的其他资本公积转增注册资本和股本的，按照“利息、股息、红利所得”项目，依据现行政策规定计征个人所得税。

### 一、资本公积转增资本

根据《国家税务总局关于股份制企业转增股本和派发红股征免个人所得税的通知》（国税发〔1997〕第 198 号）的规定，上市公司股票溢价发行收入所形成的资本公积金，将此转增股本时，由个人取得的数额不作为应税所得征收个人所得税。对于其他情形下资本公积转增资本，视为企业利润分配，个人再投资，应当按照“利息、股息、红利所得”项目征收个人所得税。

**案例 12－3**

甲（集团）有限责任公司股改前进行利润分配以及整体变更以净资产折股，代扣代缴 165.14 万元。

甲（集团）有限责任公司于 2018 年 10 月 17 日发布公告，披露股改前进行利润分配以及整体变更以净资产折股，两步骤涉及 14 名自然人股东个税，共代扣代缴 165.14 万元。

2015 年 1 月，根据新疆维吾尔自治区人民政府国有资产监督管理委员会印发新国资改革〔2014〕××《关于对〈甲（集团）有限责任公司整体变更设立股份有限公司方案〉的批复》，以及甲（集团）有限责任公司于 2014 年 12 月 16 日召开的 2014 年第 13 次临时股东会决议，发行人整体变更为股份有限公司。

发行人截至 2014 年 5 月 31 日（股改基准日）用于折股的净资产审计值为人民币 705 877 474.82 元，以扣除拟分配的未分配利润 39 107 047.47 元后的净资产 666 770 427.35 元为依据，折合股本 450 000 000 元，确认专项储备 31 822 438.88 元，差额 184 947 988.47 元计入资本公积。

发行人本次股改前进行利润分配，以及以净资产折股所涉及个人所得税代扣代缴的自然人股东共计14人，本次股改前后，发行人股本未发生变化，股改前盈余公积、未分配利润扣除拟分配利润后全额计入股份公司资本公积。

因发行人对税法理解不够准确，出于谨慎性考虑，对于计入资本公积部分的盈余公积和未分配利润，公司自然人股东亦按照各自持股比例全额缴纳了净资产折股个人所得税。后经与主管税务机关沟通咨询，主管税务机关认为上述个人所得税无须缴纳，并出具了情况说明，确认甲（集团）有限责任公司在整体改制前后总股本未发生变化，未以留存收益（盈余公积、未分配利润）转增股本，因此相关个人股东不存在个人所得税的纳税义务，已缴税款为误缴。多缴纳税款，同意退抵。

**案例12－4**

2018年9月4日甲集团发布公告，披露2015年1月公司整体变更时将资本公积转增股本3 408.93万元。2015年2月，盐城市大丰地方税务局出具说明，确认上述资本公积转增股本事项符合国税发〔1997〕198号的规定，自然人股东无须就此次资本公积转增股本事项缴纳个人所得税。律师认为，2015年发行人资本公积转增股本过程无须缴纳个人所得税，符合相关法律法规的规定。

2015年1月14日，甲集团召开2015年第一次临时股东大会，审议通过了采用资本公积转增股本的方式，全体股东按其持有的公司股份数同比例进行转增。根据江苏公证天业会计师事务所（特殊普通合伙）出具的验资报告，公司原股本为人民币2 591.0696万元，本次以资本公积增加注册资本人民币3 408.9304万元，变更后注册资本为人民币6 000.00万元。

截至2015年1月14日，甲集团已将资本公积3 408.9304万元转增股本。2015年1月14日，公司就本次增资事项完成工商变更登记。根据当时适用的《国家税务总局关于股份制企业转增股本和派发红股征免个人所得税的通知》（国税发〔1997〕198号）的相关规定，股份制企业用资本公积金转增股本不属于股息、红利性质的分配，对个人取得的转增股本数额，不作为个人所得，不征收个人所得税。

2015年2月，就上述资本公积转增股本事项，盐城市大丰地方税务局出具说明，确认上述事项符合《国家税务总局关于股份制企业转增股本和派发红股征免个人所得税的通知》（国税发〔1997〕198号）的规定，甲集团自然人股东无须就此次资本公积转增股本事项缴纳个人所得税。因此，2015年发行人资本公积转增股本过程无须缴纳个人所得税，本次资本公积转增股本符合相关法律法规的规定。

**案例 12－5**

某市地税局在日常检查约谈中，发现某企业财务报表中的数据异常，经过认真细致的检查，最终引出了一笔千万元税款大案。

**日常征管现疑点**

2015 年，该市地税局对税务登记中注册资本增加，没有缴纳印花税记录的企业开展约谈。检查人员首先对企业上报的财务报表进行审阅，发现某企业所有者权益中，股本科目金额变动较大，由 875 万元增加至 7 000 万元，这些异常现象引起了检查人员的注意。通过进一步了解，发现该企业股东为自然人，由于股本增加金额较大，而没有个人所得税入库，有可能存在一定的涉税疑点，该局决定立案检查。

**入户检查露端倪**

经查，该企业近两年利润率保持在 20% 左右，企业正计划上市。检查人员发现该企业股本由 875 万元增加至 7 000 万元，其中，有 6 125 万元为资本公积转增股本；有 7 名自然人股东的股本，由 540 万元增加到4 320万元，但并没有缴纳相关个人所得税的记录。究竟企业此种行为是否符合《国家税务总局关于股份制企业转增股本和派发红股征免个人所得税的通知》（国税发〔1997〕198 号）和《国家税务总局关于原城市信用社在转制为城市合作银行过程中个人股增值所得应纳个人所得税的批复》（国税函〔1998〕289 号）的规定？是不需要征收个人所得税，还是存在涉税疑点？检查人员决定对其进行进一步检查。

**政策辅导解疑惑**

《国家税务总局关于进一步加强高收入者个人所得税征收管理的通知》（国税发〔2010〕54 号）第二条第二款第一项规定，加强股息、红利所得征收管理，重点加强股份有限公司分配股息、红利时的扣缴税款管理，对在境外上市公司分配股息红利，要严格执行现行有关征免个人所得税的规定。加强企业转增注册资本和股本管理，对以未分配利润、盈余公积和除股票溢价发行外的其他资本公积转增注册资本和股本的，要按照“利息、股息、红利所得”项目，依据现行政策规定计征个人所得税。

针对检查人员提出的涉税疑点，企业认为：按照国税发〔1997〕198 号文件规定的“股份制企业用资本公积金转增股本，不属于股息、红利性质的分配，对个人取得的转增股本数额，不作为个人所得，不征收个人所得税”，以及国税函〔1998〕289 号文件关于‘资本公积金’是指股份制企业股票溢价发行收入所形成的资本公积金，将此转增股本由个人取得的数额，不作为应税所得征收个人所得税”的相关规定，该转增股本的资本公积属于股本溢价发行形成的资本公积，不应缴纳个人所得税。

针对企业的解释，检查人员对该企业资本公积的形成来源开展了更加细致的检查。通过调取投资协议等资料，发现该企业资本公积形成于 2013 年，是一家医药公司直接股权投资形成的，没有股票发行过程，属于投资者投入形成的资本公积增加，而非股票溢价发行形成，不符合上述文件的要求，应缴纳个人所得税。同时，检查人员还针对企业提出的再次转让导致重复征税的忧虑进行了解释，说明再次转让时，本次缴纳的个人所得税的转增额可计入股权原值。经过反复的政策解释，企业最终认可了税务机关的观点，并接受了补缴个人所得税756万元，罚款378万元的处罚决定。

**艰难执行见成效**

虽然企业对涉税事实和政策没有异议，但案件在执行环节又遇到了难题，企业提出应补缴个人所得税的股东大部分不在本地，税款追缴难度较大。对此，检查组认为该企业资金充裕，且非本地股东并未与企业失去联系，符合税款追缴条件。检查人员反复与企业法定代表人座谈，明确告知不履行代扣代缴义务的法律后果，并向个人股东开展面对面政策宣传，取得个人股东的理解和支持，企业最终缴纳了相应的税款和罚款。

## 二、盈余公积转增资本

根据《国家税务总局关于盈余公积金转增注册资本征收个人所得税问题的批复》（国税函〔1998〕333号）的规定，公司将从税后利润中提取的法定公积金和任意公积金转增注册资本，实际上是该公司将盈余公积金向股东分配了股息、红利，股东再以分得的股息、红利增加注册资本。因此，依据国税发〔1997〕198号文件精神，对属于个人股东分得并再投入公司（转增注册资本）的部分应按照“利息、股息、红利所得”项目征收个人所得税。

**案例12-6**

2016年11月25日发布的《A公司：北京市中伦律师事务所关于公司首次公开发行股票并上市的补充法律意见书（六）》公告中披露：经与主管税务机关沟通，A公司在2016年6月支付2015年度现金股利时履行了代扣代缴2015年6月资本公积转增及红股发放的自然人股东个人所得税的义务，代扣代缴个人所得税3 588.59万元。

2015年6月16日，发行人召开2015年度第一次临时股东大会，决议通过资本公积转增及红股发放增加注册资本21 000万元，其中：未分配利润转增120 223 786.68元，资本公积转增89 776 213.32元。转增后A公司注册资本和实收资本增加至36 000万元。

《中华人民共和国个人所得税法》规定：“利息、股息、红利所得适用比例税率，税率为20%；利息、股息、红利所得，偶然所得和其他所得，以每次收入额为应纳税所得额；个人所得税，以所得人为纳税义务人，以支付所得的单位或者个人为扣缴义务人。”

《国家税务总局关于进一步加强高收入者个人所得税征收管理的通知》（国税发〔2010〕54号）规定，加强企业转增注册资本和股本管理，对以未分配利润、盈余公积和除股票溢价发行外的其他资本公积转增注册资本和股本的，要按照“利息、股息、红利所得”项目计征个人所得税。

发行人用于转增股本的资本公积系同一控制下企业合并产生的，不属于股票溢价发行形成，因此依据上述税收法律法规，A 公司 2015 年 6 月的转增资本事项中涉及的自然人股东须就转增股本金额缴纳 20% 的个人所得税，自然人股东涉及的转增金额为 179 429 501.00 元，须缴纳个人所得税金额为 35 885 900.20 元，A 公司具有代扣代缴义务。

在资本公积转增及红股发放时 A 公司没有向股东支付现金，因此 A 公司在资本公积转增及红股发放时点无法履行代扣代缴义务，经与主管税务机关沟通，A 公司在支付 2015 年度现金股利时履行了代扣 2015 年 6 月资本公积转增及红股发放的自然人股东个人所得税义务，并于 2016 年 6 月 30 日向主管税务机关深圳市宝安区地方税务局填报了《扣缴个人所得税报告表》，于当日代缴转增事项涉及的个人所得税为 35 885 900.20 元，主管税务机关深圳市宝安区地方税务局于 2 016 年 7 月 22 日出具了上述个人所得税代扣代缴的完税证明。

发行人于 2015 年 6 月通过资本公积转增及红股发放形式增加注册资本时，已经按照税法相关规定及时足额履行了代扣代缴义务，相关自然人股东已经及时足额缴纳个人所得税。

## 三、个人投资者收购企业股权后将原盈余积累转增股本

个人投资者收购企业股权，企业原账面金额中的盈余积累是由原股东创造并拥有，原股东在转让股权过程中没有事先转增股本，而是将其一并计入了股权交易价格中，新自然人股东为此已经支付了对价，如对其此次转增股本征税则存在重复征税问题，有违税负公平原则。此外，为支持企业正常重组行为，考虑到企业股权转让过程中，盈余积累与股权转让所得存在相互转化的可能性，所以在税收政策方面，对于原股东转让股权前事先利润分配与新股东事后利润分配应尽量保证税负平衡，不应由于原股东事先利润分配与新股东事后分配而产生较大税负差异。为此，国家税务总局印发了《关于个人投资者收购企业股权后将原盈余积累转增股本个人所得税问题的公告》（国家税务总局公告 2013 年第 23 号），明确个人投资者收购企业股权后，将企业原账面金额中的“资本公积、盈余公积、未分配利润”等盈余积累转增股本的个人所得税问题。

### （一）政策内容

国家税务总局公告 2013 年第 23 号规定，一名或多名个人投资者以股权收购方式取得

被收购企业100%的股权，股权收购前，被收购企业原账面金额中的“资本公积、盈余公积、未分配利润”等盈余积累未转增股本，而在股权交易时将其一并计入股权转让价格并履行了所得税纳税义务。股权收购后，企业将原账面金额中的盈余积累向个人投资者（新股东，下同）转增股本，有关个人所得税问题区分以下情形处理：（1）新股东以不低于净资产价格收购股权的，企业原盈余积累已全部计入股权交易价格，新股东取得盈余积累转增股本的部分，不征收个人所得税。（2）新股东以低于净资产价格收购股权的，企业原盈余积累中，对于股权收购价格减去原股本的差额部分已经计入股权交易价格，新股东取得盈余积累转增股本的部分，不征收个人所得税；对于股权收购价格低于原所有者权益的差额部分未计入股权交易价格，新股东取得盈余积累转增股本的部分，应按照“利息、股息、红利所得”项目征收个人所得税。新股东以低于净资产价格收购企业股权后转增股本，应先转增应税的盈余积累部分，再转增免税的盈余积累部分。

**案例12－7**

甲企业原账面资产总额为8 000万元，负债为3 000万元，所有者权益为5 000万元，其中：实收资本（股本）1 000万元；资本公积、盈余公积、未分配利润等盈余积累合计4 000万元。假定多名自然人投资者（新股东）向甲企业原股东购买该企业100%的股权，股权收购价为4 500万元。新股东收购企业后，甲企业将资本公积、盈余公积、未分配利润等盈余积累4 000万元向新股东转增实收资本。

解析：在新股东4 500万元的股权收购价格中，除了实收资本1 000万元外，实际上相当于以3 500万元购买了原股东4 000万元的盈余积累，即在4 000万元盈余积累中，有3 500万元计入了股权交易价格，剩余500万元未计入股权交易价格。甲企业向新股东转增实收资本时，其中所转增的3 500万元不征收个人所得税，所转增的500万元应按“利息、股息、红利所得”项目缴纳个人所得税。

（二）企业资料报送

企业发生股权交易及转增股本等事项后，应在次月15日内，将股东及其股权变化情况、股权交易前原账面记载的盈余积累数额、转增股本数额及扣缴税款情况报告主管税务机关。

## 四、中小高新技术企业转增资本

为鼓励中小高新技术企业发展，考虑到向个人股东转增股本时，个人股东一次缴纳个人所得税确有困难，《关于将国家自主创新示范区有关税收试点政策推广到全国范围实施的通知》（财税〔2015〕116号）对于高新技术企业转增资本个人所得税予以一定的优惠处理。

（一）政策内容

财税〔2015〕116号文件规定，自2016年1月1日起，全国范围内的中小高新技术企业以未分配利润、盈余公积、资本公积向个人股东转增股本时，个人股东一次缴纳个人所得税确有困难的，可根据实际情况自行制订分期缴税计划，在不超过 5 个公历年度内（含）分期缴纳，并将有关资料报主管税务机关备案。

个人股东获得转增的股本，应按照“利息、股息、红利所得”项目，适用 20% 税率征收个人所得税。股东转让股权并取得现金收入的，该现金收入应优先用于缴纳尚未缴清的税款。在股东转让该部分股权之前，企业依法宣告破产，股东进行相关权益处置后没有取得收益或收益小于初始投资额的，主管税务机关对其尚未缴纳的个人所得税可不予追征。

### （二）适用范围

中小高新技术企业，是指注册在中国境内实行查账征收的、经认定取得高新技术企业资格，且年销售额和资产总额均不超过 2 亿元、从业人数不超过 500 人的企业。

上市中小高新技术企业或在全国中小企业股份转让系统挂牌的中小高新技术企业向个人股东转增股本，股东应纳的个人所得税，继续按照现行有关股息红利差别化个人所得税政策执行，不适用以上规定的分期纳税政策。

企业转增股本涉及的股东需要分期缴纳个人所得税的，应自行制订分期缴税计划，由企业于发生转增股本的次月 15 日内，向主管税务机关办理分期缴税备案手续。

### （三）分期备案表填写说明

在分期备案类别中选择“转增股本个人所得税分期缴纳备案表”（见图 12－5）。

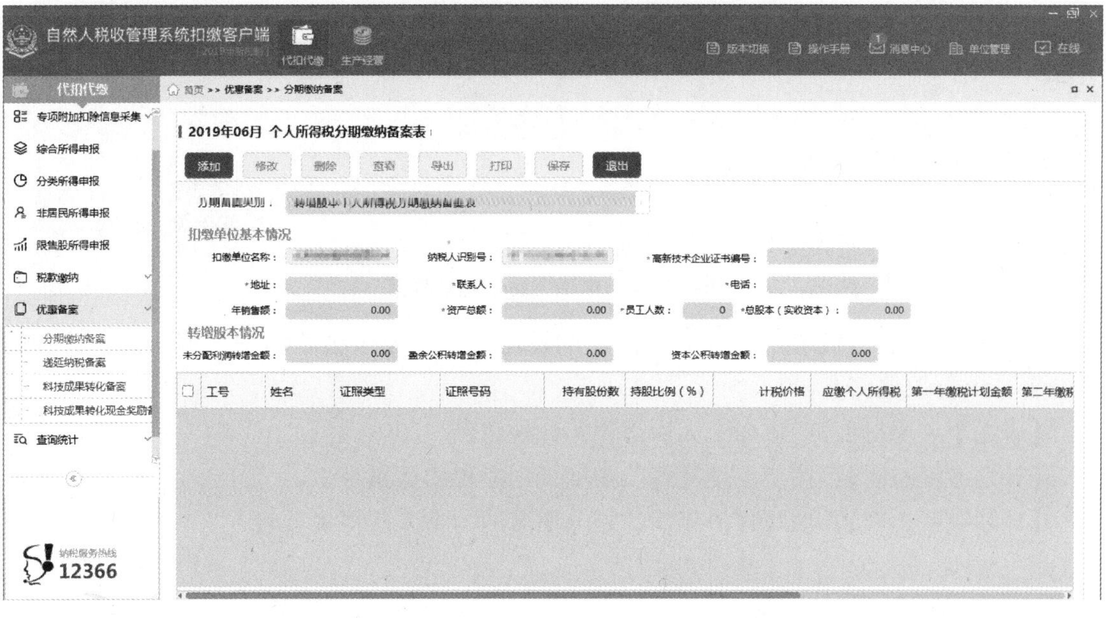


图 12－5 转增股本个人所得税分期缴纳备案表界面

【高新技术企业证书编号】：填写高新技术企业认定部门核发的有效期内的高新技术企业证书编号。

【年销售额】：填写企业上一个会计年度的主营业务收入。

【资产总额】【员工人数】【总股本（实收资本）】：填写企业转增股本当月相关数据。

转增股本情况：填写企业转增股本的相关情况。

录入扣缴单位基本情况及转增股本情况后，点击【添加】，录入申请人员的具体备案信息，见图 12－6。

**图 12－6　申请人员备案表界面**

【计税价格】：计税价格＝（未分配利润转增金额＋盈余公积转增金额＋资本公积转增金额）×持股比例×100%。

【应缴个人所得税】：应缴个人所得税＝计税金额×20%。

【计划缴税时间】：按年度填写每一年度计划缴税的截止月份。

【计划缴税金额】：填写每一年度计划分期缴纳的个人所得税金额。

# 第十三章
# 财产租赁所得

根据《个人所得税法实施条例》第六条规定，财产租赁所得，是指个人出租建筑物、土地使用权、机器设备、车船以及其他财产取得的所得。财产出租给承租人在中国境内使用而取得的所得，除国务院财政、税务主管部门另有规定外，不论支付地点是否在中国境内，均为来源于中国境内的所得。财产租赁所得适用20%的比例税率，以每次收入额为其应纳税所得额，且按月或者按次计算个人所得税，有扣缴义务人的，由扣缴义务人按月或者按次代扣代缴税款。

## 第一节　征税范围

根据《征收个人所得税若干问题的规定》（国税发〔1994〕89号）的规定，财产租赁所得的纳税义务人的确认，应以产权凭证为依据。无产权凭证的，由主管税务机关根据实际情况确定纳税义务人。产权所有人死亡，在未办理产权继承手续期间，该财产出租而有租金收入的，以领取租金的个人为纳税义务人。

### 一、征税范围的一般规定

根据《个人所得税法实施条例》第六条的规定，财产租赁所得的征税范围是指个人出租不动产、机器设备、车船以及其他财产取得的所得。

### 二、征税范围的特殊规定

#### （一）转租浅海滩涂使用权收入

根据《国家税务总局关于转租浅海滩涂使用权收入征收个人所得税问题的批复》（国

税函〔2002〕1158号）的规定，个人转租滩涂使用权取得的收入，应按照“财产租赁所得”应税项目征收个人所得税，其每年实际上交村委会的承包费可以在税前扣除。同时，个人一并转让原海滩的设施和剩余文蛤的所得应按照“财产转让所得”应税项目征收个人所得税。

### （二）个人与房地产开发企业签订有条件优惠价格协议购买商店

根据《关于个人与房地产开发企业签订有条件优惠价格协议购买商店征收个人所得税问题的批复》（国税函〔2008〕576号）的规定，开发企业与商店购买者个人签订协议规定，房地产开发企业按优惠价格出售其开发的商店给购买者个人，但购买者个人在一定期限内必须将购买的商店无偿提供给房地产开发企业对外出租使用。对上述情形的购买者个人少支出的购房价款，应视同个人财产租赁所得，按照“财产租赁所得”项目征收个人所得税。

### （三）酒店产权式经营业主固定收入和分红收入

根据《国家税务总局关于酒店产权式经营业主税收问题的批复》（国税函〔2006〕478号）规定，酒店产权式经营业主在约定的时间内提供房产使用权与酒店进行合作经营，如房产产权并未归属新的经济实体，业主按照约定取得的固定收入和分红收入均应视为租金收入，根据有关税收法律、行政法规的规定，按照“财产租赁所得”项目征收个人所得税。

### （四）个人设备投资取得收入分成所得

根据《国家税务总局关于个人投资设备取得所得征收个人所得税问题的批复》（国税函〔2000〕540号）的规定，就河北税务局针对个人和医院签订协议规定，由个人出资购买医疗仪器或设备交医院使用，取得的收入扣除有关费用后，剩余部分双方按一定比例分成；医疗仪器或设备使用达到一定年限后，产权归医院所有，但收入继续分成。批示认为，个人的上述行为，实际上是一种具有投资特征的融资租赁行为。根据《中华人民共和国个人所得税法》的有关规定精神和以上事实，对上述个人取得的分成所得，应按照“财产租赁所得”项目征收个人所得税。具体计征办法为：自合同生效之日起至财产产权发生转移之日止，个人取得的分成所得可在上述年限内按月平均扣除设备投资后，就其余额按税法规定计征个人所得税。

## 三、个人所得税与企业所得税在财产租赁所得来源地方面的异同分析

《个人所得税法实施条例》第三条第二项规定，除国务院财政、税务主管部门另有规

定外，下列所得，将财产出租给承租人在中国境内使用而取得的所得，不论支付地点是否在中国境内，均为来源于中国境内的所得：

《企业所得税法》第七条所称来源于中国境内、境外的所得，租金所得按照负担、支付所得的企业或者机构、场所所在地确定，或者按照负担、支付所得的个人的住所地确定。

可以看出，同样是财产租赁所得，个人所得税是强调中国境内使用，企业所得税强调是支付和负担的企业机构、场所所在地，二者存在本质上的差异。

**案例 13－1**

动产租赁：一家中国企业派员工到美国开拓市场，为了工作方便，在市场调研过程中该中国企业员工在美国租了一辆汽车。从美国个人出租汽车和从美国车行租赁汽车的不同，带来个人所得税和企业所得税缴纳的不同。

1. 从美国个人处租得汽车。美国个人取得来自中国境内企业支付的所得，美国个人不需要在中国缴纳个人所得税。这是因为中国企业租赁的汽车是在美国境内使用，并非在中国境内使用，所以中国企业支付租赁费时无须代扣代缴个人所得税。

2. 从美国车行处租得汽车。在中国企业支付美国租车行租金，美国租车行就取得一笔来源于中国的收入，需要缴纳预提企业所得税，因为负担和支付租金所得的中国企业机构所在地在中国，中国企业支付租赁费时须代扣代缴企业所得税。

从中可以看出：中国的企业所得税在租金所得方面采取了防御性的规定，中国企业支付租金时存在代扣代缴预提企业所得税的义务。企业、客户都觉得不合理，同样是租赁行为，同样都发生在美国，但是征税结果却截然不同。

**案例 13－2**

不动产租赁：美国企业长期派员工来中国出差，与美国企业长期有合作关系的日本个人和日本企业均在北京购买房屋，日本个人购买一套住房，日本企业在中国购买了办公楼作为工作场地，之后日本个人离开中国，但他购买的房屋仍保留。美国企业分别向日本居民个人和日本企业租赁房屋，分析美国企业支付房屋租赁费的税收情况。

1. 个人所得税。美国企业派员工到中国出差，若美国企业向日本居民个人租赁住房，该情形下，美国企业的租赁住房的使用地点是在中国境内，尽管美国企业向日本个人支付财产租赁费，但承租人美国企业在中国境内使用房屋，不论支付地点在中国境内还是境外，均为来源于中国境内的所得。依据《个人所得税法实施条例》第三条，该日本个人需要在中国缴纳个人所得税。

2. 企业所得税。美国企业租赁日本企业办公大楼的一个房间作为会议室，美国企业支付日本企业财产租赁费，日本企业在中国无须缴纳企业所得税。依据《企业所得税法》第七条规定，会议室租赁费用由美国企业支付，负担支付的企业机构、场所所在地在美国。坐落在中国的不动产被美国企业使用，中国却没有征税权。美国企业同样是支付租金，支付给日本个人和日本企业，中国的征税结果不同。

通过上述对动产和不动产征税权的分析，可以看出我国对于财产租赁原则亟待完善，个人所得税和企业所得税规定口径应该统一，不动产租赁所得应按照不动产坐落地判断征税权，不动产以外的其他财产租赁所得应该按照租入财产使用地来判断征税权。

# 第二节　应纳税额

财产租赁所得个税应纳税额为应纳税所得额与其适用税率的乘积。

## 一、应纳税额的核算

根据《个人所得税法》第六条的规定，财产租赁所得，每次收入不超过 4 000 元的，减除费用为 800 元；4 000 元以上的，减除 20% 的费用，其余额为应纳税所得额。因此，财产租赁所得的应纳税所得额为每次收入减除费用的余额。

### （一）收入的确定

《个人所得税法实施条例》第十四条第一项规定，财产租赁所得，以一个月内取得的收入为一次，房屋出租通常都是连续的，以每个月实际收到的收入作为租金收入。《财政部 国家税务总局关于营改增后契税、房产税、土地增值税、个人所得税计税依据问题的通知》（财税〔2016〕43 号）第五条规定，免征增值税的，确定计税依据时，租金收入不扣减增值税额。如果租金收入免征增值税，计算契税、房产税、个人所得税时直接就按照收入全额作为计税依据，不扣减增值税额。

1. 个人与房地产开发企业签订有条件优惠价格协议购买商店的收入确定。《关于个人与房地产开发企业签订有条件优惠价格协议购买商店征收个人所得税问题的批复》（国税函〔2008〕576 号）文件规定，个人与房地产开发企业签订有条件优惠价格协议购买商店，其实质是购买者个人以所购商店交由房地产开发企业出租而取得的房屋租赁收入支付了部分购房价款，每次财产租赁所得的收入额，按照少支出的购房价款和协议规定的租赁月份数平均计算确定。

2. 个人投资设备所得的收入确定。《国家税务总局关于个人投资设备取得所得征收个人所得税问题的批复》（国税函〔2000〕540 号）文件规定，自合同生效之日起至财产产权发生转移之日止，个人取得的分成所得可在上述年限内按月平均扣除设备投资后，就其余额按税法规定计征个人所得税；产权转移后，个人取得的全部分成收入应按税法规定计征个人所得税。税款由医院在向个人支付所得时代扣代缴。

（二）费用扣除

1. 基本费用扣除。《个人所得税法》财产租赁所得，每次收入不超过4 000元的，减除费用800元；4 000元以上的，减除20%的费用，其余额为应纳税所得额。

2. 出租过程中的税费扣除。《征收个人所得税若干问题的规定》（国税发〔1994〕89号）第六条规定，纳税义务人在出租财产过程中缴纳的税金和教育费附加，可持完税（缴款）凭证，从其财产租赁收入中扣除。

3. 修缮费用扣除。《征收个人所得税若干问题的规定》（国税发〔1994〕89）号第六条规定，纳税义务人出租财产取得财产租赁收入，在计算征税时，除可依法减除规定费用和有关税、费外，还准予扣除能够提供有效、准确凭证，证明由纳税义务人负担的该出租财产实际开支的修缮费用。允许扣除的修缮费用，以每次800元为限，一次扣除不完的，准予在下一次继续扣除，直至扣完为止。

4. 个人转租房屋费用的扣除。近年来，纳税人将所承租房屋转租给第三方赚取租金差价的情况时有发生，针对这类现象，国家税务总局对个人转租房屋取得的租金收入如何征收个人所得税，作了明确规定。

考虑到个人转租房屋所支付的租金是财产租赁所得的成本，国税函〔2009〕639号明确规定，转租房屋所支付的租金允许在个人所得税前扣除。同时，为便于管理和堵塞漏洞，要求纳税人必须提交房屋租赁合同和支付租金的合法凭据，否则不允许扣除租金。

此外，为便于政策衔接，国家税务总局对财产租赁所得个人所得税前扣除税费的扣除次序问题也重新进行了明确。这项规定不仅规范了税收政策，减轻了个人承租房屋再行转租的税负，同时规范了税收管理，有利于减少税收流失。

《国家税务总局关于个人转租房屋取得收入征收个人所得税问题的通知》（国税函〔2009〕639号）对有关财产租赁所得个人所得税前扣除税费的扣除次序调整为：（1）财产租赁过程中缴纳的税费；（2）向出租方支付的租金；（3）由纳税人负担的租赁财产实际开支的修缮费用；（4）税法规定的费用扣除标准。

5. 费用扣除的顺序和逻辑。根据自然人税收管理系统租赁所得填写逻辑（见图13－1）可以看出，财产租赁所得扣除及减除项目包括允许扣除的税费、减除费用以及准予扣除的捐赠额三项。

其他财产租赁所得 新增

基本信息

工号：48　证照类型：居民身份证　所得期间起：2019.01.01

姓名：[redacted]　证照号码：[redacted]　所得期间止：2019.01.31

收入及免税

收入：35000.00　免税收入：500.00

扣除及减除

允许扣除的税费：5000.00　减除费用：5900.00

实际捐赠额：9000.00　捐赠方式：限额扣除　准予扣除的捐赠额：7080.00

扣除及减除项目合计：17980.00

税款计算

应纳税所得额：16520.00　税率：20.00 %

应纳税额：3304.00　减免税额：0.00

应扣缴税额：3304.00　已扣缴税额：0.00　应补（退）税额：3304.00

**图 13－1　财产租赁所得费用扣除界面**

从图 13－1 中可以看出，财产租赁所得申报系统仅能填写三项扣除项目，因此允许扣除的税费应包含财产租赁过程中缴纳的税费、转租时向出租房支付的租金（含税），出租人负担的租赁财产实际开支的修缮费用，相应数据填写逻辑列示如下：

允许扣除的税费 = 财产租赁过程中缴纳的税费 + 转租时支付的租金 + 修缮费用

减除费用 =（收入 − 免税收入 − 允许扣除的税费）×20% 或 800

准予扣除的捐赠额 =（收入 − 免税收入 − 允许扣除的税费 − 减除费用）×30%

## 二、适用税率

根据《个人所得税法》第三条的规定，财产租赁所得，适用比例税率，税率为 20%。

根据《财政部 国家税务总局关于廉租住房经济适用住房和住房租赁有关税收政策的通知》（财税〔2008〕24 号），对个人出租住房取得的所得减按 10% 的税率征收个人所得税。出租非住房仍然按照 20% 的税率征收个人所得税。

## 三、应纳税额

财产租赁所得应纳税额 = 应纳税所得额 × 税率 =（收入额 − 费用扣除）×20%

如果收入额 <4 000 元，财产租赁所得应纳税额 =（收入额 − 800 − 其他费用扣除）×20%

如果收入额 >4 000 元，财产租赁所得应纳税额 = ［（1 – 20%）×收入额 – 其他费用扣除］×20%

## 第三节　纳税申报

财产租赁所得个人所得税的申报方式有两种：代扣代缴申报和纳税人自行申报，且以前者为主。财产租赁所得个人所得税代扣代缴申报，是指扣缴义务人向居民个人支付租赁所得时，不论其是否属于本单位人员、支付的分类所得是否达到纳税标准，扣缴义务人应按月或按次计算个人所得税。没有扣缴义务人的，由纳税人自行申报。

### 一、纳税申报的一般规定

#### （一）扣缴义务人的规定

《个人所得税法》第十二条第二款的规定，纳税人取得财产租赁所得，应按月或者按次计算个人所得税，有扣缴义务人的，由扣缴义务人按月或者按次代扣代缴税款。纳税人取得应税所得，扣缴义务人未扣缴税款的，纳税人应当在取得所得的次年 6 月 30 日前缴纳税款；税务机关通知限期缴纳的，纳税人应当按照期限缴纳税款。

根据《国家税务总局关于发布〈个人所得税扣缴申报管理办法（试行）〉的公告》（国家税务总局公告 2018 年第 61 号）第二条的规定，扣缴义务人，是指向个人支付所得的单位或者个人。扣缴义务人应当依法办理全员全额扣缴申报。全员全额扣缴申报，是指扣缴义务人应当在代扣税款的次月 15 日内，向主管税务机关报送其支付所得的所有个人的有关信息、支付所得数额、扣除事项和数额、扣缴税款的具体数额和总额以及其他相关涉税信息资料。扣缴义务人每月或者每次预扣、代扣的税款，应当在次月 15 日内缴入国库，并向税务机关报送“个人所得税扣缴申报表”。

#### （二）无扣缴义务人由纳税人自行申报

根据《个人所得税法》第十三条的规定，纳税人取得应税所得没有扣缴义务人的，应当在取得所得的次月 15 日内向税务机关报送纳税申报表，并缴纳税款。

纳税人取得应税所得，扣缴义务人未扣缴税款的，纳税人应当在取得所得的次年 6 月 30 日前，缴纳税款；税务机关通知限期缴纳的，纳税人应当按照期限缴纳税款。

## 二、申报指引

财产租赁所得是分类所得，按照分类所得的操作流程进行申报，需要依次进行收入及减除填写、附表填写、申报表报送三步流程完成分类所得代扣代缴申报。具体流程为：

第一步，登录自然人税收管理系统扣缴客户端，点击全员全额明细扣缴。在首页功能菜单点击分类所得申报，进入“一般分类所得代扣代缴申报”页面，页面上方为申报主流程导航栏。

第二步，填写收入与减除项信息。点击界面下方一般分类所得申报表名称或填写进入表单，即可进行数据的录入（见图 13 –2）。

**图 13 –2　其他财产租赁所得申报收入与减除项填报界面**

其他财产租赁所得，分类所得中只有此项所得有减除费用概念，每次收入不超过 4 000 元的，减除费用 800 元；4 000 元以上的，减除 20% 的费用，其余额为应纳税所得额。

减免税额：分类所得中所有所得项目有符合规定减免情形的，均可填写。

实际捐赠额：填写当月收入中实际捐赠的金额。

捐赠方式：默认“限额扣除”，可下拉选择“限额扣除”“全额扣除”或“混合”。个人将其所得对教育、扶贫、济困等公益慈善事业进行捐赠，捐赠额未超过纳税人申报的应纳税所得额30%的部分，可从其应纳税所得额中扣除，选择“限额扣除”；国务院规定对公益慈善事业捐赠实行全额税前扣除的，从其规定选择“全额扣除”。表间计算逻辑如下：

减除费用 =（收入 - 免税收入 - 允许扣除的税费）×20%

准予扣除的捐赠额 =（收入 - 免税收入 - 允许扣除的税费 - 减除费用）×30%

扣除及减除项目合计 = 允许扣除的税费 + 减除费用 + 准予扣除的捐赠额

应纳税所得额 = 收入 - 免税收入 - 扣除及减除项目合计

第三步，填写附表。主要是填报减免事项附表。减免事项附表用于补充减免税额对应的具体减免事项等信息，完善减免信息，如减免事项、减免性质、减免税额等。

在分类所得项目中填写了减免税额，减免事项附表里会自动生成一条状态为未填写的减免税额记录，点击填写打开编辑界面，补充完善具体的减免事项和减免性质等信息，点击保存即可。减免事项：下拉选择人员可享受的减免税对应事项。减免性质：根据选择的减免税事项自动匹配对应的减免性质。

第四步，申报表报送。申报表报送用于完成一般分类所得代扣代缴的正常申报、更正申报以及作废申报操作。

提示：申报表报送须在法定申报期时才可点击进入申报界面。2019年1月税款所属期报表须在2019年2月才可点击操作。

## 第四节　个人出租房屋专题

房屋是自然人重要的财产载体，相应房屋出租所得也是自然人财产租赁所得最重要的来源。本章介绍个人出租房屋所得的个人所得税相关事宜。

### 一、个人出租房屋个税的计征方式

个人出租房屋取得租金收入，依法应分别申报缴纳增值税、城市维护建设税、教育费附加及地方教育费附加（以下简称“教育费附加”）、房产税、城镇土地使用税、印花税、个人所得税。在实务中，个人出租房屋个人所得税应纳税额的计算通常有两种方式，分税种计征和综合定率计征。分税种计税方式，是分别计征相应税种应纳税额，分别缴纳。由于分税种计算较复杂，为防止个人出租房屋由于税负过高而转嫁给承租方负担的情况，全国大部分省市对个人出租房屋实行综合征收率计征方式，即不分税种，对房屋出租收入核定综合征收率，统一计算应纳税额。综合征收率计征方式计算简单，且降低了个人出租房屋的出租方承担的税额。

## 二、综合征收率计征方式

综合征收率计征方式，按照每100元应税收入包含的税额统一计算应纳税额，即按实际收入的百分比计征。

以北京地区为例，综合征收率的适用范围为个人出租自有住房或非住房，个人出租住房中的转租、再转租行为应按照分税种计征方式计算缴纳各税费，不得使用综合征收率计征方式，其他地区具体查阅所在地区税务机关相关规定。

北京地区2016年5月1日起关于个人出租房屋税的税费计算，主要依据房屋性质和租金金额的大小来判定适用的综合核定征收率。房屋性质按照房产证或购房合同上“建设用途”项目判定，住房的“建设项目”用途属于住宅或公寓，非住房通常是指商业、办公楼、综合楼、写字楼、配套公建，以及房产证或购房合同建设用途内容为空白的房屋。

1. 住房。个人出租住房，无论金额是否大于31 500元，综合征收率均为5%。

2. 非住房。属于上述“非住房”的房屋，以31 500元含税租金为分水岭，小于此金额按照7%的综合征收率计税，大于此金额则需要按照12%的综合征收率计税。

综合征收率计征方式计算税费的方法比较简单，通常直接按照含税租金直接乘以综合征收率确定。

**案例13－3**

张某将非住房出租，月租金收入为52 500元，请问张某每月应缴纳税费多少元？

解析：张某每月应缴纳税费合计＝52 500×12%＝6 300（元）

## 三、分税种计征方式下应纳税额的计算

在分税种计征方式下，个人出租房屋所得的个税计算方法与其他财产租赁所得个税的计税方法总体相同。

应纳税额＝应纳税所得额×适用税率

具体而言，个人出租房屋应纳税所得额的计算公式为：

应纳税所得额＝收入－免税收入－允许扣除的税费－修缮费用－减除费用－允许扣除的捐赠额

1. 个人出租房屋收入的确定。根据《个人所得税法实施条例》第十四条第一项规定，房屋出租通常都是连续的，以每个月实际收到的收入作为租金收入。通常而言，个人出租房屋的个人所得税应税收入不含增值税，计算房屋出租所得时可扣除的税费不包括本次出租缴纳的增值税。

**案例 13-4**

张某取得房屋出租收入 10 500 元，且按 5% 的征收率缴纳增值税，则其个人所得税计税收入 = 10 500 ÷ 1.05 = 10 000（元）

根据《财政部 国家税务总局关于营改增后契税、房产税、土地增值税、个人所得税计税依据问题的通知》（财税〔2016〕43 号）的规定，免征增值税的财产租赁所得，确定计税依据时，租金收入不扣减增值税额。也就是说，如果房屋租金收入免征增值税，计算契税、房产税、个人所得税时直接就按照收入全额作为计税依据，不扣减增值税额。

**案例 13-5**

张某取得房屋出租收入 10 500 元，不需要缴纳增值税，则其个人所得税计税收入为 10 500 元。

2. 费用扣除。个人出租房屋所得的费用扣除包括允许扣除的税费、修缮费用、基本费用、允许扣除的捐赠额。

（1）允许扣除的税费。个人出租住房取得财产租赁所得，个人所得税计算过程中准予扣除的税费包括城市维护建设税、教育费附加、地方教育费附加、房产税、城镇土地使用税、印花税。

允许扣除的税费 = 城市维护建设税 + 教育费附加 + 房产税 + 城镇土地使用税 + 印花税

税费的政策依据及计算过程列示如下：

①增值税。《财政部 国家税务总局关于全面推开营业税改征增值税试点的通知》（财税〔2016〕36 号）附件 2：第一条第九款第六项规定：个人出租住房，应按照 5% 的征收率减按 1.5% 计算应纳税额。住房的判定通常依据房产证或购房合同上“建设用途”属于住宅或公寓。

出租住房增值税应纳税额 = 含税租金 ÷（1 + 5%）× 1.5%

《国家税务总局关于营改增试点若干征管问题的公告》（国家税务总局公告 2016 年第 53 号）规定，其他个人采取一次性收取租金的形式出租不动产，取得的租金收入可在租金对应的租赁期内平均分摊，分摊后的月租金收入不超过 30 000 元的，可享受小微企业免征增值税优惠政策。

②城市维护建设税、教育费附加、地方教育附加。《关于扩大有关政府性基金免征范围的通知》（财税〔2016〕12 号）第一条规定，按月纳税的月销售额或营业额不超过 10 万元（按季度纳税的季度销售额或营业额不超过 30 万元）的缴纳义务人，免征教育费附加、地方教育附加。

如果房租收入月营业额不超过 10 万元，只缴纳城市维护建设税，无须缴纳教育费附加及地方教育费附加。城市维护建设税的税率按照纳税人所在地的不同，分别按照应交增值税税额的7%、5%、1%计算缴纳；教育费附加、地方教育费附加按照应缴增值税税额的3%、2%计算缴纳。

③房产税。《财政部 国家税务总局关于廉租住房、经济适用住房和住房租赁有关税收政策的通知》（财税〔2008〕24号）规定，自2008年3月1日起，对个人出租住房，不区分用途，按4%的税率征收房产税。个人出租住房按4%的税率征收房产税。

④城镇土地使用税。财税〔2008〕24号文件规定，自2008年3月1日起，对个人出租住房，不区分用途，免征城镇土地使用税。

⑤印花税。财税〔2008〕24号文件规定，自2008年3月1日起，对个人出租、承租住房签订的租赁合同，免征印花税。对个人出租住房，出租人、承租人签订的租赁合同免征印花税。

（2）修缮费用。根据《征收个人所得税若干问题的规定》（国税发〔1994〕89号）第六条规定，纳税义务人出租财产取得财产租赁收入，在计算征税时，除可依法减除规定费用和有关税、费外，还准予扣除能够提供有效、准确凭证，证明由纳税义务人负担的该出租财产实际开支的修缮费用。允许扣除的修缮费用，以每次800元为限，一次扣除不完的，准予在下一次继续扣除，直至扣完为止。

（3）费用减除。根据《个人所得税法》第五条第四项规定，财产租赁所得，每次收入不超过4 000元的，减除费用800元；4 000元以上的，减除20%的费用，其余额为应纳税所得额。

（4）准许扣除的捐赠额。

准予扣除的捐赠额 =（收入 - 准予扣除税费 - 减除费用）×30%

3. 适用税率。个人出租住房或非住房对上述各税种适用税率存在差别，个人出租非住房适用财产租赁所得税率，而住房适用优惠税率，政策依据为财税〔2008〕24号文件。

根据《个人所得税法》第三条规定，财产租赁所得适用比例税率，税率为20%，因此个人出租非住房所得适用税率为20%。根据《财政部 国家税务总局关于廉租住房经济适用住房和住房租赁有关税收政策的通知》（财税〔2008〕24号）的规定，对个人出租住房取得的所得减按10%的税率征收个人所得税。

4. 应纳税额的计算。

应纳税额 = 应纳税所得额 × 税率

（1）个人出租住房。如果个人出租住房收入在4 000元以下，即收入额 - 准予扣除的税费后的金额小于4 000元，减除费用为800元，则：

个人所得税应纳税额 =（收入 - 准予扣除税费 - 800 - 准予扣除的捐赠额）×10%

如果个人出租住房收入在4 000元以上，即收入额 - 准予扣除的税费大于4 000元，减除费用为：（收入额 - 准予扣除的税费）×20%。

个人所得税应纳税额 = [（收入 - 准予扣除税费 - 减除费用）×（1 - 20%）- 准予扣除的捐赠额）] ×10%

（2）个人出租非住房。如果个人出租非住房收入在4 000元以下，即收入额－准予扣除的税费后的金额小于4 000元，减除费用为800元，则：

个人所得税应纳税额＝（收入－准予扣除税费－800－准予扣除的捐赠额）×20%

如果个人出租非住房收入在4 000元以上，即收入额－准予扣除的税费大于4 000元，减除费用为：（收入额－准予扣除的税费）×20%，个人所得税税额计算过程如下：

个人所得税应纳税额＝［（收入－准予扣除税费－减除费用）×（1－20%）－准予扣除的捐赠额］×20%

5. 案例分析。

**案例13－6**

北京市张某将自有住房出租，月租金收入为28 000元，租期为一年，10月份发生修缮费3 000元，有合法票据并由张某承担，问张某10月份房屋租赁收入应缴纳个人所得税多少元？

解析：①增值税。房屋租金收入为28 000元，小于30 000元，免征增值税。

②城市维护建设税。因增值税免征，城市维护建设税免征。

③教育费附加免征。

④房产税。按照财税〔2016〕43号文件规定，免征增值税的，确定房产税计税依据时，租金收入不扣减增值税额。应缴纳房产税＝28 000×4%＝1 120（元）

⑤城镇土地使用税、印花税免征。

⑥个人所得税。修缮费用是出租人负担并取得合规票据，当月可扣除800元的修缮费用，收入减去允许扣除的税费后的金额大于4 000元，可以扣除20%，余额为应纳税所得额。应纳税所得额＝（28 000－1 120－800）×（1－20%）＝20 864（元）

所以，张某10月份个人所得税应纳税额＝20 864×10%＝2 086.40元；张某10月份应缴缴纳税费合计＝1 120＋2 086.40＝3 206.40（元）

**案例13－7**

北京市张某将自有非住房出租，占地面积为200平方米，双方签订租赁合同，合同金额为630 000元，月租金收入为52 500元，租期一年，10月份发生修缮费3 000元，有合法票据并由张某承担，问张某10月份房屋租赁收入应缴纳个人所得税多少元？

解析：①增值税。房屋月租金收入为52 500元，月租金大于30 000元应缴纳增值税，张某出租房屋为非住房，应按照5%征收率计算缴纳增值税。

应交增值税＝52 500÷1.05×5%＝2 500（元）

②城市维护建设税及教育费附加。根据《财政部 国家税务总局关于扩大有关政府性基金免征范围的通知》（财税〔2016〕12号）文件规定，月销售额小于10万元

以下的免征教育费附加及地方教育费附加。应交城市维护建设税 =2 500 ×7% =175（元）

③房产税。根据《财政部 国家税务总局关于营改增后契税 房产税 土地增值税 个人所得税计税依据问题的通知》（财税〔2016〕43 号）的规定，房产出租的，计征房产税的租金收入不含增值税。应交房产税 =52 500 ÷1.05 ×12% =6 000（元）

④城镇土地使用税。张某的房屋土地为三级土地，每平方米年纳税额 18 元。应交城镇土地使用税 =200 ×18 =3 600（元）

⑤印花税。印花税的纳税义务发生时间是应纳税凭证书立时，按照合同全额计算贴花。应交印花税 =630 000 ×0.1% =630（元）

⑥个人所得税。

个人所得税应纳税所得额 =（50 000 －175 －6 000 －3 600 －630 －800）×（1 －20%）=31 036（元）

由于张某出租的是非住房，财税〔2008〕24 号文件规定，适用个人所得税税率为 20%。

张某个人所得税应纳税额 =31 036 ×20% =6 207.20（元）

张某缴纳税费 =2 500 +175 +6 000 +3 600 +630 +6 207.20 =19 112.20（元）

## 四、个人转租房屋所得个税计征

个人转租住房，以北京地区不公开执行口径规定，房屋转租只能适用分税种计征方式计算缴纳税费，不得使用综合核定征收方式计税。

个人转租房屋所得的个税计征与个人出租房屋的计税方法类似，唯一不同的是在计算应纳税所得额时，符合规定的向出租房支付的租金可以扣除。

转租应纳税所得额 = 收入 － 免税收入 － 允许扣除的税费 － 修缮费用 － 向出租方支付的租金 － 减除费用 － 允许扣除的捐赠额

近年来，纳税人将所承租房屋转租给第三方赚取租金差价的情况时有发生，针对这类现象，国家税务总局对个人转租房屋取得的租金收入如何征收个人所得税作了明确规定。

考虑到个人转租房屋所支付的租金是财产租赁所得的成本，国税函〔2009〕639 号明确规定，转租房屋所支付的租金允许在个人所得税前扣除。同时，为便于管理和堵塞漏洞，要求纳税人必须提交房屋租赁合同和支付租金的合法凭据，否则，不允许扣除租金。

此外，为便于政策衔接，国家税务总局对财产租赁所得个人所得税前扣除税费的扣除次序问题也重新进行了明确。这项规定不仅规范了税收政策，减轻了个人承租房屋再行转租的税负，同时规范了税收管理，有利于减少税收流失。

《国家税务总局关于个人转租房屋取得收入征收个人所得税问题的通知》（国税函〔2009〕639 号）对有关财产租赁所得个人所得税前扣除税费的扣除次序调整为：财产租

赁过程中缴纳的税费；向出租方支付的租金；由纳税人负担的租赁财产实际开支的修缮费用；税法规定的费用扣除标准。

**案例 13 -8**

北京市张某将租入住房转租，月租金收入为 52 500 元，需支付房东每月 42 000 元，租期一年，10 月份发生修缮费 3 000 元，有合法票据并由张某承担，问张某 1 月份房屋租赁收入应缴纳个人所得税多少元?

解析：①增值税。房屋月租金收入为 52 500 元，月租金大于 30 000 元应缴纳增值税，张某出租房屋为非住房，应按照 5% 的征收率计算缴纳增值税。

应交增值税 =52 500 ÷1. 05 =5 000 ×1. 5% =750 （元）

②城市维护建设税。财税〔2016〕 12 号文件规定，月销售额小于 10 万元以下的，免征教育费附加及地方教育费附加。

城市维护建设税 =750 ×7% =52. 50 （元）

③房产税。房屋转租由原产权人缴纳房产税，转租方不缴纳房产税。

④出租住房城镇土地使用税、印花税免征。

⑤个人所得税。按照财税〔2016〕 43 号文件规定，个人出租房屋的个人所得税应税收入不含增值税，计算房屋出租所得可扣除的税费不包括本次出租缴纳的增值税。个人转租房屋的，其向房屋出租方支付的租金及增值税额，在计算转租所得时予以扣除，张某支付给房东的房租价税合计 42 000 元，可以在计算转租收入的个人所得税前扣除。

应纳税所得额 = （50 000 -42 000 -52. 50 -800） × （1 -20%） =5 718 （元）

张某个人所得税应纳税额 =5 718 ×10% =571. 80 （元）

合计缴纳税费共计 =750 +52. 50 +571. 80 =1 374. 30 （元）

## 五、代开发票的规定（以北京市为例）

《国家税务总局关于营业税改征增值税委托地税局代征税款和代开增值税发票的通知》（税总函〔2016〕 145 号） 文件规定，增值税小规模纳税人销售其取得的不动产以及其他个人出租不动产，购买方或承租方不属于其他个人的，纳税人缴纳增值税后可以向地税局申请代开增值税专用发票。不能自行开具增值税普通发票的小规模纳税人销售其取得的不动产，以及其他个人出租不动产，可以向地税局申请代开增值税普通发票。地税局代开发票部门通过增值税发票管理新系统代开增值税发票，系统自动在发票上打印“代开”字样。

取得代开的增值税专用发票后应注意以下两点：一是应及时检查发票备注栏，是否填写销售或出租不动产纳税人的名称、纳税人识别号（或者组织机构代码）、不动产的详细地址；二是检查代开发票部门是否在增值税发票的备注栏上加盖代开发票专用章，防止因发票备注栏未填写或未加盖代开发票专用章，被发票取得方视为不合规票据而拒绝接受的风险。

以北京地区为例，个人出租房屋代开发票缴税，须带以下资料方可办理：(1) 房产证原件和复印件（或购房合同复印件）需每页都要复印；(2) 房主身份证原件（正反面印一张 A4 纸上）；(3) 房屋租赁合同复印件；(4) 房主不能亲自办理可委托他人代办，其代办人员须带本人身份证复印件和房主签署的委托书；(5) 发票开单位名称的，须在合同上加盖单位公章，还有税务登记证号。不能加盖公章的，只能开具租赁协议中承租方名称。

其他地区代开发票应按照当地税务机关的要求提供相关资料。

# 第十四章
# 财产转让所得

## 第一节　征税范围

### 一、征税范围的一般规定

《个人所得税法实施条例》第六条第八项规定，财产转让所得，是指个人转让有价证券、股权、合伙企业中的财产份额、不动产、机器设备、车船以及其他财产取得的所得。

在现实生活中，个人进行的财产转让主要是个人财产所有权的转让。财产转让实际上是一种买卖行为，当事人双方通过签订、履行财产转让合同，形成财产买卖的法律关系，使出让财产的个人从对方取得价款（收入）或其他经济利益。财产转让所得因其性质的特殊性，需要单独列举项目征税。对个人取得的各项财产转让所得，除上市公司股票转让所得暂不征税外，其余财产转让几乎都要征收个人所得税。

### 二、征税范围的特殊规定

#### （一）转让债权

《国家税务总局关于个人因购买和处置债权取得所得征收个人所得税问题的批复》（国税函〔2005〕655号）在对天津税务局的批复中明确，对于个人通过招标、竞拍或其他方式购置债权以后，通过相关司法或行政程序主张债权而取得的所得，应按照“财产转让所得”项目缴纳个人所得税。

### （二）承债式股权转让

根据《国家税务总局关于股权转让收入征收个人所得税问题的批复》（国税函〔2007〕244号）规定，公司原全体股东，通过签订股权转让协议，以转让公司全部资产方式将股权转让给新股东，协议约定时间以前的债权债务由原股东负责，协议约定时间以后的债权债务由新股东负责。根据《中华人民共和国个人所得税法》及其实施条例的规定，原股东取得股权转让所得，应按“财产转让所得”项目征收个人所得税。

1. 对于原股东取得转让收入后，根据持股比例先清收债权并归还债务后，再对每个股东进行分配的，应纳税所得额的计算公式为：

应纳税所得额 =（原股东股权转让总收入 - 原股东承担的债务总额 + 原股东所收回的债权总额 - 注册资本额 - 股权转让过程中的有关税费）×原股东持股比例

其中，原股东承担的债务不包括应付未付股东的利润（下同）。

2. 对于原股东取得转让收入后，根据持股比例对股权转让收入、债权债务进行分配的，应纳税所得额的计算公式为：

应纳税所得额 = 原股东分配取得股权转让收入 + 原股东清收公司债权收入 - 原股东承担公司债务支出 - 原股东向公司投资成本

### （三）转让虚拟货币

根据《国家税务总局关于个人通过网络买卖虚拟货币取得收入征收个人所得税问题的批复》（国税函〔2008〕818号）规定，个人通过网络收购玩家的虚拟货币，加价后向他人出售取得的收入，属于个人所得税应税所得，应按照“财产转让所得”项目计算缴纳个人所得税。个人销售虚拟货币的财产原值为其收购网络虚拟货币所支付的价款和相关税费。对于个人不能提供有关财产原值凭证的，由主管税务机关核定其财产原值。

### （四）个人终止投资经营收回款项

个人因各种原因终止投资、联营、经营合作等行为，从被投资企业或合作项目、被投资企业的其他投资者以及合作项目的经营合作人取得股权转让收入、违约金、补偿金、赔偿金及以其他名目收回的款项等，根据《国家税务总局关于个人终止投资经营收回款项征收个人所得税问题的公告》（国家税务总局公告2011年第41号）规定，均属于个人所得税应税收入，应按照“财产转让所得”项目适用的规定计算缴纳个人所得税。

应纳税所得额的计算公式如下：

应纳税所得额 = 个人取得的股权转让收入、违约金、补偿金、赔偿金及以其他名目收回款项合计数 - 原实际出资额（投入额）及相关税费

### （五）科技成果转化奖励

《财政部 国家税务总局关于促进科技成果转化有关税收政策的通知》（财税字〔1999〕

第45号）规定，自1999年7月1日起，科研机构、高等学校转化职务科技成果以股份或出资比例等股权形式给予个人奖励，获奖人在取得股份、出资比例时，暂不缴纳个人所得税；取得按股份、出资比例分红或转让股权、出资比例所得时，应依法缴纳个人所得税。

《国家税务总局关于促进科技成果转化有关个人所得》（国税发〔1999〕125号）规定，自1999年7月1日起，获奖人转让股权、出资比例，对其所得按“财产转让所得”应税项目征收个人所得税，财产原值为零。

享受上述优惠政策的科技人员必须是科研机构和高等学校的在编正式职工。

## 第二节　免税所得

### 一、股票转让所得

根据《关于个人转让股票所得继续暂免征收个人所得税的通知》（财税字〔1998〕61号）规定，为了配合企业改制，促进股票市场的稳健发展，经报国务院批准，从1997年1月1日起，对个人转让上市公司股票取得的所得继续暂免征收个人所得税。

### 二、新三板非原始股转让所得

根据《财政部 国家税务总局 证监会关于个人转让全国中小企业股份转让系统挂牌公司股票有关个人所得税政策的通知》（财税〔2018〕137号）规定，自2018年11月1日（含）起，对个人转让新三板挂牌公司非原始股取得的所得，暂免征收个人所得税。

非原始股是指个人在新三板挂牌公司挂牌后取得的股票，以及由上述股票孳生的送、转股。

2018年11月1日之前，个人转让新三板挂牌公司非原始股，尚未进行税收处理的，可适用免税政策执行，已经进行相关税收处理的，不再进行税收调整。

### 三、转让自有5年以上家庭唯一住房

（一）政策内容

《关于个人出售住房所得征收个人所得税有关问题的通知》（财税字〔1999〕278号）规定，对个人转让自用5年以上，并且是家庭唯一生活用房取得的所得，免征个人所

得税。

“家庭唯一生活用房”是指在同一省、自治区、直辖市范围内纳税人（有配偶的为夫妻双方）仅拥有一套住房。

### （二）购置时间的确定

所称“自用5年以上”，是指个人购房至转让房屋的时间达5年以上，那么，住房购置时间的判定方法为：

1. 个人购房日期的确定。个人按照国家房改政策购买的公有住房，以其购房合同的生效时间、房款收据开具日期或房屋产权证上注明的时间，依照孰先原则确定；个人购买的其他住房，以其房屋产权证注明日期或契税完税凭证注明日期，按照孰先原则确定。

2. 个人转让房屋的日期，以销售发票上注明的时间为准。

3.《国家税务总局关于个人转让住房享受税收优惠政策判定购房时间问题的公告》（国家税务总局公告2017年第8号）规定，个人转让住房，因产权纠纷等原因未能及时取得房屋所有权证书（包括不动产权证书），对于人民法院、仲裁委员会出具的法律文书确认个人购买住房的，法律文书的生效日期视同房屋所有权证书的注明时间，据以确定纳税人是否享受税收优惠政策。

个人转让离婚析产房屋所取得的收入，符合家庭生活自用五年以上唯一住房的，可以申请免征个人所得税，其购置时间按照《国家税务总局关于房地产税收政策执行中几个具体问题的通知》（国税发〔2005〕172号）执行，购置时间判定原则为：个人将通过受赠、继承、离婚财产分割等非购买形式取得的住房对外销售的行为，也适用国税发〔2009〕121号文件的有关规定。其购房时间按发生受赠、继承、离婚财产分割行为前的购房时间确定，其购房价格按发生受赠、继承、离婚财产分割行为前的购房原价确定。个人需持其通过受赠、继承、离婚财产分割等非购买形式取得住房的合法、有效法律证明文书，到地方税务部门办理相关手续。

## 四、个人转让离婚析产房屋

根据《国家税务总局关于明确个人所得税若干政策执行问题的通知》（国税发〔2009〕121号）规定，通过离婚析产的方式分割房屋产权是夫妻双方对共同共有财产的处置，个人因离婚办理房屋产权过户手续，不征收个人所得税。

## 五、个人无偿受赠房屋

为了加强个人所得税征管，堵塞税收漏洞，《财政部 国家税务总局关于个人无偿受赠房屋有关个人所得税问题的通知》（财税〔2009〕78号）和《关于个人取得有关收入适用个人所得税应税所得项目的公告》（财政部 国家税务总局公告 2019 年第 74 号）就个人无偿受赠房屋有关个人所得税问题规定如下：

（一）房屋产权无偿赠与，对当事双方不征收个人所得税的情形

1. 房屋产权所有人将房屋产权无偿赠与配偶、父母、子女、祖父母、外祖父母、孙子女、外孙子女、兄弟姐妹。

2. 房屋产权所有人将房屋产权无偿赠与对其承担直接抚养或者赡养义务的抚养人或者赡养人。

3. 房屋产权所有人死亡，依法取得房屋产权的法定继承人、遗嘱继承人或者受遗赠人。

除以上情形以外，房屋产权所有人将房屋产权无偿赠与他人的，受赠人因无偿受赠房屋取得的受赠所得，按照“偶然所得”项目缴纳个人所得税，税率为 20%。

（二）需要提交的资料

赠与双方办理免税手续需要提交的资料情况，详见本章第四节相关内容。

## 六、中国内地与香港基金互认转让差价所得

基金互认，是指内地基金或香港基金经香港证监会认可或中国证监会注册，在双方司法管辖区内向公众销售；内地基金，是指中国证监会根据《中华人民共和国证券投资基金法》注册的公开募集证券投资基金；香港基金，是指香港证监会根据香港法律认可公开销售的单位信托、互惠基金或者其他形式的集体投资计划。买卖基金份额，包括申购与赎回、交易。

（一）中国香港市场投资者通过基金互认买卖内地基金份额取得的转让差价所得

根据《关于内地与香港基金互认有关税收政策的通知》（财税〔2015〕125 号）规定，对香港市场个人投资者通过基金互认买卖内地基金份额取得的转让差价所得，暂免征收所得税。

（二）内地投资者通过基金互认买卖中国香港基金份额转让差价所得

根据《关于继续执行内地与香港基金互认有关个人所得税政策的通知》（财税〔2018〕154 号）规定，对内地个人投资者通过基金互认买卖香港基金份额取得的转让差价所得，自 2018 年 12 月 18 日起至 2019 年 12 月 4 日止，继续暂免征收个人所得税。

最初的财税〔2015〕125 号文件的规定，对内地个人投资者通过基金互认买卖香港基金份额取得的转让差价所得，自 2015 年 12 月 18 日起至 2018 年 12 月 17 日止，这三年内

是暂免征收个人所得税的，2018 年 12 月 17 日免税期限到，所以又出具了财税〔2018〕154 号文件，继续免征此部分个人所得税。

## 七、中国内地和香港市场投资者通过沪港通买卖股票所得

根据《财政部 国家税务总局 中国证券监督管理委员会关于沪港股票市场交易互联互通机制试点有关税收政策的通知》（财税〔2014〕81 号）规定，对香港市场个人投资者投资上交所上市 A 股取得的转让差价所得，暂免征收个人所得税；对内地个人投资者通过沪港通投资香港联交所上市股票取得的转让差价所得，自 2014 年 11 月 17 日起至 2017 年 11 月 16 日止，暂免征收个人所得税。后续《关于继续执行沪港股票市场交易互联互通机制有关个人所得税政策的通知》（财税〔2017〕78 号）规定，对内地个人投资者通过沪港通投资香港联交所上市股票取得的转让差价所得，自 2017 年 11 月 17 日起至 2019 年 12 月 4 日止，继续暂免征收个人所得税。

## 八、个人投资证券投资基金

### （一）个人投资者买卖基金单位获得的差价收入

根据《财政部 国家税务总局关于证券投资基金税收问题的通知（1998）》（财税字〔1998〕55 号）规定，对个人投资者买卖基金单位获得的差价收入，在对个人买卖股票的差价收入未恢复征收个人所得税以前，暂不征收个人所得税。

### （二）个人投资者申购和赎回基金单位取得的差价收入

根据《财政部 国家税务总局关于开放式证券投资基金有关税收问题的通知》（财税〔2002〕128 号）规定，个人投资者申购和赎回基金单位取得的差价收入，在对个人买卖股票的差价收入未恢复征收个人所得税以前，暂不征收个人所得税。

## 九、企业改组改制过程中个人取得的量化资产

根据国家有关规定，允许集体所有制企业在改制为股份合作制企业时可以将有关资产量化给职工个人。为了支持企业改组改制的顺利进行，对于企业在这一改革过程中个人取得量化资产的有关个人所得税问题，《国家税务总局关于企业改组改制过程中个人取得的量化资产征收个人所得税问题的通知》（国税发〔2000〕60 号）文件予以明确：对职工个人以股份形式取得的仅作为分红依据，不拥有所有权的企业量化资产，不征收个人所得税。对职工个人以股份形式取得的拥有所有权的企业量化资产，暂缓征收个人所得税；待

个人将股份转让时，就其转让收入额，减除个人取得该股份时实际支付的费用支出和合理转让费用后的余额，按“财产转让所得”项目计征个人所得税。

### 十、股权分置试点改革非流通股股东支付对价

为促进资本市场发展和股市全流通，推动股权分置改革试点的顺利实施，《财政部 国家税务总局关于股权分置试点改革有关税收政策问题的通知》（财税〔2005〕103 号）规定，股权分置改革中非流通股股东通过对价方式向流通股股东支付的股份、现金等收入，暂免征收流通股股东应缴纳的个人所得税。

## 第三节　应纳税额

财产转让所得个人所得税的应纳税额为应纳税所得额与适用税率的乘积。

### 一、应纳税所得额的计算

根据《个人所得税法》第六条的规定，财产转让所得，以转让财产的收入额减除财产原值和合理费用后的余额，为应纳税所得额。

应纳税所得额 = 收入额 - 财产原值 - 合理费用

#### （一）收入的确定

财产转让的收入额为每次转让财产所得。根据《国家税务总局关于个人因购买和处置债权取得所得征收个人所得税问题的批复》（国税函〔2005〕655 号）的规定，债权处置应税收入按照个人取得的货币资产和非货币资产的评估价值或市场价值的合计数确定。以每次处置部分债权的所得，作为一次财产转让所得征税。

#### （二）财产原值的确认

根据《个人所得税法实施条例》第十六条和《个人所得税法》第六条第一款第五项的规定的财产原值，按照下列方法确定：（1）有价证券，为买入价以及买入时按照规定交纳的有关费用；（2）建筑物，为建造费或者购进价格以及其他有关费用；（3）土地使用权，为取得土地使用权所支付的金额、开发土地的费用以及其他有关费用；（4）机器设备、车船，购进价格、运输费、安装费以及其他有关费用。

其他财产，参照前款规定的方法确定财产原值。纳税人未提供完整、准确的财产原值

凭证，不能按照上述规定的方法确定财产原值的，由主管税务机关核定财产原值。

另外，根据《征收个人所得税若干问题的规定》（国税发〔1994〕89号）规定，转让债权，采用加权平均法确定其应予减除的财产原值和合理费用。也就是说，以纳税人购进的同一种类债券买入价和买进过程中缴纳的税费总和，除以纳税人购进的该种类债券数量之和，乘以纳税人卖出的该种类债券数量，再加上卖出的该种类债券过程中缴纳的税费。用公式表示为：

一次卖出某一种类债券允许扣除的买入价和费用 = 纳税人购进的该种类债券买入价和买进过程中交纳的税费总和/纳税人购进的该种类债券总数量 × 一次卖出的该种类债券的数量 + 卖出该种类债券过程中缴纳的税费。

根据《国家税务总局关于个人因购买和处置债权取得所得征收个人所得税问题的批复》（国税函〔2005〕655号）的规定，债权处置原值为：

当次处置债权成本费用 = 个人购置"打包"债权实际支出 × 当次处置债权账面价值（或拍卖机构公布价值） ÷ "打包"债权账面价值（或拍卖机构公布价值）

### （三）合理费用

根据《个人所得税法实施条例》第十六条的规定，合理费用，是指卖出财产时按照规定支付的有关费用，例如转让过程中发生的合理的拆迁费、运输费等。该费用减除项目，对所有纳税人都是普遍适用的。

根据《国家税务总局关于个人因购买和处置债权取得所得征收个人所得税问题的批复》（国税函〔2005〕655号）的规定，个人购买和处置债权过程中发生的拍卖招标手续费、诉讼费、审计评估费以及缴纳的税金等合理税费，在计算个人所得税时允许扣除。

## 二、适用税率

根据《企业所得税法》第三条的规定，财产转让所得和偶然所得，适用比例税率，税率为20%。

## 三、应纳税额

应纳税额 = 应纳税所得额 × 适用税率 = （收入额 - 财产原值 - 合理费用） ×20%

**案例 14 - 1**

刘某于2019年1月将其在某地的两套房屋中的一套住房转让给叶某，取得转让收入220 000 元。该套住房购进时的原价为 180 000 元，转让时支付相关税费 15 000 元。

应纳税所得额 = 220 000 - 180 000 - 15 000 = 25 000（元）

应纳税额 = 25 000 × 20% = 5 000（元）

# 第四节　纳税申报

## 一、纳税申报的一般规定

根据《个人所得税法》第十二条的规定，纳税人取得财产转让所得，按月或者按次计算个人所得税，有扣缴义务人的，由扣缴义务人按月或者按次代扣代缴税款，并在扣缴义务人所在地纳税。

根据《个人所得税扣缴申报管理办法（试行）》（国家税务总局公告 2018 年第 61 号）第十条规定，扣缴义务人支付财产转让所得时，应当依法按次或者按月代扣代缴税款。

扣缴义务人应当在代扣税款的次月十五日内，向主管税务机关报送其支付所得的所有个人的有关信息、支付所得数额、扣除事项和数额、扣缴税款的具体数额和总额以及其他相关涉税信息资料。

根据《关于个人所得税自行纳税申报有关问题的公告》（国家税务总局公告 2018 年第 62 号）的规定，需要办理汇算清缴的纳税人，应当在取得所得的次年 3 月 1 日至 6 月 30 日内，向任职、受雇单位所在地主管税务机关办理纳税申报，并报送个人所得税年度自行纳税申报表。纳税人有两处以上任职、受雇单位的，选择向其中一处任职、受雇单位所在地主管税务机关办理纳税申报；纳税人没有任职、受雇单位的，向户籍所在地或经常居住地主管税务机关办理纳税申报。

## 二、纳税申报指引

登录自然人税收管理系统，首页功能菜单点击【分类所得申报】，选择【财产转让所得】。财产转让所得包括财产拍卖所得与回流文物拍卖所得、股权转让所得、其他财产转让所得。以其他转让财产所得为例介绍（见图14 - 1）。

图 14－1　财产转让所得申报（一）

根据【收入及减除填写】【附表填写】和【申报表报送】三步流程完成财产转让所得的代扣代缴申报。

点击【其他财产转让所得】【添加】，本期收入及免税收入，依次填写本次财产转让的收入、免税收入；扣除及减除费用包括财产原值、允许扣除的税费；填写完毕系统自动计算出应缴纳的税费金额（见图 14－2、图 14－3）。

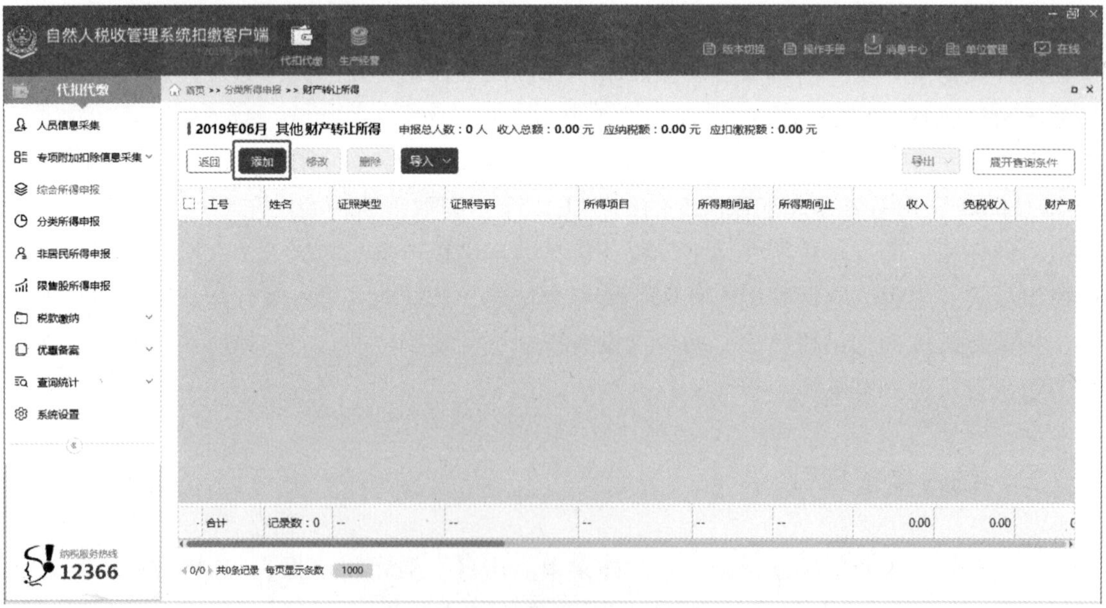


图 14－2　财产转让所得申报（二）

图 14－3　财产转让所得申报（三）

附表填写：如有免税收入，需填写减免事项附表用于补充减免税额对应的具体减免事项等信息（见图 14－4）。

图 14－4　财产转让所得申报（四）

申报表报送：申报表报送用于完成一般分类所得代扣代缴的正常申报、更正申报以及作废申报操作（见图 14－5）。

**图 14－5　财产转让所得申报（五）**

点击【3 申报表报送】进入“申报表报送”界面，系统自动生成待申报清单。申报表通过系统申报数据校验，“是否可申报”显示为“是”；若存在申报表数据校验不通过，“是否可申报”显示为“否”，该界面下方提示区显示具体错误提示信息。只有填写的所有申报表“是否可申报”均为“是”时，【发送申报】才允许点击，见图 14－6。

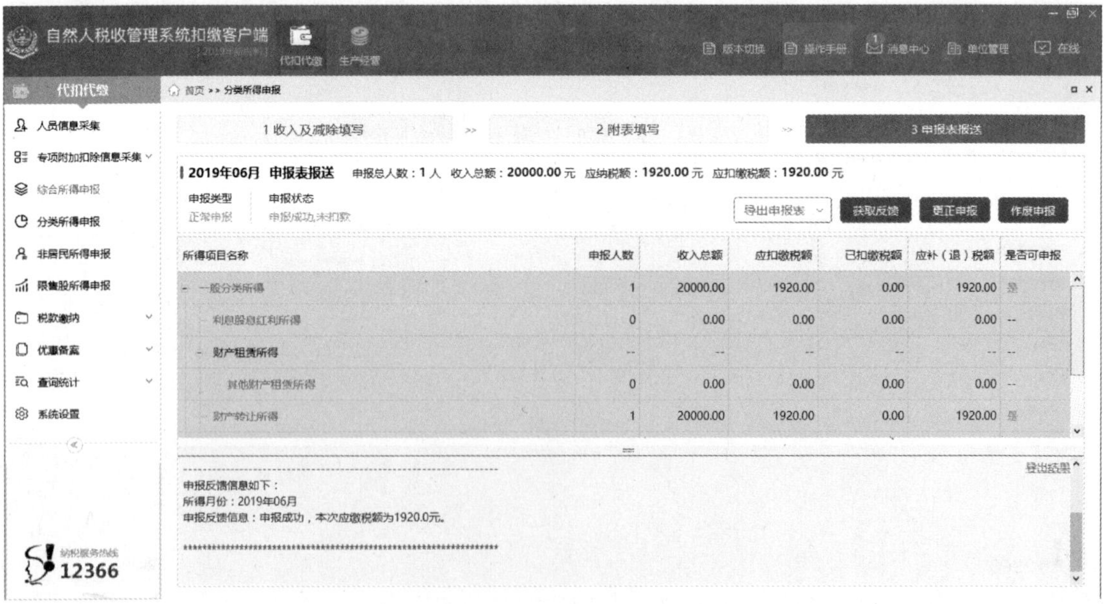


**图 14－6　财产转让所得申报（六）**

申报成功后，当前所得月份未缴款或无须缴款时发现申报数据有误，可点击【作废申报】，对已申报的数据进行作废处理，或点击【更正申报】对申报成功的申报表数据修改后重新申报；如果当前所得月份已缴款，则只可使用更正申报功能修改已申报数据重新申报。

## 三、其他纳税申报事项

### （一）科技成果转化备案操作流程和填报说明

1. 网上备案流程。根据《国家税务总局关于3项个人所得税事项取消审批实施后续管理的公告》（国家税务总局公告2016年第5号）第一条的规定，职务科技成果转化为股份、投资比例的科研机构及高等院校或者获奖人员，应在授（获）奖的次月15日内向主管税务机关备案，报送“科技成果转化暂不征收个人所得税备案表”。技术成果价值评估报告、股权奖励文件及其他证明材料由奖励单位留存备查。备案具体流程为：

第一步，登录【自然人税收管理系统扣缴客户端】，依次选择【优惠备案】【科技成果转化备案】，如图14－7所示。

图14－7　科技成果转化备案登录界面

第二步，填报信息。点击【添加】，出现备案信息填写界面，如图14－8所示。

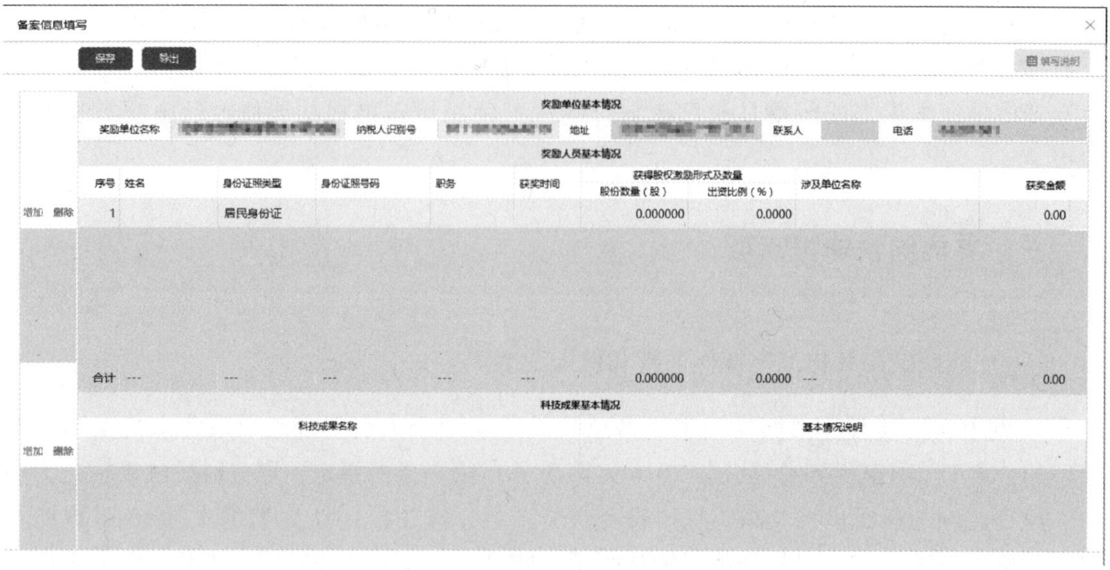


**图 14－8　科技成果转化备案信息填报界面**

2. 备案表填报说明。科技成果转换备案表（见表 14－1）适用于将职务科技成果转化为股份、投资比例的科研机构及高等院校或者获奖人员向主管税务机关办理暂不征收个人所得税备案事宜。

表 14－1 一式二份，主管税务机关受理后，由科研机构、高等院校或者获奖人员和主管税务机关分别留存。

备案号：由主管税务机关自行编制。

纳税人识别号：填写税务机关赋予的纳税人识别号。

职务：填写获奖的纳税人在科研机构或高等院校中担任的职务。

获奖时间：填写纳税人实际获得奖励的具体日期。纳税人在备案时限内多次取得奖励的，需分别写。

获得股权奖励形式及数量：在对应奖励形式下填写纳税人实际取得的股份数量或出资比例。

涉及单位名称：填写股份或出资比例等被用作奖励的单位名称。纳税人奖励涉及多家单位的，可一并填写。

获奖金额：填写纳税人获得奖励的股份、出资比例等股权的价值。

科技成果名称：填写科技成果的标准名称。

基本情况说明：对科技成果的基本情况进行简要说明。

若获奖人员和科技成果基本情况填写不下，可另附纸填写。

**表 14－1**

## 科技人员取得职务科技成果转化现金奖励个人所得税备案表

备案编号（主管税务机关填写）：　　　　　　　　　　单位：人民币元（列至角分）

<table>
<tr><td colspan="8">扣缴义务人基本情况</td></tr>
<tr><td>扣缴义务人名称</td><td></td><td>扣缴义务人<br>纳税人识别号</td><td></td><td>扣缴义务人类型</td><td colspan="3">□国家设立的科研机构　□国家设立的高校<br>□民办非营利性科研机构　□民办非营利性高校<br>□其他________</td></tr>
<tr><td colspan="8">科技成果基本情况</td></tr>
<tr><td>科技成果名称</td><td></td><td>科技成果类型</td><td></td><td>发证部门</td><td></td><td>科技成果证书编号</td><td></td></tr>
<tr><td colspan="8">科技成果转化及现金奖励公示情况</td></tr>
<tr><td>转化方式</td><td>□转让　□许可使用</td><td>技术合同登记机构</td><td></td><td>技术合同编号</td><td></td><td>技术合同项目名称</td><td></td></tr>
<tr><td>取得转化收入金额</td><td></td><td>取得转化收入时间</td><td></td><td>公示结果文件文号</td><td></td><td>公示结果文件名称</td><td></td></tr>
</table>

科技人员取得现金奖励基本情况

| 序号 | 姓名 | 身份证照类型 | 身份证照号码 | 现金奖励金额 | 现金奖励取得时间 |
|---|---|---|---|---|---|
| | | | | | |
| | | | | | |
| | | | | | |
| | | | | | |
| | | | | | |
| | | | | | |

谨声明：此表是根据《中华人民共和国个人所得税法》及相关法律法规规定填写的，是真实的、完整的、可靠的。

| | |
|---|---|
| 单位签章：<br>经办人：<br>填报日期：　　　年　月　日 | 主管税务机关印章：<br>受理人：<br>受理日期：　　　年　月　日 |

国家税务总局监制

### （二）无偿赠与房屋办理免税手续需提交的资料清单

根据《国家税务总局关于进一步简化和规范个人无偿赠与或受赠不动产免征营业税、个人所得税所需证明资料的公告》（国家税务总局公告2015年第75号）规定，纳税人在办理个人无偿赠与或受赠不动产免征营业税、个人所得税手续时，应报送个人无偿赠与不动产登记表、双方当事人的身份证明原件及复印件（继承或接受遗赠的，只须提供继承人或接受遗赠人的身份证明原件及复印件）、房屋所有权证原件及复印件。属于以下情形之一的，还应分别提交相应证明资料：

1. 亲属之间无偿赠与。

（1）无偿赠与配偶的，提交结婚证原件及复印件。

（2）无偿赠与父母、子女、祖父母、外祖父母、孙子女、外孙子女、兄弟姐妹的，提交户口簿或者出生证明或者人民法院判决书或者人民法院调解书或者其他部门（有资质的机构）出具的能够证明双方亲属关系的证明资料原件及复印件。

2. 无偿赠与非亲属抚养或赡养关系人。人民法院判决书或者人民法院调解书或者乡镇政府或街道办事处出具的抚养（赡养）关系证明或者其他部门（有资质的机构）出具的能够证明双方抚养（赡养）关系的证明资料原件及复印件。

3. 继承或接受遗赠。

（1）房屋产权所有人死亡证明原件及复印件。

（2）经公证的能够证明有权继承或接受遗赠的证明资料原件及复印件。

税务机关在核对上述资料后，在个人无偿赠与不动产登记表上签字盖章，留存个人无偿赠与不动产登记表复印件和有关证明资料复印件，原件退还纳税人。

## 第五节　非上市公司股权转让专题

个人转让企业股权（份）主要包括转让上市公司股票、转让限售股、转让非上市公司股权、转让合伙企业份额和个人独资企业。严格来说，转让合伙企业和个人独资企业不属于转让股权的概念，因为这两者均不属于《公司法》规定的范畴，但为了方便读者学习了解，暂且放在本章一并分析。

关于转让非上市公司股权所得个税的主要依据为《股权转让所得个人所得税管理办法（试行）》（国家税务总局公告2014年第67号）（以下简称《67号公告》），下面主要依据《67号公告》，对非上市公司股权转让个人所得税方面涉税事项予以说明分析。

## 一、股权及股权转让行为

### （一）股权的概念

《67 号公告》规定的股权是指：自然人股东投资于在中国境内成立的企业或组织的股权或股份。以上企业或组织不包括个人独资企业和合伙企业，也就是说转让合伙企业份额，个人独资企业股权，不属于《67 号公告》规定股权范围，不受《67 号公告》规范约束。

“中国境内成立的企业或组织”，应为适用于《企业所得税法》的所有企业和组织。

### （二）股权转让行为的界定

股权转让是指个人将股权转让给其他个人或法人的行为，包括以下情形：（1）出售股权；（2）公司回购股权；（3）发行人首次公开发行新股时，被投资企业股东将其持有的股份以公开发行方式一并向投资者发售；（4）股权被司法或行政机关强制过户；（5）以股权对外投资或进行其他非货币性交易；（6）以股权抵偿债务；（7）其他股权转移行为。

以上情形，股权已经发生了实质上的转移，而且转让方也相应获取了报酬或免除了责任，因此都应当属于股权转让行为，个人取得所得应按规定缴纳个人所得税。

值得注意的是“司法或行政机关强制过户”的情形，在代持中，有些隐名股东以为通过向法院起诉确权，将股权转至自己名下，认为并未发生转让行为，不需要缴纳个人所得税，这个时候根据《67 号公告》中对于股权转让行为的规定，税务机关可向显名股东追缴个人所得税。但是，依据实质课税原则来看，股权变更并不构成股权转让，也不存在任何股权转让所得，无须缴纳个人所得税。

## 二、纳税人、代扣代缴义务人

个人股权转让所得须缴纳个人所得税，以股权转让方为纳税人，以受让方为扣缴义务人。

扣缴义务人应于股权转让相关协议签订后 5 个工作日内，将股权转让的有关情况报告主管税务机关。被投资企业应当详细记录股东持有本企业股权的相关成本，如实向税务机关提供与股权转让有关的信息，协助税务机关依法执行公务。

## 三、股权转让应纳税所得额的计算

个人转让股权，以股权转让收入减除股权原值和合理费用后的余额为应纳税所得额，按“财产转让所得”缴纳个人所得税。

应纳税所得额 = 股权转让收入 - 股权原值 - 合理费用

转让的股权以人民币以外的货币结算的，按照结算当日人民币汇率中间价，折算成人民币计算应纳税所得额。

## 四、股权转让收入的确认和核定方法

### （一）股权转让收入的确认

1. 一般规定。股权转让收入是指转让方因股权转让而获得的现金、实物、有价证券和其他形式的经济利益。此外，以下收入也应当计入股权转让收入。

（1）转让方取得与股权转让相关的各种款项，包括违约金、补偿金以及其他名目的款项、资产、权益等。

（2）纳税人按照合同约定，在满足约定条件后取得的后续收入。

《67 号公告》第十条规定，股权转让收入应当按照公平交易原则确定，这是股权转让收入确定的基本原则。也就是说，纳税人转让股权，应当获得与之相匹配的回报，无论回报是何种形式或名义，都应作为股权转让收入的组成部分。通常情况下，股权转让收入就是转让方在转让当期或后续期间获得的各种形式及名义的转让所得。

2. 核定转让收入的情形。个人股权转让，符合下列情形之一的，主管税务机关可以核定股权转让收入：

（1）申报的股权转让收入明显偏低且无正当理由的。

（2）未按照规定期限办理纳税申报，经税务机关责令限期申报，逾期仍不申报的。

（3）转让方无法提供或拒不提供股权转让收入的有关资料。

（4）其他应核定股权转让收入的情形。

纳税人申报的股权转让收入明显偏低等四种主管税务机关可以核定股权转让收入的情形，主要是对违反了公平交易原则或不配合税收管理的纳税人实施的一种税收保障措施。

3. 转让收入明显偏低的界定。股权转让收入符合列情形之一，视为股权转让收入明显偏低，具体如下：

（1）申报的股权转让收入低于股权对应的净资产份额的。其中：被投资企业拥有土地使用权、房屋、房地产企业未销售房产、知识产权、探矿权、采矿权、股权等资产的；申报的股权转让收入低于股权对应的净资产公允价值份额的。

（2）申报的股权转让收入低于初始投资成本或低于取得该股权所支付的价款及相关税费的。

（3）申报的股权转让收入低于相同或类似条件下同一企业同一股东或其他股东股权转让收入的。

（4）申报的股权转让收入低于相同或类似条件下同类行业的企业股权转让收入的。

（5）不具合理性的无偿让渡股权或股份的。

（6）主管税务机关认定的其他情形。

4. 转让收入偏低的正常情形。实际情况中，确实也存在部分股权转让收入因种种合理情形而偏低的情形。为此，《67 号公告》第十三条对转让收入偏低的合理情形进行了明确，主要是三代以内直系亲属间转让、受合理的外部因素影响导致低价转让、部分限制性的股权转让等，符合下列条件之一的股权转让收入明显偏低，视为有正当理由：

（1）能出具有效文件，证明被投资企业因国家政策调整，生产经营受到重大影响，导致低价转让股权。

（2）继承或将股权转让给其能提供具有法律效力身份关系证明的配偶、父母、子女、祖父母、外祖父母、孙子女、外孙子女、兄弟姐妹以及对转让人承担直接抚养或者赡养义务的抚养人或者赡养人。

（3）依据相关法律、政府文件或企业章程规定，并有相关资料充分证明转让价格合理且真实的本企业员工持有的不能对外转让股权的内部转让。

（4）股权转让双方能够提供有效证据证明其合理性的其他合理情形。

### （二）股权转让收入核定方法

发生主管税务机关对股权转让收入进行核定的情形时，必须按照净资产核定法、类比法、其他合理方法的先后顺序进行选择。被投资企业账证健全或能够对资产进行评估核算的，应当采用净资产核定法进行核定。被投资企业净资产难以核实的，如其股东存在其他符合公平交易原则的股权转让或类似情况的股权转让，主管税务机关可以采用类比法核定股权转让收入。以上方法都无法适用的，可采用其他合理方法。

1. 净资产核定法。净资产核定法是指股权转让收入按照每股净资产或股权对应的净资产份额核定。被投资企业的土地使用权、房屋、房地产企业未销售房产、知识产权、探矿权、采矿权、股权等资产占企业总资产比例超过20%的，主管税务机关可参照纳税人提供的具有法定资质的中介机构出具的资产评估报告核定股权转让收入。6 个月内再次发生股权转让且被投资企业净资产未发生重大变化的，主管税务机关可参照上一次股权转让时被投资企业的资产评估报告核定此次股权转让收入。

2. 类比法。

（1）参照相同或类似条件下同一企业同一股东或其他股东股权转让收入核定。

（2）参照相同或类似条件下同类行业企业股权转让收入核定。

3. 其他合理方法。主管税务机关采用以上方法核定股权转让收入存在困难的，可以采取其他合理方法核定。

## 五、股权原值的确认

个人转让股权的原值依照以下方法确认：

1. 以现金出资方式取得的股权，按照实际支付的价款与取得股权直接相关的合理税费之和确认股权原值。

2. 以非货币性资产出资方式取得的股权，按照税务机关认可或核定的投资入股时非货币性资产价格与取得股权直接相关的合理税费之和确认股权原值。

3. 通过无偿让渡方式取得股权，具备《67号公告》第十三条第二项所列情形的，按取得股权发生的合理税费与原持有人的股权原值之和确认股权原值。

4. 被投资企业以资本公积、盈余公积、未分配利润转增股本，个人股东已依法缴纳个人所得税的，以转增额和相关税费之和确认其新转增股本的股权原值。

5. 除以上情形外，由主管税务机关按照避免重复征收个人所得税的原则合理确认股权原值。

通常情况下，股权原值按照纳税人取得股权时的实际支出进行确认。如纳税人在获得股权时，转让方已经被核定征收过个人所得税的，纳税人在此次转让时，股权原值可以按照取得股权时发生的合理税费与税务机关核定的转让方股权转让收入之和确定。这也是为了使整个转让环节前后衔接，避免重复征税。

对个人多次取得同一被投资企业股权的，转让部分股权时，采用“加权平均法”确定其股权原值。

## 六、合理费用

合理费用是指股权转让时按照规定支付的有关税费。

## 七、纳税申报

### （一）纳税地点

个人股权转让所得个人所得税以被投资企业所在地地税机关为主管税务机关。

### （二）事先报告义务

扣缴义务人、被投资企业负有事先报告义务。扣缴义务人应于股权转让相关协议签订后5个工作日内，将股权转让的有关情况报告主管税务机关；被投资企业应在董事会或股东会结束后5个工作日内，向主管税务机关报送与股权变动事项相关的董事会或股东会决议、会议纪要等资料。

### （三）纳税义务发生时间

具有下列情形之一的，扣缴义务人、纳税人应当依法在次月15日内向主管税务机关申报纳税：（1）受让方已支付或部分支付股权转让价款的；（2）股权转让协议已签订生效的；（3）受让方已经实际履行股东职责或者享受股东权益的；（4）国家有关部门判决、登记或公告生效的；（5）股权被司法或行政机关强制过户、以股权对外投资或进行其他非货币性交易、以股权抵偿债务，以及其他股权转移行为；（6）税务机关认定的其他有证据表明股权已发生转移的情形。

### （四）报送资料

纳税人、扣缴义务人向主管税务机关办理股权转让纳税（扣缴）申报时，还应当报送以下资料：（1）股权转让合同（协议）；（2）股权转让双方身份证明；（3）按规定需要进行资产评估的，需提供具有法定资质的中介机构出具的净资产或土地房产等资产价值评估报告；（4）计税依据明显偏低但有正当理由的证明材料；（5）主管税务机关要求报送的其他材料。

### （五）事后报告义务

被投资企业发生个人股东变动或者个人股东所持股权变动的，应当在次月 15 日内向主管税务机关报送含有股东变动信息的“个人所得税基础信息表（A 表）”及股东变更情况说明。

### （六）股权转让申报流程

登录自然人税收管理系统，首页功能菜单点击【分类所得申报】，选择【财产转让所得】【股权转让所得】，见图 14－9。

图 14－9　股权转让所得申报界面（一）

点击【添加】，填写本期收入及免税收入、扣除及减除，系统会自动计算税额，见图 14－10。

**图 14－10　股权转让所得申报界面（二）**

【财产原值】：按相关法律法规确定的财产原值。

【其他】：包含“投资抵扣”和“其他”

若有免税收入，依次填写附表，点击申报表报送，完成股权转让所得的纳税申报。

# 第六节　新三板股票转让专题

为促进全国中小企业股份转让系统（以下简称新三板）长期稳定发展，财政部、国家税务总局出台了《关于个人转让全国中小企业股份转让系统挂牌公司股票有关个人所得税政策的通知》（财税〔2018〕137 号），就个人转让新三板挂牌公司股票有关个人所得税政策予以明确。

## 一、非原始股转让所得暂免征收个人所得税

自 2018 年 11 月 1 日（含）起，对个人转让新三板挂牌公司非原始股取得的所得，暂

免征收个人所得税。所称非原始股是指个人在新三板挂牌公司挂牌后取得的股票，以及由上述股票孳生的送、转股。

### 二、原始股转让所得按照“财产转让所得”征收个人所得税

对个人转让新三板挂牌公司原始股取得的所得，按照“财产转让所得”，适用20%的比例税率征收个人所得税。

所称原始股是指个人在新三板挂牌公司挂牌前取得的股票，以及在该公司挂牌前和挂牌后由上述股票孳生的送、转股。

自2019年9月1日（含）起，个人转让新三板挂牌公司原始股的个人所得税，以股票托管的证券机构为扣缴义务人，由股票托管的证券机构所在地主管税务机关负责征收管理。具体征收管理办法参照《财政部 国家税务总局 证监会关于个人转让上市公司限售股所得征收个人所得税有关问题的通知》（财税〔2009〕167号）和《财政部 国家税务总局 证监会关于个人转让上市公司限售股所得征收个人所得税有关问题的补充通知》（财税〔2010〕70号）有关规定执行。

### 三、征收管理

2019年9月1日之前，个人转让新三板挂牌公司原始股的个人所得税，征收管理办法按照现行股权转让所得有关规定执行，以股票受让方为扣缴义务人，由被投资企业所在地税务机关负责征收管理。

2018年11月1日之前，个人转让新三板挂牌公司非原始股，尚未进行税收处理的，可比照本通知第一条规定执行，已经进行相关税收处理的，不再进行税收调整。

中国证券登记结算公司应当在登记结算系统内明确区分新三板原始股和非原始股。

## 第七节　限售股转让专题

### 一、限售股个人所得税政策出台背景

为配合中国企业改制和鼓励证券市场的健康发展，财政部、国家税务总局分别于1994年6月、1996年12月和1998年3月下发了《关于股票转让所得暂不征收个人所得税的通知》《关于股票转让所得1996年暂不征收个人所得税的通知》和《关于个人转让股票所

得继续暂免征收个人所得税的通知》，规定从1994年起，对股票转让所得暂免征收个人所得税。在1994年出台股票转让所得免税政策时，原有的非流通股不能上市流通，这意味着只有从上市公司公开发行和转让市场取得的流通股才能享受免税政策。

2005年股权分置改革后，股票市场不再有非流通股和流通股的划分，只有限售流通股与非限售流通股之别，限售流通股解除限售后都将进入流通。尽管限售股不是从上市公司公开发行和转让市场上取得的，却与个人投资者从上市公司公开发行和转让市场购买的上市公司股票转让所得一样享受个人所得税免税待遇，从而加剧了收入分配不公的矛盾。

根据现行税收政策规定，个人转让非上市公司股份所得、企业转让限售股所得都应征收所得税，个人转让限售股如不征税，则与个人转让非上市公司股份以及企业转让限售股政策之间存在不平衡问题。

因此，为进一步完善股权分置改革后的相关制度，更好地发挥税收对高收入者的调节作用，促进资本市场长期稳定发展。财政部、国家税务总局出台《关于个人转让上市公司限售股所得征收个人所得税有关问题的通知》（财税〔2009〕167号）（以下简称“167号文”）规定，自2010年1月1日起，对个人转让上市公司限售股取得的所得征收个人所得税。也就是说，2010年1月1日（含1日）以后只要是个人转让上市公司限售股，都要按规定计算所得并依照20%的税率缴纳个人所得税。下面就该政策文件的内容进行梳理分析。

## 二、限售股的范围

根据“167号文”的规定，目前我国A股市场的限售股主要由两部分构成：一类是股改产生的限售股；另一类是新股首次发行上市（IPO）产生的限售股。

### （一）股改限售股

上市公司股权分置改革完成后股票复牌日之前股东所持原非流通股股份，以及股票复牌日至解禁日期间由上述股份孳生的送、转股，称为股改限售股。

股权分置改革过程中，由原非流通股转变而来的有限售期的流通股，市场称为“大小非”。所谓“大非”指的是大规模的限售流通股，占总股本的5%以上；所谓“小非”指的是小规模的限售流通股，占总股本的5%以内。

股权分置是中国资本市场特有的情形，是指上市公司的一部分股份上市流通，另一部分股份暂时不上市流通。前者主要称为流通股，主要成分为社会公众股；后者为非流通股，包括国家股、国有法人股、内资及外资法人股、发起自然人股等。股权分置改革之前，非流通股虽然不能在沪深两市自由交易，但经证监会批准后，可以通过拍卖或协议转让的方式进行流通。

### （二）新股限售股

2006年股权分置改革新老划断后，首次公开发行股票并上市的公司形成的限售股，以及上市首日至解禁日期间由上述股份孳生的送、转股，称为新股限售股。

为保持公司控制权的稳定，《公司法》及交易所上市规则对于首次公开发行股份（IPO）并上市的公司，于公开发行前股东所持股份都有一定的限售期规定，由于股权分置改革新老划段后不再有非流通股和流通股的划分，这部分股份在限售期满后解除流通权利限制，构成了新股限售股。这类限售股目前已经占到全部限售股的大多数，将来还会有更多的新股限售股出现。新股上市后，新股限售股于解除限售前历年获得的送转股也构成了限售股。

## 三、政策适用范围

“167号文”中的限售股有明确的范围，具体包括：

### （一）限售股范围

《财政部 国家税务总局 证监会关于个人转让上市公司限售股所得征收个人所得税有关问题的补充通知》（财税〔2010〕70号）文件，对于财税〔2009〕67号公告规定的限售股范围做了补充，至此，限售股具体范围如下：（1）财税〔2009〕167号文件规定的限售股；（2）个人从机构或其他个人受让的未解禁限售股；（3）个人因依法继承或家庭财产依法分割取得的限售股；（4）个人持有的从代办股份转让系统转到主板市场（或中小板、创业板市场）的限售股；（5）上市公司吸收合并中，个人持有的原被合并方公司限售股所转换的合并方公司股份；（6）上市公司分立中，个人持有的被分立方公司限售股所转换的分立后公司股份；（7）其他限售股。

明确要征税的限售股主要是针对股改限售股和新股限售股以及其在解禁日前所获得的送转股，不包括股改复牌后和新股上市后限售股的配股、新股发行时的配售股、上市公司为引入战略投资者而定向增发形成的限售股。关于限售股的范围，在具体实施时，由中国证券登记结算公司通过结算系统给予锁定。

另外，对上市公司实施股权激励给予员工的股权激励限售股，现行个人所得税政策规定其属于“工资、薪金所得”，并明确规定了征税办法，转让这部分限售股暂免征税，因此，《67号公告》中的限售股也不包括股权激励的限售股。至于财政部、国家税务总局、法制办和证监会共同确定的其他限售股，是兜底的规定，将来视实际情况而定。

### （二）解禁前被多次转让征税范围

限售股在解禁前被多次转让的，转让方对每一次转让所得均应按规定缴纳个人所得税。对具有下列情形的，应按规定征收个人所得税：(1) 个人通过证券交易所集中交易系统或大宗交易系统转让限售股；(2) 个人用限售股认购或申购交易型开放式指数基金（ETF）份额；(3) 个人用限售股接受要约收购；(4) 个人行使现金选择权将限售股转让给提供现金选择权的第三方；(5) 个人协议转让限售股；(6) 个人持有的限售股被司法扣划；(7) 个人因依法继承或家庭财产分割让渡限售股所有权；(8) 个人用限售股偿还上市公司股权分置改革中由大股东代其向流通股股东支付的对价；(9) 其他具有转让实质的情形。

## 四、纳税义务人、扣缴义务人及纳税地点

限售股转让所得个人所得税，以限售股持有者为纳税义务人，以个人股东开户的证券机构为扣缴义务人。限售股个人所得税由证券机构所在地主管税务机关负责征收管理。

上述规定主要是从便于征管操作和源泉控管的角度考虑的，限售股股东可能遍布全国各地，但一般情况下，个人会选择距离自己常住地或工作地最近的证券机构设立证券账户，因此财税〔2009〕167 号文件规定，按照属地原则，由限售股股东开户的证券机构（证券公司营业部）为扣缴义务人，由证券机构所在地主管税务机关负责征收管理。

## 五、应纳税的计算

财税〔2009〕70 号文件规定，自 2010 年 1 月 1 日起，对个人转让限售股取得的所得，按照财产转让所得，适用 20% 的比例税率征收个人所得税。

个人转让限售股，以每次限售股转让收入，减除股票原值和合理税费后的余额，为应纳税所得额。

应纳税所得额 = 限售股转让收入 - 限售股原值 - 合理税费

应纳税额 = 应纳税所得额 × 20%

### （一）转让收入的确认

限售股转让收入，是指转让限售股股票实际取得的收入。

个人发生如下项情形、由证券机构扣缴税款的，扣缴税款的计算按照财税〔2009〕167 号文件规定执行。纳税人申报清算时，实际转让收入按照下列原则计算：

1. 个人通过证券交易所集中交易系统或大宗交易系统转让限售股，转让收入以转让当日该股份实际转让价格计算，证券公司在扣缴税款时，佣金支出统一按照证券主管部门规定的行业最高佣金费率计算。

2. 个人用限售股认购或申购交易型开放式指数基金（ETF）份额，通过认购 ETF 份额方式转让限售股的，以股份过户日的前一交易日该股份收盘价计算，通过申购 ETF 份额

方式转让限售股的，以申购日的前一交易日该股份收盘价计算。

3. 个人用限售股接受要约收购，转让收入以要约收购的价格计算。

4. 个人行使现金选择权将限售股转让给提供现金选择权的第三方，转让收入以实际行权价格计算。

个人发生如下情形、须向主管税务机关申报纳税的，转让收入按照下列原则计算：

1. 个人协议转让限售股，转让收入按照实际转让收入计算，转让价格明显偏低且无正当理由的，主管税务机关可以依据协议签订日的前一交易日该股收盘价或其他合理方式核定其转让收入。

2. 个人持有的限售股被司法扣划，转让收入以司法执行日的前一交易日该股收盘价计算。

3. 个人因依法继承或家庭财产分割让渡限售股所有权与个人用限售股偿还上市公司股权分置改革中由大股东代其向流通股股东支付对价的，转让收入以转让方取得该股时支付的成本计算。

### （二）限售股原值的确认

限售股原值，是指限售股买入时的买入价及按照规定缴纳的有关费用。合理税费，是指转让限售股过程中发生的印花税、佣金、过户费等与交易相关的税费。

1. 成本原值调整。在证券机构技术和制度准备完成后形成的限售股，自股票上市首日至解禁日期间发生送、转、缩股的，证券登记结算公司应依据送、转、缩股比例对限售股成本原值进行调整；对于其他权益分派的情形（如现金分红、配股等），不对限售股的成本原值进行调整。个人转让因协议受让、司法扣划等情形取得未解禁限售股的，成本按照主管税务机关认可的协议受让价格、司法扣划价格核定，无法提供相关资料的，按照财税〔2009〕167 号文件第五条第（一）项规定执行，即证券机构按照股改限售股股改复牌日收盘价或新股限售股上市首日收盘价计算转让收入，按照计算出的转让收入的15%确定限售股原值和合理税费。

2. 成本原值核定。因个人持有限售股中存在部分限售股成本原值不明确，导致无法准确计算全部限售股成本原值的，证券登记结算公司一律以实际转让收入的15%作为限售股成本原值和合理税费。如果纳税人未能提供完整、真实的限售股原值凭证，不能准确计算限售股原值的，主管税务机关一律按限售股转让收入的15%核定限售股原值及合理税费。个人在证券登记结算公司以非交易过户方式办理应纳税未解禁限售股过户登记的，受让方所取得限售股的成本原值按照转让方完税凭证、限售股转让所得个人所得税清算申报表等材料确定的转让价格进行确定；如转让方证券账户为机构账户，在受让方再次转让该限售股时，以受让方实际转让收入的15%核定其转让限售股的成本原值和合理税费。个人转让因依法继承或家庭财产依法分割取得的限售股的，按财税〔2009〕167 号文件规定缴纳个人所得税，成本按照该限售股前一持有人取得该股时实际成本及税费计算。

## 六、限售股不同阶段的征收管理

### （一）背景介绍

对限售股转让所得征收个人所得税，采取由限售股股东个人开户的证券机构代扣代缴税款的征收方式。按照最初设想，首先需要证券交易系统中将限售股与流通股实行分库管理，其次需要证券机构掌握限售股的成本原值，才能根据限售股股东转让限售股时的转让价格扣除成本原值实施税款的扣缴。

由于股权分置改革后，限售股一旦解禁，其在股东账户中与股东从二级市场取得的流通股是混在一起，无法区分的，如要求交易所、登记结算公司以及证券公司能够识别股东减持股份的来源种类，需要对限售股与非限售股进行分户管理，而分户管理需要调整证券交易结算系统，进行技术上的准备和改造。同时，在已形成的限售股成本原值的确认上也存在诸多难点：一是限售股都是公司公开发行股票前股东持有的股份，每一位股东取得股份的具体成本等资料，可能只有上市公司掌握，证券交易所、登记结算公司、证券公司都没有记录，很难查找；二是影响成本的变动因素很多，包括股东在不同阶段取得的送转股、配股以及公司定向增发造成股份的稀释等。因此，如果要建立限售股成本资料，只能通过完善上市公司新股发行制度，要求上市公司在新股发行环节增加报送上市前股东所持股份的真实成本资料，再通过股票登记结算系统改造，提前将成本资料植入系统。上述这些工作都只能从新上市公司着手。

鉴于在证券登记结算公司系统中植入限售股成本资料需要在制度上和技术上作一定时间的准备，按照先建立机制和便于操作的原则，以技术制度完备作为划断新老限售股的界限，按照“老股老办法，新股新办法”的原则，具体根据证券机构技术和制度准备完成情况，对不同阶段形成的限售股，采取不同的征收管理办法。

### （二）证券机构技术和制度准备完成前形成的限售股

1. 征收方式。证券机构技术和制度准备完成前形成的限售股，采取简易的“核定（预扣）+清算”的征收方式，即转让时先有证券机构核定计算预扣预缴税额，再由个人按照实际收入、成本计算应纳税额，进行计算申报，多退少补。这一规定主要出发点是当时老的限售股成本资料难以掌握，只能采取核定加清算的方式进行征收，这样可以减少征纳纠纷，并适当减少纳税人清算的工作量。

2. 证券机构代扣代缴税额。在证券机构技术和制度准备完成前，对已经形成的限售股，以股改复牌日收盘价或上市首日收盘价，作为计算限售股转让收入的依据。同时，按照股改复牌日收盘价或上市首日收盘价的15%统一确定限售股的原值和合理税费。登记结算公司以上述转让收入与原值和合理税费，计算出现有限售股的应纳税所得额，按照20%的税率计算应扣缴税款，待限售股股东转让时，将转让股数和应扣缴税款的信息发送给证券机构，由证券机构预扣预缴个人所得税额。证券机构应填报限售股转让所得个人所得税扣缴报告表，并于次月 7 日内将预扣税款向主管税务机关缴纳。

3. 纳税人据实计算清算申报。个人按照实际转让收入与实际成本计算出的应纳税额，如果与证券机构扣缴的税额有差异的（实际转让收入、成本与收盘价、核定成本有差异），个人应自证券机构代扣并解缴税款的次月 1 日起 3 个月内，填报限售股转让所得个人所得税清算申报表，并持加盖证券机构印章的交易记录和相关完整、真实凭证，向主管税务机关提出清算申报并办理清算事宜。主管税务机关审核确认后，按照重新计算的应纳税额，办理退（补）税手续。纳税人在规定期限内未到主管税务机关办理清算事宜的，税务机关不再办理清算事宜，已预扣预缴的税款从纳税保证金账户全额缴入国库。

需要强调的是，个人申请清算时，应按照收入与成本相匹配的原则计算应纳税所得额。也就是说，限售股转让收入必须按照实际转让收入计算，限售股原值按照实际成本计算。如果纳税人未能提供完整、真实的限售股原值凭证，不能正确计算限售股原值的，主管税务机关一律按限售股实际转让收入的 15% 核定限售股原值及合理税费。

**案例 14－2**

Z 矿业 2008 年 4 月 25 日上市，上市首日收盘价为 13.92 元；2010 年 1 月 6 日 Z 矿业的收盘价为 9.68 元。

（1）中登公司根据该收盘价和核定的 15% 原值及税费，计算出每股应扣缴个人所得税为：13.92 ×（1－15%）×20% = 2.37（元），其核定的成本为 13.92 × 15% = 2.1（元）。

（2）假设 Z 矿业某限售股股东于 1 月 6 日以收盘价的价格减持了股份，其实际成交价格低于计算应扣缴税款的上市首日收盘价，应该说多扣缴了纳税人的税款，纳税人应申请清算。

（3）清算过程中，按照收入与成本配比的原则，纳税人提供了实际转让收入 9.68 元和实际的股票原值及相关税费，则每股实际应缴税款按 9.68 元减去实际原值及税费计算。如果纳税人无法提供实际成本资料，则按照收入与成本配比的原则，实际每股应纳税额为：9.68 ×（1－15%）×20% = 1.64（元），其核定成本以实际转让收入为计算依据，即 9.68 × 15% = 1.45（元）。收入与成本配比的原则要求收入的计算依据与成本原值的计算依据必须一致，而不允许转让收入按较低的实际成交价格计算，原值按较高的首日收盘价 2.1 元计算。

（4）按照上述计算，假设成本均为核定成本，则应对该纳税人每股退还 2.37－1.64 = 0.73（元）。

### （三）证券机构技术和制度准备完成后新上市公司的限售股

对证券机构技术和制度准备完成后新上市公司的限售股，通过改造登记结算公司和证券公司软件的方式分库管理，个人转让新上市公司限售股的，证券登记结算公司根据实际转让收入和植入证券结算系统的标的限售股成本原值，以实际转让收入减去成本原值和合理税费后的余额，适用20%的税率，直接计算须扣缴的个人所得税额，由证券机构计算直接扣缴个人所得税额。

证券机构技术和制度准备完成后，证券机构扣缴税款的计算依据是实际的转让收入和实际成本，此时扣缴税款是纳税人实际的应缴税款，不存在清算问题。个人同时持有限售股及该股流通股的，其股票转让所得，按照限售股优先原则，即转让股票视同为先转让限售股，按规定计算缴纳个人所得税。

### （四）证券结算系统成本原值植入

《关于证券机构技术和制度准备完成后个人转让上市公司限售股有关个人所得税问题的通知》（财税〔2011〕108号）对于证券机构技术和制度准备完成过程中，新上市公司个人持有的限售股成本如何确认予以明确。

1. 个人股东申报成本原值计算。新上市公司每位持有限售股的个人股东应仅申报一个成本原值。个人取得的限售股有不同成本的，应对所持限售股以每次取得股份数量为权重进行成本加权平均以计算出每股的成本原值。分次取得限售股的加权平均成本 =（第一次取得限售股的每股成本原值 × 第一次取得限售股的股份数量 + …… + 第 n 次取得限售股的每股成本原值 × 第 n 次取得限售股的股份数量）÷ 累计取得限售股的股份数量

2. 上市公司资料报送。自2012年3月1日起，网上发行资金申购日在2012年3月1日（含）之后的首次公开发行上市公司（以下简称新上市公司）按照证券登记结算公司业务规定做好各项资料准备工作，在向证券登记结算公司申请办理股份初始登记时一并申报由个人限售股股东提供的有关限售股成本原值详细资料，以及会计师事务所或税务师事务所对该资料出具的鉴证报告。限售股成本原值，是指限售股买入时的买入价及按照规定缴纳的有关税费。

新上市公司提供的成本原值资料和鉴证报告中应包括但不限于以下内容：证券持有人名称、有效身份证照号码、证券账户号码、新上市公司全称、持有新上市公司限售股数量、持有新上市公司限售股每股成本原值等。证券登记结算公司收到新上市公司提供的相关资料后，将有关成本原值数据植入证券结算系统。

3. 成本原值核定。新上市公司在申请办理股份初始登记时，确实无法提供有关成本原值资料和鉴证报告的，证券登记结算公司在完成股份初始登记后，将不再接受新上市公司申报有关成本原值资料和鉴证报告，并按规定以实际转让收入的15%核定限售股成本原值和合理税费。

个人持有在证券机构技术和制度准备完成后形成的拟上市公司限售股，在公司上市前，个人应委托拟上市公司向证券登记结算公司提供有关限售股成本原值详细资料，以及会计师事务所或税务师事务所对该资料出具的鉴证报告。逾期未提供的，证券登记结算公

司以实际转让收入的15%核定限售股原值和合理税费。对于个人持有的新上市公司未解禁限售股被司法扣划至其他个人证券账户，如国家机关有权要求强制执行但未能提供完税凭证等材料，证券登记结算公司在履行告知义务后予以协助执行，并在受让方转让该限售股时，以其实际转让收入的15%核定其转让限售股的成本原值和合理税费。

### （五）企业转让代持限售股企业所得税的缴纳

1. 纳税义务人的范围界定。根据《企业所得税法》第一条及其实施条例第三条的规定，转让限售股取得收入的企业（包括事业单位、社会团体、民办非企业单位等），为企业所得税的纳税义务人。

2. 转让代个人持有的限售股。因股权分置改革造成原由个人出资而由企业代持有的限售股，企业在转让时按以下规定处理：

（1）企业转让限售股取得的收入，应作为企业应税收入计算纳税。限售股转让收入扣除限售股原值和合理税费后的余额为该限售股转让所得。企业未能提供完整、真实的限售股原值凭证，不能准确计算该限售股原值的，主管税务机关一律按该限售股转让收入的15%，核定为该限售股原值和合理税费。依照规定完成纳税义务后的限售股转让收入余额转付给实际所有人时不再纳税。

（2）依法院判决、裁定等原因，通过证券登记结算公司，企业将其代持的个人限售股直接变更到实际所有人名下的，不视同转让限售股。

3. 解禁前转让限售股

企业在限售股解禁前将其持有的限售股转让给其他企业或个人（以下简称受让方），其企业所得税问题按以下规定处理：

（1）企业应按减持在证券登记结算机构登记的限售股取得的全部收入，计入企业当年度应税收入计算纳税。

（2）企业持有的限售股在解禁前已签订协议转让给受让方，但未变更股权登记，仍由企业持有的，企业实际减持该限售股取得的收入，依照“企业转让代个人持有的限售股征税问题”纳税后，其余额转付给受让方的，受让方不再纳税。

## 七、纳税申报

### （一）纳税申报的一般规定

除在证券机构技术和制度准备完成前，转让已经形成的限售股的情形外，限售股个人所得税的纳税申报，采取证券机构预扣预缴、纳税人自行申报清算和证券机构直接扣缴相结合的方式征收。

1. 证券机构预扣预缴。《国家税务总局关于个人非货币性资产投资有关个人所得税征管问题的公告》（国家税务总局公告 2015 年第 20 号）规定，个人发生如下情形的，应由证券机构预扣预缴：（1）个人通过证券交易所集中交易系统或大宗交易系统转让限售股；（2）个人用限售股认购或申购交易型开放式指数基金（ETF）份额；（3）个人用限售股接受要约收购；（4）个人行使现金选择权将限售股转让给提供现金选择权的第三方。

所称证券机构，包括证券登记结算公司、证券公司及其分支机构。其中，证券登记结算公司以证券账户为单位计算个人应纳税额，证券公司及其分支机构依据证券登记结算公司提供的数据负责对个人应缴纳的个人所得税以证券账户为单位进行预扣预缴。纳税人对证券登记结算公司计算的应纳税额有异议的，可持相关完整、真实凭证，向主管税务机关提出清算申报并办理清算事宜。主管税务机构审核确认后，按照重新计算的应纳税额，办理退（补）税手续。

2. 纳税人自行申报。除转让证券机构技术和制度准备完成后新上市公司的限售股外，个人发生如下情形的，应采取纳税人自行申报纳税的方式：（1）个人协议转让限售股；（2）个人持有的限售股被司法扣划；（3）个人因依法继承或家庭财产分割让渡限售股所有权；（4）个人用限售股偿还上市公司股权分置改革中由大股东代其向流通股股东支付的对价。

纳税人转让限售股后，应在次月七日内到主管税务机关填报限售股转让所得个人所得税清算申报表，自行申报纳税。主管税务机关审核确认后应开具完税凭证，纳税人应持完税凭证、限售股转让所得个人所得税清算申报表复印件到证券登记结算公司办理限售股过户手续。纳税人未提供完税凭证和限售股转让所得个人所得税清算申报表复印件的，证券登记结算公司不予办理过户。

纳税人自行申报的，应一次办结相关涉税事宜，不再执行财税〔2009〕167 号文件中有关纳税人自行申报清算的规定。

对采取自行纳税申报方式的纳税人，其个人转让限售股不需要纳税或应纳税额为零的，纳税人应持经主管税务机关审核确认并加盖受理印章的限售股转让所得个人所得税清算申报表原件，到证券登记结算公司办理限售股过户手续。未提供原件的，证券登记结算公司不予办理过户手续。

### （二）限售股申报办理渠道及其操作流程

限售股转让申报可通过自然人税收管理系统（ITS）、网上税务（自然人版）以及窗口渠道申报办理。其中：自然人税收管理系统（ITS）适用于扣缴义务人，网上税务（自然人版）适用于自然人自行申报。下面就前两种申报方法的具体操作，做一个简要说明。

1. 自然人税收管理系统（ITS）申报。

第一步，登录限售股所得申报界面。进入自然人税收管理系统申报界面后，首页功能菜单点击【限售股所得申报】，进入“限售股转让所得申报”页面，页面上方为申报主流程导航栏，根据【1 收入及减除填写】和【2 申报表报送】两步流程完成限售股所得代扣代缴申报（见图 14－11）。

图 14－11　限售股申报界面

第二步，填写收入及减除项。点击【添加】进入“限售股转让所得新增”界面，进行单个数据录入，或点击【导入】→【模板下载】下载标准模板，录入数据后，点击【导入数据】→【标准模板导入】选择模板文件批量导入数据（见图 14－12）。

图 14－12　限售股转让所得个税申报表填报界面

各项信息的填报说明如下：

【证券账户号】：据实录入证券账户号码。

【股票代码】：录入转让的限售股股票代码。

【股票名称】：录入转让的限售股股票名称。

【限售股原值】：限售股买入时的买入价及按照规定缴纳的有关税费。

【合理税费】：转让限售股过程中发生的印花税、佣金、过户费等与交易相关的税费。

【小计】：等于限售股原值与合理税费的合计数，若限售股原值与合理税费未填写时，默认为转让收入的15%部分。

第三步，申报表报送。申报表填写完成后，点击【申报表报送】进入报表申报界面。该界面可完成限售股转让所得申报的正常申报、更正申报以及作废申报操作。当月第一次申报发送时，进入“申报表报送”界面，默认申报类型为正常申报，申报状态为未申报，显示【发送申报】，见图14－13。

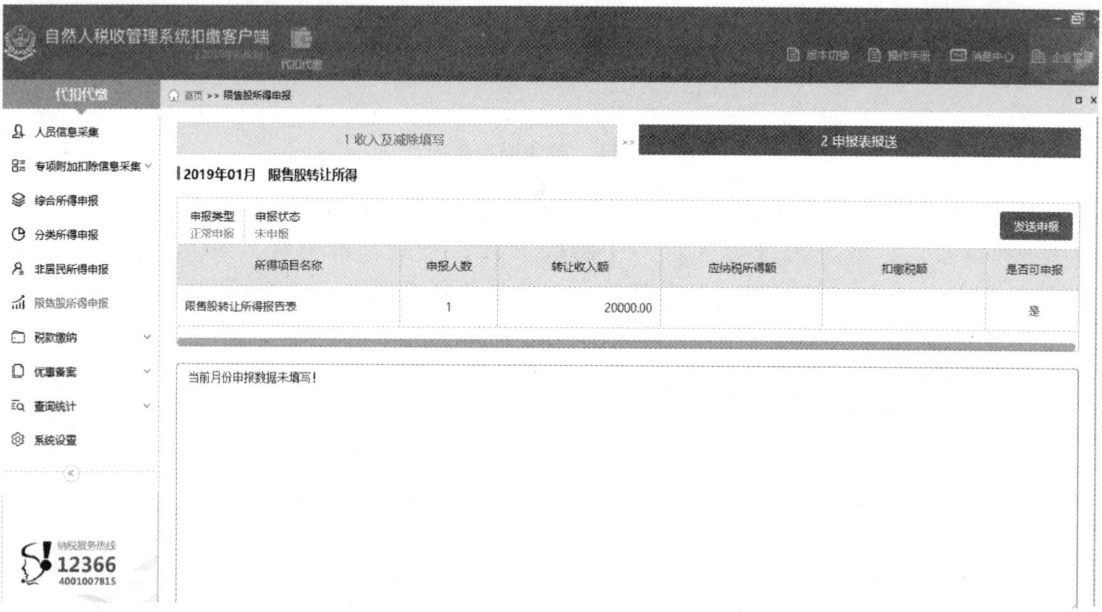


**图14－13 限售股转让所得个税申报表发送界面**

【是否可申报】：系统自动校验限售股转让所得申报表填写的数据都填写完整并符合相关逻辑校验后，显示为“是”；反之则显示为“否”，下方提示区显示具体提示信息。只有“是否可申报”显示为“是”，【发送申报】才可点击。

申报成功后，当前所得月份未缴款或无须缴款时发现申报数据有误，可点击【作废申报】，对已申报的数据进行作废处理，或点击【更正申报】对申报成功的申报表数据修改后重新申报；当前所得月份已缴款，只可使用更正申报功能修改已申报数据重新申报。

2. 自然人网上税务局申报填报流程（以北京为例）网上税务局（自然人版），请前往各地区税务局网站下载，按照界面提示要求注册。

第一步，登录限售股转让所得个人所得税清算申报界面。

第二步，报表填报。限售股转让所得个人所得税清算申报表填报界面如图 14－14 所示。具体填报流程为：选择税款所属期→主管税务机关→查询获取开户证券公司信息→根据实际情形填写数据→点击“提交”按钮。

**图 14－14　限售股转让所得个人所得税清算申报表填报界面**

第三步，“限售股转让所得个人所得税清算申报表”填表说明。

（1）本表根据《中华人民共和国个人所得税法》及其实施条例和相关文件制定，适用于纳税人取得限售股转让所得已预扣预缴个人所得税款的清算申报，本表按月填写。

（2）向主管税务机关提出限售股转让所得个人所得税清算申请的纳税人，应在证券机构代扣并解缴税款的次月 1 日起 3 个月内，由本人或者委托他人向主管税务机关报送本表。不能按照规定期限报送本表时，应当在规定的报送期限内提出申请，经当地税务机关批准，可以适当延期。

（3）向主管税务机关提出限售股转让所得清算申请的纳税人，应区别限售股股票种类，按每一股票填写本表，即同一限售股填写一张表。

（4）填写本表应当使用中文。

（5）纳税人在向主管税务机关办理清算事宜时，除填报本表外，还应出示纳税人本人的有效身份证照原件，并附送以下资料：

①加盖开户证券机构印章的限售股交易明细记录；

②相关完整、真实的财产原值凭证；

③缴纳税款凭证（税务代保管资金专用收据或税收转账专用完税证明）；

④税务机关要求报送的其他资料。

纳税人委托中介机构或他人代理申报的，除提供上述资料外，代理人还应出示代理人的有效身份证照，并附送纳税人委托代理申报的授权书。

（6）本表各栏的填写说明如下：

①填表日期：填写纳税人办理清算申报的实际日期。

②税款所属期：填写纳税人实际取得所得的年度、月份和日期。

③纳税人基本情况的填写：

a. 证券账户号：填写纳税人证券账户卡上的证券账户号。转让的限售股是在上海交易所上市的，填写证券账户卡（上海）上的证券账户号；转让的限售股是在深圳交易所上市的，填写证券账户卡（深圳）上的证券账户号。

b. 有效身份证照类型：填写纳税人的有效身份证件（居民身份证、军人身份证件等）名称。

c. 有效身份证照号码：填写纳税人有效身份证照上的号码。

d. 开户银行名称及账号：填写纳税人本人开户银行的全称及账号。该银行账户用于办理纳税人多扣缴个人所得税款的退还，即纳税人多扣缴的税款，经税务机关审核确认后，将直接退还至该银行账户中。因此，纳税人要特别注意本行填写的准确性。

e. 中国境内有效联系地址及邮编：填写纳税人住址或有效联系地址及邮编。

f. 开户证券公司（营业部）：填写纳税人开立证券交易账户的证券公司（营业部）的相关信息。

- 名称：填写纳税人开立证券账户的证券公司（营业部）的全称。
- 扣缴义务人编码：填写纳税人开立证券账户的证券公司（营业部）的税务登记证号码。
- 地址及邮编：填写纳税人开立证券账户的证券公司（营业部）的地址及邮编。

### （三）限售股转让收入及纳税情况的填写

1. 股票代码：填写限售股的股票代码。

2. 股票名称：填写限售股股票的证券名称。

3. 转让股数（股）：填写本月转让限售股的股数。

4. 实际转让收入额：填写转让限售股取得的实际收入额（以证券机构提供的加盖印章的当月限售股交易记录汇总数为准）。

5. 限售股原值和合理税费：

（1）限售股原值和合理税费小计：填写纳税人转让限售股的股票原值和合理税费的合计。纳税人未能提供完整、真实的限售股原值凭证，不能正确计算限售股原值的，一律按限售股实际转让收入的15%计算限售股原值和合理税费后，填入该栏。

（2）限售股原值：填写取得限售股股票实际付出的成本，并附相关完整、真实的原值凭证。

（3）合理税费：填写转让限售股过程中发生的印花税、佣金、过户费等与交易相关的税费。

6. 应纳税所得额：填写转让限售股实际转让收入额减除限售股原值和合理税费后的余额。

7. 已扣缴税额：填写证券机构已预扣预缴的税款。

8. 应退（补）税额：应退（补）税额 = 应纳税额 - 已扣缴税额。负数为应退税额；正数为应补税额。

9. 声明：填写纳税人本人的姓名。纳税人不在时，可填写代理申报人的姓名。

10. 代理人（中介机构）签字或盖章：填盖纳税人委托代理申报的中介机构的印章，或者代理人个人的签名或印章。

11. 经办人：填写代理申报人的姓名。

注意事项：

（1）税款所属期可人工选择；

（2）主管税务机关必选；

（3）开户证券公司（营业部）信息必须可查询获取，否则申报不成功；

（4）自然人纳税人在申报前须登记过个人所得税基础信息表（B 表）；

（5）自然人纳税人填写申报表时所选“主管税务机关”为纳税人指定上门税务机关。

# 第八节　非货币资产投资专题

个人以非货币性资产投资，个人取得所得和投资同时发生，应就其取得所得缴纳个人所得税。个人以非货币性资产投资个人所得税的政策依据为《关于个人非货币性资产投资有关个人所得税政策的通知》（财税〔2015〕41 号），以下就该政策进行分析说明。

## 一、非货币性资产投资的界定

### （一）非货币性资产

根据《关于个人非货币性资产投资有关个人所得税政策的通知》（财税〔2015〕41 号）规定，所称非货币性资产，是指现金、银行存款等货币性资产以外的资产，包括股权、不动产、技术发明成果以及其他形式的非货币性资产。

（二）非货币性资产投资

非货币性资产投资，包括以非货币性资产出资设立新的企业，以及以非货币性资产出资参与企业增资扩股、定向增发股票、股权置换、重组改制等投资行为。

## 二、纳税义务人与适用税目

根据《关于个人非货币性资产投资有关个人所得税政策的通知》（财税〔2015〕41号）规定，非货币性资产投资个人所得税以发生非货币性资产投资行为并取得被投资企业股权的个人为纳税人。

个人以非货币性资产投资，属于个人转让非货币性资产和投资同时发生。对个人转让非货币性资产的所得，应按照“财产转让所得”项目，依法计算缴纳个人所得税。

## 三、应纳税所得额的计算

根据《关于个人非货币性资产投资有关个人所得税政策的通知》（财税〔2015〕41号）的规定，个人以非货币性资产投资，应按评估后的公允价值确认非货币性资产转让收入。非货币性资产转让收入减除该资产原值及合理税费后的余额为应纳税所得额。

《国家税务总局关于个人非货币性资产投资有关个人所得税征管问题的公告》（国家税务总局公告2015年第20号）规定，纳税人非货币性资产投资应纳税所得额为非货币性资产转让收入减除该资产原值及合理税费后的余额。

非货币性资产投资个税应纳税所得额＝转让收入－资产原值－合理税费

（一）转让收入的确认

个人以非货币性资产投资，应于非货币性资产转让、取得被投资企业股权时，确认非货币性资产转让收入的实现。收入的确认条件为资产转让、取得股权。

（二）资产原值的确认

非货币性资产原值为纳税人取得该项资产时实际发生的支出。20号公告规定，非货币性资产原值为纳税人取得该项资产时实际发生的支出。纳税人无法提供完整、准确的非货币性资产原值凭证，不能正确计算非货币性资产原值的，主管税务机关可依法核定其非货币性资产原值。纳税人以股权投资的，该股权原值确认等相关问题依照《股权转让所得个人所得税管理办法（试行）》（国家税务总局公告2014年第67号）的有关规定执行。

（三）合理税费

合理税费是指纳税人在非货币性资产投资过程中发生的与资产转移相关的税金及合理

费用。

## 四、纳税申报

### （一）纳税申报的一般规定

1. 纳税申报方式。非货币性资产投资个人所得税由纳税人向主管税务机关自行申报缴纳。个人以非货币性资产投资的，应在备案时约定的纳税期限内办理自行申报缴税。纳税人按分期缴税计划向主管税务机关办理纳税申报时，应提供已在主管税务机关备案的非货币性资产投资分期缴纳个人所得税备案表和本期之前各期已缴纳个人所得税的完税凭证。纳税人在分期缴税期间转让股权的，应于转让股权之日的次月15日内向主管税务机关申报纳税。

2. 纳税地点。纳税人以不动产投资的，以不动产所在地税务机关为主管税务机关；纳税人以其持有的企业股权对外投资的，以该企业所在地税务机关为主管税务机关；纳税人以其他非货币资产投资的，以被投资企业所在地税务机关为主管税务机关。

3. 分期纳税规定。个人应在发生应税行为的次月15日内向主管税务机关申报纳税。纳税人一次性缴税有困难的，可合理确定分期缴纳计划并报主管税务机关备案后，自发生应税行为之日起不超过5个公历年度内（含）分期缴纳个人所得税。需要注意的是，财税〔2015〕41号文件规定的是“可合理确定分期缴纳”，并未规定需要平均分摊到各期间去缴纳。也就是说，假如个人分5年期限缴纳，在前4个年度每年仅缴纳1元税款，最后1年再缴纳剩余部分税款也是可以的。

个人以非货币性资产投资交易过程中取得现金补价的，现金部分应优先用于缴税；现金不足以缴纳的部分，可分期缴纳。个人在分期缴税期间转让其持有的非货币性资产交换取得全部或部分股权，并取得现金收入的，该现金收入应优先用于缴纳尚未缴清的税款。纳税人分期缴税期间提出变更原分期缴税计划的，应重新制订分期缴税计划并向主管税务机关重新报送非货币性资产投资分期缴纳个人所得税备案表。

### （二）纳税申报办理渠道及具体操作流程

1. 申报办理渠道。非货币性资产投资个人所得税，纳税申报可通过网上税务局（自然人版）以及窗口办理两个渠道进行办理。非货币性资产投资个人所得税适用个人所得税自行申报表（A表）。

2. 具体操作流程（以网上申报为例）。下面以北京市网上税务局（自然人版）申报系统为例，就具体操作做简要说明。

（1）纳税申报界面（见图14－15、图14－16）。

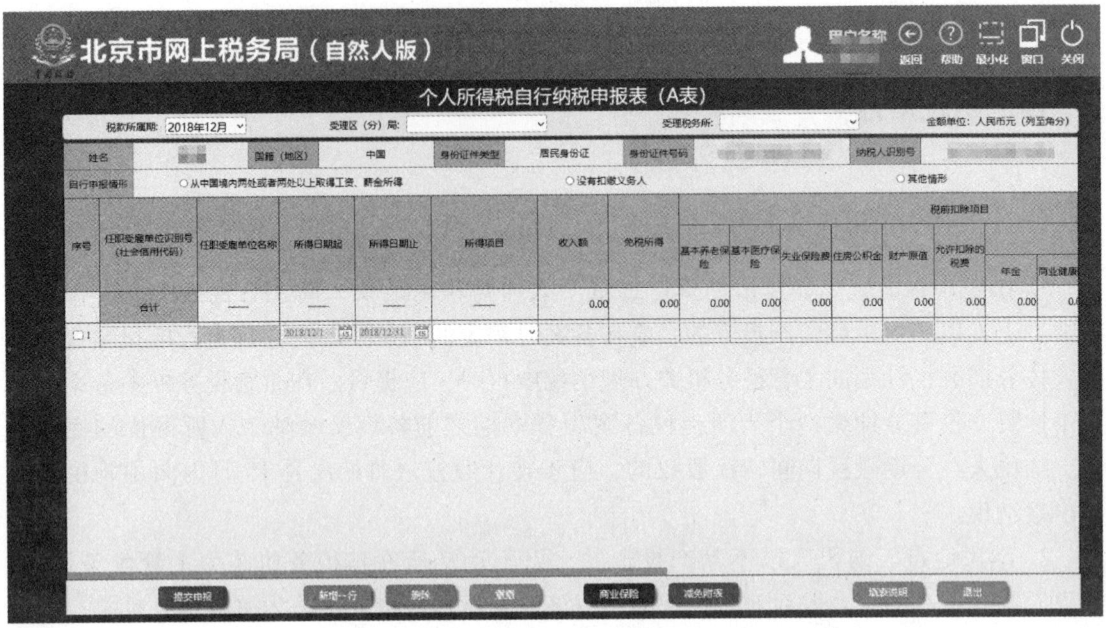


图 14 – 15　非货币资产投资个人所得税纳税申报登录界面

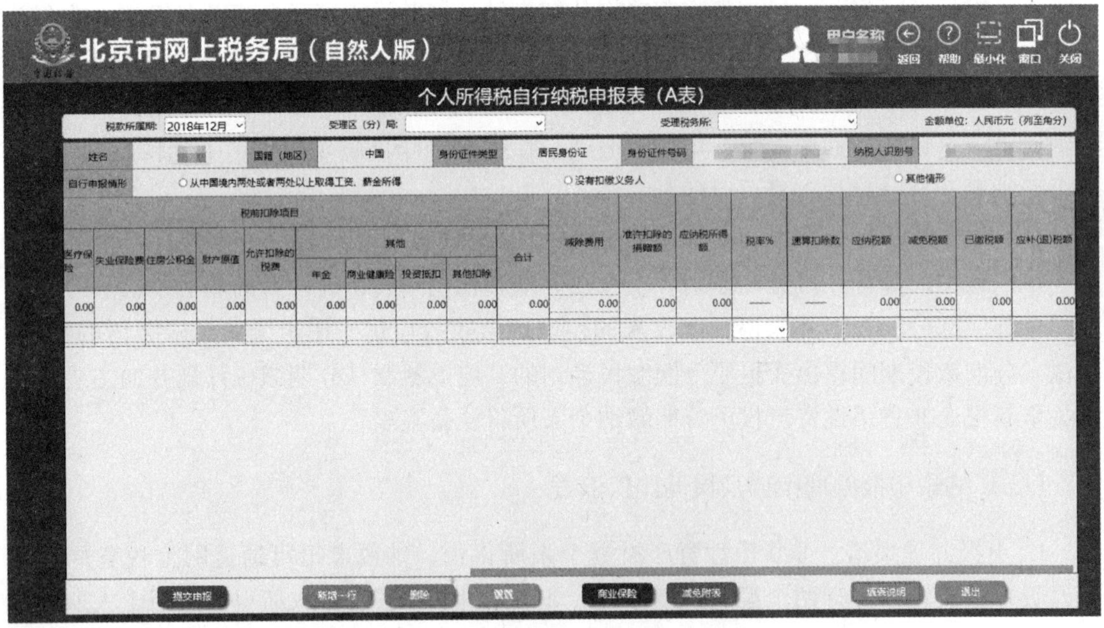


图 14 – 16　非货币资产投资个人所得税纳税申报登录界面

（2）个人所得税自行纳税申报表（A 表）填报说明。

①适用范围。A 表适用于“从中国境内两处或者两处以上取得工资、薪金所得的”“取得应纳税所得，没有扣缴义务人的”“国务院规定的其他情形”的个人所得税纳税申报。纳税人在办理申报时，须同时填报个人所得税基础信息表（B 表）。

②申报期限。申报期限为次月十五日内。自行申报纳税人应在此期限内将每月应纳税款缴入国库，并向税务机关报送本表。纳税人不能按规定期限报送本表时，应当按照《中华人民共和国税收征收管理法》（以下简称税收征管法）及其实施细则有关规定办理延期申报。

③本表各栏填写如下：

a. 表头项目。

■ 税款所属期：填写纳税人取得所得应纳个人所得税款的所属期间，应填写具体的起止年月日。

■ 姓名：填写纳税人姓名。中国境内无住所个人，其姓名应当用中文、外文同时填写。

■ 国籍（地区）：填写纳税人的国籍或者地区。

■ 身份证件类型：填写能识别纳税人唯一身份的有效证照名称。

• 在中国境内有住所的个人，填写身份证、军官证、士兵证等证件名称。

• 在中国境内无住所的个人，如果税务机关已赋予 18 位纳税人识别号的，填写“税务机关赋予”；如果税务机关未赋予的，填写护照、港澳居民来往内地通行证、台湾居民来往大陆通行证等证照名称。

■ 身份证件号码：填写能识别纳税人唯一身份的号码。

• 在中国境内有住所的纳税人，填写身份证、军官证、士兵证等证件上的号码。

• 在中国境内无住所的纳税人，如果税务机关赋予 18 位纳税人识别号的，填写该号码；如果税务机关未赋予的，则填写护照、港澳居民来往内地通行证、台湾居民来往大陆通行证等证照上的号码。

税务机关赋予境内无住所个人的 18 位纳税人识别号，作为其唯一身份识别码，由纳税人到主管税务机关办理初次涉税事项，或扣缴义务人办理该纳税人初次扣缴申报时，由主管税务机关赋予。

■ 自行申报情形：纳税人根据自身情况在对应框内打“√”。

b. 表内各栏。纳税人在填报“从中国境内两处或者两处以上取得工资、薪金所得的”时，第 1 ~4 列须分行列示各任职受雇单位发放的工薪，同时，另起一行在第 4 列“收入额”栏填写上述工薪的合计数，并在此行填写第 5 ~22 列。纳税人在填报“取得应纳税所得，没有扣缴义务人的”和“国务院规定的其他情形”时，须分行列示。

■ 第 1 列“任职受雇单位名称”：填写纳税人任职受雇单位的名称全称。在多家单位任职受雇的，须分行列示。如果没有，则不填。

■ 第 2 列“所得期间”：填写纳税人取得所得的起止时间。

■ 第 3 列“所得项目”：按照税法第二条规定的项目填写。纳税人取得多项所得时，须分行填写。

■ 第 4 列“收入额”：填写纳税人实际取得的全部收入额。

■ 第5列“免税所得”：这是指税法第四条规定可以免税的所得。

■ 第6～13列“税前扣除项目”：这是指按照税法及其他法律法规规定，可在税前扣除的项目。

• 第6～9列“基本养老保险费、基本医疗保险费、失业保险费、住房公积金”四项，是指按照国家规定，可在个人应纳税所得额中扣除的部分。

• 第10列“财产原值”：该栏适用于“财产转让所得”项目的填写。

• 第11列“允许扣除的税费”：该栏适用于“劳务报酬所得、特许权使用费所得、财产租赁所得和财产转让所得”项目的填写。

适用“劳务报酬所得”时，填写劳务发生过程中实际缴纳的税费；适用“特许权使用费”时，填写提供特许权过程中发生的中介费和相关税费；适用“财产租赁所得”时，填写修缮费和出租财产过程中发生的相关税费；适用“财产转让所得”时，填写转让财产过程中发生的合理税费。

• 第12列“其他”：这是指法律法规规定其他可以在税前扣除的项目。

• 第13列“合计”：为各所得项目对应税前扣除项目的合计数。

■ 第14列“减除费用”：这是指税法第六条规定可以在税前减除的费用。没有的，则不填。

■ 第15列“准予扣除的捐赠额”：是指按照税法及其实施条例和相关税收政策规定，可以在税前扣除的捐赠额。

■ 第16列“应纳税所得额”：根据相关列次计算填报。第16列＝第4列－第5列－第13列－第14列－第15列。

■ 第17列“税率”及第18列“速算扣除数”：按照税法第三条规定填写。部分所得项目没有速算扣除数的，则不填。

■ 第19列“应纳税额”：根据相关列次计算填报。第19列＝第16列×第17列－第18列。

■ 第20列“减免税额”：这是指符合税法规定可以减免的税额。其中，纳税人取得“稿酬所得”时，其根据税法第三条规定可按应纳税额减征的30%，填入此栏。

■ 第21列“已缴税额”：这是指纳税人当期已实际被扣缴或缴纳的个人所得税税款。

■ 第22列“应补（退）税额”：根据相关列次计算填报。第22列＝第19列－第20列－第21列。

c. 分期纳税报送资料清单及填报说明。

■ 被投资企业报送资料清单。被投资企业应将纳税人以非货币性资产投入本企业取得股权和分期缴税期间纳税人股权变动情况，分别于相关事项发生后15日内向主管税务机关报告，并协助税务机关执行公务。

■ 非货币性资产投资个人报送资料清单。纳税人非货币性资产投资需要分期缴纳个人所得税的，应于取得被投资企业股权之日的次月15日内，自行制订缴税计划并向主管税务机关报送非货币性资产投资分期缴纳个人所得税备案表、纳税人身份证明、投资协议、非货币性资产评估价格证明材料、能够证明非货币性资产原值及合理税费的相关资料。具体申报资料要求，可以在各地区网上税务查询。

■ 非货币性资产投资分期缴纳个人所得税备案表的填报说明。

货币性资产投资分期缴纳个人所得税备案表如表 14－2 所示。

**表 14－2　　　　　非货币性资产投资分期缴纳个人所得税备案表**

备案编号（主管税务机关填写）：　　　　　　　　　　　　金额单位：人民币元（列至角分）

<table>
<tr><td rowspan="3">投资人信息</td><td>姓　名</td><td></td><td>身份证件类型</td><td></td><td>身份证件号码</td><td colspan="3">□□□□□□□□□□□□□□□□□□□□</td></tr>
<tr><td>国籍（地区）</td><td colspan="3"></td><td>纳税人识别号</td><td colspan="3">□□□□□□□□□□□□□□□□□□□□</td></tr>
<tr><td>通讯地址</td><td colspan="3"></td><td>联系电话</td><td colspan="3"></td></tr>
<tr><td rowspan="2">被投资单位信息</td><td>名　称</td><td colspan="3"></td><td>纳税人识别号</td><td colspan="3">□□□□□□□□□□□□□□□□□□□□</td></tr>
<tr><td>地　址</td><td colspan="3"></td><td>联系人及电话</td><td colspan="3"></td></tr>
<tr><td rowspan="7">投资情况</td><td>投资类型</td><td colspan="7">□新设公司 □参与增资 □定向增发 □股权置换 □重组改制 □其他__</td></tr>
<tr><td>取得股权时间</td><td colspan="2">年　月　日</td><td colspan="2">取得的现金补价</td><td></td><td>持股比例（%）</td><td></td></tr>
<tr><td>非货币性资产名称</td><td>产权证或注册登记证号码</td><td>登记机关</td><td colspan="2">坐落地</td><td>评估后的公允价值</td><td>非货币性资产原值</td><td>合理税费</td></tr>
<tr><td></td><td></td><td></td><td colspan="2"></td><td></td><td></td><td></td></tr>
<tr><td></td><td></td><td></td><td colspan="2"></td><td></td><td></td><td></td></tr>
<tr><td></td><td></td><td></td><td colspan="2"></td><td></td><td></td><td></td></tr>
<tr><td></td><td></td><td></td><td colspan="2"></td><td></td><td></td><td></td></tr>
<tr><td rowspan="5">分期缴税计划</td><td colspan="2">截止缴税时间</td><td colspan="3">年　月　日</td><td colspan="2">应纳税所得额</td><td></td></tr>
<tr><td colspan="2">应缴个人所得税</td><td colspan="3"></td><td colspan="2">已缴个人所得税</td><td></td></tr>
<tr><td colspan="2">分　期</td><td>合　计</td><td>1</td><td>2</td><td>3</td><td>4</td><td>5</td></tr>
<tr><td colspan="2">计划缴税时间</td><td>——</td><td></td><td></td><td></td><td></td><td></td></tr>
<tr><td colspan="2">计划缴税金额</td><td></td><td></td><td></td><td></td><td></td><td></td></tr>
</table>

谨声明：本表根据《财政部 国家税务总局关于个人非货币性资产投资有关个人所得税政策的通知》（财税〔2015〕41 号）及本公告有关规定填列。所填信息是真实的、完整的、可靠的。

纳税人签字：　　　　　　　被投资单位公章：　　　　　填报日期：　　　年　月　日

续表

| |
|---|
| 提醒：请妥善保存此表。办理纳税申报时请主动提供此表及以前各期缴纳个人所得税的完税证明。如因股权转让取得收益，请及时缴纳个人所得税。<br><br>感谢您对税收工作的支持！ |

| | |
|---|---|
| 代理申报机构（人）签章：<br><br>经办人：<br>经办人执业证件号码：<br>代理申报日期：　年　月　日 | 主管税务机关印章：<br><br>受理人：<br><br>受理日期：　年　月　日 |

注：本表适用于个人非货币性资产投资向主管税务机关办理分期缴纳个人所得税备案事宜。本表一式二份，主管税务机关受理后，由投资人和主管税务机关分别留存。

一、备案编号：由主管税务机关自行编制。

二、纳税人识别号：该栏填写税务机关赋予的18位纳税人识别号。初次办理涉税事宜的，应一并提供个人所得税基础信息表（B表）。

三、产权证或注册登记证号码：填写产权登记部门核发的不动产、技术发明成果等非货币性资产产权证号码或注册登记证上的注册登记号码。未登记或无须登记的非货币性资产不填此列。

四、登记机关：填写核发产权证或注册登记证的单位名称。未登记或无须登记的非货币性资产不填此列。

五、坐落地：填写不动产的具体坐落地址。其他非货币性资产无须填列。

六、评估后的公允价值、非货币性资产原值、合理税费：此项按照《财政部 国家税务总局关于个人非货币性资产投资有关个人所得税政策的通知》（财税〔2015〕41号）及本公告中有关规定填写。

七、应纳税所得额：应纳税所得额 = 评估后的公允价值 - 非货币性资产原值 - 合理税费

八、应缴个人所得税：应缴个人所得税 = 应纳税所得额 × 20%

九、已缴个人所得税：填写纳税人取得现金补价或自筹资金已缴纳的个人所得税。纳税人变更分期缴税计划的，其前期已经缴纳的个人所得税也一并在此填列。

十、计划缴税时间：填写每一期计划缴税的截止时点。

十一、计划缴税金额：填写应缴个人所得税减去已缴个人所得税后需要分期缴纳的个人所得税金额。

## 五、政策衔接

分期缴税政策自2015年4月1日起施行。对2015年4月1日之前发生的个人非货币性资产投资，尚未进行税收处理且自发生上述应税行为之日起期限未超过5年的，可在剩余的期限内分期缴纳其应纳税款。

# 第九节　个人转让住房专题

我国个人转让住房个人所得按“财产转让所得”征收个人所得税，其政策经历了一个不断完善的过程。自1999年以来，共出台了三个政策文件，分别为：1999年12月2日，财政部、国家税务总局、建设部出台《关于个人出售住房所得征收个人所有税有关问题的通知》（财税字〔1999〕278号），明确个人转让住房所得按照“财产转让所得”征收个人所得税，明确了应纳税所得额的确定原则。目前该文件中的第三条的内容已经失效。2006年7月18日，国家税务总局出台《关于个人住房转让所得征收个人所得税有关问题的通知》（国税发〔2006〕108号），进一步明确了转让收入、住房原值以及合理税费等相关事宜。2008年10月1日，国家税务总局出后台《关于个人转让房屋有关税收征管问题的通知》（国税发〔2007〕33号），进一步明确了相关征收管理问题。

下面就个人转让住房所得的个人所得税政策进行分析说明。

## 一、应纳税所得额的确定原则

个人住房转让所得为“财产转让所得”，相应其个人所得税应纳税额的计算方法同“财产转让所得”，即应纳税额 = 应纳税所得额 ×20%。

根据《个人所得税法》及其实施条例规定，个人转让住房，以其转让收入额减除财产原值和合理费用后的余额为应纳税所得额，即应纳税所得额 = 收入额 - 财产原值 - 合理税费。

根据《关于个人出售住房所得征收个人所有税有关问题的通知》（财税字〔1999〕278号）规定，个人出售自有住房的应纳税所得额，按下列原则确定：

1. 个人出售除已购公有住房以外的其他自有住房，其应纳税所得额按照个人所得税法的有关规定确定。

2. 个人出售已购公有住房，其应纳税所得额为个人出售已购公有住房的销售价，减除住房面积标准的经济适用住房价款、原支付超过住房面积标准的房价款、向财政或原产权单位缴纳的所得收益以及税法规定的合理费用后的余额。已购公有住房是指城镇职工根据国家和县级（含县级）以上人民政府有关城镇住房制度改革政策规定，按照成本价（或标准）购买的公有住房。经济适用住房价格按县级（含县级）以上地方人民政府规定的标准确定。

3. 职工以成本价（或标准价）出资的集资合作建房、安居工程住房、经济适用住房以及拆迁安置住房，按照已购公有住房确定应纳税所得额。

## 二、收入的确定

对住房转让所得征收个人所得税时，以实际成交价格为转让收入。纳税人申报的住房成交价格明显低于市场价格且无正当理由的，征收机关依法有权根据有关信息核定其转让收入，但必须保证各税种计税价格一致。

《关于营改增后契税、房产税、土地增值税、个人所得税计税依据问题的通知》（财税〔2016〕43号）文件规定，个人转让房屋的个人所得税应税收入不含增值税，其取得房屋时所支付价款中包含的增值税计入财产原值，计算转让所得时可扣除的税费不包括本次转让缴纳的增值税。同时，对于免征增值税的，确定计税依据时，成交价格取得的收入不扣减增值税额。也就是说，如果个人转让房屋缴纳了增值税，成交价格就是不含增值税的收入；如果个人转让房屋属于免征增值税的范围，那么个人所得税计税基础就是包含增值税的成交价格全额。

## 三、住房原值确认

《国家税务总局关于个人住房转让所得征收个人所得税有关问题的通知》（国税发〔2006〕108号）规定，对转让住房收入计算个人所得税应纳税所得额时，纳税人可凭原购房合同、发票等有效凭证，经税务机关审核后，允许从其转让收入中减除房屋原值、转让住房过程中缴纳的税金及有关合理费用。

### （一）商品房

购置该房屋时实际支付的房价款及交纳的相关税费。

### （二）自建住房

实际发生的建造费用及建造和取得产权时实际交纳的相关税费。

### （三）经济适用房（含集资合作建房、安居工程住房）

原购房人实际支付的房价款及相关税费，以及按规定交纳的土地出让金。

### （四）已购公有住房

原购公有住房标准面积按当地经济适用房价格计算的房价款，加上原购公有住房超标准面积实际支付的房价款以及按规定向财政部门（或原产权单位）交纳的所得收益及相关税费。已购公有住房是指城镇职工根据国家和县级（含县级）以上人民政府有关城镇住房制度改革政策规定，按照成本价（或标准价）购买的公有住房。经济适用房价格按县级

（含县级）以上地方人民政府规定的标准确定。

### （五）城镇拆迁安置住房

根据《城市房屋拆迁管理条例》（国务院令第305号）和《建设部关于印发〈城市房屋拆迁估价指导意见〉的通知》（建住房〔2003〕234号）等有关规定，其原值分别为：

1. 房屋拆迁取得货币补偿后购置房屋的，为购置该房屋实际支付的房价款及交纳的相关税费。

2. 房屋拆迁采取产权调换方式的，所调换房屋原值为《房屋拆迁补偿安置协议》注明的价款及交纳的相关税费。

3. 房屋拆迁采取产权调换方式，被拆迁人除取得所调换房屋，又取得部分货币补偿的，所调换房屋原值为《房屋拆迁补偿安置协议》注明的价款和交纳的相关税费，减去货币补偿后的余额。

4. 房屋拆迁采取产权调换方式，被拆迁人取得所调换房屋，又支付部分货币的，所调换房屋原值为《房屋拆迁补偿安置协议》注明的价款，加上所支付的货币及交纳的相关税费。

纳税人未提供完整、准确的房屋原值凭证，不能正确计算房屋原值和应纳税额的，税务机关可根据《中华人民共和国税收征收管理法》第三十五条的规定，对其实行核定征税，即按纳税人住房转让收入的一定比例核定应纳个人所得税额。具体比例由省级地方税务局或者省级地方税务局授权的地市级地方税务局根据纳税人出售住房的所处区域、地理位置、建造时间、房屋类型、住房平均价格水平等因素，在住房转让收入1%～3%的幅度内确定。

## 四、合理费用

转让住房过程中发生的合理费用是指个人按照规定实际支付的住房装修费用、住房贷款利息、手续费、公证费等费用。

### （一）支付的住房装修费用

纳税人能提供实际支付装修费用的税务统一发票，并且发票上所列付款人姓名与转让房屋产权人一致的，经税务机关审核，其转让的住房在转让前实际发生的装修费用，可在以下规定比例内扣除：（1）已购公有住房、经济适用房：最高扣除限额为房屋原值的15%。（2）商品房及其他住房：最高扣除限额为房屋原值的10%。

纳税人原购房为装修房，即合同注明房价款中含有装修费（铺装了地板，装配了洁具、厨具等）的，不得再重复扣除装修费用。

### （二）支付的住房贷款利息

纳税人出售以按揭贷款方式购置的住房的，其向贷款银行实际支付的住房贷款利息，凭贷款银行出具的有效证明据实扣除。

（三）其他手续费

纳税人按照有关规定实际支付的手续费、公证费等，凭有关部门出具的有效证明据实扣除。转让住房过程中缴纳的税金是指纳税人在转让住房时实际缴纳的营业税、城市维护建设税、教育费附加、土地增值税、印花税等税金。

## 第十节　技术成果投资入股专题

个人以技术成果投资入股，其实质是转让技术成果，因此应按“财产转让所得”缴纳增值税。技术入股个人所得税的政策依据为《关于完善股权激励和技术入股有关所得税政策的通知》（财税〔2016〕101 号），政策主要内容为符合条件的技术成果投资入股可以递延纳税，即在入股阶段暂缓缴纳个人所得税，在处置股权时，按照“财产转让所得”缴纳个人所得税。

下面就技术成果投资入股递延纳税的条件、具体内容、股权处置以及递延纳税备案等相关涉税事宜予以分析说明。

### 一、技术成果投资入股个税的基本规定

（一）技术成果的具体规定

根据《关于完善股权激励和技术入股有关所得税政策的通知》（财税〔2016〕101 号）的规定，技术成果是指专利技术（含国防专利）、计算机软件著作权、集成电路布图设计专有权、植物新品种权、生物医药新品种，以及科技部、财政部 国家税务总局确定的其他技术成果。

（二）技术投资入股的具体规定

技术成果投资入股，是指纳税人将技术成果所有权让渡给被投资企业，取得该企业股票（权）的行为。

（三）适用税目

技术成果投资入股，实质是转让技术成果和以转让所得再进行投资两笔经济业务同时发生。对于转让技术成果这一环节，应当按照“财产转让所得”项目计算纳税。

（四）扣缴义务人

根据《关于完善股权激励和技术入股有关所得税政策的通知》（财税〔2016〕101号）的规定，个人以技术成果投资入股，以取得技术成果的企业为个人所得税扣缴义务人。

## 二、政策内容及适用条件

（一）政策内容

根据《关于完善股权激励和技术入股有关所得税政策的通知》（财税〔2016〕101号）的规定，个人以技术成果投资入股到境内居民企业，被投资企业支付的对价全部为股票（权）的，个人可选择继续按现行有关税收政策执行，也可选择适用递延纳税优惠政策，经向主管税务机关备案，投资入股当期可暂不纳税，允许递延至转让股权时，按股权转让收入减去技术成果原值和合理税费后的差额计算缴纳所得税。

技术成果投资入股当期需要计算纳税，但从实际来看，纳税人此时往往取得的是股权形式的所得，没有现金流，纳税存在一定困难。递延纳税正是针对以上情况，将纳税时点递延至股权转让环节，即纳税人因技术成果投资入股取得股权时先不纳税，待实际转让股权时再纳税。递延纳税的好处是解决纳税人纳税义务发生当期缺乏现金流缴税的困难。

（二）适用条件

个人以技术成果投资入股到境内居民企业，被投资企业支付的对价全部为股票（权）的，个人可选择继续按现行有关税收政策执行，也可选择适用递延纳税优惠政策。

这意味着，个人技术成果投资入股选择递延纳税政策须同时满足以下两个条件：（1）入股的企业必须是境内居民企业；（2）入股的被投资企业支付的对价100%为股票（权）支付。若被投资企业支付的对价除股权外，还有现金，则不能选择递延纳税。

**案例 14－3**

李某2016年9月以其所有的某项专利技术投资作价100万元入股A企业，获得A企业股票50万股，占企业股本的5%。若李某发明该项专利技术的成本为20万元，入股时发生评估费及其他合理税费共10万元，假设后来李某将这部分股权以200万元卖掉，转让时发生税费15万元，请问李某应如何计算纳税？

解析：李某专利技术投资入股，有两种税收处理方式：一是按照原有政策，在入股当期，对专利技术转让收入扣除专利技术财产原值和相关税费的差额计算个人所得税，并在当期或分期5年缴纳；二是按照新政策，专利技术投资入股时不计税，待转让这部分股权时，直接以股权转让收入扣除专利技术的财产原值和合理税费的差额计算个人所得税。

➢ 按原政策计算：

李某技术入股当期须缴税，应纳税额 =（100 万元 - 20 万元 - 10 万元）×20% =14（万元）

转让股权时李某也须缴税，应纳税额 =（200 万元 - 100 万元 - 15 万元）×20% =17（万元）

两次合计，李某共缴纳个人所得税 31（万元）。

➢ 按递延纳税政策计算：

李某入股当期无须缴税。

待李某转让该部分股权时一次性缴税。转让时应纳税额 = [200 万元 -（20 万元 +10 万元）-15 万元] ×20% =31（万元）

虽然政策调整后，李某应缴税款与原来一样，但李某在入股当期无须缴税，压力大大减小，待其转让时再缴税，确保有充足的资金流。

**案例 14 -4**

接上例，若李某选择递延纳税后，最终仅以 40 万元合理价格将股权卖掉，假设转让股权时税费为 5 万元，则转让时李某该如何计税？

解析：根据递延纳税相关政策，李某转让股权时，按照转让收入扣除技术成果原值及合理税费后的余额，计算缴纳个人所得税。因此，虽然李某的股权转让收入较当初专利技术投资时作价降低了，但其仍根据股权转让实际收入计算个人所得税，李某技术成果投资入股风险大大降低。

应缴税款 = [40 万元 -（20 万元 +10 万元）-5 万元] ×20% =1（万元）

### （三）递延期间股权转让处置

根据《关于完善股权激励和技术入股有关所得税政策的通知》（财税〔2016〕101 号）的规定，个人因股权激励、技术成果投资入股取得股权后，非上市公司在境内上市的，处置递延纳税的股权时，按照现行限售股有关征税规定执行。

个人转让股权时，视同享受递延纳税优惠政策的股权优先转让。递延纳税的股权成本按照加权平均法计算，不与其他方式取得的股权成本合并计算。

持有递延纳税的股权期间，因该股权产生的转增股本收入，以及以该递延纳税的股权再进行非货币性资产投资的，应在当期缴纳税款。

## 三、备案资料清单及网上备案操作流程

对于个人来讲，以技术成果投资入股，无须本人到税务机关办理备案。相关备案手续

由接受技术成果投资入股的企业向税务机关报备。

### （一）选择递延当期报送资料

个人以技术成果投资入股境内公司并选择递延纳税的，被投资公司应于取得技术成果并支付股权之次月15日内，向主管税务机关报送技术成果投资入股个人所得税递延纳税备案表、技术成果相关证书或证明材料、技术成果投资入股协议、技术成果评估报告等资料。

### （二）实行递延期间报送资料

个人以技术成果投资入股享受递延纳税的，实行递延纳税期间，根据101号文件和62号公告的规定，需要在被投资企业取得技术成果并支付股权的次月15日内办理递延纳税备案，并且在每个纳税年度终了后30日内，还要向税务机关报送个人所得税递延纳税情况年度报告表。

### （三）递延纳税网上备案办理

个人以技术成果投资入股境内公司并选择递延纳税的，备案表可通过“自然人税收管理系统（ITS）（个人所得税部分）”填报后，连同其他资料一并到窗口提交。

登录“自然人税收管理系统（ITS）（个人所得税部分）”，在“递延备案类别”中选择“技术成果投资入股递延纳税备案表”，录入被投资单位基本情况、技术成果基本情况和技术成果投资入股情况，点击【添加】，进入“技术成果投资入股递延纳税备案表”填报界面，录入申请人员的具体备案信息，具体见图14－17。

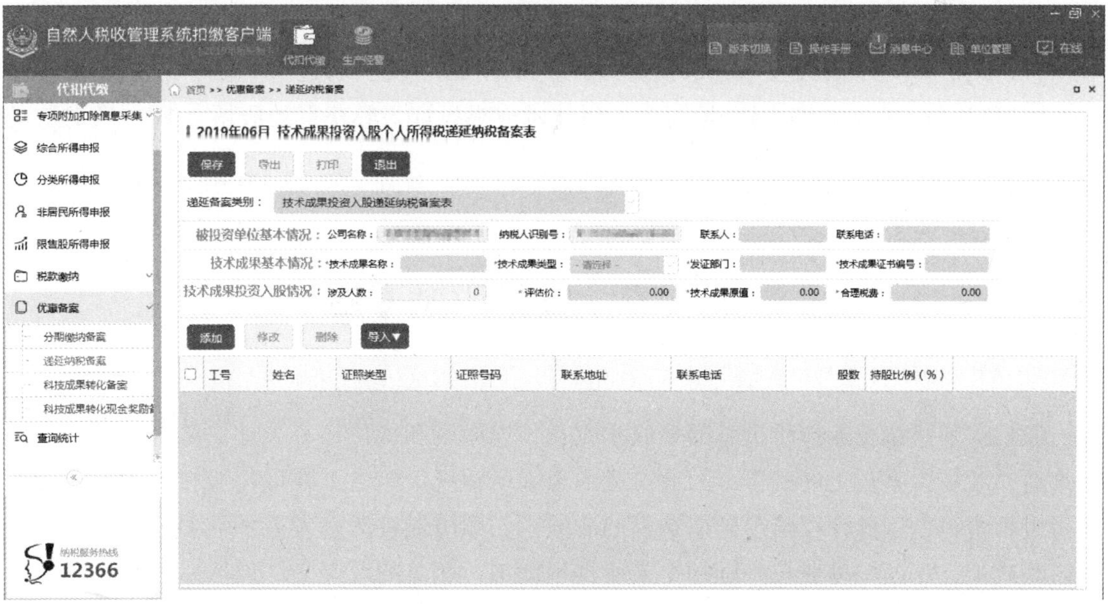


**图14－17 技术成果投资入股递延纳税备案表填报界面**

备案表各项信息填报说明如下：

【公司名称】：接受技术成果投资入股的公司名称全称，系统自动带出。

【纳税人识别号】：纳税人识别号或统一社会信用代码，系统自动带出。

【联系人】【联系电话】：填写接受技术成果投资入股公司负责办理个人所得税递延纳税备案人员的姓名和联系电话。

【技术成果名称】：填写技术成果的标准名称。

【技术成果类型】：填写《财政部 国家税务总局关于完善股权激励和技术入股有关所得税政策的通知》（财税〔2016〕101 号）规定的专利技术（含国防专利）、计算机软件著作权、集成电路布图设计专有权、植物新品种权、生物医药新品种，以及科技部、财政部、国家税务总局确定的其他技术成果。

【发证部门】：填写颁发技术成果证书的部门全称。

【技术成果证书编号】：填写技术成果证书上的编号。

【涉及人数】：根据所填写技术成果投资入股人员自动汇总。

【评估价】：填写技术成果投资入股按照协议确定的公允价值。

【技术成果原值】：填写个人发明或取得该项技术成果过程中实际发生的支出。

【合理税费】：填写个人以技术成果投资入股过程中按规定实际支付的有关税费。

【姓名】：下拉选择或录入需要申报的人员姓名，若该人员未在人员信息采集中登记过，须先进行人员信息采集。

【证照类型】：根据选择的人员姓名自动带出。

【证照号码】：根据选择的人员姓名自动带出。

【联系地址】【联系电话】：填写技术成果投资入股个人的有效联系地址和常用联系电话。

【股数】：填写个人因技术成果投资入股获得的股票（权）数。

【持股比例（0 ~ 100%）】：填写个人因技术成果投资入股获得的股票（权）数对应的持股比例。

## 第十一节　股权激励专题

股权激励是指企业授予员工部分股东权益，以激励和留住核心人才。从个人所得税层面来看，股权也是员工的所得，因此应缴纳个人所得税，但员工在取得股权所得时，没有获得货币所得，因此往往给予延期纳税的政策。为顺应股权激励发展的需要，我国出台了一系列政策，不断完善股权激励的个人所得税政策。相关的政策文件包括：

《财政部 国家税务总局关于个人股票期权所得征收个人所得税问题的通知》（财税

〔2005〕35号）主要介绍上市公司员工股票期权所得征税问题、应纳税额的计算及征收管理，自2005年7月1日起执行。

《关于完善股权激励和技术入股有关所得税政策的通知》（财税〔2016〕101号），非上市公司股权激励的征税规定、上市公司个人可自股票期权行权、限制性股票解禁或取得股权奖励之日起，在不超过12个月的期限内缴纳个人所得税，自2016年9月1日起执行。

总体而言，股权激励个人所得税政策主要包括取得股票时的递延纳税政策、行权时的政策以及转让股权时的政策，各时段政策又因企业主体不同而有所不同。

## 一、上市公司股权激励的个税政策

根据《财政部 国家税务总局关于个人股票期权所得征收个人所得税问题的通知》（财税〔2005〕35号）的规定，员工将行权后的股票再转让时获得的高于购买日公平市场价的差额，是因个人在证券二级市场上转让股票等有价证券而获得的所得，应按照“财产转让所得”适用的征免规定计算缴纳个人所得税。

个人因股权激励、技术成果投资入股取得股权后，非上市公司在境内上市的，在处置递延纳税的股权时，根据财税〔2016〕101号文件规定，应按照现行限售股有关征税规定执行。

## 二、非上市公司股权激励的个税政策

随着大众创业、万众创新的形势不断高涨，科技成果转化活动日益活跃，与之相关的股权激励等税收政策日益成为社会关注的焦点。一些非上市公司为吸引人才，也比照上市公司实施了股权激励。与上市公司相比，非上市公司股权变现能力较弱，公司未来经营发展的不确定性较大，他们希望给予进一步税收优惠，包括调整股权激励的纳税时点，降低适用税率等，以减轻税收负担。

为减轻股权激励获得者的税收负担，解决其当期纳税现金流不足的问题，国家出台《关于完善股权激励和技术入股有关所得税政策的通知》（财税〔2016〕101号）文件进行，一是对非上市公司符合条件的股票（权）期权、限制性股票、股权奖励，由分别按“工资、薪金所得”和“财产转让所得”两个环节征税，合并为只在一个环节征税，即纳税人在股票（权）期权行权、限制性股票解禁以及获得股权奖励时暂不征税，待今后该股权转让时一次性征税，以解决在行权等环节纳税现金流不足的问题；二是在转让环节的一次性征税统一适用20%的税率，比原来税负降低10%～20%，有效降低纳税人税收负担。

### （一）取得股权激励时，递延纳税

1. 政策内容。根据《关于完善股权激励和技术入股有关所得税政策的通知》（财税

〔2016〕101号）的规定，非上市公司授予本公司员工的股权激励（包括股票期权、股权期权、限制性股票和股权奖励），符合规定条件的，经向主管税务机关备案，可实行递延纳税政策，即员工在取得股权激励时可暂不纳税，递延至转让该股权时纳税。

2. 股权激励的具体规定。《关于完善股权激励和技术入股有关所得税政策的通知》（财税〔2016〕101号）中规定非上市公司给予员工的股权激励，包括股票期权、股权期权、限制性股票和股权奖励，具体规定为：（1）股票（权）期权是指公司给予激励对象在一定期限内以事先约定的价格购买本公司股票（权）的权利；（2）限制性股票是指公司按照预先确定的条件授予激励对象一定数量的本公司股权，激励对象只有工作年限或业绩目标符合股权激励计划规定条件的才可以处置该股权；（3）股权奖励是指企业无偿授予激励对象一定份额的股权或一定数量的股份。

3. 政策适用条件。享受递延纳税政策的非上市公司股权激励（包括股票期权、股权期权、限制性股票和股权奖励，下同）须同时满足以下条件：

（1）属于境内居民企业的股权激励计划。

（2）股权激励计划经公司董事会、股东（大）会审议通过。未设股东（大）会的国有单位，经上级主管部门审核批准。股权激励计划应列明激励目的、对象、标的、有效期、各类价格的确定方法、激励对象获取权益的条件和程序等。

（3）激励标的应为境内居民企业的本公司股权。股权奖励的标的可以是技术成果投资入股到其他境内居民企业所取得的股权。激励标的股票（权）包括通过增发、大股东直接让渡以及法律法规允许的其他合理方式授予激励对象的股票（权）。

（4）激励对象应为公司董事会或股东（大）会决定的技术骨干和高级管理人员，激励对象人数累计不得超过本公司最近6个月在职职工平均人数的30%。

30%比例的计算，按照实施股权激励的公司最近6个月在职职工平均人数计算。在职职工人数按照股票（权）期权行权、限制性股票解禁、股权奖励获得之上月起前6个月"工资、薪金所得"项目全员全额扣缴明细申报的平均人数确定。

（5）股票（权）期权自授予日起应持有满3年，且自行权日起持有满1年；限制性股票自授予日起应持有满3年，且解禁后持有满1年；股权奖励自获得奖励之日起应持有满3年。上述时间条件须在股权激励计划中列明。

（6）股票（权）期权自授予日至行权日的时间不得超过10年。

（7）实施股权奖励的公司及其奖励股权标的公司所属行业均不属于股权奖励税收优惠政策限制性行业目录范围（见表14-3）。公司所属行业按公司上一纳税年度主营业务收入占比最高的行业确定。

**表14-3　　股权奖励税收优惠政策限制性行业目录**

| 门类代码 | 类别名称 |
|---|---|
| A（农、林、牧、渔业） | （1）03 畜牧业（科学研究、籽种繁育性质项目除外）<br>（2）04 渔业（科学研究、籽种繁育性质项目除外） |

续表

| 门类代码 | 类别名称 |
|---|---|
| B（采矿业） | (3) 采矿业（除第11类开采辅助活动） |
| C（制造业） | (4) 16 烟草制品业<br>(5) 17 纺织业（除第178类非家用纺织制成品制造）<br>(6) 19 皮革、毛皮、羽毛及其制品和制鞋业<br>(7) 20 木材加工和木、竹、藤、棕、草制品业<br>(8) 22 造纸和纸制品业（除第223类纸制品制造）<br>(9) 31 黑色金属冶炼和压延加工业（除第314类钢压延加工） |
| F（批发和零售业） | (10) 批发和零售业 |
| G（交通运输、仓储和邮政业） | (11) 交通运输、仓储和邮政业 |
| H（住宿和餐饮业） | (12) 住宿和餐饮业 |
| J（金融业） | (13) 66 货币金融服务<br>(14) 68 保险业 |
| K（房地产业） | (15) 房地产业 |
| L（租赁和商务服务业） | (16) 租赁和商务服务业 |
| O（居民服务、修理和其他服务业） | (17) 79 居民服务业 |
| Q（卫生和社会工作） | (18) 84 社会工作 |
| R（文化、体育和娱乐业） | (19) 88 体育<br>(20) 89 娱乐业 |
| S（公共管理、社会保障和社会组织） | (21) 公共管理、社会保障和社会组织（除第9421类专业性团体和9422类行业性团体） |
| T（国际组织） | (22) 国际组织 |

股权激励计划所列内容不同时满足上述规定的全部条件，或递延纳税期间公司情况发生变化，不再符合上述第4至6项条件的，不得享受递延纳税优惠，应按规定计算缴纳个人所得税。

## （二）处置股权时，按“财产转让所得”纳税

根据《关于完善股权激励和技术入股有关所得税政策的通知》（财税〔2016〕101号）的规定，非上市公司授予本公司员工的股权激励（包括股票期权、股权期权、限制性股票和股权奖励），在股权转让时，按照股权转让收入减除股权取得成本以及合理税费后的差额，适用“财产转让所得”项目，按照20%的税率计算缴纳个人所得税。

股权转让时，股票（权）期权取得成本按行权价确定，限制性股票取得成本按实际出资额确定，股权奖励取得成本为零。

### （三）递延纳税备案办理

1. 资料报送。非上市公司实施符合条件的股权激励，备案时须提交非上市公司股权激励个人所得税递延纳税备案表、股权激励计划、董事会或股东大会决议、激励对象任职或从事技术工作情况说明、本企业和股权激励标的企业上一个纳税年度主营业务收入构成情况说明（仅限股权奖励）等资料。股权激励递延纳税备案办理，除报送资料外，其他规定及递延期间股权转让处理与技术入股一致。

2. 递延纳税备案表网上填报流程。非上市公司股权激励个人所得税递延纳税备案表可通过“自然人税收管理系统（ITS）（个人所得税部分）”填报后，连同其他资料一并到窗口提交。

（1）备案表网上填报具体流程。

第一步，登录“自然人税收管理系统（ITS）（个人所得税部分）”，进入“非上市公司递延纳税备案表”界面，具体如图 14－18。

第二步，填报非上市公司股权激励个人所得税递延纳税备案表。在〔递延备案类别〕中选择“非上市公司递延纳税备案表”，录入公司基本情况和股权激励基本情况，点击【添加】，录入申请人员的具体备案信息，具体如图 14－18。

各项信息填写说明如下：

（2）申报填写。

【公司名称】：填写实施股权激励的非上市公司法定名称全称，自动带出。

【纳税人识别号】：填写纳税人识别号或统一社会信用代码，系统自动带出。

【联系人】：填写非上市公司负责办理股权激励及相关涉税事项人员的姓名。

【联系电话】：填写非上市公司负责办理股权激励及相关涉税事项人员的联系电话。

【股权激励方式】：根据实施股权激励的形式勾选，至少选择一种。

【股权奖励人数】：根据所填写股权激励人员自动汇总。

【近 6 个月平均人数】：填写股票（权）期权行权、限制性股票解禁、股权奖励获得之上月起向前 6 个月“工资、薪金所得”项目全员全额扣缴明细申报的平均人数。例如，某公司实施一批股票期权并于 2017 年 1 月行权，则按照该公司 2016 年 7 月、8 月、9 月、10 月、11 月、12 月“工资、薪金所得”项目全员全额扣缴明细申报的平均人数计算。计算结果按四舍五入取整。

【实施“股权奖励”公司填写】：填写实施股权奖励企业的有关情况。以技术成果投资入股到其他境内居民企业所取得的股权实施股权奖励的，填写本栏。以本公司股权为股权奖励标的，无须填报本栏。

【本公司是否为限制性行业】：实施股权奖励公司根据本公司上一纳税年度主营业务收入占比最高的行业，确定是否属于《财政部 国家税务总局关于完善股权激励和技术入股有关所得税政策的通知》（财税〔2016〕101 号）附件《股权奖励税收优惠政策限制性行业目录》所列行业。属于所列行业选“是”，不属于所列行业选“否”。

【标的公司名称】：以其他境内居民企业股权实施股权奖励的，填写用以实施股权奖励的股权标的公司法定名称全称。

【标的公司纳税人识别号】：以其他境内居民企业股权实施股权奖励的，填写用以实施股权奖励的股权标的公司的纳税人识别号或统一社会信用代码。

【标的公司是否为限制性行业】：以其他境内居民企业股权实施股权奖励的，根据标的公司上一纳税年度主营业务收入占比最高的行业，确定是否属于《财政部 国家税务总局关于完善股权激励和技术入股有关所得税政策的通知》（财税〔2016〕101 号）附件《股权奖励税收优惠政策限制性行业目录》所列行业。属于所列行业选“是”；不属于所列行业选“否”，见图 14－18。

**图 14－18　“非上市公司股权激励个人所得税递延纳税备案表”填报界面**

【姓名】：下拉选择或录入需要申报的人员姓名，若该人员未在人员信息采集中采集过，须先进行人员信息采集。

【证照类型】：根据选择的人员姓名自动带出。

【证照号码】：根据选择的人员姓名自动带出。

【股票（权）期权】：以股票（权）期权形式实施激励的企业填写本栏，没有则不填。

【授予日】：填写股票（权）期权计划中，授予被激励对象股票（权）期权的实际日期。

【行权日】：填写根据股票（权）期权计划，行权购买股票（权）的实际日期。

【可出售日】：填写根据股票（权）期权计划，股票（权）期权同时满足自授予日起持有满 3 年，且自行权日起持有满 1 年条件后，实际可以对外出售的日期。

【取得成本】：填写被激励对象股票（权）期权行权时，按行权价实际出资的金额。

【股数】：被激励对象实际取得的股数。

【持股比例（0～100%）】：填写被激励对象实际取得的股数以及对应的持股比例。

【限制性股票】：以限制性股票形式实施激励的企业填写本栏，没有则不填。

【授予日】：填写限制性股票计划中，授予被激励对象限制性股票的实际日期。

【解禁日】：填写根据限制性股票计划，被激励对象取得限制性股票达到规定条件而解除出售限制的具体日期。

【可出售日】：填写根据限制性股票计划，限制性股票同时满足自授予日起持有满 3 年且解禁后持有满 1 年条件后，实际可以对外出售的日期。

【取得成本】：填写被激励对象取得限制性股票时的实际出资金额。

【股数】：被激励对象实际取得的股数。

【持股比例（0～100%）】：填写被激励对象实际取得的股数对应的持股比例。

【股权奖励】：以股权奖励形式实施激励的企业填写本栏，没有则不填。

【授予日】：填写授予被激励对象股权奖励的实际日期。

【可出售日】：填写根据股权奖励计划，自获得奖励之日起持有满 3 年后，实际可以对外出售的日期。

【股数】：被激励对象实际取得的股数。

【持股比例（0～100%）】：被激励对象实际取得的股数对应的持股比例。

# 第十二节　拍卖所得专题

目前关于拍卖所得个人所得税政策的主要依据为国家税务总局出台的《关于加强和规范个人取得拍卖收入征收个人所得税有关问题的通知》（国税发〔2007〕38 号）。

根据《国家税务总局关于印发征收个人所得税若干问题的规定的通知》（国税发〔1994〕089 号）的规定，自 2007 年 5 月 1 日起，个人拍卖除文字作品原稿及复印件外的其他财产，应以其转让收入额减除财产原值和合理费用后的余额为应纳税所得额，按照“财产转让所得”项目适用 20% 的税率缴纳个人所得税。

## 一、拍卖所得主要适用“财产转让所得”税目

根据《国家税务总局关于加强和规范个人取得拍卖收入征收个人所得税有关问题的通

知》（国税发〔2007〕38 号）的规定，个人拍卖除文字作品原稿及复印件外的其他财产，按照“财产转让所得”项目适用 20% 税率缴纳个人所得税。

作者将自己的文字作品手稿原件或复印件拍卖取得的所得，应以其转让收入额减除 800 元（转让收入额在 4 000 元以下）或者 20%（转让收入额在4 000元以上）后的余额为应纳税所得额，按照“特许权使用费”所得项目适用 20% 税率缴纳个人所得税。

根据《国家税务总局关于加强和规范个人取得拍卖收入征收个人所得税有关问题的通知》（国税发〔2007〕38 号）的规定，个人拍卖除文字作品原稿及复印件外的其他财产，应以其转让收入额减除财产原值和合理费用后的余额为应纳税所得额。

应纳税所得额 = 转让收入额 – 财产原值 – 合理费用

## 二、转让收入额的确定

根据《国家税务总局关于加强和规范个人取得拍卖收入征收个人所得税有关问题的通知》（国税发〔2007〕38 号）的规定，对个人财产拍卖所得征收个人所得税时，以该项财产最终拍卖成交价格为其转让收入额。

## 三、财产原值与合理费用

根据《国家税务总局关于加强和规范个人取得拍卖收入征收个人所得税有关问题的通知》（国税发〔2007〕38 号）的规定，个人财产拍卖所得适用“财产转让所得”项目计算应纳税所得额时，纳税人凭合法有效凭证（税务机关监制的正式发票、相关境外交易单据或海关报关单据、完税证明等），从其转让收入额中减除相应的财产原值、拍卖财产过程中缴纳的税金及有关合理费用。

### （一）财产原值

财产原值，是指售出方个人取得该拍卖品的价格（以合法有效凭证为准）。

1. 通过商店、画廊等途径购买的，为购买该拍卖品时实际支付的价款；
2. 通过拍卖行拍得的，为拍得该拍卖品实际支付的价款及交纳的相关税费；
3. 通过祖传收藏的，为其收藏该拍卖品而发生的费用；
4. 通过赠送取得的，为其受赠该拍卖品时发生的相关税费；
5. 通过其他形式取得的，参照以上原则确定财产原值。

### （二）拍卖财产过程中缴纳的税金

拍卖财产过程中缴纳的税金，是指在拍卖财产时纳税人实际缴纳的相关税金及附加。

### （三）合理费用

合理费用，是指拍卖财产时纳税人按照规定实际支付的拍卖费（佣金）、鉴定费、评估费、图录费、证书费等费用。

## 四、核定征收

拍卖所得个人所得税可以采用核定征收。

1. 纳税人如不能提供合法、完整、准确的财产原值凭证，不能正确计算财产原值的，按转让收入额的3%征收率计算缴纳个人所得税；拍卖品为经文物部门认定是海外回流文物的，按转让收入额的2%征收率计算缴纳个人所得税。

2. 纳税人的财产原值凭证内容填写不规范，或者一份财产原值凭证包括多件拍卖品且无法确认每件拍卖品一一对应的原值的，不得将其作为扣除财产原值的计算依据，应视为不能提供合法、完整、准确的财产原值凭证，并按上述规定的征收率计算缴纳个人所得税。

3. 纳税人能够提供合法、完整、准确的财产原值凭证，但不能提供有关税费凭证的，不得按征收率计算纳税，应当就财产原值凭证上注明的金额据实扣除，并按照税法规定计算缴纳个人所得税。

## 五、代扣代缴

个人财产拍卖所得应纳的个人所得税税款，由拍卖单位负责代扣代缴，并按规定向拍卖单位所在地主管税务机关办理纳税申报。

拍卖单位代扣代缴个人财产拍卖所得应纳的个人所得税税款时，应给纳税人填开完税凭证，并详细标明每件拍卖品的名称、拍卖成交价格、扣缴税款额。

## 六、纳税申报

第一步，登录自然人税收管理系统，首页功能菜单点击【分类所得申报】，选择【财产转让所得】【财产拍卖所得与回流文物拍卖所得】，见图14－19。

第二步，填报偶然所得申报表，包括收入及减除项、附表填写及申报表报送三个部分。

1. 填写本期收入及免税收入，扣除及减除。

【收入】：以该项财产最终拍卖成交价格为其转让收入额。

【扣除及减除】：扣除及减除包括财产原值、税前扣除的税费、捐赠额。

图 14－19　财产拍卖所得与回流文物拍卖所得申报

【是否提供财产原值凭证】：若为“是”，以收入减除财产原值、允许扣除的税费、其他和准予扣除的捐赠后的余额，为应纳税所得额，税率是 20%，如图 14－20。

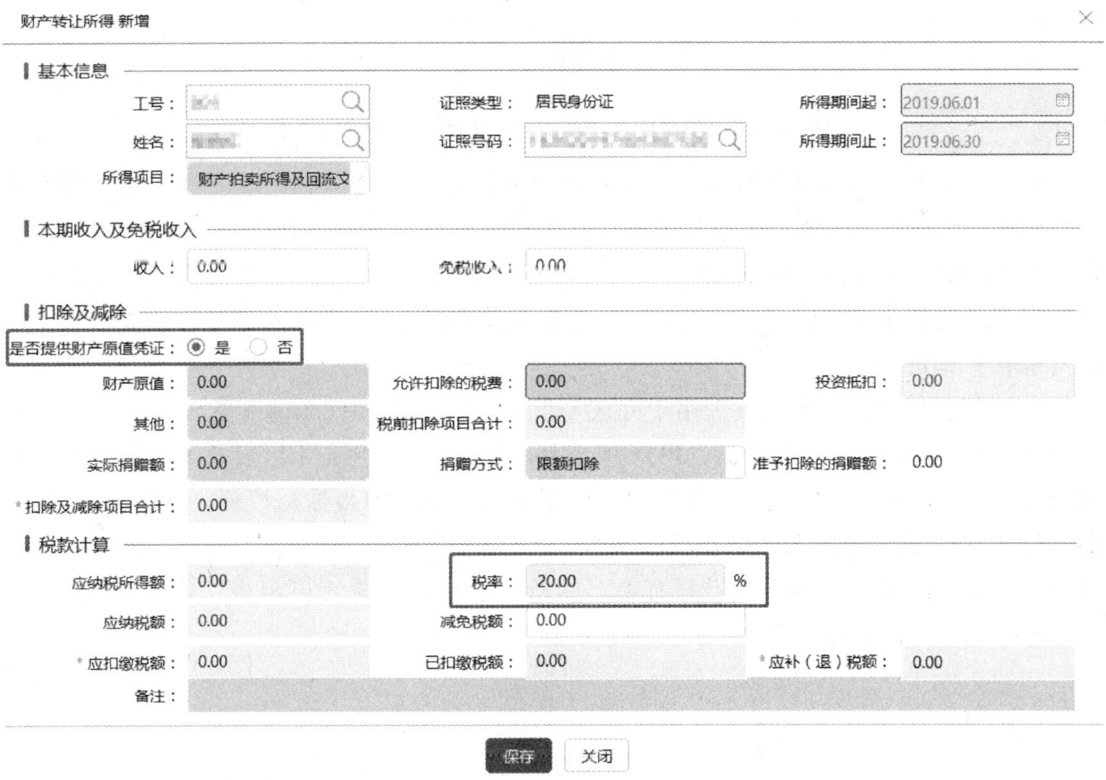


图 14－20　财产拍卖所得与回流文物拍卖所得（一）

【是否提供财产原值凭证】：若为“否”，以收入减除其他和准予扣除的捐赠后的余额，为应纳税所得额，税率2%和3%可选，见图14－21。

**图14－21 财产拍卖所得与回流文物拍卖所得（二）**

2. 附表填写。减免事项附表用于补充减免税额对应的具体减免事项等信息，整体业务与综合所得预扣预缴填写操作基本一致。填写完毕后，系统会自动计算出个人所得税。在拍卖所得项目中填写了减免税额，减免事项附表里会自动生成一条状态为未填写的减免税额记录，点击【填写】打开编辑界面，补充完善具体的减免事项和减免性质等信息，点击【保存】即可。

3. 申报表报送。申报表报送用于完成一般分类所得代扣代缴的正常申报、更正申报以及作废申报操作。检查无误后，可选择【申报表报送】。点击【申报表报送】进入申报表报送界面，系统自动生成待申报清单。申报表通过系统申报数据校验，“是否可申报”显示为“是”；若存在申报表数据校验不通过，“是否可申报”显示为“否”，该界面下方提示区显示具体错误提示信息。只有填写的所有申报表“是否可申报”均为“是”时，【发送申报】才允许点击。

# 第十五章
# 偶然所得

本次《个人所得税法》修订后，偶然所得定义并未改变，其他所得项目已废除。原其他所得的项目也不宜扩大到偶然所得项下，原其他所得的处理方式，有待后续文件出台明确。

## 第一节　征税范围

《个人所得税法》规定，取得偶然所得的个人为纳税人。向个人支付偶然所得的单位为扣缴义务人。扣缴义务人承担代扣代缴义务，应对个人取得的偶然所得实施源泉扣缴。

### 一、征税范围的一般规定

《个人所得税法实施条例》第六条第九项规定：偶然所得，是指个人得奖、中奖、中彩以及其他偶然性质的所得。

### 二、征税范围的特殊规定

1. 个人取得有奖储蓄中奖。根据《国家税务总局关于有奖储蓄中奖收入征收个人所得税问题的批复》（国税函发〔1995〕098 号）的规定：个人参加有奖储蓄取得的各种形式的中奖所得，属于机遇性的所得，应按照个人所得税法中“偶然所得”应税项目的规定征收个人所得税。虽然这种中奖所得具有银行储蓄利息二次分配的特点，但对中奖个人而言，已不属于按照国家规定利率标准取得的存款利息所得性质。支付该项所得的各级银行部门是税法规定的代扣代缴义务人，在其向个人支付有奖储蓄中奖所得时按照“偶然所得”应税项目扣缴个人所得税税款。

2. 消费达到一定额度的额外抽奖所得。根据《财政部 国家税务总局关于企业促销展业赠送礼品有关个人所得税问题的通知》（财税〔2011〕50 号）的规定，企业向个人赠送礼品，属于下列情形之一的，取得该项所得的个人应依法缴纳个人所得税，税款由赠送礼品的企业代扣代缴：（1）企业在业务宣传、广告等活动中，随机向本单位以外的个人赠送礼品，对个人取得的礼品所得，按照“其他所得”项目，全额适用 20% 的税率缴纳个人所得税。（2）企业在年会、座谈会、庆典以及其他活动中向本单位以外的个人赠送礼品，对个人取得的礼品所得，按照“其他所得”项目，全额适用 20% 的税率缴纳个人所得税。（3）企业对累积消费达到一定额度的顾客，给予额外抽奖机会，个人的获奖所得，按照“偶然所得”项目，全额适用 20% 的税率缴纳个人所得税。其中，对于企业对累积消费达到一定额度的顾客，给予额外抽奖机会，个人的获奖所得，按照“偶然所得”项目。此前按“其他所得”随机赠送的礼品所得是否予以缴纳个人所得税目前并无定论。

3. 企业支付给出售企业自然人股东不竞争款项。根据《财政部 国家税务总局关于企业向个人支付不竞争款项征收个人所得税问题的批复》（财税〔2007〕102 号）的规定：不竞争款项是指资产购买方企业与资产出售方企业自然人股东之间在资产购买交易中，通过签订保密和不竞争协议等方式，约定资产出售方企业自然人股东在交易完成后一定期限内，承诺不从事有市场竞争的相关业务，并负有相关技术资料的保密义务，资产购买方企业则在约定期限内，按一定方式向资产出售方企业自然人股东所支付的款项。

根据《中华人民共和国个人所得税法》第二条第十一项有关规定，鉴于资产购买方企业向个人支付的不竞争款项属于个人因偶然因素取得的一次性所得，为此，资产出售方企业自然人股东取得的所得，应按照《中华人民共和国个人所得税法》第二条第十项“偶然所得”项目计算缴纳个人所得税，税款由资产购买方企业在向资产出售方企业自然人股东支付不竞争款项时代扣代缴。

4. 网络红包个人所得税征管。根据《国家税务总局关于加强网络红包个人所得税征收管理的通知》（税总函〔2015〕409 号）的规定：（1）对个人取得企业派发的现金网络红包，应按照偶然所得项目计算缴纳个人所得税，税款由派发红包的企业代扣代缴。（2）对个人取得企业派发的且用于购买该企业商品（产品）或服务才能使用的非现金网络红包，包括各种消费券、代金券、抵用券、优惠券等，以及个人因购买该企业商品或服务达到一定额度而取得企业返还的现金网络红包，属于企业销售商品（产品）或提供服务的价格折扣、折让，不征收个人所得税。（3）个人之间派发的现金网络红包，不属于个人所得税法规定的应税所得，不征收个人所得税。

5. 个人购买社会福利有奖募捐奖券中奖所得超过 1 万元部分。根据《国家税务总局关于社会福利有奖募捐发行收入税收问题的通知》（国税发〔1994〕127 号）的规定，对个人购买社会福利有奖募捐奖券一次中奖收入不超过 10 000 元的暂免征收个人所得税，对一次中奖收入超过 10 000 元的，应按税法规定全额征税。此规定从 1994 年 6 月 1 日起执行。凡以前已征个人所得税的，可不退税；未征个人所得税的，不补税。

6. 个人取得体育彩票中奖所得超过1万元部分。根据《财政部 国家税务总局关于个人取得体育彩票中奖所得征免个人所得税问题的通知》（财税字〔1998〕12号）的规定，为了有利于动员全社会力量资助和发展我国的体育事业，经研究决定，对个人购买体育彩票中奖收入的所得税政策作如下调整：凡一次中奖收入不超过10 000元的，暂免征收个人所得税；超过10 000元的，应按税法规定全额征收个人所得税。

7. 中国科学院院士荣誉奖金。根据《国家税务总局对中国科学院院士荣誉奖金征收个人所得税问题的复函》（国税函发〔1995〕351号）的规定，香港实业家蔡冠深先生捐资500万元人民币建立“蔡冠深中国科学院院士荣誉基金会”，并用基金的利息颁发中国科学院院士荣誉奖金（80岁至89岁的院士每人每年6 000元，90岁以上的院士每人每年12 000元）。这对发扬中华民族尊老敬贤的优良传统，促进尊重知识、尊重人才的良好社会风气的形成有积极作用。但由于这种奖金不属于个人所得税法定免税奖金的范围，加之国家对中国科学院院士津贴已有免征个人所得税的优惠规定，所以对中国科学院院士荣誉奖金，应按《中华人民共和国个人所得税法》的“其他所得”应税项目，依20%的比例税率计征个人所得税，税款由该基金会在颁发奖金时代扣代缴。

8. 人寿保险公司支付给未出险人员利息收入。根据《国家税务总局关于未分配的投资者收益和个人人寿保险收入征收个人所得税问题的批复》（国税函〔1998〕546号）的规定，对保险公司按投保金额，以银行同期储蓄存款利率支付给在保期内未出险的人寿保险户的利息（或以其他名义支付的类似收入），按“其他所得”应税项目征收个人所得税，税款由支付利息的保险公司代扣代缴。

9. 证券公司支付大客户交易手续费返还。根据《国家税务总局关于股民从证券公司取得的回扣收入征收个人所得税问题的批复》（国税函〔1999〕627号）的规定，证券公司为了招揽大户股民在本公司开户交易，通常从证券公司取得的交易手续中支付部分金额给大户股民。对于股民个人从证券公司取得的此类回扣收入或交易手续费返还收入，应按照《中华人民共和国个人所得税》第二条第十一项“经国务院财政部门确定征税的其他所得”项目征收个人所得税，税款由证券公司在向股民支付回扣收入或交易手续费返还收入时代扣代缴。

10. 个人为单位或他人提供担保获得收入，按照“偶然所得”项目计算缴纳个人所得税。

11. 房屋产权所有人将房屋产权无偿赠与他人的，受赠人因无偿受赠房屋取得的受赠收入，按照“偶然所得”项目计算缴纳个人所得税。按照《财政部 国家税务总局关于个人无偿受赠房屋有关个人所得税问题的通知》（财税〔2009〕78号）第一条规定，符合以下情形的，对当事双方不征收个人所得税：（1）房屋产权所有人将房屋产权无偿赠与配偶、父母、子女、祖父母、外祖父母、孙子女、外孙子女、兄弟姐妹；（2）房屋产权所有人将房屋产权无偿赠与对其承担直接抚养或者赡养义务的抚养人或者赡养人；（3）房屋产权所有人死亡，依法取得房屋产权的法定继承人、遗嘱继承人或者受遗赠人。所称受赠收入的应纳税所得额按照《财政部 国家税务总局关于个人无偿受赠房屋有关个人所得税问题的通知》（财税〔2009〕78 号）第四条规定计算。

12. 企业在业务宣传、广告等活动中，随机向本单位以外的个人赠送礼品（包括网络红包，下同），以及企业在年会、座谈会、庆典以及其他活动中向本单位以外的个人赠送礼品，个人取得的礼品收入，按照“偶然所得”项目计算缴纳个人所得税，但企业赠送的具有价格折扣或折让性质的消费券、代金券、抵用券、优惠券等礼品除外。所称礼品收入的应纳税所得额按照《财政部 国家税务总局关于企业促销展业赠送礼品有关个人所得税问题的通知》（财税〔2011〕50 号）第三条规定计算。

# 第二节　免税收入

北京“自然人税收管理扣缴系统”中，偶然所包括将省级、部级、军级奖金；外国组织、国际组织奖金；见义勇为奖金；举报、协查违法犯罪奖；社会福利募捐奖金、体育彩票中奖所得、有奖发票、其他偶然所得。

## 一、省部级、科技卫生奖金类免税收入

1. 根据《国家税务总局关于曾宪梓教育基金会教师奖免征个人所得税的函》（国税函发〔1994〕376 号）的规定，对个人获得曾宪梓教育基金会教师奖的奖金，可视为国务院部委颁发的教育方面的奖金，免予征收个人所得税。

2. 根据《财政部 国家税务总局关于发给见义勇为者的奖金免征个人所得税问题的通知》（财税字〔1995〕25 号）的规定，对乡、镇（含乡、镇）以上人民政府或经县（含县）以上人民政府主管部门批准成立的有机构、有章程的见义勇为基金会或者类似组织，奖励见义勇为者的奖金或奖品，经主管税务机关核准，免予征收个人所得税。

3. 根据《财政部 国家税务总局关于国际青少年消除贫困奖免征个人所得税的通知》（财税字〔1997〕51 号）的规定，对个人取得的“国际青少年消除贫困奖”，视同从国际组织取得的教育、文化方面的奖金，免予征收个人所得税。

4. 根据《国家税务总局关于“长江学者奖励计划”有关个人收入征免个人所得税的通知》（国税函〔1998〕632 号）的规定，对特聘教授获得“长江学者成就奖”的奖金，可视为国务院部委颁发的教育方面的奖金，免予征收个人所得税。

5. 根据《国家税务总局关于“特聘教授奖金”免征个人所得税的通知》（国税函〔1999〕525 号）的规定，对教育部颁发的“特聘教授奖金”免予征收个人所得税。

6. 根据《国家税务总局关于“长江小小科学家”奖金免征个人所得税的通知》（国税

函〔2000〕688 号）的规定，对学生个人参与“长江小小科学家”活动并获得的奖金，免予征收个人所得税。

7. 根据《国家税务总局关于个人取得“母亲河（波司登）奖”奖金所得免征个人所得税问题的批复》（国税函〔2003〕961 号）的规定，个人取得经共青团中央、全国人大环资委、国家环保总局等九部门联合批准设立的环境保护方面的奖项的奖金收入，免予征收个人所得税。

8. 根据《国家税务总局关于陈嘉庚科学奖获奖个人取得的奖金收入免征个人所得税的通知》（国税函〔2006〕561 号）的规定，对陈嘉庚科学奖 2006 年度获奖者个人取得的奖金收入，免予征收个人所得税。

9. 根据《国家税务总局关于全国职工职业技能大赛奖金免征个人所得税的通知》（国税函〔2010〕78 号）的规定，对第三届全国职工职业技能大赛获奖者取得的奖金免征个人所得税。

10. 根据《国家税务总局关于中华宝钢环境优秀奖奖金免征个人所得税问题的通知》（国税函〔2010〕第 130 号）的规定，对第六届中华宝钢环境优秀奖获奖者个人所获奖金免征个人所得税。

11. 根据《关于 2011 年度李四光地质科学奖奖金免征个人所得税的公告》（国家税务总局公告 2011 年第 68 号）的规定，对 2011 年度李四光地质科学奖获奖者个人所获奖金，免予征收个人所得税。

12. 根据《国家税务总局关于第五届黄汲清青年地质科学技术奖奖金免征个人所得税问题的公告》（国家税务总局公告 2012 年第 4 号）的规定，对第五届黄汲清青年地质科学技术奖获奖者所获奖金，免予征收个人所得税。

13. 根据《国家税务总局关于明天小小科学家奖金免征个人所得税问题的公告》（国家税务总局公告〔2012〕第 28 号）的规定，对学生个人参与“明天小小科学家”活动获得的奖金，免予征收个人所得税。

## 二、展业过程中向个人赠送礼品

根据《财政部 国家税务总局关于企业促销展业赠送礼品有关个人所得税问题的通知》（财税〔2011〕50 号）的规定，企业在销售商品（产品）和提供服务过程中向个人赠送礼品，属于下列情形之一的，不征收个人所得税：（1）企业通过价格折扣、折让方式向个人销售商品（产品）和提供服务；（2）企业在向个人销售商品（产品）和提供服务的同时给予赠品，如通信企业对个人购买手机赠话费、入网费，或者购话费赠手机等；（3）企业对累积消费达到一定额度的个人按消费积分反馈礼品。

## 三、优惠券性质非现金网络红包

根据《国家税务总局关于加强网络红包个人所得税征收管理的通知》（税总函〔2015〕409号）的规定，对个人取得企业派发的且用于购买该企业商品（产品）或服务才能使用的非现金网络红包，包括各种消费券、代金券、抵用券、优惠券等，以及个人因购买该企业商品或服务达到一定额度而取得企业返还的现金网络红包，属于企业销售商品（产品）或提供服务的价格折扣、折让，不征收个人所得税。

## 四、个人之间派发的现金网络红包

个人之间派发的现金网络红包，不属于个人所得税法规定的应税所得，不征收个人所得税。

## 五、个人取得有奖发票奖金免征个人所得税

根据《财政部 国家税务总局关于个人取得有奖发票奖金征免个人所得税问题的通知》（财税〔2007〕34号）的规定，个人取得单张有奖发票奖金所得不超过800元（含800元）的，暂免征收个人所得税；个人取得单张有奖发票奖金所得超过800元的，应全额按照个人所得税法规定的“偶然所得”项目征收个人所得税。

## 六、个人购买社会福利有奖募捐奖券中奖所得

《国家税务总局关于社会福利有奖募捐发行收入税收问题的通知》（国税发〔1994〕127号）规定，对个人购买社会福利有奖募捐奖券一次中奖收入不超过10 000元的，暂免征收个人所得税。

## 七、个人取得体育彩票中奖所得

《财政部 国家税务总局关于个人取得体育彩票中奖所得征免个人所得税问题的通知》（财税字〔1998〕12号）规定，中奖收入不超过10 000元的，暂免征收个人所得税。

## 第三节 应纳税额

《个人所得税法》第六条第一款第六项规定：偶然所得，以每次收入额为应纳税所得额。《个人所得税法实施条例》第十四条对收入额进行明确：偶然所得，以每次取得该项收入为一次，以每次收入额为应纳税所得额，不得减除任何扣除费用。

《个人所得税法（2018）》第三条规定，偶然所得，适用比例税率，税率为20%。

如果纳税人收到税后偶然所得，可通过下面公式计算含税金额：

应纳税所得额＝不含个人所得税收入额/（1－20%）

应纳税额＝含个人所得税收入额×20%

**案例 15－1**

2016 年 1 月，A 企业开展购物抽奖活动，甲抽中二等奖现金 2 000 元，请问 A 企业如何为甲扣缴个人所得税？若甲抽中的 2 000 元为税后奖金，请问应该扣缴多少个人所得税？

解析：应纳税所得额＝2 000（元）

应纳税额＝2 000×20%＝400（元）

若甲抽中的 2 000 元为税后奖金，则：

应纳税所得额（税前奖金）＝2 000÷（1－20%）＝2 500（元）

应纳税额＝2 500×20%＝500（元）

## 第四节 纳税申报

### 一、纳税申报的一般规定

《个人所得税法》第十二条规定，纳税人取得利息、股息、红利所得，财产租赁所得，财产转让所得和偶然所得，按月或者按次计算个人所得税，有扣缴义务人的，由扣缴义务人按月或者按次代扣代缴税款。

《个人所得税法》第十三条规定，纳税人取得应税所得没有扣缴义务人的，应当在取得所得的次月 15 日内向税务机关报送纳税申报表，并缴纳税款。纳税人取得应税所得，扣缴义务人未扣缴税款的，纳税人应当在取得所得的次年6月30日前，缴纳税款；税务机关通知限期缴纳的，纳税人应当按照期限缴纳税款。

《个人所得税法》第十四条规定，扣缴义务人每月或者每次预扣、代扣的税款，应当在次月15日内缴入国库，并向税务机关报送扣缴个人所得税申报表。纳税人办理汇算清缴退税或者扣缴义务人为纳税人办理汇算清缴退税的，税务机关审核后，按照国库管理的有关规定办理退税。

## 二、纳税申报的具体操作流程

第一步，进入偶然所得申报界面。登录“自然人税收管理系统扣缴客户端”，依次点击【分类所得申报】【偶然所得】【填写】，见图15－1。

图15－1　偶然所得纳税申报（一）

第二步，填报偶然所得申报表。申报表共分为三个部分，收入及减除项、税款计算和附表填写。各部分的具体填报说明如下：

1. 收入及减除填写。

【所得项目】：包括“省级、部级、军级奖金”“外国组织和国际组织奖金”“见义勇为奖金”“举报、协查违法犯罪奖金”“社会福利募捐奖金、体彩奖金”“有奖发票奖金”“其他偶然所得”，见图15－2。

【收入】：填写本月（次）收入额。

【费用】：捐赠额未超过纳税人申报的应纳税所得额30%的部分，为准予扣除的捐赠额。

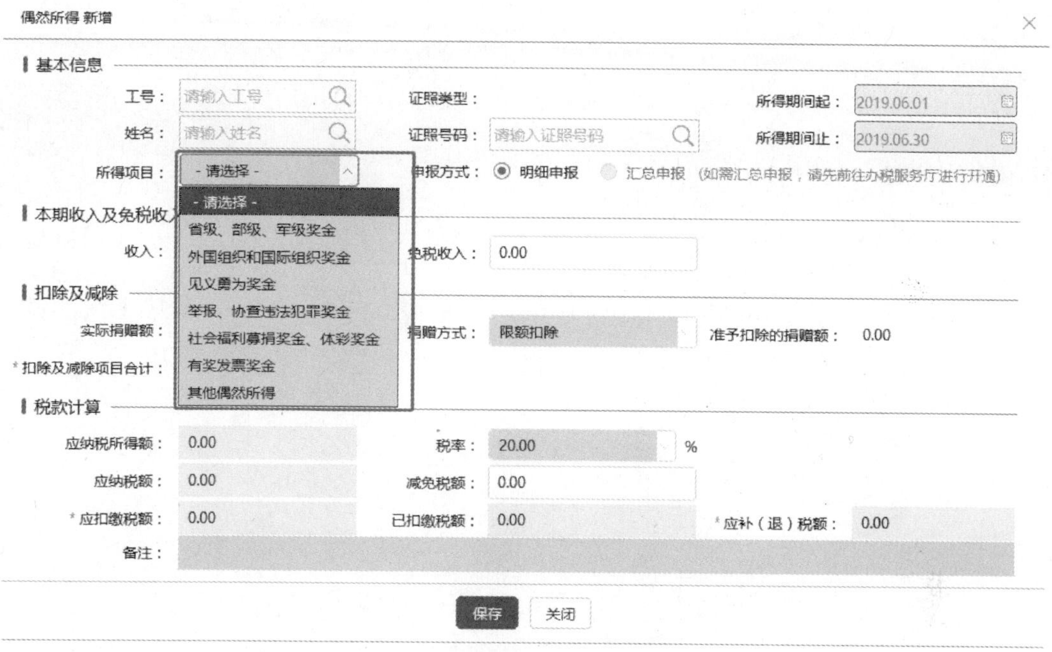


**图 15－2　偶然所得纳税申报（二）**

2. 税款计算。信息填列完毕后点击保存，点击【税款计算】，系统自动对“收入及减除填写”模块中填写的数据进行计税。

3. 附表填写。在收入及减除中填写了减免税额、商业健康保险、税延养老保险的情况下，需要在相应附表里面完善减免信息，如减免事项、减免性质、减免税额等。

第三步，报送申报表。申报表填写、税款计算完成后，点击【申报表报送】，进入报表申报界面。当月第一次申报发送时，进入“申报表报送”界面，默认申报类型为正常申报，申报状态为未申报，显示【发送申报】。

## 二、消费积累抽奖所得申报

企业在销售商品（产品）和提供服务过程中如果对累积消费达到一定额度的个人按消费积分反馈礼品，是无须征收个人所得税。但是，如果企业对累积消费达到一定额度的顾客，给予额外抽奖机会，个人的获奖所得，按照“偶然所得”项目，全额适用20%的税率缴纳个人所得税。企业要对这些额外的赠品扣缴个人所得税如何进行申报成为问题。

此前，税务机关通常会要求扣缴企业取得每一个获奖主体的身份证信息（姓名、身份证号码），录入系统后才可以申报，企业存在无法获取或将主体身份证信息的问题，这就肯定存在着征管风险。

北京地区的个人所得税申报客户端实现了升级，允许对类似偶然所得采取汇总申报的方式，无须取得每一个纳税人的身份信息。在证照类型中选择特殊证件类型，证照号码为HZSB，后缀全是0。

# 第五篇　外籍个人及高净值人士篇

# 第十六章
# 外籍人士个人所得税

外籍人士，顾名思义就是持有非中国护照的外国籍公民。随着经济全球化进程的加快，越来越多的外籍人士在中国境内任职于跨国集团设立在中国的子公司、分支机构，还有的外籍人士以投资人身份在中国经营企业或进行其他投资业务，同时还包括一些原为中国（大陆）籍，但现已取得外籍身份，但仍在中国境内工作或居住的人士。然而，并非所有在中国境内工作的外籍人士都属于中国的税收居民，虽然国籍与税收居民有着千丝万缕的联系，但国籍并不是判断税收居民的唯一标准，甚至不是优先的标准。国籍指某人属于某国的公民或有公民的法律资格，的确是判断税收居民身份的重要标准。但是，税收居民不等同于国籍（护照）。在法律上，税收居民身份是一个国家行使税收管辖权的依据，并非依据国籍标准，拥有一个国家的国籍并不必然导致成为该国的税收居民。通常来说，对税收居民的判定有三个标准，即住所标准、居所标准和停留时间标准。

在新《个人所得税法》推出之前，我国税法上对居民个人与非居民个人这两个词语的含义并没有明确的界定。世界各国对于税收居民的判定，大多采用居住地和停留时间这两个标准。新《个人所得税法》的重要变革之一就是引入“居民个人”与“非居民个人”的概念，将个人所得税的纳税义务划分为居民纳税人和非居民纳税人，从而判断各自不同的纳税义务，行使不同的税收管辖权。

本章着重介绍如何判断外籍人士的税收居民身份，以及当外籍人士为非居民个人时的纳税义务。

## 第一节　纳税身份判定

个人税收居民不同于我们通常所熟知的居民概念。税收居民身份的判定是按照各国国内法，由于住所、居所、成立地、实际管理机构所在地或者其他类似的标准而进行的税法层面的税收身份界定，它与一国税收管辖权的行使，以及纳税人承担的纳税义务范围密切相关。因此，非居民纳税人可能是外籍个人、华侨或港、澳、台同胞。

新颁布的《个人所得税法》第一条明确了居民个人的判断标准，即在中国境内有住所，或者无住所但在一个纳税年度内在中国境内居住累计满一百八十三天的个人。住所一般指固定的或永久性的居住地，因户籍、家庭、经济利益关系而在中国境内习惯性居住；居住则体现了判断税收居民的居所标准，是个人连续居住了较长时间但又不准备永久居住的居住地；累计满 183 天意味着尽管个人没有住所或居所，但在一个所得年度中在中国境内实际停留的天数。纳税年度，自公历 1 月 1 日起至 12 月 31 日止。

## 第二节　所得来源地判定

新《个人所得税法》第一条规定，基于中国税收居民、非居民个人的判定，若外籍人士为中国的居民个人，则其须就中国境内和境外取得的收入所得，缴纳个人所得税；若判定外籍人士为中国的非居民个人，仅就其在中国境内取得的收入所得依法缴纳个人所得税。这里所称从中国境内和境外取得的所得，分别是指来源于中国境内的所得和来源于中国境外的所得。

需要注意的是，外籍人士从境内或境外取得的所得，普遍意义上指的是“来源地”所得，而非传统意义上的“支付地”。例如：位于法国的 A 公司派遣本公司的技术人员 B 在中国境内完成一项技术服务工作，由 A 公司负责支付 B 在中国境内服务期间的工资，那么 B 雇员在中国境内提供技术服务这段时间取得的所得，尽管支付地在法国，仍然要就该部分收入在中国缴纳个人所得税。

外籍人士来华工作一定要就其来源于中国境内的所得缴纳个人所得税。如果在中国境内有住所，或在境内居住连续 6 年满 183 天，还要就其来源于境外的所得缴纳个人所得税（满 183 天但不满 6 年的临时税收居民可豁免由境外单位支付的境外所得）。因此，判断所得来源地显得尤为重要。

《个人所得税法实施条例》第三条列示了下列所得，不论支付地点是否在中国境内，均为来源于中国境内的所得：（1）因任职、受雇、履约等在中国境内提供劳务取得的所得；（2）将财产出租给承租人在中国境内使用而取得的所得；（3）许可各种特许权在中国境内使用而取得的所得；（4）转让中国境内的不动产等财产或者在中国境内转让其他财产取得的所得；（5）从中国境内企业、事业单位、其他组织以及居民个人取得的利息、股息、红利所得。

我们会发现，无论是财产出租所得还是特许权使用费所得，其所得的来源地都要根据标的物的使用地来判断。转让境内不动产的来源地要看不动产是否位于境内，但是其他财产取得的所得要看其转让行为是否发生在境内，这与不动产所得的来源地判断不太一样。

**案例 16 －1**

某国内建筑企业委托英国人汤姆逊（英国税收居民个人、著名的建筑设计师）进行不动产景观设计并支付 5 万英镑。汤姆逊先生从未来过中国。相关知识产权为该建筑企业所有，其适用也不受任何不当约束。汤姆逊从该企业取得的 5 万英镑，是否负有中国个人所得税的纳税义务?

解析：按照《中华人民共和国个人所得税法实施条例》（国务院令 707 号）第三条规定"除国务院财政、税务主管部门另有规定外，下列所得，不论支付地点是否在中国境内，均为来源于中国境内的所得：因任职、受雇、履约等在中国境内提供劳务取得的所得……"由于该加拿大设计师并不在中国境内停留（不入境），该项劳务并未发生在中国境内，即使由境内机构支付，也不属于来源于中国境内的所得，不负有中国个人所得税的纳税义务。

## 第三节　无住所个人的纳税义务

《个人所得税法实施条例》第四条、第五条针对无住所个人在中国境内居住时间的不同，划分了不同的纳税义务。

### 一、境内居住天数和工作期间的确定

关于判定纳税义务时如何计算在中国境内居住天数问题，国税总局在《关于在中国境内无住所的个人执行税收协定和个人所得税法若干问题的通知》（国税发〔2004〕97 号）中有明确规定：对在中国境内无住所的个人，需要计算确定其在中国境内居住天数，以便依照税法和协定的规定判定其在华负有何种纳税义务。在中国境内居住天数均应以该个人实际在华逗留天数计算，个人入境、离境、往返或多次往返境内外的当日，均按一天计算其在华实际逗留天数。同时，文件中还提到对在中国境内、境外机构同时担任职务或仅在境外机构任职的境内无住所个人，计算其境内工作期间时，对其入境、离境、往返或多次往返境内外的当日，均按半天计算为在华实际工作天数。同时，在国务院副总理、粤港澳大湾区建设领导小组组长韩正主持召开粤港澳大湾区建设领导小组会议中，提到在个人所得税的优惠安排方面，放宽境外人士在内地居住的时间认定，明确出入境往返当日不计入境内居住天数。

**案例 16－2**

朱蒂为在中国境内无住所的外籍个人，并在中国境内、境外机构担任职务，2018年5月20日来华，9月15日离开。在此期间，朱蒂由于工作原因，于7月8日临时离境，7月28日返回境内。在计算个人所得税时，请问朱蒂在中国境内实际工作的天数如何计算？

解析：根据《个人所得税法》规定，个人入境、离境、往返或多次往返境内外的当日，均按半天计算。因此，5月20日、7月8日、7月28日、9月15日，均按半天计算朱蒂在境内的实际工作天数。

中国境内实际工作天数＝11.5＋30＋7.5＋3.5＋31＋14.5＝98（天）

## 二、纳税义务的判定

在中国境内无住所的个人，在中国境内居住累计满183天的年度连续不满6年的，经向主管税务机关备案，其来源于中国境外且由境外单位或者个人支付的所得，免予缴纳个人所得税；在中国境内居住累计满183天的任一年度中有一次离境超过30天的，其在中国境内居住累计满183天的年度的连续年限重新起算。在中国境内无住所的个人，在一个纳税年度内在中国境内居住累计不超过90天的，其来源于中国境内的所得，由境外雇主支付并且不由该雇主在中国境内的机构、场所负担的部分，免予缴纳个人所得税（见表16－1）。

**表 16－1　无住所个人境内居住时间及纳税义务判定**

| 纳税人身份 | 居住时间 | 来源境内所得 | | 来源境外所得 | |
|---|---|---|---|---|---|
| | | 境内支付 | 境外支付 | 境内支付 | 境外支付 |
| 居民个人 | 连续居住满6年 | √ | √ | √ | √ |
| | 183天≤居住＜6年 | √ | √ | √ | 免征（备案） |
| 非居民个人 | 90天＜居住＜183天 | √ | √ | 不征 | 不征 |
| | 居住≤90天 | √ | 免征 | 不征 | 不征 |

**案例 16－3**

2018年11月5日至10日，上海举办进口博览会。德国某著名AI企业的上海代表处负责与中方主办单位协调布展事宜，同时从德国国内派遣一位业务经理（德国税收居民个人弗兰克）入境参会，职责为指导布展并负责现场讲解。弗兰克还与上海代表处成员（德国税收居民个人，1个月前入境中国，汉斯）开展协作，推广本公司AI技术产品，在中国境内停留26天后回国。请问以下情况需要缴纳个人所得税吗？

解析：（1）英国业务经理弗兰克26天对应的工资、薪金为4 000英镑。

（2）上海代表处成员汉斯26天对应的工资、薪金为5 000英镑。

解析：在本案例中，德国税收居民弗兰克为在中国境内的无住所个人，并且在境内停留时间为26天，根据《个人所得税实施条例》第五条，由于弗兰克在一个纳税年度内在境内居住不超过90天，且取得的工资、薪金4 000英镑为德国的AI企业支付（境外雇主支付），因此，这部分所得不应在中国境内缴纳个人所得税。

同理，上海代表处成员汉斯的工资、薪金由代表处承担，属于由德国AI企业的境内机构场所承担，根据《个人所得税实施条例》第五条，汉斯的工资、薪金应在中国境内缴税。

## 三、新旧税法的变化

与旧《个人所得税法》相比，新《个人所得税法》坚持了税收居民判断的住所标准和居住时间标准。住所标准的规定没有变化，将无住所居住时间标准由“满一年”修改为国际惯例的“满183天”。同时，新《个人所得税法实施条例》对于纳税人境外所得的免税条件，由五年延长至六年（以下简称优待期）。

### （一）六年优待期

《个人所得税法实施条例》第四条表达清晰，这里一个重要的概念“满183天的年度”，假如外籍个人在境内居住累计满183天的年度可能有三种情形：该外籍个人属于典型的非居民；该外籍个人正好处于过渡期，可以理解为6年的优待期；满183天的年度连续满6年。

6年优待期是连续满183天年度不满6年，会产生什么结果？如果外籍个人向税务机关备案，仅就来源于境外所得交纳个人所得税。来源于境外而且由境外单位和个人支付的可以不在中国缴纳个人所得税。

《个人所得税实施条例》第四条存在例外规则，外籍个人在中国已经第5年年底，其中有一年虽然满183天，但是有30天离境了，假如第三年出现这种情况，从第四年开始重新计算，第四年变成第一年，相当于30天离境重新计算6年优待期。

我们可以预测一下执行结果，根据30天离境重算规则，外籍个人连续5年都没离境，住了5年，第6年还想住下去，但税务顾问告知其第6年满183天就需要按全球所得交纳个人所得税，外籍个人6月份听了税务顾问的建议，去夏威夷度假，7月份回到中国境内，去了30天，是不是连续6年已经中断了？答案是肯定中断了。未来，国家税务总局一定会出细则，因为如果允许在这种情况下中断计算的话，外籍个人永远不可能成为居民个人。

（二）一个纳税年度

假如外籍个人2019年7月15日到2020年6月15日接近居住了11个月，将近1年，根据我们国家规定天数是否成为中国税收居民？答案是不属于。因为《个人所得税法》规定的是一个纳税年度内，2019年、2020年都不满一个纳税年度，所以仍然不属于中国居民个人。如果按照这种方法，每年6月15日以后休假，7月15日以后再来上班，每年都不会满183天，外籍个人也不可能成为居民个人。

## 第四节　征税范围

非居民个人的工资、薪金所得、劳务报酬所得、稿酬所得、特许权使用费所得、经营所得、利息股息红利所得、财产租赁所得、财产转让所得以及偶然所得的征税范围与居民个人取得的各项所得征税范围、所得的确认方式一致，在此不再赘述。

非居民个人所得为人民币以外货币的，按照办理纳税申报或者扣缴申报的上一月最后一日人民币汇率中间价，折合成人民币计算应纳税所得额。年度终了后办理汇算清缴的，对已经按月、按季或者按次预缴税款的人民币以外货币所得，不再重新折算；对应当补缴税款的所得部分，按照上一纳税年度最后一日人民币汇率中间价，折合成人民币计算应纳税所得额。

## 第五节　税收减免

### 一、外籍个人八项补贴

新《个人所得税法》实施后，国税总局对于外籍个人有关津补贴的有关优惠政策衔接问题，也做出明确规定。对于外籍个人的税收优惠政策，给予了三年的过渡期，即在2019年1月1日至2021年12月31日期间，外籍个人符合居民个人条件的，可以选择享受个人所得税专项附加扣除，也可以选择按照《财政部 国家税务总局关于个人所得税若干政策问题的通知》（财税〔1994〕20号）、《国家税务总局关于外籍个人取得有关补贴征免个人所得税执行问题的通知》（国税发〔1997〕54号）和《财政部 国家税务总局关于外籍个人取得港澳地区住房等补贴征免个人所得税的通知》（财税〔2004〕29号）的规定，享受住房补贴、语言训练费、子女教育费等津补贴免税优惠政策，但不得同时享受。外籍个人一经选择，在一个纳税年度内不得变更。

我们俗称的“八项补贴”指的是对外籍驻华人员（含中国香港、中国澳门、中国台湾同胞）给予以非现金或实报实销取得的补贴（以下简称免税项目）免征个人所得税（见表16－2），免税项目包括：（1）外籍个人以非现金形式或实报实销形式取得的住房补贴、洗衣费、伙食补贴、搬迁费；（2）外籍个人按合理标准取得的境内外出差补贴；（3）外籍个人取得的探亲费、语言训练费、子女教育费等，经当地税务机关审核批准为合理的部分。

表16－2　　外籍驻华人员免税项目

| | |
|---|---|
| 住房补贴 | • 外籍个人以非现金形式或实报实销形式取得<br>• 除房屋租金补贴外，物业费、水电费、宽带费、清洁费和保险柜租金费等附加费用，均不应作为住房补贴支出享受免税政策 |
| 洗衣费 | • 外籍个人以非现金形式或实报实销形式取得 |
| 伙食补贴 | • 外籍个人以非现金形式或实报实销形式取得<br>• 不包括超市中开具的“食品”项目发票 |
| 搬迁费 | • 外籍个人因到中国任职或离职，以实报实销形式取得的搬迁收入免征个人所得税（即在纳税人整个任职期间最多只发生两次）<br>• 外商投资企业和外国企业在中同境内的机构、场所，以搬迁费名义每月或定期向其外籍雇员支付的费用，应计入工资、薪金所得征收个人所得税 |
| 境内外出差补贴 | • 对外籍个人按合理标准取得的境内外出差补贴免征个人所得税，应由纳税人提供出差的交通费、住宿费凭证（复印件）或企业安排出差的有关计划，由主管税务机关确认免税 |
| 探亲费 | • 对其实际用于本人探亲，且每年探亲的次数和支付的标准合理的部分给予免税（不包括外籍人员家属来华的探亲费）<br>• 非交通类报销票据不予免税<br>• 对于飞机到达目的地与国籍所在地不一致的情况须进一步提供证据 |
| 语言培训费 | • 对外籍个人在中国境内接受语言培训取得的语言培训费免征个人所得税（培训语言类型应为中文）<br>• 免征个人所得税的部分不包括教材费、外籍人员家属的语言培训费 |
| 子女教育费 | • 对外籍个人在中国境内取得的子女教育费免征个人所得税<br>• 免征个人所得税的部分不包括兴趣班、早教班、职业技能培训等教育<br>• 对于非教育支出不予免税（如考试费、补习班费、注册费等） |

三年过渡期过后，自2022年1月1日起，外籍个人就不再享受住房补贴、语言训练

费、子女教育费津补贴免税的优惠政策，外籍个人符合居民条件的，应按规定享受专项附加扣除，其他五项津补贴政策仍然保留。

## 二、外交人员

根据新《个人所得税法》第四条第一款第八项的规定，对依照有关法律规定应予免税的各国驻华使馆、领事馆的外交代表、领事官员和其他人员的所得免征个人所得税。此外，《个人所得税法实施条例》规定，《个人所得税法》第四条第一款第八项所称依照有关法律规定应予免税的各国驻华使馆、领事馆的外交代表、领事官员和其他人员的所得，是指依照《中华人民共和国外交特权与豁免条例》和《中华人民共和国领事特权与豁免条例》规定免税的所得。

此外，国家税务总局在《关于国际组织驻华机构、外国政府驻华使领馆和驻华新闻机构雇员个人所得税征收方式的通知》（国税函〔2004〕808号）中，对在国际组织驻华机构、外国政府驻华使领馆和外国驻华新闻机构中工作的中方雇员和外籍雇员个人所得税管理问题明确规定如下：

1. 根据《维也纳外交关系公约》和国际组织有关章程规定，对于在国际组织驻华机构、外国政府驻华使领馆中工作的中方雇员和在外国驻华新闻机构的中外籍雇员，均应按照《中华人民共和国个人所得税法》规定缴纳个人所得税。

2. 根据国际惯例，在国际组织驻华机构、外国政府驻华使领馆中工作的非外交官身份的外籍雇员，如是“永久居留”者，亦应在驻在国缴纳个人所得税，但由于我国税法对“永久居留”者尚未做出明确的法律定义和解释，对于仅在国际组织驻华机构和外国政府驻华使领馆中工作的外籍雇员，暂不征收个人所得税。在中国境内，若国际驻华机构和外国政府驻华使领馆中工作的外交人员、外籍雇员在该机构或使领馆之外，从事非公务活动所取得的收入，应缴纳个人所得税。

## 三、外国来华人员

对外国来华工作人员缴纳个人所得税的问题，财政部列明了一些免征的情况：

1. 对于援助国派往我国专为该国无偿援助我国的建设项目服务的工作人员取得的工资、生活津贴，不论是我方支付或外国支付，均可免征个人所得税；

2. 外国来华文教专家，在我国服务期间，由我方发工资、薪金，并对其住房、使用汽车、医疗实行免费“三包”，可只就工资、薪金所得按照税法规定征收个人所得税；对我方免费提供的住房、使用汽车、医疗，可免予计算纳税；

3. 外国来华工作人员，在我国服务而取得的工资、薪金，对在中国境内连续居住不超过90天的，可只就我方支付的工资、薪金部分计算纳税，对外国支付的工资、薪金部分免予征税；

4. 外国来华留学生领取的生活津贴费、奖学金，不属于工资、薪金范畴，不征个人所得税；

5. 外国来华工作人员，由外国派出单位发给包干款项，其中包括个人工资、公用经费（邮电费、办公费、广告费、业务上往来必要的交际费）、生活津贴费（住房费、差旅费），凡对上项所得能够划分清楚的，可只就工资、薪金所得部分按照规定征收个人所得税。

## 四、外籍专家工资、薪金所得

根据财政部 国家税务总局颁布的《关于个人所得税若干政策问题的通知》（财税字〔1994〕20 号），其中第二条第（九）项规定，凡符合下列条件之一的外籍专家取得的工资、薪金所得可免征个人所得税：(1) 根据世界银行专项贷款协议由世界银行直接派往我国工作的外国专家；(2) 联合国组织直接派往我国工作的专家；(3) 为联合国援助项目来华工作的专家；(4) 援助国派往我国专为该国无偿援助项目工作的专家；(5) 根据两国政府签订文化交流项目来华工作两年以内的文教专家，其工资、薪金所得由该国负担的；(6) 根据我国大专院校国际交流项目来华工作两年以内的文教专家，其工资、薪金所得由该国负担的；(7) 通过民间科研协定来华工作的专家，其工资、薪金所得由该国政府机构负担的。

## 五、外籍个人其他个税减免情况

### （一）外籍个人和港澳台居民个人取得储蓄存款利息

根据《国家税务总局关于外籍个人和港澳台居民个人储蓄存款利息所得个人所得税有关问题的通知》（国税发〔1999〕201 号）规定，外国居民取得的储蓄存款利息所得，可以享受有关税收协定规定的限制税率待遇，但须按有关规定填报“外国居民享受避免双重征税协定待遇申请表”。1999 年 11 月 1 日对个人储蓄存款利息所得开始征税后，取得储蓄存款利息所得的外国居民由于种种原因未能填报“外国居民享受避免双重征税协定待遇申请表”的，自 1999 年 11 月 1 日至 2000 年 10 月 31 日止，可凭其护照或其他有效证件及居民国税务主管当局为其签发的居民证明，直接向储蓄机构办理享受税收协定待遇手续。储蓄机构审核，并将有关情况进行详细记录或留存有关证件的复印件后，直接按协定规定的限制税率代扣税款。从 2000 年 11 月 1 日起，外国居民享受税收协定待遇，必须按要求填报“外国居民享受避免双重征税协定待遇申请表”。对非税收协定缔约国的居民和港澳台居民个人，取得的储蓄存款利息所得，应依照国务院《对储蓄存款利息所得征收个人所得税的实施办法》规定的税率征收税款。

（二）外籍个人从外商投资企业取得的股息、红利所得

根据《财政部 国家税务总局关于个人所得税若干政策问题的通知》（财税字〔1994〕20号）第二条第（八）项规定，外籍个人从外商投资企业取得的股息、红利所得暂免征收个人所得税。这项优惠政策于2013年国务院颁布的国发〔2013〕6号文件中被取消。

# 第六节　费用扣除

根据新颁布的《个人所得税法》第六条第二项："非居民个人的工资、薪金所得，以每月收入额减除费用5 000元后的余额为应纳税所得额。"按照该条款的规定，非居民个人的工资、薪金收入所得可享受每月5 000元的减除额，但不能享受专项扣除。专项扣除指的是居民个人按照国家规定的范围和标准缴纳的基本养老保险、基本医疗保险、失业保险等社会保险费和住房公积金等。

非居民个人在计算工资、薪金所得的个人所得税时，只能扣除每月5 000元基本减除费用，且不再执行原附加扣除费用1 300元的标准。

# 第七节　应纳税所得额

新《个人所得税法》对居民个人的工资、薪金所得，劳务报酬所得，稿酬和特许权使用费所得四项实行综合计税制度，并按照其在就职公司截至当前月份工资、薪金所得的累计收入，减除累计免税收入、累计减除费用、累计专项扣除、累计专项附加扣除和累计依法确定的其他扣除计算预扣预缴应纳税所得额。与之不同的是，对于非居民个人综合所得的应纳税所得额计算，新《个人所得税法》第六条也做出了明确规定（见表16－3）。

表16－3　　非居民综合所得的应纳税所得额计算

| 所得项目 | 代扣代缴应纳税所得额 | 适用税率 |
|---|---|---|
| 工资、薪金所得 | 以每月收入额减除费用5 000元后的余额为应纳税所得额 | 按月换算后的综合所得税率 |
| 劳务报酬所得 | 以每次收入额为应纳税所得额。其中，劳务报酬所得、稿酬所得、特许权使用费所得以收入减除20%的费用后的余额为收入额。稿酬所得收入额减按70%计算 | |
| 特许权使用费所得 | | |
| 稿酬所得 | | |

非居民个人的工资、薪金所得，以每月收入额减除费用5 000元后的余额为应纳税所得额；劳务报酬所得、稿酬所得、特许权使用费所得，以每次收入额为应纳税所得额。

新《个人所得税法》明确了非居民取得的工资、薪金所得按月计税、劳务稿酬特许权使用费三项所得按次计税，不适用居民个人的综合所得按年计征的政策。

工资、薪金：应纳税所得额 = 每月收入额 - 基本减除费用（5 000元）

劳务报酬、特许权使用费：应纳税所得额 = 收入 - 收入 ×20%

稿酬：应纳税所得额 = （收入 - 收入 ×20%） ×70%

非居民取得经营所得以每一纳税年度的收入总额减除成本、费用以及损失后的余额，为应纳税所得额。非居民取得财产租赁所得，每次收入不超过4 000元的，减除费用800元；4 000元以上的，减除20%的费用，其余额为应纳税所得额。非居民取得财产转让所得，以转让财产的收入额减除财产原值和合理费用后的余额，为应纳税所得额。非居民取得利息、股息、红利所得和偶然所得，以每次收入额为应纳税所得额。

## 第八节　应纳税额

非居民个人的工资、薪金所得，以每月收入额减除费用5 000元后的余额为应纳税所得额；劳务报酬所得、稿酬所得、特许权使用费所得，以每次收入额为应纳税所得额。其中，劳务报酬所得（劳务报酬所得中所得项目包含一般劳务报酬所得、保险营销员劳务报酬所得、证券经纪人劳务报酬所得、其他劳务报酬所得）、稿酬所得、特许权使用费所得以收入减除20%的费用后的余额为收入额。稿酬所得的收入额减按70%计算。

应纳税额 = 应纳税所得额 × 税率 - 速算扣除数

非居民个人的工资、薪金所得，劳务报酬所得，稿酬所得和特许权使用费所得，适用按月换算后的非居民个人月度税率表（见表16 - 4）。

表16 - 4　　个人所得税税率表（按月换算）

| 级数 | 累计预扣预缴应纳税所得额 | 预扣率（%） | 速算扣除数（元） |
|---|---|---|---|
| 1 | 不超过3 000元的部分 | 3 | 0 |
| 2 | 超过3 000元至12 000元的部分 | 10 | 210 |
| 3 | 超过12 000元至25 000元的部分 | 20 | 1 410 |
| 4 | 超过25 000元至35 000元的部分 | 25 | 2 660 |
| 5 | 超过35 000元至55 000元的部分 | 30 | 4 410 |
| 6 | 超过55 000元至80 000元的部分 | 35 | 7 160 |
| 7 | 超过80 000元的部分 | 45 | 15 160 |

**案例 16－4**

某非居民个人取得劳务报酬所得 80 000 元，则这笔所得应纳税所得额和应纳税额是多少元？

解析：应纳税所得额＝80 000－80 000×20%＝64 000（元）

应扣缴税额＝64 000×35%－7 160＝15 240（元）

**案例 16－5**

某非居民个人取得稿酬所得 15 000 元，则这笔所得应纳税所得额和应纳税额是多少元？

解析：应纳税所得额＝（15 000－15 000×20%）×70%＝8 400（元）

应扣缴税额＝8 400×10%－210＝630（元）

# 第九节　纳税申报

纳税人可以采用远程办税端、邮寄等方式申报，也可以直接到主管税务机关申报。前述章节中，我们已详细介绍了居民纳税人的纳税申报，本节主要介绍外籍个人被判定为非居民纳税人身份的如何进行纳税申报。

## 一、非居民个人纳税识别号

非居民个人进行纳税申报时，如果纳税人没有中国公民身份证号码的，应由税务机关赋予其纳税人识别号。税务机关对不同身份纳税人所对应的有效身份证件做出了具体说明，非居民个人的“有效身份证件”是指：（1）纳税人为华侨且没有居民身份证的，为有效的中华人民共和国护照和华侨身份证明。（2）纳税人为港澳居民的，为有效的港澳居民来往内地通行证或中华人民共和国港澳居民居住证。（3）纳税人为台湾居民的，为有效的台湾居民来往大陆通行证或中华人民共和国台湾居民居住证。（4）纳税人为持有有效中华人民共和国外国人永久居留身份证（以下简称永久居留证）的外籍个人的，为永久居留证和外国护照；未持有永久居留证但持有有效中华人民共和国外国人工作许可证（以下简称工作许可证）的，为工作许可证和外国护照；其他外籍个人，为有效的外国护照。

## 二、代扣代缴申报

非居民个人所得税代扣代缴申报是指扣缴义务人向非居民个人支付应税所得时，扣缴义务人应当履行代扣代缴应税所得个人所得税的义务，并在次月 15 日内向主管税务机关报送非居民个人所得税代扣代缴报告表和主管税务机关要求报送的其他有关资料。实行非居民个人所得税代扣代缴申报的应税所得包括：工资、薪金所得，劳务报酬所得，稿酬所得，特许权使用费所得，利息、股息、红利所得，财产租赁所得，财产转让所得，偶然所得。

非居民个人不适用综合所得，不按年计税。当非居民个人取得工资、薪金所得，劳务报酬所得，稿酬所得和特许权使用费所得时，有扣缴义务人的，由扣缴义务人按月或者按次代扣代缴税款，在取得所得的次月 15 日内，向受雇单位所在地主管税务机关办理纳税申报，并报送个人所得税自行纳税申报表（A 表），非居民个人无须办理年度汇算清缴。

非居民个人取得工资、薪金所得，劳务报酬所得，稿酬所得，特许权使用费所得的，应当在取得所得的次年 6 月 30 日前，向扣缴义务人所在地主管税务机关办理纳税申报，并报送个人所得税自行纳税申报表（A 表）。有两个以上扣缴义务人均未扣缴税款的，选择向其中一处扣缴义务人所在地主管税务机关办理纳税申报。

非居民个人在一个纳税年度内税款扣缴的方法保持不变，如果非居民个人达到居民个人条件时，应当告知扣缴义务人基础信息变化情况，年度终了后按照居民个人有关规定办理汇算清缴。

纳税人需要享受税收协定待遇的，应当在取得应税所得时主动向扣缴义务人提出，并提交相关信息、资料，扣缴义务人代扣代缴税款时按照享受税收协定待遇有关办法办理。

## 三、自行申报

非居民取得综合所得时仍然需要源泉扣缴，因此这部分所得是代扣代缴申报，不同于居民个人由扣缴义务人预扣预缴。但是，具有以下情形的，仍需要进行个人自行申报：（1）取得经营所得；（2）取得应税综合所得（如利息、股息、红利所得，财产租赁所得，财产转让所得和偶然所得）扣缴义务人未扣缴税款；（3）在中国境内从两处以上取得工资、薪金所得；以及取得应税所得没有扣缴义务人。

上述情形，非居民个人应在取得所得的次年 6 月 30 日前，向扣缴义务人所在地主管税务机关办理纳税申报。

非居民个人在中国境内从两处以上取得工资、薪金所得的，应当在取得所得的次月 15 日内，向其中一处任职、受雇单位所在地主管税务机关办理纳税申报，并报送个人所得税自行纳税申报表（A 表）。

同时，在非居民个人进行纳税申报时，如果纳税人没有中国公民身份号码的，应由税务机关赋予其纳税人识别号。这里所称的“有效身份证件”，是指：(1) 纳税人为华侨且没有居民身份证的，为有效的中华人民共和国护照和华侨身份证明。(2) 纳税人为港澳居民的，为有效的港澳居民来往内地通行证或中华人民共和国港澳居民居住证。(3) 纳税人为台湾居民的，为有效的台湾居民来往大陆通行证或中华人民共和国台湾居民居住证。(4) 纳税人为持有有效中华人民共和国外国人永久居留身份证（以下简称永久居留证）的外籍个人的，为永久居留证和外国护照；未持有永久居留证但持有有效中华人民共和国外国人工作许可证（以下简称工作许可证）的，为工作许可证和外国护照；其他外籍个人，为有效的外国护照。

## 四、因移居境外注销中国户籍的纳税申报

纳税人因移居境外注销中国户籍的，应当在申请注销中国户籍前，向户籍所在地主管税务机关办理纳税申报，进行税款清算。

1. 纳税人在注销户籍年度取得综合所得的，应当在注销户籍前，办理当年综合所得的汇算清缴，并报送个人所得税年度自行纳税申报表。尚未办理上一年度综合所得汇算清缴的，应当在办理注销户籍纳税申报时一并办理。

2. 纳税人在注销户籍年度取得经营所得的，应当在注销户籍前，办理当年经营所得的汇算清缴，并报送个人所得税经营所得纳税申报表（B 表）。从两处以上取得经营所得的，还应当一并报送个人所得税经营所得纳税申报表（C 表）。尚未办理上一年度经营所得汇算清缴的，应当在办理注销户籍纳税申报时一并办理。

3. 纳税人在注销户籍当年取得利息、股息、红利所得，财产租赁所得，财产转让所得和偶然所得的，应当在注销户籍前，申报当年上述所得的完税情况，并报送个人所得税自行纳税申报表（A 表）。

4. 纳税人有未缴或者少缴税款的，应当在注销户籍前，结清欠缴或未缴的税款。纳税人存在分期缴税且未缴纳完毕的，应当在注销户籍前，结清尚未缴纳的税款。

5. 纳税人办理注销户籍纳税申报时，需要办理专项附加扣除、依法确定的其他扣除的，应当向税务机关报送个人所得税专项附加扣除信息表、商业健康保险税前扣除情况明细表、个人税收递延型商业养老保险税前扣除情况明细表等。

## 五、扣缴申报表填写

自然人税收管理系统扣缴客户端可申报非居民的工资、薪金所得，劳务报酬所得，稿酬所得，特许权使用费所得，利息股息红利所得，财产租赁所得，财产转让所得和偶然所得。

## （一）工资、薪金所得

点击“自然人税收管理系统扣缴客户端”，点击【非居民所得申报】【工资、薪金所得】【填写】，见图 16－1。

图 16－1　非居民工资、薪金代扣代缴申报界面

【所得项目】：包括“外籍人员正常工资、薪金”“外籍人员数月奖金”。

【收入】：填写当月（次）扣缴义务人支付给纳税人所得的总额。

【费用】：基本减除费用5 000元；捐赠额未超过纳税人申报的应纳税所得额30%的部分，为准予扣除的捐赠额。

捐赠方式：默认“限额扣除”，可下拉选择“限额扣除”“全额扣除”或“混合”。个人将其所得对教育、扶贫、济困等公益慈善事业进行捐赠，捐赠额未超过纳税人申报的应纳税所得额30%的部分，可从其应纳税所得额中扣除，选择“限额扣除”；国务院规定对公益慈善事业捐赠实行全额税前扣除的，从其规定选择“全额扣除”。

### （二）劳务报酬

点击“自然人税收管理系统扣缴客户端”，依次点击【非居民所得申报】【劳务报酬所得】【填写】，见图16－2。

**图16－2　非居民劳务报酬代扣代缴申报界面**

【所得项目】：包括“一般劳务报酬所得”“其他劳务报酬所得”。

【收入】：填写当月（次）扣缴义务人支付给纳税人所得的总额。

【费用】：收入减除20%的费用；捐赠额未超过纳税人申报的应纳税所得额30%的部分，为准予扣除的捐赠额。

### （三）稿酬所得

点击“自然人税收管理系统扣缴客户端”，依次点击【非居民所得申报】【稿酬所得】【填写】，见图16－3。

图 16－3　非居民稿酬所得代扣代缴申报界面

【收入】：填写当月（次）扣缴义务人支付给纳税人所得的总额。

【费用】：收入减除 20% 的费用。

【本期免税收入】：稿酬所得的收入额减按 70% 计算（30% 做免税收入处理），即显示本期收入减除费用后的 30% 部分；捐赠额未超过纳税人申报的应纳税所得额 30% 的部分，为准予扣除的捐赠额。

## （四）特许权使用费所得

点击“自然人税收管理系统扣缴客户端”，依次点击【非居民所得申报】【特许权使用费所得】【填写】，见图 16－4。

图 16－4　非居民特许权使用费所得代扣代缴申报界面

【收入】：填写当月（次）扣缴义务人支付给纳税人所得的总额。

【费用】：收入减除20%的费用；捐赠额未超过纳税人申报的应纳税所得额30%的部分，为准予扣除的捐赠额。

## （五）利息股息红利所得

点击“自然人税收管理系统扣缴客户端”，依次点击【非居民所得申报】【利息股息红利所得】【填写】，见图16－5。

图16－5　非居民利息、股息、红利所得代扣代缴申报界面

【所得项目】：所得项目包括“上市公司股息红利所得”“三板市场股息红利所得”“证券资金利息所得”“国债利息”“国家发行的金融债券利息”“地方政府债券利息”“储蓄存款利息所得”“其他利息、股息、红利所得”。

【收入】：填写当月（次）的收入额。

【费用】：捐赠额未超过纳税人申报的应纳税所得额30%的部分，为准予扣除的捐赠额。

【税款计算】：根据《关于上市公司股息红利差别化个人所得税政策有关问题的通知》（财税〔2015〕101号）规定，个人因持有上市公司股票取得股息红利所得，根据持有期限不同，实现差别征税：个人从公开发行和转让市场取得的上市公司股票，持股期限在1个月以上至1年（含1年）的，暂减按50%计入应纳税所得额；上述所得统一适用20%的税率计征个人所得税。

## （六）财产租赁所得

点击“自然人税收管理系统扣缴客户端”，依次点击【非居民所得申报】【财产租赁所得】【填写】，见图16－6。

图 16-6　非居民财产租赁所得代扣代缴申报界面

【收入】：填写当月（次）的收入额。

【费用】：收入减除20%的费用；捐赠额未超过纳税人申报的应纳税所得额30%的部分，为准予扣除的捐赠额。

## （七）财产转让所得

点击“自然人税收管理系统扣缴客户端”，点击【非居民所得申报】【财产转让所得】【填写】，见图16-7。

图 16-7　非居民财产转让所得代扣代缴申报界面

【所得项目】：所得项目包括“财产拍卖所得及回流文物拍卖所得”“股权转让所得”“其他财产所得”。

（八）财产拍卖所得及回流文物拍卖所得

【收入】：填写当月（次）的收入额。

【费用】：准予扣除的捐赠额。在扣除及减除项目中，如果有财产的原始凭证，应选择“是”，然后填列财产原值；如果选择“否”，财产原值处会自动锁定无法填列数值，可以扣除的金额就是零（见图 16－8）。

**图 16－8　非居民财产拍卖所得及回流文物拍卖所得代扣代缴申报界面**

（九）股权转让所得

【收入】：填写当月（次）的收入额。

【费用】：允许扣除的税费；准予扣除的捐赠额（见图 16－9）。

图 16－9 非居民股权转让所得代扣代缴申报界面

（十）偶然所得

点击“自然人税收管理系统扣缴客户端”，点击【非居民所得申报】【偶然所得】【填写】，见图 16－10。

图 16－10 非居民偶然所得代扣代缴申报界面（ ）

【所得项目】：所得项目包括“省级、部级、军级奖金”“外国组织和国际组织奖金”“见义勇为奖金”“举报、协查违法犯罪奖金”“社会福利募捐奖金、体彩奖金”“有奖发票奖金”“其他偶然所得”。

【收入】：填写本月（次）收入额。

【费用】：捐赠额未超过纳税人申报的应纳税所得额30%的部分，为准予扣除的捐赠额。

**图16－11　非居民偶然所得代扣代缴申报界面（二）**

【免税收入】：根据《财政部 国家税务总局关于个人取得有奖发票奖金征免个人所得税问题的通知》（财税〔2007〕34号）规定：个人取得单张有奖发票奖金所得不超过800元（含800元）的，暂免征收个人所得税；个人取得单张有奖发票奖金所得超过800元的，应全额按照个人所得税法规定的“偶然所得”项目征收个人所得税。在申报系统中，我们用有奖发票奖金所得800元举例见图16－12。

**图 16－12　非居民偶然所得代扣代缴申报界面（三）**

# 第十节　税收协定

## 一、概念及框架

由于世界各国家间税收管辖权的冲突，导致国际双重征税的情况，为了国家（地区）之间解决税收权益分配矛盾和冲突，协同避免和消除跨国双重征税，各国之间签订税收协定以解决这些冲突。税收协定是指两个或两个以上主权国家或地区，为了协调相互之间的税收管辖关系和处理有关税务问题，通过谈判缔结的书面协议。其目的主要是通过在缔约国之间划分针对特定收入的征税权而避免双重征税。税收协定是国际税收重要的基本内容，旨在避免双重征税、防止所得税和财产税收入的流失。

国际税收协定按参加国家的数量可分为双边协定和多边协定。双边协定指两个国家参加缔结的税收协定；多边协定指由两个以上国家参加缔结的税收协定。现阶段国际上所签订的税收协定绝大多数是双边协定，我国对外签订的税收协定都属于双边税收协定。

目前国际上最重要、最具影响力的两个国际税收协定范本是经济合作与发展组织的《关于对所得和财产避免双重征税的协定范本》（以下简称《OECD 协定范本》）和联合国发布的《关于发达国家与发展中国家间避免双重征税的协定范本》（以下简称《UN 协定范本》)，是两个国际组织为了协调和指导各国签订双边税收协定或多边税收协定而制定并颁布的示范性文本。各国在签订协定的活动中，不仅参照两个税收协定范本的结构和内容来缔结各自的税收协定，而且在协定大多数的税收规范上都遵循两个协定范本所提出的一些基本原则和要求。经合组织和联合国这两个国际性税收协定范本是世界各国处理相互税收关系的实践总结，两个范本主要包括管辖原则、常设机构、税率限定、税收待遇、偷税逃税等方面的内容。尽管中国的税收协定从本质上来说是建立在《OECD 协定范本》和《UN 协定范本》的基础上，但是各协定之间还是有许多特殊条款略有差别。

我国自 1981 年开始对外谈签税收协定，并在 1983 年 9 月与日本签署了首个税收协定。截至 2018 年 12 月 12 日，我国已对外正式签署 107 个避免双重征税协定，其中 100 个协定已生效，和香港、澳门两个特别行政区签署了税收安排，与台湾签署了税收协议（见表 16－5）。

**表 16－5　　我国签订的避免双重征税协定一览表**

| | | | | | | | | |
|---|---|---|---|---|---|---|---|---|
| 日本 | 美国 | 法国 | 英国 | 比利时 | 德国 | 马来西亚 | 挪威 | 丹麦 |
| 芬兰 | 瑞典 | 新西兰 | 泰国 | 意大利 | 荷兰 | 捷克斯洛伐克 | 波兰 | 澳大利亚 |
| 巴基斯坦 | 科威特 | 瑞士 | 塞浦路斯 | 西班牙 | 罗马尼亚 | 奥地利 | 巴西 | 蒙古 |
| 阿联酋 | 卢森堡 | 韩国 | 俄罗斯 | 巴斯 | 印度 | 毛里求斯 | 克罗地亚 | 白俄罗斯 |
| 越南 | 土耳其 | 乌克兰 | 亚美尼亚 | 牙买加 | 冰岛 | 立陶宛 | 拉脱维亚 | 乌兹别克斯坦 |
| 马其顿 | 埃及 | 葡萄牙 | 爱沙尼亚 | 老挝 | 塞舌尔 | 菲律宾 | 爱尔兰 | 南非 |
| 卡塔尔国 | 古巴 | 委内瑞拉 | 尼泊尔 | 哈萨克斯坦 | 印度尼西亚 | 阿曼 | 尼日利亚 | 突尼斯 |
| 希腊 | 吉尔吉斯斯坦 | 摩洛哥 | 斯里兰卡 | 阿尔巴尼亚 | 文莱 | 阿塞拜疆 | 格鲁吉亚 | 墨西哥 |
| 塔吉克斯坦 | 埃塞俄比亚 | 土库曼斯坦 | 捷克 | 赞比亚 | 叙利亚 | 乌干达 | 博茨瓦纳 | 厄瓜多尔 |
| 柬埔寨 | 肯尼亚 | 加蓬 | 刚果 | 安哥拉 | 阿根廷 | 中国香港 | 中国澳门 | 中国台湾 |
| 新加坡 | 加拿大 | 匈牙利 | 马耳他 | 孟加拉国 | 伊朗 | 摩尔多瓦 | 阿尔及利亚 | 苏丹 |
| 南斯拉夫 | 保加利亚 | 斯洛文尼亚 | 以色列 | 巴巴多斯 | 沙特阿拉伯 | 巴林 | 津巴布韦 | 智利 |

## 二、双重税收居民身份

国家间税收管辖权的冲突除了因不同国家同时行使居民税收管辖权和收入来源地税收管辖权导致的收入确认不同之外，还有因居民身份确认标准不同而产生的管辖权冲突。下面列举几个常见国家/地区的税收居民身份确定概况。

### （一）中国香港

符合以下任一条件的个人视为中国香港税收居民：(1) 通常居住于香港的个人；(2) 在某纳税年度内在中国香港停留超过 180 天或在连续两个纳税年度（其中一个是有关的纳税年

度）内在香港停留超过 300 天的个人。

如果个人在香港有自己或家人所居住的永久性住所，则该个人一般会被视为“通常居住于中国香港”。具体的法律规定为：“通常居所”是指个人除了偶然或临时离境的情况下，持续地在中国香港居住的居所。要被视为通常居住在中国香港的个人，该个人除临时性或偶然性离境一定时间外，必须习惯性及通常性地居住在中国香港。通常居住的概念是指个人在香港居住是出于自愿并以定居为目的，具有一定的持续性，并且不论时间长短，为其当前生活的惯常状态。在确定个人停留在中国香港的天数时，如在中国香港境内停留不足 1 天的，按 1 天计算。

（二）美国

一般来说，根据美国国内收入法典，所有美国公民和美国居民都被视为美国税收居民。对非美国公民（外籍个人）而言，需依据“绿卡标准”或者“实际停留天数标准”来判定是否为外籍个人税收居民。美国居民标准通常基于公历年度计算。

绿卡标准是根据美国移民法，如果外籍个人在一个公历年度内的任何时间里是美国的合法永久居民，该个人即满足了绿卡标准。上述“合法永久居民”是指，由美国公民与移民服务局（USCIS）特许以移民身份永久居住在美国的个人。一般来说，当个人拿到 USCIS 发放的外国人注册卡（即“绿卡”）时，便取得了美国的永久居住权。除非存在双重税收居民身份的特殊规定情况，只要个人的合法永久居民身份未被 USCIS 撤销或依法判定已经放弃，该个人将一直被视为美国税收居民。绿卡过期并不一定代表美国税收居民身份的终结。

实际停留天数标准是指，如果外籍个人在美国停留的时间同时满足以下两个条件，则被视为满足本标准：

1. 本公历年度内在美停留不少于 31 天；

2. 根据以下计算公式，本公历年度和过去两个公历年度加起来的三年内在美停留不少于 183 天：

本年度在美停留的全部天数 + 前一年度在美停留天数的 1/3 + 再前一年度在美停留天数的 1/6

一般来说，个人在一天中的任何时间出现在美国境内都视为其当天在美停留。但是，在某些特定情况下，个人在美停留时间不计算在实际停留天数内。

（三）新加坡

符合以下任一标准的个人视为新加坡税收居民：

1. 定量标准。

（1）纳税年度的前一公历年内在新加坡境内居住超过 183 天。

（2）纳税年度的前一公历年在新加坡境内工作（作为公司董事的情况除外）超过

183 天。

2. 定性标准。

个人在新加坡永久居住，合理的临时离境除外。

### （四）英国

自 2013 年 4 月 6 日起，英国的税收居民身份须根据“法定居民身份测试”的结果判定。2013 年《金融法案》第 45 条列明了法定居民身份测试的内容，并判定什么属于英国税收居民，什么不属于英国税收居民。测试内容包括个人在英国停留的时间、是否仅在英国有家、是否在英国从事全职工作以及与英国的关联等。

一般来说，在英国逗留超过半年的个人很有可能被判定为英国税收居民。英国税务海关总署（HMRC）发布了一份有关法定居民测试指引，同时在网上设置了测试工具（Tax Residence Indicator）以供个人查询自己的税收居民身份。

### （五）加拿大

加拿大的个人税收居民身份可以分为普通居民（也称为事实居民，Factual Resident）或视同居民（Deemed Resident）。判断个人的税收居民身份时须根据其整体情况和所有相关事实，并参考加拿大税法和法庭的判定来认定。

加拿大税收居民包括在加拿大经常、通常或习惯性居住并生活的个人。因此，与加拿大有居住关系，比如家在加拿大、在加拿大有社会与经济利益以及其他与加拿大的关联，皆为重要考量。此外，加拿大税法中“视同认定规定（Deeming Provision）”对于判定个人是否构成加拿大居民也很重要。这些“视同认定规定”适用于那些不在加拿大居住但与加拿大有联系的个人，例如一个纳税年度在加拿大境内停留时间超过 183 天或以上，受雇于加拿大政府或加拿大某省。个人在判定其是否是加拿大居民时，还需要考虑加拿大对外签署的税收协定中有关居民的定义。

正是由于各国税收居民身份确认标准的不同，使得同一跨国纳税人在不同国家都被认定为居民，都要承担无限的纳税义务。因此，在已经生效的税收协定里，普遍使用“加比原则”来确定个人的税收居民身份，以协调个人双重居民身份的矛盾。这一顺序就是：永久性住所—重要利益中心—习惯性居所—国籍。当对一个纳税人采用上述顺位判断的标准仍无法确定其单一的居民身份，或者纳税人不是缔约国任何一方的居民时，可由缔约国双方的主管税务当局协商解决。具体来说：

1. 应认为是其有永久性住所所在一方的居民；如果在双方同时有永久性住所，应认为是与其个人和经济关系更密切（重要利益中心）所在一方的居民。

2. 如果其重要利益中心所在一方无法确定，或者在任何一方都没有永久性住所，应认为是其有习惯性居处所在一方的居民。

3. 如果其在双方都有，或者都没有习惯性居处，双方主管当局应通过协商解决。

## 三、双重征税的消除

国际上对双重征税的消除方法主要有四种：抵免法、免税法、扣除法和减免法。

抵免法全称为“外国税收抵免”，是指居住国按本国的居民纳税人在世界范围内的所得汇总计算其应纳税款，但允许其将因境外所得而已向来源国缴纳的税款在本国税法规定的限度内从本国应纳税额中抵免。抵免法是目前国际上比较通行的消除双重征税的方法。在抵免法的基础上，衍生出一种特殊方式即税收饶让。税收饶让是指居住国政府对其居民在境外取得税收减免优惠的部分视同已经缴纳，同样给予税收抵免待遇，不再按居住国税法规定的税率予以补征。

免税法亦称“豁免法”，是指居住国政府对其居民来源于非居住国的所得额，在一定条件下放弃行使居民管辖权，免于征税。该方法对纳税人来源于境外的所得完全免税，从根本上消除了因双重税收管辖权而导致的双重课税。这意味着居住国政府完全放弃对其居民来源于境外所得的征税权利，而将这种权利无条件地留给这笔所得的来源国政府，对来源于境内和境外的所得待遇不同，有悖于税收公平原则，因此国际上很少有国家采取这种方法。目前，欧洲大陆法系部分国家采用免税法。

扣除法也是消除国际重复征税的方法之一。居住国政府对本国居民征税时，将纳税人的境外所得或一般财产价值已缴纳的税款，视为一般费用在总应税所得或应税财产价值中扣除，然后就余额按本国税率计征税款。扣除法是以在承认地域税收管辖权优先的前提下行使居民（公民）税收管辖权为指导原则。扣除法的税负要重于免税法，且实质上并未完全消除国际重复征税。

减免法又称低税法，即一国政府对本国居民的国外所得在标准税率的基础上减免一定比例，按较低的税率征税，而对其国内来源所得按正常税率征税，显然，一国对本国居民来源于国外的所得税的税率越低，越有利于缓解国际重复征税，但由于减免法只是居住国对已缴纳外国税款的国外所得按减低的税率征税。

**案例 16－6**

A 国居民 X 先生，取得来源于 B 国的所得 1 000，如果假定 A、B 两国确认来源地管辖权优先，即 B 国应先对 X 先生征缴所得税（税率为 40%），则 X 先生在 B 国缴税 400，A 国行使居民管辖权对其所得后征缴税款（税率为 50%），并负有消除双重征税的义务。我们用现有的三种方法分别计算。

解析：

一、方法 1：抵免法

以向境外主管机关缴纳的税金冲抵在本国的应纳税额。

X 先生在 A 国应纳税额 = 1 000 × 50% － 1 000 × 40% = 100

X 先生的总体税负 = （400 + 100）/1 000 = 50%

二、方法2：免税法

对于纳税人来源于境外的所得免税。

X 先生的总体税负 = 400/1 000 = 40%

三、方法3：扣除法

X 先生在 A 国应纳税额 = ［1 000 - （1 000 × 40%）］× 50% = 300

X 先生的总体税负 = （400 + 300）/1 000 = 70%

目前，我国个人所得税为避免双重征税，多采用税额抵免法。

## 四、非居民享受协定待遇

根据《关于发布〈非居民纳税人享受税收协定待遇管理办法〉的公告》（2015 年 60 号），非居民纳税人认为自身符合享受协定待遇条件，需要享受协定待遇的，应当主动向扣缴义务人提出。在纳税申报时自行报送或由扣缴义务人在扣缴申报时报送以下报告表和资料：

1. 非居民纳税人税收居民身份信息报告表。

2. 非居民纳税人享受税收协定待遇情况报告表。

3. 由协定缔约对方税务主管当局在纳税申报或扣缴申报前一个公历年度开始以后出具的税收居民身份证明；享受税收协定国际运输条款待遇或国际运输协定待遇的企业，可以缔约对方运输主管部门在纳税申报或扣缴申报前一个公历年度开始以后出具的法人证明代替税收居民身份证明；享受国际运输协定待遇的个人，可以缔约对方政府签发的护照复印件代替税收居民身份证明。

4. 与取得相关所得有关的合同、协议、董事会或股东会决议、支付凭证等权属证明资料。

5. 其他税收规范性文件规定非居民纳税人享受特定条款税收协定待遇或国际运输协定待遇应当提交的证明资料。

非居民纳税人可以自行提供能够证明其符合享受协定待遇条件的其他资料。

非居民纳税人享受协定待遇，应根据协定条款的不同，分别按表 16 - 6 要求报送。

**表 16 - 6**

| 享受协定待遇类别 | 报送时间 | 报送频率 |
|---|---|---|
| 享受独立个人劳务、非独立个人劳务（受雇所得）、政府服务、教师和研究人员、学生条款待遇 | 在首次取得相关所得并进行纳税申报时，或者由扣缴义务人在首次扣缴申报时，报送相关报告表和资料 | 在符合享受协定待遇条件且所报告信息未发生变化的情况下，非居民纳税人免于向同一主管税务机关就享受同一条款协定待遇重复报送资料 |

续表

| 享受协定待遇类别 | 报送时间 | 报送频率 |
| --- | --- | --- |
| 享受股息、利息、特许权使用费、退休金条款待遇 | 在有关纳税年度首次纳税申报时，或者由扣缴义务人在有关纳税年度首次扣缴申报时，报送相关报告表和资料 | 在符合享受协定待遇条件且所报告信息未发生变化的情况下，非居民纳税人可在报送相关报告表和资料之日所属年度起的三个公历年度内免于向同一主管税务机关就享受同一条款协定待遇重复报送资料 |
| 享受财产收益、演艺人员和运动员、其他所得条款待遇 | 在每次纳税申报时，或由扣缴义务人在每次扣缴申报时，向主管税务机关报送相关报告表和资料 | |

在享受协定待遇后，情况发生变化，但是仍然符合享受协定待遇条件的，应当在下一次纳税申报时或由扣缴义务人在下一次扣缴申报时重新报送相关报告表和资料。不再符合享受协定待遇条件的，在自行申报的情况下，应当自情况发生变化之日起立即停止享受相关协定待遇，并按国内税收法律规定申报纳税。在源泉扣缴和指定扣缴情况下，应当立即告知扣缴义务人。

# 第十七章 高净值人士个税风险

## 第一节 高净值人士介绍

根据金融机构对于非居民金融账户涉税信息尽职调查办法的相关政策，高净值人群一般指账户加总余额超过一百万美元的个人，他们也是金融资产和投资性房产等可投资资产较高的社会群体。根据瑞士银行的数据显示，中国的高净值人群在2016年年底已经达到了159万人。

高净值人群生活方式主要分三个阶段：创富、守富和享富。随着财富的累积和观念的转变，如今这些人群的投资配置除了海外投资、企业投资外，艺术品等另类投资成了他们的投资大方向。虽然目前资本市场回暖，新兴投资产品不断涌现，但高净值人群仍然将“财富保障”作为首要目标，在实现财富稳健增长的基础上顺势而为。时至今日，中国的高净值人群已将财富目标从最初的创造财富、追求高品质生活转移到财富的传承和如何保证财富安全，在实现财富稳健增值的前提下，越来越多的高净值人群开始系统性地思考和规划如何将物质财富和精神财富有效、有益地传递给下一代。

## 第二节 共同申报准则（CRS）

### 一、CRS的实施背景

近年来，随着国际涉税信息情报交换与共享的推进，为反避税立法及执法奠定了良好的信息基础。国际经济合作发展组织（OECD）于2014年7月发布了AEOI标准（金融账户涉税信息自动交换标准），共同申报准则（Common Reporting Standard，CRS）是其中一个组成部分，用于指导司法管辖区定期对账户信息进行交换的准则，旨在通过加强全球合作提高税收透明度，打击利用跨境金融账户逃避税的行为（见图17－1）。

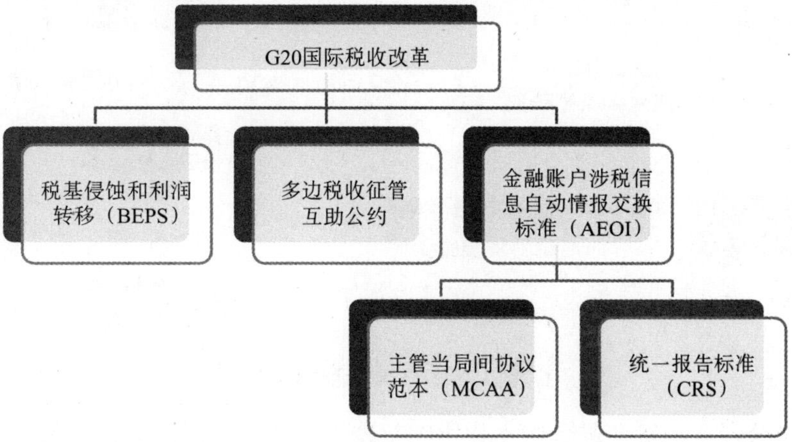


**图17－1　CRS共同申报准则**

截至2018年年底，金融机构CRS的合规进程目前已完成了首次金融账户信息的报送，目前中国已与76个国家、地区完成涉税信息的交换。

## 二、CRS的运作机制

主管当局开展金融账户涉税信息自动交换，首先由一国（地区）金融机构通过尽职调查程序识别另一国（地区）税收居民个人和企业在该机构开立的账户，按年向金融机构所在国（地区）主管部门报送账户持有人名称、纳税人识别号、地址、账号、余额、利息、股息以及出售金融资产的收入等信息，再由该国（地区）税务主管当局与账户持有人的居民国税务主管当局开展信息交换，最终为各国（地区）进行跨境税源监管提供信息支持（见图17－2）。

举例来说，中国和加拿大采纳"共同申报准则"（CRS）之后，某中国税收居民在加拿大的金融机构拥有账户，那么该居民的个人信息以及金融账户收入所得会被加拿大金融机构收集并上报加拿大相关政府部门，并与中国税务机关进行信息交换，这种交换每年进行一次。理论上讲，中国税务机关将掌握中国税收居民海外资产的收入状况。

在这个庞大的交换机制中，根据国家税务总局公告2017年第14号《非居民金融账户涉税信息尽职调查管理办法》的规定，金融机构是开展金融账户涉税信息尽职调查和信息报送工作的主体，主要是指那些依法在中华人民共和国境内设立的金融机构，这其中不包括我国金融机构在海外的分支机构。上述金融机构按照业务类型分为四类：存款机构、托管机构、投资机构和特定的保险机构，不包括金融资产管理公司、财务公司、金融租赁公

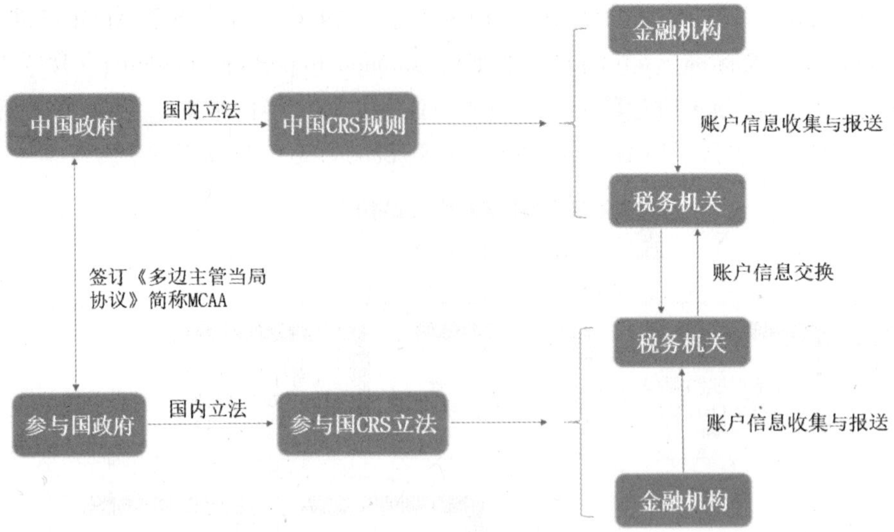


**图 17－2　CRS 运作机制**

司、汽车金融公司、消费金融公司、货币经纪公司、证券登记结算机构等。金融机构应对在本机构开立的相关账户进行尽职调查，识别非居民金融账户，记录并报送非居民金融账户相关信息。

非居民是指中国税收居民以外的个人、企业和其他组织，但不包括政府机构、国际组织、中央银行、金融机构或者在证券市场上市交易的公司及其关联机构。非居民金融账户是指在我国境内的金融机构开立或者保有的、由非居民持有或者由非居民控制人的消极非金融机构持有的金融账户。金融机构应当在识别出非居民金融账户之日起将其归入非居民金融账户进行管理。

账户持有人同时构成中国税收居民和其他国家（地区）税收居民的，金融机构也会收集并报送其账户信息。

## 三、我国 CRS 实施时间表

2014 年 9 月，经国务院批准，我国在 G20 财政部长和央行行长会议上承诺将实施“标准”，首次对外交换信息的时间为 2018 年 9 月。

2015 年 7 月，《多边税收征管互助公约》由第 12 届全国人大常委会第 15 次会议批准，已于 2016 年 2 月对我国生效，为实施“标准”奠定了多边法律基础。

2015 年 12 月，经国务院批准，国家税务总局签署了《金融账户涉税信息自动交换多边主管当局间协议》，为我国与其他国家（地区）间相互交换金融账户涉税信息提供了操作层面的多边法律工具。

2016 年 10 月，国家税务总局就《非居民金融账户涉税信息尽职调查管理办法（征求意见稿）》公开征求意见。

2017 年 5 月 9 日，《非居民金融账户涉税信息尽职调查管理办法》正式发布。

2017 年 7 月 1 日，金融机构开始对新开立的个人和机构账户开展尽职调查。

2017 年 12 月 31 日前，金融机构完成对存量个人高净值账户（截至 2017 年 6 月 30 日，金融账户加总余额超过 100 万美元）的尽职调查。

2018 年 5 月 31 日前，金融机构报送信息。

2018 年 9 月，国家税务总局与其他国家（地区）税务主管当局第一次交换信息。

2018 年 12 月 31 日前，金融机构完成对存量个人低净值账户和全部存量机构账户的尽职调查。

## 四、对高净值人士的影响

CRS 以来，各大媒体版面纷纷大喊“狼来了”“富豪的财富裸奔时代”，其实是社会公众对于 CRS 政策存在许多分歧和误解，而很多高净值人士由于对政策和法律知识的不了解，产生了恐慌的情绪。

受 CRS 影响的高净值人群主要分为两大类：一类是拥有海外金融账户的中国税收居民，另一类是金融资产在中国境内的非中国税收居民。中国税收居民通过在中国境外投资拥有的任何金融资产，如存款、投资基金、信托、证券、投资型保险产品等，都可能被视为境外当地的非居民金融账户而与中国税务局进行信息交换。一些在中国境内拥有金融资产的非中国税收居民，其金融账户将被视为中国的“非居民账户”，账户信息将报送交换给其税收居民所在国。图 17－3 为存量个人高净值账户尽职调查程序。

受到 CRS 影响的高净值人群主要包括了以下类型的群体：

1. 移民海外人群。如果本人属于他国的税收居民，那么中国的金融账户也会被披露；

2. 设立海外家族信托的群体。对于部分已在海外设立成熟的家族信托架构，比如：维尔京群岛、新加坡、中国香港、新西兰、开曼群岛等，这些法域目前都成为此次 CRS 的签约国，其金融账户信息不可避免地要被披露，信托涉及的相关人员信息也会披露。

3. 国际贸易企业主，CRS 的信息交换中并不包括海外贸易公司的金融账户信息，但是很多国际贸易的老板们选择的运营模式是在境内设立实体公司做生产经营出口，同时又在离岸税收优惠地设立另一家公司，实现海外贸易的境外收款，这样大量的外汇收入直接进入境外的公司账户中，同时享受了免税优惠。未来，这些离岸公司的账户信息也将会被披露。

4. 在境外配置大额保单的群体。近年来，为应对通货膨胀人民币贬值，许多高净值人士通过各种途径配置美元资产，比如购买境外保单。此次 CRS 参与国的保险公司会将中国居民身份的高净值客户的大额保单资产信息交换给中国税务机关。

5. 利用海外壳公司投资理财的群体。某些高净值人士在境外税收非常优惠的地区设立公司，并通过公司在银行等金融机构开户持有资产，或通过公司账户来进行理财或消费，这类企业将可能被认定为“消极非金融机构”，即壳公司。CRS 实施后，将要求披露公司的实际控制人以及公司所拥有的金融资产，利用壳公司的名义来避税将变得更加困难。

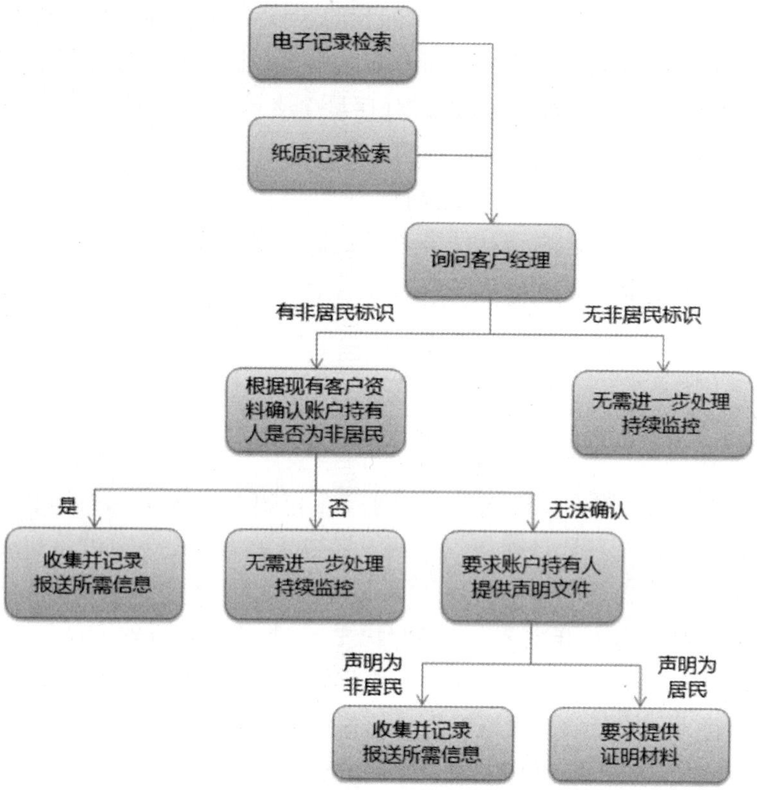


图 17－3　存量个人高净值账户尽职调查程序

## 五、CRS 可能涉及的风险及规划

中国税收居民境外金融账户涉税信息反馈到中国税务机关时，这些未完税的“收入”将面临补税、缴纳滞纳金等税收风险，这也是中国高净值人士在 CRS 下面临的首要风险，同时可能还会涉及以下刑事及行政处罚：

1. 逃税（刑法 201）是指纳税人采取欺骗、隐瞒手段进行虚假纳税申报或者不申报，逃避缴纳税款数额较大，并且占应纳税额 10% 以上，扣缴义务人采取欺骗、隐瞒等手段，不缴或者少缴已扣已收税款，数额较大或者因逃税受到两次行政处罚又逃税的行为。

2. 逃汇（刑法 190）是指公司、企业或者其他单位违反国家规定，擅自将外汇存放在境外，或者将境内的外汇非法转移到境外，情节严重的行为。

3. 洗钱（刑法 191）是指明知是违法犯罪收入仍然为其提供资金账户的；协助将财产转换为现金、金融票据、有价证券的；通过转账或者其他结算方式协助资金转移的；协助将资金汇往境外的；以其他方法掩饰、隐瞒犯罪所得及其收益来源和性质的。

由此看来，中国的高净值人士更应及时确认本人及重要的家庭成员税收居民身份的现状，从长远的角度合理安排本人和家庭成员的税收居民身份。对现有的财富配置情况进行梳理，了解本人以非税收居民身份开立金融账户所在地对于金融账户信息披露的要求和标准，从而筛选出可能被披露的金融账户。同时，还应关注境内外金融资产及其他资产的配置，分析不同投资架构模式下的财富安排的CRS影响及税务影响，设计适应CRS环境的财富新架构，制定并实施对现有机构的调整方案。

全球税收走向透明化是不可逆的趋势，在这一大背景下，中国的税务机关监管层面无疑将更为细致，高净值人士还是应当以税务合规为基础进行财税规划，合理合法地管理配置财富，依法降低税负。

## 第三节 离境清税制度

很多高净值人士通过投资、购买的方式取得多国籍护照，以规避税收居民身份。从法律的角度讲，中国的《国籍法》中明令规定不允许任何中国公民有双重国籍，如果获得他国国籍，则视为自动放弃中国国籍。

双重国籍，是指一个人拥有两个国家的合法公民身份，也就是拥有两个国家的国籍，即一个人通过一个国家的法律获得该国国籍，又在另一个国家再一次通过该国的法律获得该国国籍，就被视为拥有双重国籍。中国不承认双重国籍。目前，我国政府处理双重国籍身份的态度依旧是坚持一人一国籍，不允许任何中国公民有双重国籍，并且尊重本人意愿，不强制本人意愿选择国籍，如果中国公民在他国获得他国国籍，则视为自动放弃中国国籍。

此次新《个人所得税法》第十三条中，明确规定了当“纳税人因移居境外注销中国户籍的，应当在注销中国户籍前办理税款清算”。这里所谓的离境清税主要是说中国籍个人在注销户籍前应当结算并清缴个人此前未完税的部分，并不会因离境行为而产生额外的税负，因此有别于某些国家税法下的“弃籍税”。

移居境外注销中国户籍需要清税的内容包括：（1）纳税人在注销户籍的当年，需要办理当年度综合所得，当年经营所得，当年股息红利、财产租赁所得，财产转让所得等汇算清缴；（2）纳税人有未缴或者少缴税款的，应当在注销户籍前，结清欠缴或未缴的税款。纳税人存在分期缴税且未缴纳完毕的，应当在注销户籍前，结清尚未缴纳的税款；（3）向户籍所在地主管税务机关办理纳税申报，进行税款清算。

## 第四节 新个税反避税规则

新《个人所得税法》第八条首度引入反避税条款，为税务机关的个人所得税反避税实践提供制度保障和执法依据。

## 一、独立交易原则

独立交易原则（ALP）是指，个人与其关联方之间的业务往来不符合独立交易原则而减少本人或者其关联方应纳税额，且无正当理由。

《个人所得税法实施条例》对关联方一词做出解释：关联方是指与个人有下列关联关系之一的个人、企业或者其他经济组织：（1）夫妻、直系血亲、兄弟姐妹，以及其他抚养、赡养、扶养关系；（2）资金、经营、购销等方面的直接或者间接控制关系；（3）其他经济利益关系。

独立交易原则是指没有关联关系的交易各方，按照公平成交价格和营业常规进行业务往来遵循的原则。这意味着，未来这种个人关联交易将被纳入税务机关的日常税收监管中，不合理的关联交易定价将可能面临被反避税调查的风险，个人支付给低税率地区非税收居民的款项，更有可能成为税务机关的关注重点。

**案例 17－1**

2015 年 4 月 28 日，中国香港 H 有限公司与维尔京 B 公司签订协议，转让维尔京 B 公司 80% 的股权，协议约定转让价格为人民币 2.65 亿元。2015 年 5 月 5 日，北京 A 公司原股东与中国香港 S 公司签订股权转让协议，以人民币 2 105.84 万元为交易对价，转让 A 公司 100% 的股权，个人股东已在朝阳区地税局缴纳个税。

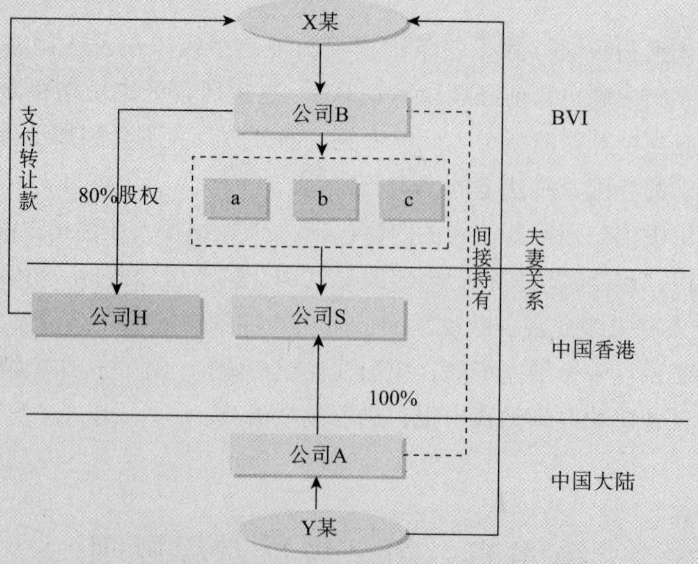


经朝阳区地税局深入核查后发现，维尔京 B 公司通过其他几家设立在避税地的公司间接持有香港 S 公司 100% 的股权，而经过第二笔交易后，维尔京 B 公司实际间接

持有北京A公司100%的股权。维尔京B公司唯一控股股东X某，正是A公司原控股股东Y某的妻子。

此外，两次交易的实际标的均为A公司，且对比第一笔交易，第二次交易价格明显偏低。A公司原股东Y某及其妻子X某，可能通过在维尔京设立受控外国公司B公司，间接转让A公司股权，并将股权转让利润留在B公司。

根据税务机关调查发现，第一笔转让款中的1.5亿元，已经以借款方式转入Y某的个人账户。朝阳区地税局认为，应该参考第一次交易价格，对A公司第二次股权转让价格进行调整。

## 二、受控外国企业规则

受控外国企业（CFC）是指居民个人控制的，或者居民个人和居民企业共同控制的设立在实际税负明显偏低的国家（地区）的企业无合理经营需要，对应当归属于居民个人的利润不作分配或者减少分配。该条款与CRS信息交换相结合，更是打击了高净值人群以往境外避税的安排。

条款中，居民个人达到控制的标准包括：（1）居民个人、居民企业直接或者间接单一持有外国企业10%以上有表决权股份，且由其共同持有该外国企业50%以上股份；（2）居民个人、居民企业持股比例未达到第一项规定的标准，但在股份、资金、经营、购销等方面对该外国企业构成实质控制。

对于如何衡量实际税负明显偏低，《实施条例征求意见稿》对此做出相应解释，是指实际税负低于《企业所得税法》规定税率的50%，即实际税负12.5%及以下。

受控外国企业规则与CRS信息交换的结合，更是打击了高净值人群以往境外避税的安排。举例来说，中国的税收居民个人X在开曼设立了一家离岸公司用于经营投资，该离岸公司持有若干金融账户。新《个人所得税法》出台之前，中国税务机关很难掌握离岸公司的信息，即便税务机关通过国际情报交换的方式掌握了离岸公司信息，如果X的个人账户确实没有收到分红，在原有个人所得税的规定下则无须纳税，并且税务机关也没有执法依据来进行纳税调整。

CRS实施后，离岸公司的涉税信息被交换给中国税务机关，新《个人所得税法》又补上了CFC反避税条款，开曼显然属于实际税负明显偏低的国家，税务机关可以以受控关联公司的名义将没有商业实质安排的离岸公司取得的利润视同个人直接取得而追征个人所得税，这无疑使税务机关的反避税工作迈上了新的台阶。

## 三、一般反避税规则

一般反避税规则（GAARS）是指个人实施其他不具有合理商业目的的安排而获取不

当税收利益。这项兜底条款，也会为我国后期不断完善个人所得税反避税体系提供制度性保障。

随着 BEPS 行动计划的出台，国际上掀起了一轮新的反避税高峰，合理商业目的的判定标准也受到越来越多的关注，纳税人的涉税风险及税务机关的执法风险也越来越高。《企业所得税法》第 47 条首先引入了“不具有合理商业目的的安排”的概念，《企业所得税法实施条例》第 120 条也对此进行了定义，即“不具有合理商业目的，是指以减少、免除或者推迟缴纳税款为主要目的”。

**案例 17 – 2**

某中国香港商人在港注册一家典型“壳公司”，注册资本仅有 10 000 港币。2000 年，该公司作为投资方在深圳注册一家法人企业，专门从事物流运输，同时置办大量仓储设施，经多年经营，子公司已形成品牌企业，经营前景看好，而且由于房地产市场一直处于上升趋势，公司存量物业市场溢价很大。2010 年，该港商在境外将香港公司转让给新加坡某公司，深圳公司作为子公司一并转让，转让价格为 2 亿多元。

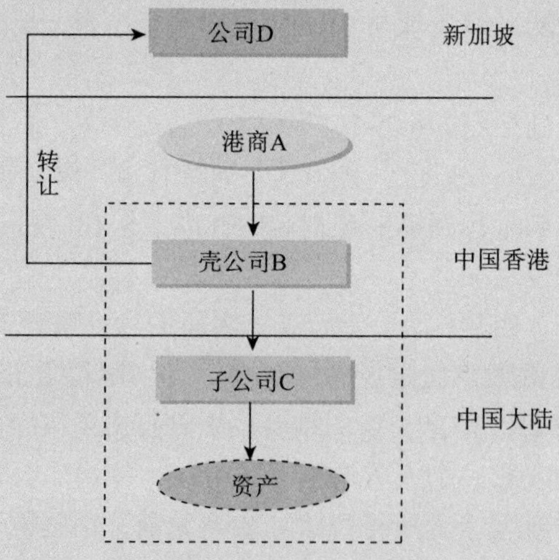


对于港商个人取得的转让收益是否征税问题，深圳市地税局认为本案转让标的为中国香港公司和深圳公司，标的物为深圳公司的资产，转让价格基础是深圳公司资产市场估价。

鉴于中国香港公司在港无实质性经营业务，其转让溢价应大部分归属深圳公司资产增值。这种形式上直接转让香港公司股权，实质上是间接转让深圳公司股权的行为，存在重大避税嫌疑。

全国首个对非居民个人间接转让中国境内企业股权追征个人所得税1 368 万元的案例在深圳市地税局入库，从而结束了长达半年跨境税款的追踪，实现了非居民个人在境外直接转让母公司股权，间接转让境内子公司股权征税个案突破。

最终，深圳市地方税务局认为C公司控股方为香港居民个人，其股权转让行为不适用《中华人民共和国企业所得税法》一般反避税的规定。根据《中华人民共和国个人所得税法实施条例》，该案件股权转让协议中的转让标的包括C公司和A公司的资产，该股权转让所得中涉及转让A公司部分的所得为来源于中国境内的所得，应对其进行征税。